国学论衡

（第七辑）

王晓兴 主编

甘肃中国传统文化研究会 主办

社会科学文献出版社

编辑委员会

主　　　　编　王晓兴

副　主　编　王金生　梁一仁　朱　林　陈声柏
　　　　　　成兆文

执 行 主 编　陈声柏

学术委员会委员　牛龙菲（陇菲）　颜华东　范　鹏
　　　　　　陈文江　陈春文

目 录

主题论文

论韩非 …………………………………………… 易志刚　王晓兴 / 3
论道家道教对儒家的调适与上遂 ………………………… 杜保瑞 / 38

哲思论道

"观"的哲学 ……………………………………………… 张丰乾 / 63
由易观礼
　　——《周易》履卦大象辞诠释 ………………… 蔡　杰　翟奎凤 / 78
阳明学自然思想及其开展
　　——从王阳明到刘宗周 …………………………… 陈　畅 / 98
论荻生徂徕对朱熹政治理念的批判
　　——以"先王之道"为中心 ……………………… 吕　欣 / 115
中国哲学知识论之疑难
　　——以"名实"关系为视角 ……………………… 姜李勤 / 137

经史考辨

论司马贞"三皇五帝"古史系统的建构 …………………… 王光有 / 149
梁启超与章学诚研究的兴起 ………………………………… 崔　壮 / 171

经史张力及其调适
　　——以蒙文通史学史书写为核心 ·················· 刘　学 / 185
问对文体起源诸说辨析 ································ 何　杨 / 203

文艺纵横

"规训"视野下的文学合法性个案研究
　　——以孔子"在陈绝粮"为题 ···················· 何玉国 / 223
《文心雕龙》与《文选》诗歌思想比较 ·················· 赵亦雅 / 239
吴冠中的生平、艺术风格与思想 ··············· 魏　薇　邱　锋 / 275

国学传播

作为中国传统文化精神的内圣外王之道
　　——以《大学》为中心 ·························· 陈声柏 / 299

书评札记

伏羲河图实为太极先天八卦
　　——读朱熹注《周易本义》有感 ·················· 王凤显 / 313

学界动态

当前中国传统文化研究的特征和趋向 ···················· 匡　钊 / 321

编后语 ··· 陈声柏 / 334

《国学论衡》稿约 ··· / 337

主题论文

论韩非

易志刚　王晓兴[*]

摘要　韩非把"法""术""势"统一起来，认为三者不可偏废，是先秦法家集大成者。韩非并不是一个掌握实权的政治家、实践家，而是一个思想家、哲学家。在他的学说和主张背后，饱含着对历史和人以及天道和人道的反思。从历史的变迁中把握现实，由天道而求人道，构筑"务为治者"的合理性根据，是韩非哲学的起点，也是韩非哲学的终点和目标。韩非的影响是深远的，他的学说和主张以及他的哲学，成为秦汉以后中国古代政治乃至普通人日常生活中奉行的信条。韩非哲学的致命处，是折断了中国人的脊梁。中国人要重新挺直脊梁，除了批判和反思，也必须从自己的文化传统中，找到自立于天地之间的思想资源。要把这项工作做起来，恐怕还只能像宋学一样，从孟子开始。

关键词　务为治者　天道　人道　道理

今天的中国，比任何时候都更加需要对自己的历史和文化进行审视。在这种自我批判中，孔子无疑是重要的对象，但还有一个人是不能忽视的，就是韩非。经过汉帝国"罢黜百家、独尊儒术"的学术和思想运动，孔子及其代表的儒家被打造成为官方意识形态。但这个官方意识形态更多地只是一面旗帜，一套宣传的口号。韩非及其代表的法家才是秦汉以后大一统

---

[*] 易志刚，1962年生，男，湖南岳阳人，青海藏文化馆馆长，主要从事中西文化比较研究；王晓兴，1950年生，男，北京人，兰州大学哲学社会学院教授，主要从事中国哲学及中西哲学比较研究。

中央集权制国家的政治纲领，是上至帝王下至底层奉行的信条。

一　"务为治者"与"战国"

包括法家在内的先秦诸子百家，是西周封建制遭遇危机的产物，也是中国古代文明在西周封建制崩溃后寻求重建的产物。司马谈《论六家要指》所谓"务为治者"，其意即在于此。在司马谈看来，虽然诸子皆"务为治者"，但其理论路径各不相同，"直所从言之异路"；因此，"有省不省耳"——各有其所是，亦各有其所不是罢了。（《史记·太史公自序》）

西周封建制塑造了古代中国人的基本生存样式，也奠定了中国文化的基因[①]；但是，在外在的军事压力和内在的制度缺陷双重挤压下，西周封建制不可避免地走向崩溃[②]。自公元前770年平王东迁建立东周，到公元前679年齐桓公始霸诸侯，近100年的时间内，以诸夏为主干的中国古代文明经历了"南夷与北狄交，中国不绝若线"（《春秋公羊传·僖公四年》）的生死危机。由齐桓公开启的春秋霸政挽救了中国古代文明，却没有恢复西周的封建制度，而是开创出一种新的文明形式——战国，或用现代术语来表达——一种新型的领土国家及其国际关系。这种新的文明形式并没有持存下来，最终被大一统的中央集权制帝国所取代，"战国"让位于新的"天下"。那么，"战国"作为一种不同于西周的文明形式究竟意味着什么？它为什么不能在古代中国持存下来？

我们的探讨从风行于各国的"变法"开始。

春秋到战国，各国纷纷变法。比较彻底的变法，公认是商鞅在秦国实行的变法。商鞅前后两次变法，目的很明确，就是"强秦"。商鞅变法，是秦国走向强盛的起点，也奠定了秦国最终兼并六国、实现天下一统的基础。商鞅变法，被认为是中国历史上成功进行政治、经济改革的典范。商鞅变法后秦国的面貌，司马迁有一个描述："行之十年，秦民大说，道不拾遗，山无盗贼，家给人足。民勇于公战，怯于私斗，乡邑大治。"（《史记·商君列传》）这是国内的景象。至于国际上，按照司马迁的描述："秦人富强，

[①] 参见易志刚、王晓兴《"仁"何以可能——孔子再认识》，《兰州大学学报》（社会科学版）2013年第4期。

[②] 参见王晓兴、易志刚《"王天下"与汉帝国》，《陕西师范大学学报》（哲学社会科学版）2009年第1期。

天子致胙于孝公，诸侯毕贺。"（《史记·商君列传》）周天子赐祭肉，诸侯都来祝贺，可谓"无敌于天下"而"立威诸侯"（《史记·范睢蔡泽列传》）。但在秦国强盛的背后，却是对中国古代文明历经夏商周三代积淀起来的文化成果和价值观的否定。在商鞅看来，所谓"礼乐""诗书""修善""孝悌""贞廉""仁义"等，就像寄生在人体上的虱蚤一样，是为"六虱"，是应该清除的。而清除"六虱"最有效的手段就是战争。商鞅说得简单而明确："国贫而务战，毒生于敌，无六虱，必强；国富而不战，偷生于内，有六虱，必弱。"（《商君书·靳令》）在这种以战争为手段的策略下，商鞅推出一系列行之有效的"强秦"主张。对商鞅的这些主张，特别是其中的一些极端主张，如通过弱民而强国[1]，任用奸民而不是良民、善民来治理国家[2]，等等，多有学者站在现代立场上予以剖析。但对于我们而言，问题的关键还在于：历经夏商周三代的发展而达到"郁郁乎文哉"的文明成就，经过以孔子为代表的儒家学派整理、传承而成为诸子百家共同文化经典的"六艺"及其蕴含的价值观，怎么就成了应该清除的"六虱"呢？

由春秋霸政开创的新的领土国家并没有催生出新的理想。"王天下"，这个由西周封建制打造出来的文化理想，依然是中国古代文明在几近毁灭中重新站起来并寻求重建的目标。而西周封建制留下的教训却是刻骨铭心的，这个教训就是：一个受制于国人、贵族和诸侯势力的王权不可能担当起"王天下"的历史责任。在新的领土国家成长起来的过程中，这个教训越来越成为那些获得独立发展机会和条件的诸侯们的自觉意识，并成为各诸侯国旨在建立绝对君权的经济和政治改革运动（所谓"变法"）的重要推动力量。随着几个大的诸侯国在兼并战争中脱颖而出，称王就成为这些拥有强大经济和军事实力的领土国家的不二选择。

称王，宣告了"王天下"的目标和王者的野心，也宣告了新的领土国家作为一种文明形式不可能在中国古代持存下来。因为，"王天下"本身就是对各自独立的领土国家的否定。在"王天下"的理想下，战国注定了只是一个过渡，各领土国家不过是为了达成目标和实现野心的临时战车，既不具备成长为彼此独立的主权国家的条件，甚至也不具备成长为一个完整

---

[1] 商鞅主张："民弱，国强；国强，民弱。故有道之国务在弱民。"（《商君书·弱民》）
[2] 商鞅主张："章善则过匿，任奸则罪诛。过匿则民胜法，罪诛则法胜民。民胜法，国乱；法胜民，兵强。故曰：以良民治，必乱至削；以奸民治，必治至强。"（《商君书·说民》）

意义上的国家，也即全面、综合、均衡发展经济、文化和民生的人类共同体的条件。这样的领土国家，只有一个单一的任务，就是战争。虽然耕战并举，但耕只是服务于战争的手段，是战争的经济基础。

在这样的领土国家中，古代中国人的基本生存样式发生了重大变化。首先，在西周封建制度下，共同体成员是拥有"私田"因此也拥有相应权利的"国人"。在新的领土国家中，兼并战争极大地扩充了诸侯国的领土，不仅产生出按地域划分并由国君直接掌控的行政单位——郡或县，也使严格划分"公田"和"私田"的封建土地制度转化为以土地国有为基础的授田制度。在新的授田制度下，各领土国家都经历了一个被称为"体国经野"的过程，传统意义上的"国人"和"野人"的界限被泯灭，"国人"变成了没有权利也没有差别的"黎民"或"黔首"。其次，在西周封建制度下，共同体赖以维系的纽带是共同体成员对祖先的文化认同，以及通过对祭祀祖先权利的划分所确立的大小宗尊卑等级及其相应的礼仪制度。礼仪制度赋予封建秩序下每一个人各安其所的身份及其意义，同时也建立起个人和共同体之间的血肉联系。在新的领土国家中，随着郡县制取代封建制，一方面，君权通过剥夺世袭贵族的权利而日趋集中和强大；另一方面，个人与共同体之间那种以血缘宗法为基础的天然联系也被摧毁。对于个人而言，共同体不再和他休戚相关，而是外在于他的属于别人的东西。

生存样式的变化，使建立在传统生存样式之上、以"德"为核心的西周文化失去了基础，也使孔子总结西周文化而建构的、以"六艺"为经典的"仁"的哲学和价值观失去了意义。面对日益残酷的兼并战争，各国君主以及掌握实权、厉行"变法"的政治家们（也即通常意义上所谓"法家"），唯一看重的就是"富国强兵"。因为，只有"富国强兵"才能赢得战争的胜利，才能最终实现"王天下"的目标。"富国强兵"成为战国的时代精神和主旋律，在这个主旋律面前，凡是无益于"富国强兵"甚或有害于"富国强兵"的东西，包括"礼乐""诗书""修善""孝悌""贞廉""仁义"等，一概成了如商鞅所鄙弃的"六虱"。

那么，如何才能做到"富国强兵"呢？用一个字来概括，就是"治"。商鞅说过："国治必强。"（《商君书·开塞》）在这个意义上，"治"是"富国强兵"的条件。"治"是和"乱"相对的。"乱"就是没有秩序，而"乱"的顶点就是王权的崩溃和共同体的解体，所谓天下大乱；因此，"治"就是秩序，就是绝对的王权和共同体的稳定。无论是相对于西周"溥天之下莫非王土,率土之滨莫非王臣"的封建秩序而言,还是相对于"战国七雄"竞相称王的目标——"王天下"而言,战国都堪称乱世。称王,就是要结束战国乱世重建王权,从天下大乱走向天下大治。在这个意义上,"治"又是"富国强兵"的目标,因为在这里"治"直接就是"王天下"。由此看来,司马谈所谓"务为治者",确实抓住了问题的关键。

司马谈《论六家要指》开篇即援引《易大传》,明确提出自己的论域就是"天下":

《易大传》:"天下一致而百虑,同归而殊涂。"夫阴阳、儒、墨、名、法、道德,此务为治者也,直所从言之异路,有省不省耳。(《史记·太史公自序》)

"天下",是中国文化特有的一个概念,虽然常常被诠释为"世界(World)",但"天下"既不同于西方文化中的"World",也不能和"World"的中文翻译"世界"划等号。在中国文化中,"天"是和"人"相对而言的,是在人之外和人不能左右的,进而言之,是在人之外和人不能左右的一切,也就是说,凡是在人之外和人不能左右的都可以称为"天"。很显然,"天下"并不是"天"。既然不是天,就只能是人,是包括人、人的活动以及人的活动所产生的结果在内的一切,用中国的传统术语来表达,就是人间;用现代术语来表达,就是人的社会。人只能在大地上生存,人的活动产生的结果也只能存在于大地之上。因此,从直观的角度看,"天下"也是一个地域概念,即凡是有人或人的活动所至的地方的总称。在这个意义上,"天下"大体上相当于"世界"。但是,"天下"的含义并不止于此。既然叫"天下",就和"天"有关,是和天相通、相应、相副,冥冥之中受天的制御因而体现天的气运和定数的。天的气运和定数就是"天道",这个"天道"通过人和人的活动在人间或人的社会体现出来,就是人间的秩序和社会的典章制度,就是"人道"。人间秩序和社会典章制度符合天道,就是"天下有道",就是"王天下",就是"治"。

司马谈进而以"天下"为论域,从"务为治者"的角度,对阴阳、儒、墨、名、法、道等各家的"省"与"不省"一一进行论述。司马谈对各家的具体看法不是我们这里关注的重点,我们感兴趣的是以下两点:(1)司马谈"务为治者"的道家立场;(2)司马谈"务为治者"的"人主"立场。司马谈写道：

> 道家使人精神专一，动合无形，赡足万物。其为术也，因阴阳之大顺，采儒墨之善，撮名法之要，与时迁移，应物变化，立俗施事，无所不宜，指约而易操，事少而功多。儒者则不然。以为人主天下之仪表也，主倡而臣和，主先而臣随。如此则主劳而臣逸。至于大道之要，去健羡，绌聪明，释此而任术。夫神大用则竭，形大劳则敝。形神骚动，欲与天地长久，非所闻也。（《史记·太史公自序》）

司马谈显然是心仪于道家的，因此把道家看成总结了前面五家"省"与"不省"，"因阴阳之大顺，采儒墨之善，撮名法之要"，集众家之所长的致治之说。汉初尚黄老，司马谈心仪道家并不奇怪。但我们知道，作为先秦法家集大成者的韩非，竟然也从老子的道家思想中寻求"务为治者"的哲学基础。那么，在中国文化中，玄虚缥缈的"道"究竟是怎样成为"治"的哲学基础的？这是我们下面讨论韩非必须回答的。

至于司马谈的"人主"立场，从他超出一般意义上的"省"与"不省"而专门针对儒家的批评看得很清楚。在司马谈看来，儒家"以为人主天下之仪表也"，希望"人主"成为人间表率、社会楷模，事事躬亲、时时带头；但如果像这样"主劳而臣逸"，"人主"就会因为"神大用""形大劳"而精力衰竭、形体凋敝，最终非累死不可，又怎么谈得上"治"呢？司马谈写道："神者生之本也，形者生之具也。不先定其神［形］，而曰'我有以治天下'，何由哉？"（《史记·太史公自序》）这就透露出一个信息：在司马谈眼里，"治"只是专对"人主"而言，所谓"务为治者"也只是为"人主"服务的；更为重要的是，司马谈并不认为这是他的私见，而是诸子百家的共识。那么，"务为治者"的"人主"立场果真就是诸子百家的共识吗？这也是我们在下面讨论韩非要努力回答的。

二 韩非的学说和主张

韩非被公认是法家的集大成者。但和其他法家人物不同，韩非并不是一个掌握实权的政治家、实践家。他是一个思想家，一个关心现实政治的学者。

韩非（约公元前280年～公元前233年），战国时期韩国贵族。据司马迁记载，韩非口吃，不善言谈而长于著述。这大概是韩非虽多次向韩王进谏，却不为所用的原因。据说，秦王政（秦始皇）看了韩非的书很是赞赏，但韩非代表韩国出使秦国，却正当壮年而客死在秦国的监狱中。司马迁感叹："韩非知说之难，为《说难》书甚具，终死于秦，不能自脱。""余独悲韩子为《说难》而不能自脱耳。"（《史记·老子韩非列传》）虽然秦始皇杀了韩非，却在秦的政治实践中贯彻了韩非的学说和主张，使之成为秦帝国以及继秦以后大一统中央集权制国家的理论基础。

和成功实行变法的商鞅不同，韩非的著述并不是为了"强秦"，而是因痛恨韩国的衰败而作。因此，在他的著述中，并不见政治家的自恃和夸耀，而多有对历史和现实政治的反省、批判，以及深入的辨析和寻根究底的思考。现存《韩非子》55篇，其中或有伪作，但大体出自韩非之手，是讨论韩非可靠的一手资料。下面，我们就依据《韩非子》，来讨论韩非的学说和主张。

（一）奸佞和庸主

无论从历史还是从现实的角度，韩非最为痛恨的，就是奸佞当道和人主昏庸。在《韩非子》书中，几乎所有篇章都不乏对奸佞和庸主的批判。《八奸》和《十过》两篇，则比较集中地分析、批判了奸佞和庸主形形色色的伎俩和类型。

韩非列举了八种奸佞的伎俩：同床、在旁、父兄、养殃、民萌、流行、威强、四方。所谓"同床"，就是通过贿赂夫人宠妾，蛊惑人主；所谓"在旁"，就是拉拢倡优侏儒、亲信侍从，蒙骗人主；所谓"父兄"，就是勾结公子贵胄、大臣廷吏，干扰人主；所谓"养殃"，就是用宫室台池、倩女狗马淫乱人主；所谓"民萌"，就是散发公财取悦百姓，提高个人声誉，遮蔽人主；所谓"流行"，就是搜罗辩士和能言善说的人，用巧文之言、流行之辞坑害人主；所谓"威强"，就是豢养剑客死士，恐吓群臣和百姓，威逼人主；所谓"四方"，就是阴结大国、强国，借外力胁迫人主。在韩非看来，正常健康的政治生态本来应该是：

> 贤材者处厚禄，任大官；功大者有尊爵，受重赏。官贤者量其能，赋禄者称其功。是以贤者不诬能以事其主，有功者乐进其业，故事成功立。（《韩非子·八奸》）

但现实是一派亡国之风：

> 今则不然，不课贤不肖，不论有功劳，用诸侯之重，听左右之谒。父兄大臣上请爵禄于上，而下卖之以收财利，及以树私党。故财利多者买官以为贵，有左右之交者请谒以成重。功劳之臣不论，官职之迁失谬。是以吏偷官而外交，弃事而亲财。是以贤者懈怠而不劝，有功者隳而简其业，此亡国之风也。（《韩非子·八奸》）

造成这种情况的原因，除了奸佞当道，当然还有人主的昏庸。韩非列举了人主昏庸的十种类型：

> 十过：一曰行小忠，则大忠之贼也。二曰顾小利，则大利之残也。三曰行僻自用，无礼诸侯，则亡身之至也。四曰不务听治而好五音，则穷身之事也。五曰贪愎喜利，则灭国杀身之本也。六曰耽于女乐，不顾国政，则亡国之祸也。七曰离内远游而忽于谏士，则危身之道也。八曰过而不听于忠臣，而独行其意，则灭高名，为人笑之始也。九曰内不量力，外恃诸侯，则削国之患也。十曰国小无礼，不用谏臣，则绝世之势也。（《韩非子·十过》）

这十种过失，除了第一种"行小忠"是用公元前575年晋楚鄢陵之战中，楚军司马子反因侍从谷阳"行小忠"敬酒，子反酒醉不能紧急应召，致使楚军不得不星夜败退，子反自杀身亡的故事，警示做人主的不要因为臣下的愚忠而妨害军国大事，所谓"行小忠则大忠之贼也"，其余九种均是取自历史和现实政治中，各国君主因为昏庸而导致身败名裂、亡国绝世的真实事例。

那么，如何才能杜绝奸佞、矫正庸主呢？

（二）"法术之士"和"当涂之人"

韩非提出"法术之士"的概念。"法术之士"是"智术之士"和"能法之士"的合称，所以也称"智术能法之士"。什么是"智术能法之士"？韩非说：

> 智术之士，必远见而明察，不明察不能烛私；能法之士，必强毅而劲直，不劲直不能矫奸。(《韩非子·孤愤》)

"智术能法之士"的对立面是"重人"，也即握有重权的奸佞之人，所以也称"当涂之人"：

> 重人也者，无令而擅为，亏法以利私，耗国以便家，力能得其君，此所为重人也。(《韩非子·孤愤》)

"智术能法之士"或"法术之士"与"重人"或"当涂之人"，是势不两立、你死我活的仇敌：

> 智术之士，明察听用，且烛重人之阴情；能法之士，劲直听用，且矫重人之奸行。故智术能法之士用，则贵重之臣必在绳之外矣。是智法之士与当涂之人，不可两存之仇也。(《韩非子·孤愤》)

可是，"法术之士"要和"当涂之人"宣战，却是极其危险的。因为，"当涂之人"有"五胜之资"，而"法术之士"却处"五不胜之势"：

> 法术之士操五不胜之势，以岁数而又不得见；当涂之人乘五胜之资，而旦暮独说于前。故法术之士奚道得进，而人主奚时得悟乎？故资必不胜而势不两存，法术之士焉得不危！其可以罪过诬者，以公法而诛之；其不可被以罪过者，以私剑而穷之。是明法术而逆主上者，不僇于吏诛，必死于私剑矣。(《韩非子·孤愤》)

韩非所谓"五胜"和"五不胜"具体是指：（1）"以疏远与近爱信争"，"法术之士"不能取胜；（2）"以新旅与习故争"，"法术之士"不能取胜；（3）"以反主意与同好争"，"法术之士"不能取胜；（4）"以轻贱与贵重争"，"法术之士"不能取胜；（5）"以一口与一国争"，"法术之士"不能取胜。而之所以形成"法术之士"和"当涂之人"的这种态势，主要责任却是在人主。对于人主而言，"当涂之人"是很少不被信任和宠爱的。因为迎合人主，投其所好，本来就是"当涂之人"得以晋升和掌握重权的途径。至于"法术之士",既不会阿谀谄媚,又不会拉帮结派,甚至还要"以法术之言矫人主阿辟之心",想要得到人主的信任和重用,可以说是难上加难。其结果是,"法术之士"只能急流勇退,以求保全自己的性命而已。韩非写道:

> 今人主不合参验而行诛,不待见功而爵禄,故法术之士安能蒙死亡而进其说?奸邪之臣安肯乘利而退其身?(《韩非子·孤愤》)

况且,世上人主大多喜怒无常,即使同样的行为在不同的时候和情境下,也会有绝然相反的结果。春秋时期卫国的嬖大夫弥子瑕受卫灵公宠信,按卫国法令,私驾君车论罪当处刖刑。弥子瑕母亲病了,弥子瑕得知后假托君命夜驾君车而出。卫灵公听说后,称赞他孝顺,为了母亲竟然以身犯险。等到弥子瑕失宠,卫灵公却旧事重提,以假托君命私驾君车加罪于弥子瑕。弥子瑕私驾君车是同一个行为,之所以一时被称赞一时又获罪,只是因为卫灵公自己的爱憎发生了变化。韩非警告那些靠近人主,试图向人主进谏的"说者":

> 夫龙之为虫也,柔可狎而骑也;然其喉下有逆鳞径尺,若人有婴之者,则必杀人。人主亦有逆鳞,说者能无婴人主之逆鳞,则几矣。(《韩非·说难》)

龙这种动物,温顺的时候甚至可以戏耍它、骑它,但如果触碰到了它喉下的那块逆鳞,它是会杀人的;人主也有逆鳞,若是触碰到了人主的逆鳞,则难免杀身之祸。

(三) 圣主和贤臣

奸佞当道,人主昏庸,贤能者慑于淫威,只能退避三舍、明哲保身。这是韩非面对的政治现实,也是韩非穷毕生精力想要破解的一道难题。或许有人会想,只要人主圣明,能够任用能干的贤臣,问题就迎刃而解了。但纵观历史和现实,哪里又有几个圣明的人主?而即使圣主当世,贤臣就一定能被认识、被任用吗?按照通常的标准,商汤算得上是圣主了,而伊尹也是公认的贤臣,但商汤和伊尹的相识又是何其之难:

上古有汤至圣也，伊尹至智也；夫至智说至圣，然且七十说而不受，身执鼎俎为庖宰，昵近习亲，而汤乃仅知其贤而用之。故曰：以至智说至圣未必至而见受，伊尹说汤是也。(《韩非子·难言》)

进而言之，纵算圣主和贤臣的结合，确能使问题迎刃而解，可究竟何为圣主，何为贤臣？对于韩非来说，这是不能不辨析清楚的。

（1）尧舜圣贤，矛楯之说也

尧舜是公认的圣贤，却逃不过韩非的辨析和质疑。当舜还是尧的臣子的时候，历山一带的农夫"侵畔"（相互侵占田界），舜就到那里去种田，一年后"甽亩正"（田界恢复正常）；黄河边的渔民"争坻"（抢夺水中高地），舜就到那里去打鱼，一年后"让长"（礼让长者）；东夷的陶工"器苦窳"（陶器粗糙低劣），舜就到那里去制陶，一年后"器牢"（陶器结实）。韩非发问：当舜行德化之时，尧不是天子吗？既然如此，要么肯定尧为圣王而否定舜，要么肯定舜的德化之功而否定尧；这二者是不能同时成立的。韩非写道：

圣人明察在上位，将使天下无奸也。今耕渔不争，陶器不窳，舜又何德而化？舜之救败也，则是尧有失也。贤舜则去尧之明察，圣尧则去舜之德化，不可两得也。楚人有鬻楯与矛者，誉之曰："吾楯之坚，物莫能陷也。"又誉其矛曰："吾矛之利，于物无不陷也。"或曰："以子之矛陷子之楯，何如？"其人弗能应也。夫不可陷之楯与无不陷之矛，不可同世而立。今尧、舜之不可两誉，矛楯之说也。(《韩非子·难一》)

并且，在韩非看来，舜的"德化"也实在不值得称道：以舜的品德和能力，竟然要亲自去耕、渔、陶三年，才能纠正三个微不足道的过失。天下之大，像这样的过失可以说没有穷尽，舜又怎么"德化"得过来呢？正可谓："舜有尽，寿有尽，天下过无已者，以有尽逐无已，所止者寡矣。"(《韩非子·难一》)

（2）文王囚于羑里，非智也

周文王是儒家尊奉的圣王，自然也逃不过韩非的辨析和质疑。还在殷纣王的时候，周文王遭到纣王的厌恶，于是就将洛水西边、赤壤地方方圆千里的土地进献给纣王，并请求废除炮烙酷刑。这件事让天下人都很高兴。孔子以文王"轻千里之国而请解炮烙之刑"赞其仁，以文王"出千里之地而得天下之心"称其智。韩非却不以为然：

> 仲尼以文王为智也，不亦过乎？夫智者，知祸难之地而辟之者也，是以身不及于患也。使文王所以见恶于纣者，以其不得人心耶？则虽索人心以解恶可也。纣以其大得人心而恶之，己又轻地以收人心，是重见疑也。固其所以桎梏囚于羑里也。（《韩非子·难二》）

（3）孔子之对，亡国之言也

韩非更对孔子的政治主张进行辩难。叶公子高问政，孔子答："政在悦近而来远。"鲁哀公问政，孔子答："政在选贤。"齐景公问政，孔子答："政在节财。"对于孔子的回答，韩非批评道："仲尼之对，亡国之言也。"为什么？针对孔子的解释，韩非一一进行驳辨，并在批判孔子的同时提出自己的政治主张。

关于"悦近而来远"，孔子的解释是："叶都大而国小，民有背心。"韩非辨析道：

> 叶民有倍心，而说之"悦近而来远"，则是教民怀惠。惠之为政，无功者受赏，而有罪者免，此法之所以败也。法败而政乱，以乱政治败民，未见其可也。（《韩非子·难三》）

韩非提出自己的政治主张：

> 有功者必赏，赏者不得君，力之所致也；有罪者必诛，诛者不怨上，罪之所生也。民知诛罚之皆起于身也，故疾功利于业，而不受赐于君。（《韩非子·难三》）

韩非在这里以"法"和"惠"相对，主张赏有功、诛有罪，皆是依法而行，受赏者不用感恩，受诛者罪有应得，无论赏罚都和君王是否"悦"民没有关系，因为"民"直接面对的是"法"。这正是韩非关于"法"的基本主张。

关于"选贤",孔子的解释是:"鲁哀公有大臣三人,外障距诸侯四邻之士,内比周而以愚其君。"韩非辨析道:

> 此非功伐之论也,选其心之所谓贤者也。使哀公知三子外障距内比周也,则三子不一日立矣。哀公不知选贤,选其心之所谓贤,故三子得任事。(《韩非子·难三》)

韩非提出自己的政治主张:

> 明君不自举臣,臣相进也;不自贤,功自徇也。论之于任,试之于事,课之于功,故群臣公正而无私,不隐贤,不进不肖。然则人主奚劳于选贤?(《韩非子·难三》)

鲁哀公的问题恰恰在于,仅凭个人的意愿和私见选拔贤臣,因此才会形成"三桓"把持鲁国内政和外交的局面。在韩非看来,人主不凭个人意愿提拔臣子,臣子自会争相进用;不凭个人私见判定贤人,立功的人自会随之而来。以臣子的职任鉴别他们,以臣子的工作测试他们,依据臣子取得的成绩考核他们,群臣就会公正而无私,不隐瞒贤人,不推荐不贤的人。既然这样,人主又何必劳于选贤呢?这正是韩非循名责实的主张,是法家所谓"术"的要义所在。

关于"节财",孔子的解释是:"齐景公筑雍门,为路寝,一朝而以三百乘之家赐者三。"韩非辨析道:

> 是使景公无术以享厚乐,而独俭于上,未免于贫也。有君以千里养其口腹,则虽桀、纣不侈焉。齐国方三千里而桓公以其半自养,是侈于桀、纣也;然而能为五霸冠者,知侈俭之地也。(《韩非子·难三》)

韩非提出自己的政治主张:

> 为君不能禁下而自禁者,谓之劫;不能饰下而自饰者,谓之乱;不节下而自节者,谓之贫。明君使人无私,以诈而食者禁;力尽于事,归利于上者必闻,闻者必赏;污秽为私者必知,知者必诛。然故忠臣

尽忠于公，民士竭力于家，百官精克于上，侈倍景公，非国之患也。（《韩非子·难三》）

齐景公用百乘之家进行赏赐，一掷千金，看似奢靡无度；但作为拥有方三千里国土的人主，哪怕拿一半国土的所出用于享乐，也是天经地义的。孔子规劝齐景公要厉行节约，无非是要人主眼睁睁看着下面的臣子尽享荣华富贵，而自己却在上面苦苦地勤俭节约，实在是大谬不然。在韩非看来，人主不能禁止臣下而只能约束自己，叫做灾难；不能整饰臣下而只能规范自己，叫做混乱；不能节制臣下而只能检点自己，叫做贫困。人主要做的是禁绝所有人的私心和奸诈，使他们一心为公，一心向主，闻公必赏，知私必诛。这样的人主，纵算数倍于齐景公的奢靡，也不会成为国家的祸患。这就完全站在人主的立场，把整个国家乃至天下视为供人主享用的个人私产。而人主之所以享有这样的权力，只是因为他是"人主"，拥有超乎一切的威势。这就是韩非所谓的"势"。

通过对包括尧、舜、文王、孔子等世所公认的圣贤的辨析，韩非摧毁了传统意义上的圣贤观。在韩非看来，人主想要实现"王天下"的目标，既不能幻想从历史中寻求可以为楷模的圣王，那样的圣王是不切实际的；也不能奢望在现实中找到可以为辅佐的忠臣，那样的忠臣是靠不住的。因为，人主和臣下之间，既无父子之亲，也无兄弟之情，联系他们的纽带只有一个"利"字。韩非写道：

今学者之说人主也，皆去求利之心，出相爱之道，是求人主之过父母之亲也，此不熟于论恩诈而诬也，故明主不受也。圣人之治也，审于法禁，法禁明著则官治；必于赏罚，赏罚不阿则民用。官治则国富，国富则兵强，而霸王之业成矣。霸王者，人主之大利也。人主挟大利以听治，故其任官者当能，其赏罚无私。使士民明焉尽力致死，则功伐可立而爵禄可致，爵禄致而富贵之业成矣。富贵者，人臣之大利也。人臣挟大利以从事，故其行危至死，其力尽而不望。此谓君不仁，臣不忠，则可以霸王矣。（《韩非子·六反》）

摒弃了仁义忠信的人主，唯一可以依凭的只有他自己。孤独的人主，才是名副其实的人主。因为，他无需他求，只要参透并接受像韩非这样的

"法术之士"的理论，自觉地集"法""术""势"于自身，操生杀"二柄"而毋使权力旁落，他就是至高无上的人间秩序的缔造者。他自己就是"圣王"。

（四）"法""术""势"和"二柄"

在先秦法家中，商鞅重"法"，申不害重"术"，慎到重"势"。韩非对商鞅、申不害和慎到的学说进行批判和总结，把"法""术""势"三者统一起来，认为三者皆是人主之"具"和人主之"资"，不可偏废。是为先秦法家集大成者。

（1）"法"和"术"

韩非《定法》篇专门讨论了商鞅和申不害，对他们只重"法"和"术"的一方而忽视另一方的缺失提出批评。韩非设问：商鞅和申不害二者究竟谁更契合人主的需要？韩非回答：这是不能比较的，正像人不吃饭就会饿死、不穿衣就会冻死，但不能问吃饭和穿衣究竟哪一样对人的生命更重要。韩非说：

> 君无术则弊于上，臣无法则乱于下，此不可一无，皆帝王之具也。（《韩非子·定法》）

在韩非看来，申不害辅佐韩昭侯变法，虽取得重要成就，但片面推行"术"治，疏于"法"治，忽略了"法"的稳定性、一致性和连续性。韩由"三家分晋"而来，但申不害在晋的旧法没有废止的情况下，急于颁行新法，致使"故新相反，前后相悖"。其结果，"申不害虽十使昭侯用术，而奸臣犹有所谲其辞矣。故托万乘之劲韩，七十年而不至于霸王者，虽用术于上，法不勤饰于官之患也"。商鞅在秦成功实行变法，虽然厉行"告相坐而责其实，连什伍而同其罪，赏厚而信，刑重而必"等良法，使秦国迅速"国富而兵强"，但不懂得"术"治，"无术以知奸，则以其富强也资人臣而已矣"。其结果，"商君虽十饰其法，人臣反用其资。故乘强秦之资数十年，而不至于帝王者，法不勤饰于官，主无术于上之患也"。（《韩非子·定法》）

更进一步，韩非对商鞅和申不害本身在"法"和"术"的理解和运用上存在的不足，也提出批评，认为"二子之于法术皆未尽善也"。在韩非看来，商鞅的军爵法，是不切实际和错误的。阵前杀敌斩首就升官进爵，正如同让一介莽夫去做工匠和医生一样是荒唐的，因为"治官者，智能也"。至于申不害，虽然重"术"，却说出"治不逾官，虽知弗言"这样的话。韩非批评说："人主以一国目视，故视莫明焉；以一国耳听，故听莫聪焉。今知而弗言，则人主尚安假借矣。"（《韩非子·定法》）

商鞅和申不害之所以"之于法术皆未尽善"，是因为他们并没有理解"法"和"术"作为"帝王之具"的奥秘。韩非说：

> 人主之大物，非法则术也。法者，编著之图籍，设之于官府，而布之于百姓者也。术者，藏之于胸中，以偶众端，而潜御群臣者也。故法莫如显，而术不欲见。（《韩非子·难三》）
>
> 术者，因任而授官，循名而责实，操杀生之柄，课群臣之能者也，此人主之所执也。法者，宪令著于官府，刑罚必于民心，赏存乎慎法，而罚加乎奸令者也，此臣之所师也。（《韩非子·定法》）

其实，关于"法""术"及其关系和统一，韩非在其著述中不厌其详也不厌其烦，从多方面、多角度和多层次予以阐释，而他自己则显然是以"法术之士"而自诩。这是因为，在韩非心目中，唯有"法""术"并重，才是人主"王天下"的不二法门。作为高居于权力顶峰的人主，一方面必须维护自己的最高权力不受侵犯，另一方面又必须任用臣属以实现对"天下"的统治。任用臣属就意味着权力下放，就会导致权力的分散、旁落乃至失控。而失控的权力，既是滋生奸佞的温床，也是"乱"的渊薮。那么，如何才能既维护最高统治权不使旁落和失控，又实现对"天下"的有效统治呢？在韩非看来，"法"和"术"的统一，或"法""术"一体，就是对这个困扰人主的千古难题的解答。

"法"，是人主布之于"天下"，让所有人遵守的，也是各级臣属据以行使权力的公开的依据。"法"的特点是"显"，所以为"公法"。既为公法，则"法不阿贵，绳不挠曲。法之所加，智者弗能辞，勇者弗敢争"；就能杜绝各级臣属的"私曲""私行"；而"能去私曲就公法者，民安而国治；能去私行行公法者，则兵强而敌弱"。（《韩非子·有度》）"公"的另一层也是更重要的含义是，它是出自人主"王天下"的公心，而非出自任何其他个人或方面的私欲。这就不仅保证了"法"的唯一性，也保证了"法"和最高统治权的一致和统一。

"术",是人主藏之于胸,秘不示人的,是人主统御臣属的手段,也即驭人之术。"术"的特点是"潜",所以喜怒哀乐不形于色,所谓"术不欲见"也。虽然"术不欲见",却并非阴术。之所以喜怒哀乐不形于色,是因为人主只有通过赏或罚才能实行对臣属的统御,而赏罚的根据却不是人主一时的好恶或诸如喜怒哀乐的情绪,而是"法"或"公法"。并且,人主的好恶,会成为臣属谄媚逢迎或彼此倾轧的导引;人主喜怒哀乐情绪的变化,会成为臣属出入进退的根据;甚至人主的政治倾向和政治抱负,也会成为臣属妄自猜度并据以贪功冒进或以身试法的筹码。因此,人主必须心扉紧闭,深藏不露,神龙见尾不见首。这是人主作为孤独者的更深一层含义。

"法"和"术"的统一,或"法""术"一体,不啻是人主雄踞天下的一把利剑,而"法"和"术"则不过是这把利剑的两刃或两个方面。人主要拿起这把利剑并不困难。他无需把自己塑造成为至仁至义的圣王,也无需等待旷世的贤能忠臣,他只需下定决心一断于法,把自己的好恶和喜怒哀乐乃至宏伟的抱负深藏于心,就能负阴而抱阳、守内而御外、处虚而务实、以静而制动,以其无为而无不为,以一人而"王天下"。这里蕴含着中国古代最深刻的智慧。这或许就是中国古代帝王最傲慢的自称,为"孤"、为"寡"、为"一人"或"余一人"的原因所在。韩非写道:

> 释法术而任心治,尧不能正一国;去规矩而妄意度,奚仲不能成一轮;废尺寸而差短长,王尔不能半中。使中主守法术,拙匠守规矩尺寸,则万不失矣。君人者能去贤巧之所不能,守中拙之所万不失,则人力尽而功名立。(《韩非子·用人》)

(2)"势"

"势"指的是人主所处的位势,也就是他拥有的最高统治权或绝对权力。很显然,韩非关于"法""术"一体的学说,是建立在人主拥有最高统治权的基础上。"势",是韩非学说和主张的逻辑前提。如果这个前提遭到质疑,韩非的全部学说和主张也就垮台了。这一点,作为论辩高手的韩非是清楚的,所以专门写了《难势》讨论这个问题,以确立"势"作为自己学说和主张的逻辑前提和基础。

《难势》首先引出慎到关于"势"的主张,然后从质疑和反质疑两个层次上进行辨析，类似于黑格尔哲学中的正题、反题和合题。

正题。韩非引慎到的主张：

> 飞龙乘云，腾蛇游雾，云罢雾霁，而龙蛇与螾蚁同矣，则失其所乘也。贤人而诎于不肖者，则权轻位卑也；不肖而能服于贤者，则权重位尊也。尧为匹夫不能治三人，而桀为天子能乱天下。吾以此知势位之足恃，而贤智之不足慕也。（《韩非子·难势》）

反题。韩非以"应慎子曰"提出质疑，实际上是当时流行的一种政治主张。质疑从两个层面展开。首先，质疑者认为，龙蛇能腾云驾雾是因为龙蛇自身具备腾云驾雾的条件；螾蚁不能是因为自身不具备这样的条件，就像桀纣虽然"南面而王天下"，却依然搞得天下大乱，是因为桀纣不具备"王天下"的才能一样。质疑者由此提出：

> 夫释贤而专任势，足以为治乎？则吾未得见也。（《韩非子·难势》）

其次，尧舜和桀纣所依凭的"势"是一样的，结果却不一样。这说明"势"和"治""乱"并没有必然的关系，"尧舜得势而治，桀纣得势而乱"。然而，世上"贤者寡而不肖者众"，"势"往往就成了"养虎狼之心而成暴乱之事者"，是为"天下之大患"。"势"不过是达到"治"的一个因素，好比天下是一驾马车，"势"是拉车的马，而人主则是驾车的驭手。如果驭手是尧舜，则天下"治"；如果驭手是桀纣，则天下"乱"。因此，"释贤而专任势"想要天下"治"是不可能的。

合题。韩非以"复应之曰"提出反质疑，实际上就是韩非自己的主张。韩非首先提出"自然之势"和"人之所设"两个概念，认为质疑者说的不过是"自然之势"，是就尧舜或桀纣"生而在上位"而言。所谓"尧舜得势而治"，是说尧舜"生而在上位"，则"贤"本身就是"势"，是为"势治"；所谓"桀纣得势而乱"，是说桀纣"生而在上位"，则"不肖"本身就是"势"，是为"势乱"。无论"势治"还是"势乱"，都是人无可奈何的。如果"势"是"人之所设"，是一种由人主动建立起来的绝对权力，那么"势"和"贤"就是不可两立的"矛楯之说"。韩非说：

以为不可陷之楯与无不陷之矛，为名不可两立也。夫贤之为势不可禁，而势之为道也无不禁，以不可禁［之贤与无不禁］之势，此矛楯之说也。夫贤势之不相容亦明矣。(《韩非子·难势》)

韩非进而针对质疑者"贤者寡而不肖者众"的论据，提出无论尧舜还是桀纣都是"千世而一出"，世上的人主大都不过是才质平平的"中者"。所谓"人之所设"，既不是为了尧舜，也不是为了桀纣，而是为"中者"所设。韩非写道：

中者，上不及尧舜而下亦不为桀纣，抱法处势则治，背法去势则乱。今废势背法而待尧舜，尧舜至乃治，是千世乱而一治也；抱法处势而待桀纣，桀纣至乃乱，是千世治而一乱也。(《韩非子·难势》)

韩非是雄辩家，层层设问，又层层辨析，似乎天衣无缝，无懈可击。然而，如果"自然之势"必须待尧舜千世一治，而韩非所谓"势"既是"人之所设"，又是可以"去"和"废"的；那么，废去了"势"将会怎样呢？难道没有了人主的最高统治权或绝对权力，就一定如韩非所说，"去势则乱"吗？韩非没有也不可能从这样的角度提出问题。这是"务为治者"的人主立场使然。当然，不仅韩非，中国古代绝大多数思想家也没有从这样的角度提出问题。这同样是"务为治者"的人主立场使然。

（3）"二柄"

韩非强调"法""术""势"并重，不可偏废。但从政治实践的角度看，"术"却因为其操作性而成为人主不可或缺的能力。在某种意义上，"术"最突出地体现了中国古代帝王的秉性。"术"的主要内容就是"二柄"。韩非说：

术者，因任而授官，循名而责实，操杀生之柄，课群臣之能者也。(《韩非子·定法》)

明主之所导制其臣者，二柄而已矣。二柄者，刑德也。何谓刑德？曰：杀戮之谓刑，庆赏之谓德。(《韩非子·二柄》)

而执行"二柄"的程序或规则就是"循名而责实"，就是"形名参同"

或"审合刑名"。韩非说：

> 有言者自为名，有事者自为形，形名参同，君乃无事焉，归之其情。(《韩非子·主道》)
> 君臣不同道，下以名祷。君操其名，臣效其形，形名参同，上下和调也。(《韩非子·杨权》)

所谓"有言者"就是进言的臣下，自然会拿出自己的主张（名），所以说"下以名祷"；所谓"有事者"就是履职的臣下，自然会达成一定的功效（形），所以说"臣效其形"；人主依据臣下的主张（"君操其名"），看他实际的功效是否和他的主张相一致，就叫"形名参同"或"审合刑名"。一致就赏，不一致就罚。韩非说：

> 人主将欲禁奸，则审合刑名者，言与事也。为人臣者陈而言，君以其言授之事，专以其事责其功。功当其事，事当其言，则赏；功不当其事，事不当其言，则罚。故群臣其言大而功小者则罚，非罚小功也，罚功不当名也；群臣其言小而功大者亦罚，非不说于大功也，以为不当名也，害甚于有大功，故罚。(《韩非子·二柄》)

言大功小受罚，是人之常情；但言小功大也罚，则超出了一般人的常识。韩非举例，过去韩昭侯喝醉酒睡着了，掌帽官担心他冷就给他盖上了衣服。韩昭侯睡醒后很高兴，就问左右："是谁盖的衣服？"左右回答："掌帽官。"韩昭侯便同时处罚了掌衣官和掌帽官。处罚掌衣官，是因为掌衣官失职；处罚掌帽官，是因为掌帽官越权。韩昭侯并非喜欢寒冷，而是因为越权的危害超过了寒冷。这就是人主的"术"，是申不害辅佐韩昭侯留下的遗产。

韩非生活于战国末期，他的学说和主张是战国"富国强兵"时代精神的产物，也服务于战国特定历史时期"务为治者"的政治需要。但是，由于韩非并没有成为掌握实权的政治家，这个缺点——如果是缺点的话，反倒使他与那些游走于各诸侯国之间，靠兜售一些似是而非的方略以换取个人荣华富贵的纵横家有着根本的区别。他批评纵横家，"国利未立，封土厚禄至矣；主上虽卑，人臣尊矣；国地虽削，私家富矣。事成，则以权长重；

事败，则以富退处。"(《韩非子·五蠹》)可谓直击要害。他的学说和主张，也比那些参与现实政治的法家更深刻。在他的学说和主张背后，饱含着对历史和人以及天道和人道的反思。这使他成为一个哲学家。在一定意义上，韩非并不属于他的时代，因为他的学说和主张并不能成为那些竞相称王的野心家的行动指南。不妨说，他的学说和主张是属于不久以后的未来，是为实现了"王天下"目标的皇帝准备的。他死在秦王政的监狱中，但他的学术和主张却成为秦始皇打造中国历史上第一个大一统集权制帝国的政治纲领。这是他无法逃脱的宿命，而他的个人命运就是他的学说和主张最好的诠释。

三　韩非的哲学

韩非把天下治乱托付给"人主"，但这个高居于一切权力和人之上的"人主"，是需要根据和理由的。这个根据和理由，既要从历史和现实中去寻求，也要超出人和人的活动之外，向"天"而求。从历史的变迁中把握现实，由"天道"而求"人道"或"人主之道"，构筑人主及其统治的合理性根据，是韩非哲学的起点，也是韩非哲学的终点和目标。正如太史公司马迁所言，"究天人之际，通古今之变，成一家之言"(《史记·太史公自序》)。如果说，孔子哲学的出发点和目标是做人，做一个好人；那么，韩非哲学的出发点和目标，就是做一个合乎"天道"的人主，也即"有道之君"或"有道之主"。

（一）"古今异俗"与"好利恶害"

中国古代文化的一个突出特点，就是重史。这个特点，由于孔子整理和传承"六艺"使成为华夏文明共同的文化经典得到加强，也有了可以依凭的思想资源。孔子讲三代相因而有所损益，抓住的是历史变迁中代代相因而不变的东西，并把它升华为"仁"的哲学。韩非从历史中看到的首先是变，是"古今异俗"，因此主张"新故异备"。备者，应对之策也。

关于"古今异俗"，韩非有一个简单而明确的判语：

上古竞于道德，中世逐于智谋，当今争于气力。(《韩非子·五蠹》)

韩非把历史划分为"上古之世""中古之世""近古之世"和"今世"。在韩非眼中，今世为乱世，几乎乏善可言。因此，人们总想从过去的历史中寻求解决今世问题的灵丹妙药。看起来，无论上古、中古还是近古，似乎都有可称道、可为今世典范的圣贤及其英雄业绩和高尚品格。上古之世，因为人少而禽兽众，人们苦于禽兽的侵扰，有人"构木为巢，以避群害"，就被奉为圣人而使"王天下"，是为"有巢氏"；又因为吃的都是生猛野食，人们苦于腥臊腐臭所带来的疾病，有人"钻燧取火，以化腥臊"，也被奉为圣人而使"王天下"，是为"燧人氏"。中古之世，有鲧禹决渎治水；近古之世，有汤武征伐桀纣之暴。这些都是古代圣贤了不起的英雄业绩。但是，如果有人在鲧禹面前夸耀构木钻燧，在汤武面前夸耀决渎，那是一定会被耻笑的。至于仁义、礼让、不争等，这些被人们称颂的古代圣贤的高尚品格，也是需要讨论而很可怀疑的。古代的不争，是因为人少而生活资源丰厚，因此无需争；今世的争，是因为人多而生活资源匮乏，因此不得不争。古代的礼让，是因为即使贵为天子其所享用的也比不过今世的一个看门仆役；今世的贪恋，是因为即使区区一介县令也有供子孙后代享用的荣华富贵。韩非写道：

> 是以古之易财，非仁也，财多也；今之争夺，非鄙也，财寡也。轻辞天子，非高也，势薄也；重争士橐，非下也，权重也。（《韩非子·五蠹》）

虽然"古今异俗"，有争与不争和让与不让的区分，但古之人与今之人却并不因此就有"仁""鄙""高""下"的不同。作为人，他们是一样的，有着相同的行为倾向——"情"，或相同的意愿——"心"。这个相同的行为倾向或意愿也即"情"或"心"，就是"好利恶害"，就是"欲利"。韩非说：

> 夫安利者就之，危害者去之，此人之情也。（《韩非子·奸劫弑臣》）
> 好利恶害，夫人之所有也。（《韩非子·难二》）

而"好利恶害"或"欲利"，是人的生存需求使然。韩非说：

> 人无毛羽，不衣则不犯寒。上不属天，而下不着地，以肠胃为根本，不食则不能活。是以不免于欲利之心。（《韩非子·解老》）

因为是生存需要使然，所以人的行为无论其外表看起来是多么高尚或卑下，毫无例外都是出于"利"的考虑，是"利"的意愿也即"欲利"使然。韩非写道：

> 故王良爱马，越王勾践爱人，为战与驰。医善吮人之伤，含人之血，非骨肉之亲也，利所加也。故舆人成舆，则欲人之富贵；匠人成棺，则欲人之夭死也。非舆人仁而匠人贼也，人不贵则舆不售，人不死则棺不买，情非憎人也，利在人之死也。（《韩非子·备内》）

有人从人性论的角度，把韩非的这种看法说成一种主张"性恶"的人性理论，或许不无道理。但韩非在这里并不涉及善恶问题，因为在他的哲学中所谓善恶是另有标准的。抛开性善、性恶不谈，当韩非把人的一切行为都视为"欲利"或由"利"所驱动，并以此为基点来理解历史和现实，那么每一个人就都是一个具有不同意愿或不同利益取向的行为者或行为主体，而如何协调这些具有不同意愿或不同利益取向的行为者或行为主体就成为头等重要的问题。孔子是承认"欲"的，但他是在"己""人""欲"三者的关系或结构中，在承认每一个人都是一个意愿主体的基础上，提出"己所不欲，勿施于人"的"仁"的哲学。韩非却不同，他的目标是"务为治者"，而"务为治者"的主体只有一个，就是人主。因此，如果同样从"己""人""欲"的关系来看，那么在韩非的哲学中，所谓"己"就是"人主"，一个唯一正当的意愿主体或利益主体。正是从这里，韩非提出"公利"的概念。

（二）"公利"与"私便"

所谓"公利"，就是人主的"欲利"或意愿；之所以为"公"，是因为它出于人主"务为治者"的公心。所谓"私便"，就是除人主以外包括各级臣属和黎民百姓在内的所有其他人的"欲利"或意愿；之所以为"私"，是因为它是出于狭隘或封闭的个人，是一己之私，因此是与人主的"公利"相背或正相对立的。韩非说：

匹夫有私便，人主有公利。不作而养足，不仕而名显，此私便也；息文学而明法度，塞私便而一功劳，此公利也。(《韩非子·八说》)

古者苍颉之作书也，自环者谓之私，背私谓之公。公私之相背也，乃苍颉固以知之矣。今以为同利者，不察之患也。(《韩非子·五蠹》)

既然"公""私"不同利，那么站在人主的立场上，就要兴"公"灭"私"，是为大公无私。但是，即使是匹夫的"私便"，也是出于人的生存需要，所以想要灭绝是不可能的。因此，比较客观和现实的办法是利用和引导。而利用和引导的具体途径和手段就是"法""术""势"和"二柄"。至于那些不能利用和无法引导的冥顽不化者也即"不令之民"，就只能采取极端的办法"除之"。韩非说：

夫见利不喜，上虽厚赏无以劝之；临难不恐，上虽严刑无以威之。此之谓不令之民也。(《韩非子·说疑》)

势不足以化则除之。(《韩非子·外储说右上》)

赏之誉之不劝，罚之毁之不畏，四者加焉不变，则除之。(《韩非子·外储说右上》)

"不令之民"也称"奸伪无益之民"，有六种。(1) 畏惧死亡，远离危难，本是投降败逃的罪人，世人却赞誉他们为"贵生之士"。(2) 学道求仙，传授方术，本是违反法令的骗子，世人却赞誉他们为"文学之士"。(3) 云游四方，衣食丰足，本是不劳而获的流民，世人却赞誉他们是"有能之士"。(4) 歪理邪说，诡辩巧智，本是虚伪巧诈的奸人，世人却赞誉他们是"辩智之士"。(5) 佩剑行侠，好勇斗狠，本是凶残危险的暴徒，世人却赞誉他们是"磏勇之士"。(6) 包庇强盗，藏匿奸贼，本是该处极刑的死囚，世人却赞誉他们是"任誉之士"。和这六种人相反，也有六种"耕战有益之民"。(1) 勇赴国难，献身人主，本是舍生取义的"死节之民"，世人却蔑称他们是"失计之民"。(2) 孤陋寡闻，服从法令，本是捍卫法令的"全法之民"，世人却蔑称他们是"朴陋之民"。(3) 努力耕作，自食其力，本是创造财富的"生利之民"，世人却蔑称他们是"寡能之民"。(4) 敦厚老实，单纯朴实，本是正派善良的"整谷之民"，世人却蔑称他们是"愚戆之民"。（5）遵从指令，办事敬畏，本是敬畏人主的"尊上之民"，世人却蔑称他们是"怯慑之民"。（6）打击恶贼，遏制奸佞，本是辅弼人主的"明上之民"，世人却蔑称他们是"谗谄之民"。韩非写道：

> 名赏在乎私恶当罪之民，而毁害在乎公善宜赏之士，索国之富强，不可得也。（《韩非子·六反》）

人主之"利"在于"治"，"治"就必须铲除"不令之民"或"奸伪无益之民"。要做到这一点，就必须出重拳，用重刑。韩非和商鞅一样，是主张轻罪重罚的。看起来，重刑是严酷的；但要达到"治"的目标，却非用重刑不可。这就好比洗澡和治病。洗澡要掉发，治病就有剜疮之痛和服药之苦；但如果想要身体洁净健康，就必须舍得几根爱发，忍住剜疮和服药的痛苦。在韩非看来，虽然主张轻刑的人打着仁爱的旗号，但其实是"为民设陷"，其结果是在更大程度上"伤民"。相反，唯有"重刑少赏"，才是真正的"爱民""利民"。韩非说：

> 今轻刑罚，民必易之。犯而不诛，是驱国而弃之也；犯而诛之，是为民设陷也。是故轻罪者，民之垤也。是以轻罪之为民道也，非乱国也，则设民陷也，此则可谓伤民矣。（《韩非子·六反》）
>
> 重刑少赏，上爱民，民死赏；多赏轻刑，上不爱民，民不死赏。利出一空者，其国无敌；利出二空者，其兵半用；利出十空者，民不守。重刑明民，大制使人，则上利。行刑重其轻者，轻者不至，重者不来，此谓以刑去刑。（《韩非子·饬令》）

虽然人的一切行为都是出于"欲利"之心，但人主站在"公利"的立场上，既可以利用人的"欲利"，使之为善；也可以否定人的"欲利"，除之以恶。而裁定人的"欲利"究竟为善还是为恶的标准，就是人主的"公利"。或者不妨说，人主作为唯一正当的意愿主体或利益主体，本身就是善恶的标准。而人主之所以拥有这样的权力，是因为他的"公利"，以及他的使之为善和除之以恶，都是依"道"而行、据"理"而为，所谓"缘道理以从事者"（《韩非子·解老》）。这就进到了韩非哲学的思辨部分。

（三）"道""理"与"人主之道"

韩非哲学的思辨部分，主要体现在他的《解老》篇。对于中国哲学，我们一直都习惯于依傍某种既定的哲学概念进行解构，而少有从哲学家自身的思想逻辑解读他们。对于中国古代的某些哲学家或思想家，因为他们并没有专门的哲学论著或成系统的论述，这样的方法或许是可以理解的，但对于韩非这样的哲学家，恐怕就说不过去了。下面，我们主要依据《解老》篇自身的逻辑来解读韩非的思辨哲学。①

（1）"德"与"仁""义""礼""智"及其批判

韩非哲学的目标是要构筑"人主"及其统治的合理根据，但流行的"仁""义""礼""智"等概念，并不能适合这个需求；相反，这些流行的概念因为是西周封建制文化的产物，恰恰是韩非要批判和破除的。

一篇《解老》，是从"德"开始的。所谓"德"，是指人这个生命体得以为人的东西，也即作为人这样一个生命体而活着的条件，表现为诸如"聪明睿智"等天生的资质或能力。"德"源于"道"，是从"道"而来。或者说，"德"是"道"在人这个生命体上的体现，也可以说是"道"体现在人这个生命体上的一种功效，所以说"德者道之功"。相对于"道"而言，"德"是外显的，可以说是一种"外"。但人不仅有"德"，还有外在的形体以及为了生存而不得不努力获得的诸如衣食住行和荣华富贵等各种条件，这些条件都是从人之外后天获得的。就人这个生命体而言，相对于外在的形体以及那些从人之外后天获得的条件，"德"也可以称为"神"或"精神"。"德"作为"神"或"精神"，是天生的和内在于人的，所以说"德者，内也；得者，外也"。

"德"既为人得以生存的资质或能力，是需要爱护和增进的。获得一定的外在条件是爱护和增进"德"所必需的，因此适度追求外在条件也可以说是一种"德"。但过分追求外在条件（所谓"神淫于外"）却适得其反，会因为过度耗费人的"精神"反过来伤害"德"，所以说"德则无德"。因此，正确的办法就是不要过分追求外在的条件（所谓"神不淫于外"），虽然在一定程度上限制了"德"，似乎是"不德"，却是真正爱护和增进了"德"，所以说"不德则有德"。这才是"德"的最高境界也即"上德"，所

---

① 以下引文，凡未注明出处者，均引自《韩非子·解老》。

以说"上德不德，是以有德"。

不过分追求外在的条件，就是要做到"无为""无欲""不思""不用"。用一个字来概括，就是"虚"。"虚"，就是内心空阔而了无挂碍，不执着于任何外在的东西而受其制约，所谓"意无所制也"。拿这个立场去看流行的所谓"仁""义""礼""智"就会发现，它们或者是不现实而难以实行的，或者是引起纷争而产生祸乱的，或者是耗精费神而危及自身的，一句话，都是不懂得"虚"而只知向外追求的结果，因此是背道而驰、应该摒弃的。

"仁"是发自内心的一种"爱人"的良好愿望，是真心希望他人得到幸福而不希望他人遭受灾祸。既是发自内心，所以"仁"来源于"德"。但既是一种愿望，也就还没有成为现实，甚至还没有具体要做的行为或事情，所谓"上仁为之而无以为也"，就好像是"德"发出的一线亮光，所以说"仁者德之光"。正像光总有要照亮的地方，"仁"也有应该去做的行为或事情。"义"也即"宜"，就是按照"仁"的愿望应该去做的行为或事情。这些行为或事情包括"臣事君""下怀上""子事父""贱敬贵"以及"知交朋友之相助""亲者内而疏者外"等，所谓"上义为之而有以为也"，所以说"义者仁之事"。当人们在做这些行为或事情的时候，本来是怀着一种敬畏和依恋之情，却往往难以表达出来；本来是怀着一颗爱慕之心，却往往无法让对方了解知道；因此，就借助于一些仪式化的动作（"疾趋卑拜"）和语言（"好言繁辞"）来表达。这就是"礼"。虽然是一些看似虚华的动作和语言，却是用来表达内心的真情实感，就像许多事物也有外表华丽的纹饰一样，所以说"礼者事之文"。

以上所谓"仁""义""礼"，是韩非按照流行的观点也即孔子儒家学派的原义所做的诠释。虽然人们纷纷举着"仁""义"的旗帜，但真正落实到行为和实事上来的还是"礼"。这就把批判的矛头和焦点集中到"礼"上面来。在韩非看来，如果一种所谓的真情实感需要虚华的动作和语言来装饰和表达，那就说明它并不是什么真情实感，本身就是虚假甚至是丑恶的。"夫恃貌而论情者，其情恶也；须饰而论质者，其质衰也。"当然，主张"仁""义"的"君子"应该是出于真情实感而"为礼"，但毕竟"君子"有限，而凡夫俗子才是大多数。因此，虽然"君子"神情专一而把"礼"看得唯此为大，但大多数凡夫俗子却不以为然并不响应，即使响应也是心猿意马，敷衍了事。此所谓"上礼为之而莫之应"。不仅如此，当"礼"成为一种虚饰，"礼"或"非礼"往往就成为人们相互指责的借口，成为引起纷争和祸乱的导火索，所以说"夫礼者，忠信之薄也，而乱之首乎"。

批判了"仁""义""礼"，韩非进而对"智"进行辨析。人们在向外追求时，往往因为渴望成功而期盼对事情的结果有所预见，所谓"前识"。但"前识"不过是毫无根据的胡乱猜想，"无缘而妄意度也"，哗众取宠罢了。看似"智"，其实是愚，愚不可及，所以说"前识者，道之华也，而愚之首也"。但是，人们却不愿放弃自己的愚蠢，总是打着"仁""义"的旗号，借着"礼"的名义，怀着"前识"的侥幸，拼命地向外追求。虽然耗精费神，结果却适得其反，灾祸频仍，危及自身。"人莫不欲富贵全寿，而未有能免于贫贱死夭之祸也。"其原因一个是"欲"，一个是"迷"。人有欲望，就会心智混乱；心智混乱，就会引起更大的欲望；更大的欲望，就会产生不顾一切的邪心恶念；受邪心恶念的驱使，就会无视规则铤而走险；铤而走险，就会酿成无可预见的灾祸，所谓"人有欲则计会乱，计会乱而有欲甚，有欲甚则邪心胜，邪心胜则事经绝，事经绝则祸难生"。虽然如此，自古至今的人们却欲壑难填，像迷途的羔羊一样在祸福相倚相伏的循环中乐此不疲。之所以如此，是因为人们看不到祸福相倚相伏的背后，是玄远高深的"道"和万事万物都无法逃脱的"理"。此之谓"迷"。唯一的出路就是迷途知返，回到"道"和"理"，"缘道理以从事"，就能无往而不成功。对于普通人而言，可以轻易得到卿相将军的赏赐俸禄；对于人主而言，则可以成就"王天下"的伟业。韩非感叹："众人之轻弃道理而易妄举动者，不知其祸福之深大而道阔远若是也。"所以说"孰知其极"。

（2）"道"与"理"

"理"概念的提出，且"道""理"并举，是韩非的首创。韩非写道：

> 道者，万物之所然也，万理之所稽也。理者，成物之文也；道者，万物之所以成也。故曰："道，理之者也。"物有理，不可以相薄；物有理不可以相薄，故理之为物之制。万物各异理，万物各异理而道尽。稽万物之理，故不得不化；不得不化，故无常操。无常操，是以死生气禀焉，万智斟酌焉，万事废兴焉。

这是韩非关于"道"和"理"的一个概论，也可以说是韩非"道论"或"道理论"的一个总纲。解读韩非"道论"或"道理论"的难点，在于对"万理之所稽"的理解。"稽"的词义很单纯,就是稽查、核实、核准的意思。初看起来,以"稽"的这个词义来解释"道",难以通达。因此,有人尝试用"汇集"或"总汇"的意思来解释。"道是万理的总汇",文意倒是显得通畅了,但把"稽"理解为"总汇",却总是让人觉得生硬而缺乏根据。韩非首创性地提出了"理"的概念,而"理"在韩非整个"道论"或"道理论"中的作用非常重要,是韩非"道论"或"道理论"独树一帜的关键所在。"道"是万物之成为万物的根据("之所然"或"所以成"),这并不难理解。但人面对的是万物,而不是"道"本身。人要了解"道",窥探"道"的奥秘,必须从万物入手。但在万物中是看不见"道"的,而只能看见"道"在不同事物中的不同的显现或功效,这个显现或功效就是"理"。"理"可以说是万物和"道"之间的一座桥梁,也是人据以了解、窥探"道"的奥秘的一个中介。这个中介是看得到的,就像事物的纹饰、文理一样,所以说"理者,成物之文也"。但是,"文"毕竟只是一个比喻,因为"理"不仅是事物表现出来的类似于纹饰、文理之类的特性,而且是或者更重要的是,使物成为那个特定的物的东西,是一物之所以成为那个物的规定性。一物有一物的规定性,使物与物相互区别而不混淆。"理"作为规定性,也可以看作一物作为那个特定的物的界限或限制,所以说"理之为物之制"。在这个意义上,所谓"理"就有了使动的含义,仿佛是一个使物成为那个特定的物的动作或一个过程,所以说"道,理之者也"。也就是说,"道"作为万物的根据,是通过"理"这个使物成为一个特定的物的动作或过程来实现的。既然是通过"理"这个动作或过程来实现,所以就要对它进行稽核或核准,所以说"道者,万物之所然也,万理之所稽也"。在这里,"稽"是一个动作,更是一种主动的行为,这和下文"化""操"等同样是表达主动行为的语词是一致的。"化"是指变化,更确切地说,是使变化。在韩非这里,可以理解为创生万物。"操"就是掌握、掌控,也即掌握着万物的变化。"道"对万理进行稽核,也就是创生万物并掌握着万物的变化。万物各不相同,万理殊异,"道"在把握万物变化的时候就不能也不会墨守常规,所以说"无常操"。

"道"是不可见的,是抓不住、摸不着而玄虚缥缈的。"道"没有固定的形式,也没有任何规定性。"道"无时不在,无物不在,在不同的时间和不同的事物中通过不同的"理"而得到显现,所以说"不制不形,柔弱随时,与理相应"。和"道"相比,"理"是看得见的,是抓得住、摸得着而实实在在的。"理"就是方圆、短长、粗靡、坚脆等,是事物确定的规定性。事物必须有自身确定的规定性才能体现"道"的功效,所谓"得道",所以说"理定而后物可得道"。"理"作为事物确定的规定性,也可以称为"定理"。正因为是"定理",就有存亡、有生死、有盛衰,虽为"定理"却不是恒常不变的,所以说"不可谓常"。唯有"道",虽然"稽"万理而"无常操",却既存在于天地万物之中,又不随天地万物而衰亡,是恒常不变的,是为"常",是为永恒。

在这样的框架中,"理"也可以称为"道理",是万物由"道"所"化"、由"道"所"操"而体现在不同事物中的"理",也即由"道"所"稽"的"理"。这样一来,玄虚缥缈的"道"就通过"理"或"道理"而成为抓得住、摸得着并可以认知和遵循的,所谓"缘道理以从事者",就落到了实地上。把"缘道理以从事者"落到实地上,就是"人主之道"。

(3)"人主之道"

"人主之道"的起手处是"重积德",因为"德"就是"道"体现在人这个生命体中的"理"。事物"得道"为"定理",人主"得道"就是"有德"。

天下之人何其多,是为芸芸众生。虽为芸芸众生,但每一个体都是人,一个特定的作为人的生命体。既为人的生命体,就会受人的生存需要驱使而努力追求生存的条件,就会努力追求人世间的荣华富贵。但芸芸众生不能节制自己的欲望,因为"不知道理"而"迷",迷失在祸福相倚相伏的循环中兀自挣扎,不能自觉。既不肯主动学习,"问知而听能",也不愿接受教化,甚至站在一己之私也即"私便"或"私利"的立场上,对教化心生怨恨。面对这样的境况,人主如果期望以一己之力教化天下芸芸众生,不仅是不切实际的,甚至也是危险的,无异于"与天下为仇,非全身长生之道也"。并且,芸芸众生的"私便""私利"和"迷",其实就是芸芸众生得之于"道"的"理",此所谓"道与尧舜俱智,与接舆俱狂,与桀纣俱灭,与汤武俱昌",是无可奈何的。人主的正确态度,就是摒弃"仁""义""礼""智"等枉费精神的教化幻想,"行轨节而举之",是为"治人"。"治人",就是人主的"德",是人主"重积德"的一个方面。

人主"重积德"的另一个方面,是"事天"。所谓"事天",就是要珍惜并爱护上天的赐予,珍惜并爱护人作为一个独特的生命体,得之于"道"的天生的资质或能力。这些资质或能力就是"德"。人的听力、视力和智力都是天生的，但如何运用它们却是人自己的事情，所谓"聪明睿智天也，动静思虑人也"。过度或不正确地使用听力、视力和智力，就会失聪、失明乃至精神错乱。懂得这个道理，"不极聪明之力，不尽智识之任"，就是"事天"。所谓"不极""不尽"，是指懂得节制而运用得当，仿佛是因为珍爱而舍不得用，这就是"啬"，所以说"治人事天莫如啬"。因为"啬"，所以不像芸芸众生，即使祸乱已经降临也不懂得退缩和节制；而是在祸乱降临之前，就已经"服从于道理"而"思虑静""孔窍虚"，因此就能避免祸乱的发生。这就叫"早服"。"思虑静"，天生的"聪明睿智"就不会受到损害；"孔窍虚"，就能每天都接受新的有益的东西，所谓"和气日入"，所以说"早服是谓重积德"。

人主"重积德"，因为"德"是人主上承天道、下御群臣的枢纽。在《扬权》篇中，韩非把这个意思说得更加明白：

> 夫道者，弘大而无形；德者，核理而普至。至于群生，斟酌用之，万物皆盛，而不与其宁。道者，下周于事，因稽而命，与时生死。参名异事，通一同情。故曰：道不同于万物，德不同于阴阳，衡不同于轻重，绳不同于出入，和不同于燥湿，君不同于群臣。凡此六者，道之出也。道无双，故曰一。是故明君贵独道之容。（《韩非子·扬权》）

这就是韩非的"人主之道"，是韩非"道论"或"道理论"的另一个版本。和前面那个版本不同的是，这里的主角是人主，是"得道"而"有德"的"有道之主"。因此，在这个版本中，人主以及他的"德"俨然就具备了"道"的地位。正如"道"是"稽"万理并通过万理而"下周于事""与时生死"，"德"（或人主）也是"核理而普至"并通过"参名异事"而"通一同情"。所谓"参名异事"，不过是"形名参同"或"循名责实"的另一个说法，虽然"名"与"事"各异，却可以把它们放在一起进行参验；所谓"通一同情"，不过是"一断于法"的另一个说法，就是要将人主的意志贯彻到一切事情之中。至于"群生"也即芸芸众生，则不过"斟酌用之"而已。所谓"斟酌用之"，一方面是从"道"而言，也即不同的个人都会不同程度地得道，从而获得恰如其分的资质，成为智愚万殊的芸芸众生。这和《解老》篇中所谓"万智斟酌焉"，说的是同一个意思。另一方面是就"德"而言，人主根据芸芸众生的智愚不同，恰如其分地给予赏、罚或除之，而无论赏、罚或除之，都无不是人主"德"被天下的恩泽。所谓"核理而普至"，其要义就在于此。既然是"斟酌用之"，所以类同于万物；既然是"群生"，所以又不能等同于万物。"万物皆盛"，自然而自在，此所谓"宁"；"群生"则不同，必须"斟酌用之"而不能任其自然而自在，所以说"不与其宁"。用现代语言来表述，就是奴隶。韩非巧妙地通过类比，以证明"君"或人主与群臣的关系就像"道"与万物的关系一样，由"道"的"一"推出"明君贵独道之容"的论断。"容"者，仪容也。王先慎《韩非子集解》说："道以独为容。"恐怕不确。"道"是无形的，没有任何规定性，何谈"容"？此处所谓"容"，只能是人主的"容"，是人主凌驾于一切之上也即"独道"的威容。

四　余论

韩非的学说和主张以及他的哲学，确如司马谈《论六家要指》所言，是"务为治者"。但司马谈以为诸子皆"务为治者"，并把"务为治者"的人主立场视为诸子百家的共识，却未必符合实际，起码庄子可以算作一个例外。庄子继承了老子的哲学传统，但是在和韩非相反的方向上发挥了老子的智慧。庄子主张"逍遥游"，在两个层面上提出了一种以自己也即以个人为中心的活命哲学。庄子和韩非一样，大抵是把自己所处时代看作乱世的。庄子哲学的核心问题，是一个作为人的生命体如何在乱世中活下去。在理论的层面上，庄子提出"齐物论"，主张齐物我、等生死、去是非，追求一种无我无人、与天为一的自由境界，这个境界就是"逍遥游"。在实践的层面上，庄子主张无用之用，认为一个人要想在乱世生存，就必须把自己变成无用的人，不仅在形体上变成无用之人（"支离其形"），还要在精神上变成无用之人（"支离其德"）。这样就可"以无厚入有间，恢恢乎其于游刃必有余地矣"（《庄子·养生主》），混迹于乱世。这样的哲学，恐怕很难说是"务为治者"，也很难归于"人主"一党。并且，像庄子"逍遥游"所主张的"至人""神人"或"圣人"，按照韩非的标准恐怕是要"不与其宁"而"除之"的。

孔子创立的儒家学派，其后学难免混迹于政客的行列，或流落为人主的"帮忙""帮闲"。但孔子的"仁"的哲学，虽然是以"天下有道"为己任，却不能归于"人主"一党。孔子主张"君君，臣臣，父父，子子"，是包含了双方的权利和义务在内的，正如他的"己所不欲，勿施于人"所谓"己"和"人"指的是所有人、每一个人一样。至于孟子，当他站在每一个人的立场上，追求作为人的生命体个人的人格完美的时候，他几乎就完全站在了"人主"立场的对立面。孟子主张："民为贵，社稷次之，君为轻。"（《孟子·尽心下》）因此，在孟子思想中有极其鲜明的"诛一夫"理论。孟子站在人的立场上，提出人禽之别，认为："人之有道也，饱食暖衣，逸居而无教，则近于禽兽。"（《孟子·滕文公上》）因此，一个人的首要责任是完善自己，做一个立于天地之间的"大丈夫"，一个"君子"。在这样的责任面前，其他一切甚至包括"王天下"的理想，都显得黯然失色。孟子说出这样的话："君子有三乐，而王天下不与存焉。"甚至放言："弃天下犹弃敝蹝也。"（《孟子·尽心上》）堪称千古绝唱。

人的自觉，也即自觉到自己是与其他物类有别的一个特殊的类，是人类文明发展历程中最重要的成果。站在这种自觉的基础上，以一个人的姿态探寻宇宙、万物、人及其历史和存在的根据，面向未来追问究竟什么样的人和什么样的人的共同体才是好的和应该努力去实现的，是人类自有哲学以来全部哲学的核心。雅斯贝斯提出"轴心期"理论，认为人类几大文明几乎都在公元前500年前后，达到了对自身存在和历史的自觉，并且表现为最具代表性的伟大哲人的思想。毫无疑问，孔子和孟子是站在这样的伟大哲人的行列中的。无论何时何地，人都不能忘记自己作为一个人的责任，都不能放弃对于什么是好或善，以及什么是坏或恶的思考和追问。不然，我们就会失去作为一个人应有的最起码的底线和尊严，就会沦落为禽兽，甚至禽兽不如。这是孟子"人禽之辨"的意义，也是韩非哲学所缺失的。韩非似乎是站在人的立场上，但当他把"人主"设定为唯一正当的意愿主体或利益主体的时候，"人"在他的哲学中就被阉割了。

孟子的哲学没有成为他的时代的"显学"。他的"民贵君轻"的思想以及他追求和倡导的"君子"品格，就像一道亮光，虽然夺目却被淹没在"富国强兵"和竞相称王的喧嚣之中。在长达一千多年的时间里，孟子成为"绝学"。相反，韩非的影响却是实实在在的。当然，韩非的影响也是隐晦的。韩非的影响是通过秦始皇创建"郡县制"大一统集权制帝国而实现的，但秦的骤兴和遽亡及其留下的"暴秦"的恶名，却使韩非难以成为此后历朝集权统治者公开的旗帜，无法成为名正言顺的官方意识形态。虽然如此，韩非的影响依然是深远的，他的学说和主张以及他的哲学，成为秦汉以后中国古代政治乃至普通人日常生活中奉行的信条，就仿佛是一个难以驱除的阴魂。

汉尊儒术，但跳不出"务为治者"的圈子，不过是在韩非的基底上涂脂抹粉而已，所以才有"内法外儒"或"儒表法里"的说法。董仲舒以后，儒家被打造成为官方意识形态，几近自杀式地走上了经学的道路，虽然轰轰烈烈，但其最高成就不过是在皇帝的统御下编纂了一部钦定的教科书《白虎通》。在轰轰烈烈的经学背后，潜藏着的是从汉初黄老之学演变而来的庄子传统。等到汉帝国走向末路，作为官方意识形态的经学失去支撑而风光不再，庄子一转身就以玄学的面貌在魏晋粉墨登场。魏晋名士看起来风流倜傥，但庄子的逍遥游是没有力量和韩非的人主对抗的，至多不过是半蹲半跪的一群醉汉，靠装疯买醉躲得了一时，终于逃不脱"不与其宁"和"除之"的命运。

唐为盛世，强大而自信，该做秀就做秀，该整肃就整肃，该务实就务实。唐代经学发达，科举成型，儒学作为官方意识形态虽说只是做秀，但依然风生水起，一派学术繁荣的景象。唐代佛教兴盛，官民共尊，佛教作为来自异域的宗教虽然引人入胜，但在加强管理上毫不含糊，仅仅一个僧籍制度就运用得伸缩自如，竟使拥有最多佛教徒的中国终于没有成为政教合一的佛教国度。唐代政治作风务实而硬朗，"尽制郡邑，连置守宰"，是秦以后彻底贯彻郡县制、实行大一统中央集权制的帝国，所以有柳宗元对郡县制的公开辩护。柳宗元宣称："公天下之端自秦始。"（《封建论》）这就完全站在了韩非的人主立场上，几乎是公开打出了"韩非主义"的旗帜。

宋学的兴起，掀起了中国古代思想史上的一场革命。宋是从五代十国的混乱中走出来的。检讨原因，宋学把矛头直指汉唐，认为汉制从一开始就是"袭秦之余"。这仿佛意味着，宋学从一开始就站在了秦汉以来大一统集权制帝国的反面。但实际上，无论理学和心学，包括后来的阳明心学，都没有能够跳出重整人间秩序也即"务为治者"的圈子。宋学不得不面对"得君行道"的现实，只能期盼"得君行道"的恩遇。除了几次以失败而收场的变法，宋学在政治实践上乏善可陈。虽然在立场上站在汉唐帝制的反面，向往"三代"，但宋学并没有否定现实的大一统集权制度，甚至不能在理论上发起一场关于"封建"与"郡县"的辩论。这其中的情况很简单，因为无论是理学家还是心学家，几乎都是这个制度中的衮衮高官。更要命的是，他们无一不是出自布衣，并没有恢复封建制的勇气和资格。在学术传承上，宋学自觉地以继承孟子绝学为己任。宋学把《孟子》和代表思孟学派的《大学》《中庸》抬高到经的地位，但很难说他们理解并抓住了孟子的灵魂。宋学并没有沿着孟子的道路向前多走哪怕是一步，甚至可以说他们从来就没有达到过孟子的高度。无论他们把"仁"或"理"归结为天还是人心，但在他们的"天理"或"良心"的背后，始终有一个被他们视为人之为人的根据因而"无所逃于天地之间"的君臣大伦，有一个无可逾越甚至连想都没有想过要逾越的"人主"。当他们树立起一个高高在上的"天理"，高唱什么"存天理，灭人欲"的时候，其实就已经掉进了韩非"公利"与"私便"的泥淖。

韩非哲学的致命处，是折断了中国人的脊梁。中国人要重新挺直脊梁，除了批判和反思，也必须从自己的文化传统中，找到自立于天地之间的思想资源。要把这项工作做起来，恐怕还只能像宋学一样，从孟子开始。

论道家道教对儒家的调适与上遂

杜保瑞[*]

摘要 本文讨论了儒家和道家道教的理论互动关系,指出老子哲学、庄子哲学和道教哲学在互动的立场上与儒家的关系,企图借由理论意旨的厘清,将儒道关系界定清楚,以为弘扬中国文化、发挥儒商精神、结合宗教信仰,做出理论的框架。儒家是体制内的哲学,以及经验现实世界的哲学,或曰世间法哲学,此在世界的哲学,关心人文建设及国家体制,关心百姓的生活以及良好的国家政策,是中国文化的中流砥柱。而道家、道教则从各种不同的面向对儒家产生调适与上遂。道家老子与庄子意旨不同,老子也是体制内的哲学,人文性多于宗教性,与儒家形成相辅相成的效果。庄子便是体制外的哲学,自由主义的哲学,个人主义的哲学,其间亦有神仙思想,对儒家的作用就在"不达"的环境中找到心灵的出路。道教却是既有出世间法的鬼神系统,又十分入世地交涉人间,有它在世界观却又积极涉入体制内的事物,与儒家的关系就是以鬼神信仰与法术、神通协助儒者治理国家以及教化社会。

关键词 孔子 孟子 老子 庄子 儒家 道家 道教

---

[*] 杜保瑞,1961年生,男,台北人,台湾大学哲学博士,上海交通大学哲学系特聘教授,主要从事中国哲学研究。

一 先秦孔孟哲学的理论特点与现实疏漏

儒学向来以中国文化的主流居之，此旨亦不假，儒家作为主流的要点在于：维护社会体制以及个人修身养性的理想，而个人的修养以成为维护社会体制的官员或知识分子为目标。从国家的需要而言，这个理想是正确必要且根本关键的，但是，就个人的生命与生活而言，人生还有许多面向，这时就有道家、道教的重要角色需要扮演了。这些面向以及需要是些什么呢？首先，维护社会体制的儒家价值观，追求为社会服务的理想，理想的实现，就要有角色扮演，最简单明白地说，就是要做官，然而，官位人人想要，坏官又几乎永远比好官多，那么士君子在做官的事情上，作为一个儒者，就会碰到应对进退的问题。对于这个问题，孔孟都有对策，关键就是懂得谦退之道。但是，把谦退之道的话说得明白，把道理讲得透彻，就是道家老子的智慧所长。其次，应对进退是一回事，有时候，根本没官可做，这时候该怎么面对？这就好在又有道家庄子哲学的思想去处，就是追求个人意境的超升就好，不必一定在体制内讨个人生的出路。此外，传统上，墨家非儒，认为儒家的礼乐教化是多余无用之事，应以百姓生活所需为重。墨家因为都只站在平民身份发言，希冀君王尚贤，君王若尚贤，百姓必尚同，君王若不能尚贤甚且残害人民，则百姓明鬼以申告，诉诸天志以惩罚，于是有了宗教的涉入。宗教始终存在于传统中国的政治与人民的生活中，儒者如何面对呢？儒家自然是知识分子的社群，达则入仕为官，穷则独善其身、著书立说、兼善万世，一旦进入政府，掌管礼仪祭祀，则宗教与政体的关系必须和谐，这就又有了宗教的角色扮演了。而中国的道教，可以说就是墨家宗教组织形态的不间断发展。因此，儒者在治国平天下的事务处置中，个人的修身齐家事业与群体的治国平天下事业，这些都需要道家、道教的在旁辅助。本文之作，即以道家老子、道家庄子、道教哲学三个脉络讨论道家、道教对儒家的调适与上遂。

二 儒者刚强的形象在角色扮演上的争议

历史上的儒者图像众多，先秦孔孟是个大图像，宋明朱王也是个大图像。依据儒者自己的标准，管仲是孔子心目中的仁者，虽然孟子对管仲批评不少，仅依孔子的定位：

> 子贡曰："管仲非仁者与？桓公杀公子纠，不能死，又相之。"子曰："管仲相桓公，霸诸侯，一匡天下，民到于今受其赐；微管仲，吾其被发左衽矣！岂若匹夫匹妇之为谅也，自经于沟渎，而莫之知也。"①

然而，历史上的孔子、孟子、朱熹、王阳明都不是管仲这般的图像。管仲掌一国之大权，侍奉了孟子口中的霸王齐桓公，子贡亦议论其不能死忠于先君，这些都不是孔孟能做得到的，但孔子却称许其仁，关键就是管仲真正照顾到了天下百姓，在齐桓公受其辅佐而称霸天下的期间，确实国家之间没有重大的征战，没有多少百姓因征战而死于沟洫。这就是孔子心目中最大的价值追求与事业成就。但是，这样的事功，是必须站在高位上才能做得到的，而孔孟的人生之中，虽都不是没有机会站上类似那样的高位，却都自己辞官而去，没有持续这个角色，总希望能再遇明君，但两人都没有成功。唯一成功的是，立德与立言，留下了巨著，教导了弟子，延续了儒者的命脉，建立了儒者为官的典范理念。但是，这个理念中，是有些不足的。也就是说，孔孟究竟是要培养出像他们自己这样的刚强的君子？还是希望能有多一些人才能像管仲一般，真正地协助了君王，治理了国家，使百姓受到他施政的照顾？

分析孔孟不能长久在高位为官的原因，孔子是因为鲁国国君懈怠于政事，对孔子礼数已不够，又有三桓把持国政，事事受制于权臣。孔子的理想是"导之以德，齐之以礼"，让百姓受到教化，让朝廷施行礼乐，而鲁君竟放逸于女乐，孔子自感不受重视，不能施展，自行辞官而去矣。孟子则是屡屡倡言高论，期许齐君以"行仁政、爱百姓、一统天下"为己任，然而，战国的齐王已非春秋的齐王，格局、国力尚不能比拟，虽然孟子称许其地大人多，但齐王心中所想就是自己的享乐与对周边小国的侵略欺凌。孟子见其"望之不似人君"，也罢官而去了。孔孟都是自己罢官，都同样地周游列国，都同样地失望而返。可以说，他们都理想崇高，也都立论明确，只是，稍有昧于人性的现实，不解国君的品格，以致有了错误的期待。退而求其次，孔子只好期许他的弟子好好协助各国的君王施政，孟子也是期

---

① 《论语·宪问》。

许各国的君子好好劝说君王行仁政、爱百姓。在朝为官仍是孔孟心系最重之大事,然而,他们自己却扮演不了这样的角色。从历史的轨迹来看,孔孟的角色其实就是超越了做官的格局,而是儒家圣贤的角色,重点就是把儒家君子的形象清楚地建立起来,穷则独善其身,达则兼济天下,注重公私义利之辨。得志,入仕为官服务百姓。不得志,著书立说教育子弟。而教育子弟的目标,还是如何入仕为官。可以说,做官、效忠君王、服务百姓就是儒者永恒的标记。

既然如此,超越了这个格局的孔孟,固然为万世的儒者建立了价值的标的,但究其实,却未建立在生活世界里的行为典范。笔者之意就是,孔子并未为他称许的管仲之徒,建立清晰的价值信念,意即,并未让儒门弟子清醒地认识到,如何成为管仲?管仲侍奉齐桓公,孔子却弃鲁定公而去,关键就是齐人的"废置"之策,借由女乐以迷乱君心①,孔子对于季氏,言:"八佾舞于庭,是可忍也,孰不可忍也?"② 季氏不是鲁君,竟然僭用鲁君特有的八佾祭天子之礼,此事孔子痛责不可忍也。同样地,孔子对于鲁定公荒逸政事而亲近女乐之事也是不可忍也,结果就是自己辞官。然而,秦汉之后,儒者已无辞官他去的道路可走了,并无其他的国君可以想象了,若有,便是外邦夷狄而非中国了,那么,除了辞官,就是死赖在职位上了。

然而,孟子亦是去齐,而且孟子的去齐,更是一套治国理念的攻防辩论之事,许多人和孟子辩论不应去齐,孟子的理由多是国君不能真心实施我的政策。孟子不是不以拥有高官之位为施展抱负的必要途径,只是他同时还要君王完全理解、支持、尊重、敬爱他的理念以及他这个人的本身,就像子思受到鲁国君王的尊重一样,这些要求也不是不对,只是君王难教。如同庄子的譬喻:"颜阖将傅卫灵公太子,而问于蘧伯玉曰:'有人于此,其德天杀。与之为无方,则危吾国;与之为有方,则危吾身。其知适足以知人之过,而不知其所以过。若然者,吾奈之何?'"③ 对孟子而言,他不管这些储君或君王好不好伺候,孟子根本就是要他们来伺候自己,孟子讲"君子有三乐,而王天下不与存焉"④,讲"我得志弗为也"⑤,讲"说大人

---

① 《韩非子·内储说下六微》。
② 《论语·八佾》。
③ 《庄子·人间世》。
④ 《孟子·尽心上》。
⑤ 《孟子·尽心上》。

则藐之"①，孟子根本就是没把君王看在眼里，根本就是要君王自己乖乖来找他做宰相，君王不来就算了，要孟子去求君王那就不叫仲尼之徒了。这样的心态，如何做大官呢？

儒者不是一定要做大官，但要照顾百姓。在任何时代背景之下，照顾百姓都是大官该做的事情，更是政治领袖的职责所在，王阳明修炼道教功夫，却弃之不用，不就是因为关心天下百姓之故吗？那么，如何留在官场？如何做官又做事？这件事情可以说就是千古以来的所有儒者的最大问题。孔孟不做大官而立德立言，历史上朱熹做小官一样立德立言，王阳明官是不小了，但却是外臣，不是朝中大员，王阳明是真有事功的大儒，是真正弭平战乱剿灭盗匪而照顾了百姓的官员，但面对朝廷要员们的狡诈虚伪，也必须辞功避位求个自我保全。所以，儒者如何在朝为官？就是儒者的大哉问。

孔子说："贤者辟世，其次辟地，其次辟色，其次辟言。"② 儒者为保清誉，可以一切皆避，但百姓安危呢？为了百姓必有不避之时，汉以后的儒生就都必须是如此了，只有被迫辞官、被害贬官、被辱丢官，若非如此，总是必须稳住阵脚，站好位子，以为百姓谋福利。孟子说儒者可以不为稻粱谋，若真为稻粱谋，而当理想不能实现时，孟子说：可以做个小官。反正把眼前的责任尽到了就好，至于朝廷的言责，不在其位就算了③，这样至少可以养活一方水土一方人。但是，汉以后的儒生，当皇权浩荡，想做大官、想做小官、不想做官都是未必能如愿的，儒者就像被绑架在官僚体系上的人物，想做官却没有做什么官以及怎么做官的自由了。

最后，到了民主共和时代，皇帝不在了，所谓的官员就是公务员，至于儒学，最多是公民教育及道德教育的教材，现代人仍然可以自许为儒者，但是这社会并没有以儒者身份而得为上高位的实务联结，这不要紧，上了高位而欲为儒者之作为时，除了爱百姓、重公义之外，如何与小人权臣周旋还是一样的大问题。这个问题，永远伴随爱百姓的儒生，要对付这些问

---

① 《孟子·尽心下》。
② 《论语·宪问》。
③ 见《孟子·万章下》，孟子曰："仕非为贫也，而有时乎为贫；娶妻非为养也，而有时乎为养。为贫者，辞尊居卑，辞富居贫。辞尊居卑，辞富居贫，恶乎宜乎？抱关击柝。孔子尝为委吏矣，曰'会计当而已矣'。尝为乘田矣，曰'牛羊茁壮，长而已矣'。位卑而言高，罪也；立乎人之本朝，而道不行，耻也。"

题，道家、道教确实是提供了全然新颖的思维。

三 道家给儒者的第一课：向庄子学习看破体制的虚妄性

儒者要经略天下，这没问题，但必须皇帝给你机会，必须政党给你机会，一旦有了机会，就别再像孔孟一样地辞官他去，只因君上不似人君。这以后，就是老子的智慧擅长了。但在此之前，必须先看破社会体制的虚妄性，才能明白你也可能根本没有机会，有机会或没有机会是与自己有没有道德没关系的，而是与最高领袖及高位者的德行及能力有关系的。因此一旦自己有了机会，就要好好把握这个机会，就算有机会，也不等于最高领袖及其他高位者是有道德的，因此在这样的环境下，修养老子的智慧才能稳住自己的职位。

现在，先来谈谈体制的虚妄性。这是庄子给予世人的重大领悟。

这世界究竟是个怎样的世界呢？有了人类、有了人群的组织、有了君王统治群体的秩序以及种种资源的分配管理，世人因此都生活在群体里了，然而，君王及上位的领导者群体却总是紧握资源、控制人民以供应自己的享乐，儒者不然，天生的仁德胸怀，关怀百姓，总希望为世人谋福利，在既定的社会体制之内，设法谋求百姓的福祉，但问题是，身份和机会是最高领袖及高位集团给的，至于谁是君王？如何成为高位？这是一个权力的谜题，儒者从未勘究之。儒者只是提出理想，甚至美化远古的君王以形成未来追求的典范，这就是孟子言于尧舜禹汤文武的圣王道统的理论，可以说，儒者一开始就是在既有社会体制的事实上去理想化之以面对这个问题，简单地说就是仁民爱物的君王能够成就他的帝位，如若不然，迟早被推翻。

至于推翻的力量与机制，儒者没有定说，不过就是《尚书》之所云："天听自我民听，天视自我民视"[①]，及孟子之所云："闻诛一夫纣矣，未闻弑君也"[②]，前者说明了有天志，天是有福善祸淫的权威的，此旨与墨家同，但儒者依然没有明确地说出天志赏罚的运转机制。可以说是借由天志的意志而赋予人民或其他诸侯推翻王朝的合理性依据吧。后者则是说明了君王

[①] 《尚书·泰誓中》。
[②] 《孟子·梁惠王下》。

之所以为君王有其必要的角色职责,若是不然,不过是匹夫一个,人民得而推翻之,但孟子也没有明讲是什么身份的人?以什么方式?得以明确而有效果地推翻之。于是,在君王不能仁民爱物利益百姓的时期,儒者能做什么?

孟子之言是在高位者宜劝诫君王,劝诫不成宜自己去职,也就是其实是没有办法的。若是宗室之臣,则可以撤换之并取而代之,这是较为积极的思路,但宗室之臣得其君位之后,多半一样地荒淫,更何况,儒者还时常谴责"臣弑其君"的事件。又,孟子赞成齐国以吊民伐罪的理由惩罚燕王,变置之,代之以燕国其他的宗室君子以为新王,可惜齐国打败燕国之后却是霸占了人家的土地,导致诸侯要联合讨伐齐国。这样看来,谁可以为君?这件事情儒者还真是没有定见,舜似乎就是百姓出身,禹也似乎就是百姓出身,但汤和文武本身都已经是诸侯了。春秋战国各个国家领袖也早都是诸侯了,宗室也是诸侯,可以说多半还是诸侯替代诸侯。总之必须等到汉高祖、明太祖这样的时代才再度有人民可为君王,但那也都是武力征伐而来,天命的理论或许仍然可以再次套用,但是没有武力没有战争如何得来推翻之掌握之的结果呢?如果儒者成为武力集团的带头人,企图以武力推翻暴力政权,不论自己是宗室还是平民,战争攻伐的成功成为最最核心的目的性价值,这时,没有哪位以战争开国的领袖脑中装的首先是儒者仁义治国的政策与理念,可以说全都是法家所言之法术势的谋略了,因此,这些并不是儒者在做的事情。以汉为例,高祖得天下之后才有"汉家儒宗"叔孙通的舞台,秦末楚汉相争之际,是没有什么儒生的角色可说的。当然不能说在那个征战时代的英雄豪杰的心中没有仁民爱物的胸怀,但是能让他们运筹帷幄决胜千里勇冠三军克敌制胜的聪慧,并不是儒者的东西呀。那么,关于国家的建立,朝代的更迭,开国的伟业,这些涉及根本上的政治权力取得的大事件,儒家的角色是什么呢?先天而言,以国家的存在目的在于照顾人民的生活作为推翻不适政权的攻伐理由;后天而言,一旦国家建立、政权稳固,以德治理想作为新君天命取得的合法性理由,进而进入官僚体制协助历代君王治理国家。然而,新朝建立之前之后有理论的角色,之后有官员扮演的角色,但就是这个过程中没有什么角色。

因此,谁为君王而胜出几乎不是儒者可以参与置喙的。既然如此,其事业成功的关键,主要是法术势的胜出,因此究竟有多少道德仁义的义涵在呢?可以说,这几乎不是决胜关键。因此,儒者的角色就是事前的价值高举以为攻伐的合理性,以及事后的粉饰有理以为掌权的合法性。真正可以做的,就是待机受命而协助治理天下,若机之不得,亦无可奈何,因为自己不是政权拥有者。既然如此,掌权者是什么心态以治理国家,这件事情就是不在儒者的控制范围之内的。天底下没有什么国家存在的道德必然性,纵然可以有假设性的天志受命之说,但是在具体的历史经验中,在个别的儒者生活世界中,就当下的处置而言,理想和现实总是脱钩的。简单地说,像孔孟两位老人家到处求一个看得上眼的君王以期望获得受命治国的想法,变成不是很切合实际的思考了。也就是说,政权和道德不是永恒地并生的现实,开国君王是如此,继位的君王更是如此,威权时代是如此,民主共和政体亦然,取得权力的关键是法术势,道德可以决定日后的发展以及掌权的时效,但就当下的取得权力而言,仁民爱物的儒者理念并非关键。既然如此,权力的掌握者并不必然等于道德的实践者,而追求福国利民的道德理想的儒者,究竟应该如何看待政治体制的存在以及政权拥有者的角色呢?

就此而言,孔子是知其不可而为之,见到隐者时,孔子还自许为同道,只是不忍天下百姓而已,就如子路之所言:

> 不仕无义。长幼之节,不可废也;君臣之义,如之何其废之?欲洁其身,而乱大伦。君子之仕也,行其义也。道之不行,已知之矣!①

这段话中,君王必定不是重点,而是君子与天下百姓的仁义关怀才是重点,为了百姓的福祉,有机会做官就要去做官,也要给君王机会找自己来做官,而不是根本就逃掉了。但是,这段话中,对于施政的成功,显然是悲观的,虽然悲观,当然总比不做的好。由此可知,道之不行,几乎是历史的常态,那么,或许可以追问的是:儒者心目中的道,是否本来就不是历史的常态,而只能说是儒者自己的理想了,笔者以为,确是如此。但是,历史的事实和理论的理想不必等同,这又是儒者可爱的地方了,但既不是历史的事实,那么对待的态度就必须要有现实的考虑了,而在现实世界中,怀抱淑世理想的儒者,面对不理想的社会与自己心中熊熊的理想心境,又当如何?参见孔子自己的话:

---

① 《论语·微子》。

阳货欲见孔子，孔子不见，归孔子豚。孔子时其亡也，而往拜之，遇诸涂。谓孔子曰："来！予与尔言。"曰："怀其宝而迷其邦，可谓仁乎？"曰："不可。""好从事而亟失时，可谓知乎？"曰："不可。""日月逝矣，岁不我与。"孔子曰："诺。吾将仕矣。"①

孔子跟孟子不同，孟子就从来没有跟别人讲话时被别人占过上风的，孟子去齐，自己知道在干什么，多少人次地被约谈讽刺批评，也被不少人劝请回齐，孟子都没有回头，但孔子却接受劝请为官，由此可见，在以为可为之时，儒者还是必须出仕为官的，至于孟子，是看透了齐王的无心，不欲浪费时间在该国，故而毅然决然地离去，离去之时，还稍微慢慢地走，期望国君有改变心意的时候，只是最后还是没等到，就真的走了，这一走，任何人的劝说都失效了。上文中的孔子则不然，所面对的是阳货，阳货自己就是掌权者，面对掌权者的问话，不论是虚与委蛇还是确有其想，孔子都点头认了，可见做官本就是儒者的所想，只是时机合不合宜而已，而孔子也确实有在鲁定公时站上高位，因此要做官不是问题，问题是孔孟竟然有官做也会放弃，因此，政治与道德的分离实在是儒者永恒的课题，一旦政治不能实现道德理想的时候，儒者是不一定要做官的。孔子去鲁、孟子去齐，就说明了面对政治不可为之时，儒者需有自己的去路。不过，若可为时呢？儒者是不会做隐士的。做隐士是彻底对政治的失望，这一点，儒者知之。但有机会作为时，儒者仍会站出来为官，只不过，所谓的机会并不就是百分之百的道德正确，就如阳货欲孔子入仕，孔子本不欲与之为伍，孔子后来在鲁定公朝中为官，面对的也是权臣的凌夺，实际上，三桓依然是宗室，只是非嫡传之君王而已，本质上是宗室内的权力争夺，如果政权的取得与道德不直接等同，那么，君王之位的合法性、正当性何在？其实也是没有的，关键还是法术势的运用致令孰人掌权而已。而三桓与鲁君同是文王子孙，孰人当家不过就是实力的倾轧而已，只是披上了宗法封建的合理性正当性时，三桓当权变成陪臣执国命，其实都是他们一家子的权势财富的父兄叔伯之争而已。面对这样的处境，孔子用力于必也正名，直接等于替鲁君取回政权，但不也等于替自己获得政权吗？当一切的努力颇有斩获之时，正是显现孔子确实是有政治才能之时，齐人的女乐一招就让孔

---

① 《论语·阳货》。

子去职,这样的选择恰当吗?孔子不算是被炒鱿鱼,而是自己辞官,孟子也是,在孔孟的心中,政权及政治领袖简直就是一场荒谬的闹剧,根本谈不上道德理想性。孔孟皆潇洒地去职,正显示他们不是为自己稻粱谋及资产争夺而为官的,这是真正的儒者本色,心中想的只是百姓的福祉,政府是该为百姓做事,如若不能办到,儒者也不必留在政府里了。这就务实地说明,政府是时常不能为百姓办事的,儒者固然欲为官从政,却不能一事无成而还恋栈官位,既然做官了,就要有所表现,只是,如何衡定尚有可为之时?还是毫无可为之时?是该坚忍图成之际?还是该挂冠求去之时?荒谬恐怕一如既往。伯夷、柳下惠就是不同的作风,孟子说:"伯夷,圣之清者也;伊尹,圣之任者也;柳下惠,圣之和者也;孔子,圣之时者也。"①孟子当然是要高举孔子的,实际上孔子事功不及伊尹,温和不及柳下惠,始终一致地清高不及伯夷、叔齐,孔子的特长在于话说得明白,因而建立了儒家哲学理论的最高典范。如果伯夷、叔齐是圣人,就说明了武王伐纣有道德上的瑕疵;柳下惠的和气,就是不管君王清明还是昏庸;伊尹真是咸庆得主,但伊尹后来处理商汤子孙为君的事迹真是惊险至极,只是最终还政于商,证明了他的儒者性格,而非权力之徒。但是,伊尹的角色,又超越了孔孟为官时的地位,他仍能舍权放下,真圣之任者也。但这些也不断地说明了,国君者,真不是等于道德崇高者。这种理想与现实的落差,永远是儒者在面对的实情实事。

放下,离去,跟政权说再见,这就是道家庄子的智能模型。孔子去鲁,孟子去齐,根本上他们所看到的就跟庄子所理解的是一致的,就是各国的国君根本不是个仁民爱物的主公,甚至可能只是欺凌百姓、压迫人民的恶徒,政府与国家的组织有时正是国君伤人的工具。只不过,儒者仍心存期待,并且相信历史上仍有圣君贤王,因而期望在有生之日寻遇明君,可以说,眼前的事实尚且不能让他们完全失望,心中犹怀抱一丝希望,期望在别处获得理想的满足,但是眼前的事实对他们而言确实是失望的,而这个失望,正是庄子的永恒立场,也是《论语》中隐士们的立场。

就此而言,孔孟大儒,对于眼前不可为的政权,自己就没有采取效死坚守的做法,而是心中明白,因而弃他而去。那个国度已不可为,拿起手

---

① 《孟子·万章下》。

中自己可以作为的事情去做就好了，在朝任官成为中央大员的结局不必奢求。就像王阳明，明朝的君王就不用说了，竟然要他把好不容易用了多少士兵百姓的鲜血性命换来的宁王放掉重来，这不是荒谬什么是荒谬？朱洪武打下的江山，他的后人竟是这般的猪头，这样的国度能不毁灭算是万幸的了，对于这样的朝廷，实在也不必去中央朝廷担任大员了。实际上也并不容易，因为别人会排挤他，因此只好继续置身江湖，与大盗斗，在第一线做些为百姓实有效益的剿匪事业。荒谬，政权的高层就是荒谬，这是庄子看到的真相，这是儒者看到却仍不放弃理想的现实。看破社会体制的虚妄，能使孔孟弃国他去，能使王阳明躲避入京不去领功，体制就是虚妄的，高层多是权臣把持的，国君多是无能的，这也正是使得朱熹被朝廷宣告成为伪学的原因。孔孟朱王，谁碰上了圣君贤王？一个也没有。因此他们都没有跻身高层做一个中央大员，可以说他们就跟庄子也差不了多少，只是庄子是看破了就全部放下，孔孟朱王是看破了就找自己还可以独立自主地做的事情去做，至于体制的虚妄，对于孔孟朱王而言都是眼前的事实，当然，孔孟朱王都没有就此放弃，庄子才是放弃，孔孟朱王因此对于自己的人生还是有出路的，但对于当时的政权，都看不到出路。王阳明事功再大也不过是帮助了百姓免于宁王叛变、盗匪抢夺之苦，对于朝廷，是没有改善的能力的，说是任由它腐烂也不为过。对此，儒者几无可为之事，大明王朝也不是王阳明建立的，鲁国也不是孔子开国的，齐国也不是孟子开国的，宋朝也不是朱熹开国的，这些大儒却自觉地要去承担国家民族的政道与治道，真是一颗仁民爱物之心使然，但是自己既非权力型人物，也不愿像古来一般权臣般地把持朝政，糜烂国君与国家，而是想要有所作为。但其结果，最巨大的儒者图像之孔孟朱王四人，都是自己成了圣贤，但是对于自己眼前的时代却都没有施力的实效。可以说对国家的看法上与庄子无异了，只是那颗理想的心使得他们找到自己可以奉献的使命，但社会体制是虚妄的这件事情，恐怕四位儒家圣贤所见皆是一致的。

此处，笔者要申明的是，恰恰是这个与庄子一样的心态，才使得这四位儒者成就了儒家巨大身影的圣贤图像，差别只在，庄子进入个人超升的思想创作的哲理世界里，孔孟进入立德立言的圣贤世界里，朱熹进入著书立说整理思想的哲学家世界里，王阳明进入第一线为百姓谋幸福的实战演练中，他们对于高层都是放下的，一方面没有权力的野心发动革命推翻前朝自立为王的帝王心态，另一方面却都在绝对究极圆满的高度上找到自己生命奉献的去向而成就了自己。

　　如果不是这个看破的视角，如果一心还为了这个政权希冀保存，那么在更大的绝望之际，难保不会再度出现像屈原这样的悲壮事迹。楚国仍亡，自己的一死更无所贡献于家国，只让世人徒呼遗憾而已了。虽然有《离骚》的文学之美，但毕竟非儒者的事功，从事功的角度而言，立言立德的孔孟朱王，仍是有其巨大的事功的。

　　经由以上的讨论，笔者要提出一个观点。每个儒者的心中都要住着一个庄子，唯其有庄子的看破世间的智慧，儒者承担天下的使命感才不至于将自己逼入绝境，因为根本上，理想是一回事，现实是一回事，儒者尽可提出理想，定义国家、国君、大臣、百姓，但在现实的差距的面对上，必须有荒谬至极哑然失笑的距离感。唯其有此距离感，儒者才可能取得成就，孔子虽然"知其不可而为之"，但重点是"知其不可"，因此其之所为乃仍有可为之事，而不是去碰撞那绝不可为之事，否则必是一事无成，也绝对不会在历史上留下立功立德立言的影响了。儒家与道家庄子的不同，是庄子就把力气用在个人的才情超升上而成为个人主义的哲学，但儒家仍是用于淑世理想的追求上，因此依然是群体主义的哲学。但是，社会体制通常是极不理想的，这一点，智者没有误判，孔孟老庄所见皆同，只是面对的态度、处置的方案不同，背后是个人价值选择的不同。但如果这个社会体制的虚妄性没有被勘破，多少悲剧便将发生，多少事功无从建立，这就是本节最重要的发现。

四　道家给儒家的第二课：向老子学习给而不取的为官之道

　　在宋明儒者的著作中，老子哲学常是被批评的对象，然而，《周易》之作中，其卦爻辞的精蕴，便已是孔老共同的价值，而宋儒周敦颐的哲学中，其言于"一为要，一者无欲也"[①]之说者，王阳明甚至还说："吾辈用功，只求日减，不求日增。减得一分人欲，便是复得一分天理，何等轻快洒脱，

[①] 周敦颐《通书·圣学第二十》："圣可学乎？"曰："可。"曰："有要乎？"曰："有。""请问焉。"曰："一为要。一者，无欲也，无欲则静虚、动直，静虚则明，明则通；动直则公，公则溥。明通公溥，庶矣乎！"

何等简易！"① 老子之言"损之又损以至无为"② 就是这里日减的意思，可以说，先秦孔老的思想本就可以互补，宋儒的作品里面也多的是老子哲学智慧的话头，只是俗儒不察，责人入老互相攻击而已，如象山与朱熹有冲突时就互指为老。老子哲学可以与孔子哲学互补，老子的智慧可以让秦汉之后的儒生在朝为官，而不必辞官他去，这就是笔者欲建立的观点。但是，这个立场的出现，必须先有看破社会体制的虚妄之后才有可能做到的。老子智慧的特点在于：一切勿与人争，本分做事，一直给，最终成就事业而自己成为圣贤。这样的智慧态度，就是不与人争，为什么要争？其实都是争自己的私利。为什么不争？因为做官了而且是做大官了，做大官就是来做事的，不是来争权力争荣誉争资源的，是来给的而不是来要的。然而，多少做大官的人能进入这等的境界，不都是继续争继续抢，继续像小孩子要糖果样地仍然在争夺。心中没有百姓，只有自己的利益。这也就是为什么社会体制是虚妄的成因之一，另一个原因是最高领袖本身就不是个东西，主上无能的结果，下必纷争。小人权臣当道，体制的高层黑乌鸦的，这时候，任何好不容易挤上高层的人们，也是一样地争斗好胜，有人能整日用心于治国吗？能有人仁民爱物吗？并没有。老子的智慧就是了解到在这种现象中，政治上的高层一旦要仁民爱物就必须要知道周遭的权力嗜欲之徒的想法，他们很简单，就是资源要争权力要争利益要争荣誉要争，就是事情不想干，因为怕功劳给别人抢走了。问题是，一旦体制内没有人做事，一旦体制没有因为实做实事而有所改善增进，体制必然崩溃，到那个时候就变成要有人革命起义推翻体制了，但无论是体制崩溃还是战争起义，都是人民百姓在受苦，为了不使百姓受苦，体制需要被维护，这就是儒者的心胸，儒者的信念。但是，为体制服务，功劳却被抢走，荣誉却被夺走，这样的体制，还有必要为它服务吗？这时候，老子的无为智慧就出现了，这就是无我，不需要有私我之念，只需要想到社会大众的利益，"生而不有，为而不恃，长而不宰"③，社会体制和道德不能直接等同，这在高层就是如此，但是没有道德的社会是会崩解的，百姓的生活世界必须依赖道德信念的维系，所以高层必须有人主持百姓的日常生活，让道德信念成为维系社会的共识，务使社会不致失序崩坏，也就是说，必须靠高层官员来维

---

① 《传习录》。
② 《道德经·四十八章》。
③ 《道德经·五十一章》。

护社会正义，但高层本身未必服膺正义是非，这样的话，所有在高层的儒者却要争取平民百姓的生活福祉，这怎么可能呢？是的，首先就要看破体制的虚妄，这是庄子深知的事实，先建立这一步的了解，随后就是与狼共舞、虚与应对，高层就是虚伪的，唯权力是问的，唯利益是问的，老子的智慧就是看破这一切，同时也看破自己的权力名誉，"后其身而身先，外其身而身存"，"不敢为天下先"，"弱者道之用"，一切的作为，都只是求一个天下人的公益而已，自己什么都不求了，这一点，也是孔孟与老子不同的地方，孟子是绝不委屈自己的，话语中没有一丝的退让，国君对自己无礼，就一定是弃他而去，孟子言：

> 陈子曰："古之君子，何如则仕？"孟子曰："所就三，所去三。迎之致敬以有礼，言将行其言也，则就之；礼貌未衰，言弗行也，则去之。其次，虽未行其言也，迎之致敬以有礼，则就之；礼貌衰，则去之。其下，朝不食，夕不食，饥饿不能出门户；君闻之，曰：'吾大者不能行其道，又不能从其言也，使饥饿于我土地，吾耻之。'周之，亦可受也，免死而已矣。"①

国君是必须重用我的，一切言听计从，若不听从我的政策意见，又对我不礼貌，则一定是挂冠求去，除非我混不下去快饿死了才死皮赖脸地接受奉养。但是，老子的态度则不如此，人性多是为恶的，此事早已深知，但百姓不能没有人照顾，社会体制不能崩解以至战乱，因此就需要有人在各个岗位上挺住，但是人家又要来抢，于是你就通通要给，这就是"以无有入无间"。高层资源都被卡位光了，无间，但你一件也不要，无有。故而是"以无有入无间"，反而可以有所作为。你的功劳推给君王，你的资源和权力与群臣共享，你的利益分给属下，百姓当然是什么也没有，但是没关系，因为你在做事，因为没有人会掣肘你了，因为你所有看得见看不见的利益资源都给了周围的人了，周围就是高层，一群嗜欲之徒，但是他们会给你治国的机会，因为你什么利益都不要，你只是来做事的，因为你做事，你就创造了新的资源，这一部分，才有百姓获得的份。至于原来就在高层的权力利益荣誉你都留在高层送人了，一件也没留给自己，这就是无我，

---

① 《孟子·告子下》。

这就是人家会给你机会的原因。这是老子的做法,因为政治的现场还是要有人进去操作的,孟子去国去仕,孔子亦然,他们两位成就了千秋万世的思想资源,成了哲学家,老子当然也是哲学家,但是老子的智慧让所有的儒者在官场上找到了生存之道,这个智慧就是看破体制的虚妄,高层不是道德的族群,而是嗜欲争夺的杀戮战场,想要在此处生存,就要留下买路财,一切看得见的利益都要送给别人,不断地做事而创造资源给社会百姓,至于高层能够分配的利益就要留给周围的人,"宠利毋居人前,德业毋落人后"①,就如其言:

> 江海所以能为百谷王者,以其善下之,故能为百谷王。是以圣人欲上民,必以言下之;欲先民,必以身后之。是以圣人处上而民不重,处前而民不害。是以天下乐推而不厌。以其不争,故天下莫能与之争。②

老子这样的思维,就是一套给的哲学,要给之前,当然是自己充满了理想,欲上民、欲先民,就是有自己的理想,想带领大家一起,要大家一起走自己提出来的理想的道路,那就是要先对大家好,先满足别人的欲望需求,因为每个人的需求被满足了,所以你的服务大家就都能接受了,而儒者在位子上的权势就稳固了,也再没有人能夺走他的职位了,于是也就可以永远地在这个位子上服务了,但关键就是满足周围上下所有的人的私心欲望,使得人人乐于他在这个位子上,以至于他可以召集众人一起来为大家做大事。为什么既要为百姓创造资源又要留下各种利益给周围的人?这就是体制的虚妄性使然,体制中的高层高位者,没有他们的默许,国家大事的事业是办不成的。孔孟朱熹完成的都只是个人性的立德立言之作,哲学思想的创作以及个人人格典范的影响,并不是全国性的政策施行,王阳明的事业倒是有全国性的影响,但王阳明干的是苦差事,是外地征战的事业,不是朝中大员的角色,王阳明的武功若不是朝中有人硬要他做,他也不能长任其职,还不早早被人拉下马来,也就是说,朝中有人扮演了老子的角色,给了英雄儒者一个实际为人民百姓做大事业的机会。而这个朝

---

① 《菜根谭》。
② 《道德经》。

中的大员，却没什么盛大的荣誉，只是对好的人才给他好的机会以为百姓做好的事情而已。

  人在高位，就要好好做事，为百姓做事，但是不能有功劳荣誉权力之心，因为周围的人会忌惮会忌妒，一旦遭人忌惮忌妒，位子就不保。儒者在高位，眼中容不下沙子，处事见不得小人，就要时时与小人为敌了。实际上"休与小人仇雠，小人自有对头"，你把力气放在与小人斗争上以后，你的正事就都办不了了，良好的政策，实际的实务，需要正人君子去投入，因此不能把力气用在与小人斗争上头。要了解，体制就是荒谬的，小人就是有机会站上高位的，这不是圣贤的错，这是最高领袖有私欲或是无能的结果。但是，对付小人不是儒者的使命，不让小人为恶以及拯救弱势百姓才是责任，小人不要让他伤人就好，你不要去伤他，他要利益你要给他，他不干活光享受你要让他，他不扯后腿你的事业就有机会成功，他扯后腿掣肘你你的事业就不会顺利。要知道，事业成功才是唯一的目的。小人被惩罚以及你的功业被宣扬都不是什么重要的事情，这两件事情都比不上国家社会的重大政策被落实，都比不上你实实在在地为百姓做了一件好事大事有用的事。就如王阳明弭平了叛乱收服了盗匪，但不必因此在朝中站上大位，不必因此被君王大大奖赏，后两件事情，都会有人忌妒的，反而招惹灾难，因为朝中多小人。所以，要学老子的哲学，老子的哲学就是只要给就好了，自己是个创造者，创造资源给百姓，推动事业让大家得利，自己不要利益，而让大家都得到利益，这样的大官人人乐其为之，事业就可成，连小人都来赞颂此事，因为他们也有抽象的间接的贡献及功劳了。

  对付小人及权臣的事情是国君的事情，是最高领袖的事情，因为小人是国君欲望的代言人，权臣是国君无能的发言人。国君不对付小人最后就是他自己被害死，但这是他咎由自取。国君不是一般人可以扮演的角色，肯定是人中之龙、人中之凤才能做好的事业，一般人训练未及就登上层峰之位，既不能遏止私欲，又不能控制臣下，则小人纷纷献媚取悦而掌握大权，权臣纷纷夹持蒙蔽而掌握大权，这就是高层的组合。儒者一旦有机会站上这个平台，就必须看清局势，要不以法家严峻之威力扫荡奸邪，要不以老子虚圆之智慧肆应其间，但这都不是孔孟的最高智能形态。因此笔者主张，在这个意义下，儒者要向道家老子学习这样的智慧，既然已占高位，又不是要去做孔孟这般的哲学家，那就是要尽己一生之力让百姓过好日子。保住权位，多做实业，因为不忍百姓受苦，就要尽量创造资源给百姓，再把自己的私人的资源给百姓，而自己站在此位，还要照顾那些没有理想没有爱心又利欲熏心的权臣小人的利益，看得见的都给了，看不见的也将其台面化之地给了，天底下再没有人看你不顺眼了，至于小人权臣，留给君王去面对吧。有小人权臣也是因为君王自己的作为所致，成也君王败也君王，天下安危就是系于一人之身，这一人，就是最高领袖，君王是什么样的等级，天下人就是什么样的生活格局，至于大臣，高位之臣，只能自己选择自己的角色人格，或为圣贤，或为贪官。只是因为君王的格局之故，而有好坏不同的命运而已，如同邵雍所讲的四六、三七比例而已。一旦君王格局不足，为圣贤者就只能走老子的路，要走孔孟之路就得丢大官，宋儒伊川、横渠都是如此，明道多半在基层做小官，有一段不长的时日在朝中，然而时日尚短，但其实也已经呈现了老子式的作风，如其言："学者今日无可添，只有可减，减尽，便没事。"减就是减欲望，这就是老式智慧。

当然不能说这种尤欲减损就只能是老子而不能是儒者的智慧，这确实可以是儒者的智慧，儒者确实是需要这样的智慧，只是，将这种智能的形态发挥到极致，又标举到最高的就是老子，至于这种智慧对于儒者而言，却不是最初的目标，儒者要成就家国天下，也要成就自己，孔子言："邦无道，富且贵焉耻矣。"① 但这是春秋战国时代，此邦无道或有他邦可去，秦汉之后，邦多无道，关键就是国君无能贪欲而朝纲不正，因此，正直之臣多在无道之邦中，若是都弃职他去，朝中便都无人了，则体制的崩解便极快速，因此必须要有做实事的人，要做实事，必须有权有位，这一部分就是与小人权臣共处下才会得到的，如果事事争个是非对错荣誉名位，便无法待在此位了。儒者要争天下也要争荣誉，老子式的智慧就是只争天下而不争任何私利，"夫唯不争，故天下莫能与之争"②。私利都不要，只要天下事能办成，小人权臣要的利益都给他们，只要不来妨碍，都可以舍可以让，这样要做的大事就必然可成了。儒者固然要做大事，但都不免在过程中碰到道德上的是非对错，一旦在此坚持，事情就耽搁了。当然，这时就要分辨个大事小事，得天下未必是大事，实务实业才是大事，百姓有饭吃、有路走、有衣穿、有车坐才是大事，为此，必须团结人力，实事实干，创造资源，才能成事，成事之时，任何人都来分享功劳利益也没关系，下次有

---

① 《论语·泰伯》。
② 《道德经·二十二章》。

大事可干时能继续干才是重要的。抱持这样的态度，则"天下未能与之争"，说到争，是争什么？没有不是争私利的，名誉也是私利，莫怪乎庄子《人间世》曰"德荡乎名，智出乎争"，荣誉是重要的，但百姓的福祉更重要，得不到荣誉或被毁坏荣誉都不重要，重要的是事情办成了。"放得功名富贵之心下，便可脱凡；放得道德仁义之心下，才可入圣。"[1]《菜根谭》的这种智慧就是老子式的智慧，真要为百姓着想，这是必需的态度，不争千秋而争一时，不是自己的一时，也不是自己的千秋，而是百姓的一时，百姓就是日日生活中的平民，为了日日的生活，朝中大员必须做出正确的政策和事业，为了利益百姓，就要协调各种资源人力而圆满此事，要照顾的方面太多了，自己反而是最不需要被照顾的，这就是"损之又损以致无为，无为而无不为"[2]的老子智慧。儒者争千秋，老子争一时，都是为百姓，千秋的事业孔孟已经做够了，百姓的生活就需要各个时代的儒者在日日的生活中为其奔走了，争一时就好，无我，无为，就能掌握资源，做出事业，创造资源，成为名副其实的圣贤。

总结而言，孔老的智慧本来就是互补的，儒家谈服务的精神重承担，老子谈处世的技巧重谦退，在时机可为之时，站上高位，依然要谦虚让利予人，这是老子的智慧对儒家的调适。在时机不可为之时，或是舍官他去，或是忍辱潜藏，前者是庄子的智慧，后者是老子的智慧，都是对儒家的调适与上遂。

五　道教给儒家的第三课：敬畏神明

鬼神进入中国文化的天空是一个古老悠远的事实，远的不说，就春秋战国时期而言，墨家就是鬼神信仰的代表性团体，而他们的视角真正是人民百姓的视角，节用、薄葬、非乐、非攻、兼爱等等皆是，他们为保住生活也主张尚同，但为自己日子好过更希望尚贤，如果君王做不到，就人民百姓而言，那就只有依靠天志了，究其实就是明鬼，也就是有鬼神，也就是说，作为平民百姓的墨家，除了依靠鬼神的制裁以外，没有任何其他的渠道可以帮助自己不受国君权臣的欺凌，至于鬼神是谁，似乎不是关键。

---

[1]　《菜根谭》。
[2]　《道德经·四十八章》。

确实，中国历朝历代的人民团体，多的是有鬼神信仰的准宗教组织，鬼神不断更换，几乎没有固定，这也和中国宗教是多神形态似乎直接关联，无论如何，只要是纯属人民的团体，有宗教信念是多数现象，人民团体和社会体制最大的不同，就是社会体制是社会国家的正式编制的组织，亦即就是政府的层级。而民间团体中的领导者，在政府的层级里面却根本没有任何地位，儒者不然，儒者就是要入仕为官的，所以有任何想法就要在官僚体系里面解决。墨家就不然，一个民间宗教团体，对政府有任何想法，只能诉诸祈祷，诉诸人民的心声，而不像儒者，自己直接作为官员可以面对处理的。作为儒者，如果有对政策的意见，就该在正式场合上表达出来，至于对政策的意见，就应该是出于自己的专业素养，自己就有足够的知识设想政策了，决不会问告鬼神，若是何种政策较好这种事情也要问告鬼神，这就不是儒生知识分子了，这只能是无能的人了，甚或就是神棍了。也正是因此，孔子说："未知生，焉知死？""未能事人，焉能事鬼？"① "敬鬼神而远之。"② 这些话语的意思，都是说人要靠自己，不要靠鬼神。但是，这些话语也并不等于否定了鬼神的存在。虽然如此，关于鬼神存在的问题，到了宋儒，便产生了在理论上否定鬼神存在的努力，这就是张载的"鬼神者二气之良能也"③之说的意思所在，也就是说要以概念定义的方式涂抹掉鬼神概念的存在义涵而谓之为只是阴阳二气的别名而已。朱熹继承这条思路，但却说魂魄二气，魂者人死轻清上扬，魄者人死重浊下降，也就是鬼魂和尸体，但尸体会坏散，鬼魂也是暂时的，朱熹此说，固然不让鬼魂有其永恒存在的地位，却也让鬼魂有了暂时存在的宇宙论地位。这就让我们再次反思孔子所说的"敬鬼神而远之"的话，究竟此话何义？

笔者以为：首先，并未否定鬼神的存在。其次，国家大事要靠专业知识。掌握住这两条之外，笔者以为，儒者对待鬼神的态度要有更深入的思考。鬼神是一远古的信仰，古今中外皆有宗教团体与鬼神信仰，宗教与鬼神在一件事情上是人类绝对会探究的课题，那就是人类自身的生死问题，人类不问生死问题则已，只要探问，必然涉及鬼神及宗教。为何是宗教？因为对于主张人有死后生命的人而言，他们的主张并没有在经验上可以被简易直接地证明的方式，因此只能说是相信，因为态度是理性的，因此称

---

① 《论语·先进》。
② 《论语·雍也》。
③ 《正蒙·太和》。

许为信仰。对于这种不能实证的知识,以及连带而来的活动,政府的态度在历朝历代中都有不同,但是归根结底,儒家的立场才是关键,因为儒家是官僚体系的价值意识,儒者只能敬鬼神而远之,要是事事问告鬼神,那么知识分子的治国专业就不必要了,官员成了废物,且鬼神意旨难明,朝廷议事还有个争执的机会,鬼神的宣告就是一翻两瞪眼,听是不听都不是很理性的态度。关键就是,一定要分辨清楚什么是可以问告鬼神之事?什么是不宜问告鬼神之事?

远古先人之所以需要问告鬼神,就是知识所不足导致计虑不周全的事情,但是,人类不断地累积了历史与科技的知识,愈来愈多的事情就是在人类的理性客观知识的范围之内之事了,面对这些事情,自然是依靠客观知识专业知识以为决断的依据了。若是尚有未知的领域,涉及国家大事,还是谨慎为好,若是个人利害之事,不妨问告鬼神,古人占筮就是如此。然而,问告是一回事,祭祀又是另一回事,不论是祭天祭地祭川山社稷之神还是祭祖都是祭,子曰:"祭如在,祭神如神在。"① 论及祭祀,孔子没有不赞成的,这是尊重与虔诚,论及问告,孔子亦非不为,只是不是事事为之,若是事事为之就是迷信了,就是自己不够专业了,若就有所不知、计虑不足的事情虔诚焚香以问之,此事,孔子是不会反对的。只是,历史上的儒者,多半仍然是以自己的专业知识提出政策的计虑,而不是借由鬼神之问告而告知作为的去向,荀子根本就说:"雩而雨,何也?曰:无何也,犹不雩而雨也。日月食而救之,天旱而雩,卜筮然后决大事,非以为得求也,以文之也。故君子以为文,而百姓以为神。以为文则吉,以为神则凶也。"② 摆明了并不相信问告之事的。其实,只要细为厘清,就可以分辨何者该问、何者不该问,但更重要的是,有鬼神存在是一回事,祭祀就行了,问告是另一回事,光祭祀而不问告就是一种理性的态度,就此而言,当然不必否定鬼神的存在,朱熹就是如此。但是,一旦要问告,个人私事问之无妨,国家大事就要谨慎为之,还是要以更多的专业知识来选择并决定为好。"光祭祀而不问告"就像"神道设教"一样,只是尊敬虔诚而已,并没有侥幸投机的心理。如:《周易》言:"观天之神道,而四时不忒。圣人以神道设教,而天下服矣。"③

---

① 《论语·八佾》。
② 《荀子·天论》。
③ 《观卦·彖辞》。

其实，鬼神的存在虽然不易明确地证明，但也不能简单地就否定。"敬鬼神而远之"确实是个理性的态度，尤其是针对国家大事而言，祭祀是一定虔诚的，但问告就不必了。你礼敬鬼神，鬼神有知，自然庇佑你。中国的道教，其实跟中国的儒家有着完全一致的价值信念，唯一不同的是，明确地申明鬼神的存在，从而有祭祀的宗教活动，祭祀可也，办事就不必了。尤其是国家大事，任何人很难在绝对可信赖又准确的脉络下进行国家大事的问告甚至法术的施行而有实效的，这一部分还是远之为妙，以免引来更多无谓的大麻烦，但是，对神明的敬仰与祭祀这是可行的，也是值得做的，毕竟相信它们的存在是更为理性的选择。

总之，中国的道教，在与儒家有完全一样的价值信念的前提下，增加了它在世界存有者的信仰，作为儒者，尊重之祭祀之即可，事事问告求助鬼神就不智了，不是鬼神的存在是不可信之事，而是问告与求助的动作都充满了太多的变量与危险性，不如专心依靠自己的专业知识就好。既然鬼神与道德是一致的，这总比社会体制的高层与道德总是不一致的要靠谱得多了，因此你只要去信它就好，不必去多做什么，这就是儒者与道教团体之间最好的相处方式。至于道教团体或神明本身而言，自然会去做他们自己认为该做的对的事情，也许这时就会与国家大事或个人安危之事有所交涉了。

结　论

本文之作，站在儒家的立场，讨论道家、道教的思想和儒学的互动关系，主张庄子与老子所看到的官场图像，都应该是儒者自我修养以调适上遂时必要的视角。儒者不可因为理想崇高就变得天真无知，社会体制固然是必要存在的架构，但它在许多的历史时机中多半是虚妄荒谬的，重点就是体制的高层是缺乏道德信念的。看破体制的虚妄，不可为之时还是要把命留给自己，不做无谓的牺牲，一旦有可为之时，高层依然多半仍是虚妄荒谬的，这时就要懂得让利，才能让自己稳住高位，以为百姓谋福。儒者为官就是为百姓谋福的，孔孟去国是因为时代许可，也是因为他们是超越官员角色扮演的哲人，秦汉以后的儒者，要不效法庄子，自在民间，做些独善其身的事情，要不效法老子，逐步跻身高层，永远不强出头，保住自己以照顾人民。如果儒者改变心态，想要抢夺大位，那就要变成权力型人物，这时就需要使用法家的智谋，法术势兼用，但是，这样等于已经不是儒者了，虽然如此，这并不是不可以有的选择。至于鬼神，经验上难以验证，但理论上也难以否证。敬鬼神而远之是最好的态度，就是只祭祀，不问告不求助，鬼神自然福佑善人，这样就可以了。以上，借由老庄及道教的基本信念，辅助了儒家的基本作为，使得儒者的进退应对有了更为圆融且入世的技巧，才能面对更多的世局变换以及承担更大的社会责任。

哲思论道

"观"的哲学[*]

张丰乾[**]

摘要 "观"的行为统摄耳目,贯通主客,不是对外界刺激的简单反应。"观"不是普通的视觉,而是"谛视"。要紧的勘察活动亦称之为"观"。作为哲学概念的"观"不是纯粹的名词,而是"动名词"。"观"的哲学,其内容包括"观"的依据,如"以道观之""以我观之""以心观之"或"以物观之";"观"的主体,如"我观""他观""童观"等;"观"的对象,如"观其妙""观其复""观天之神道""观乎天文""观乎人文""观我生""观其生""观国之光""观世音""观自在"等;"观"的方法,如"静观""旁观""反观""窥观""中正以观""仰观俯察"等;"观"的结果,如"天地万物之情可见";"观"的意义,如"会通""超越""体悟";"观"的等边界,如"不欲观""不可观"等。《周易》之中的卦象,既是"观"的系统性的结果,又是"观"的系统性的工具,而《易传》的阐释,则集中体现了"观"的哲学:如"观其象""观其变""观其会通",等等。基于"观"的哲学(思维及行为),天地、鸟兽、自身、外物的特征、属性及相互关系,都可以通过归类象征的"伏羲思维方式"来把握。

---

[*] 本文的初稿为第六届中国国际易道论坛(2015年10月31日至11月1日,北京)的会议论文,部分内容曾发表于《中国社会科学院研究生院学报》2016年第1期,此为完整版,如有引用,请以此为准。本文为国家社科基金重大项目"四书学与中国思想传统"(15ZDB005)初步成果;本研究获中山大学"三大建设"专项资助。

[**] 张丰乾,1973年生,男,甘肃古浪人,哲学博士,中山大学哲学系副教授。主要从事中国古代哲学与宗教的研究。

《易传》所言"大观",是"伏羲思维方式"的集中体现,对后世的政教文化影响深远。

关键词 可观 大观 静观 反观 谛视 仰观俯察

一 仰观俯察

程明道(1032~1085)有《秋日偶成》诗云:

> 闲来无事不从容,睡觉东窗日已红。
> 万物静观皆自得,四时佳兴与人同。
> 道通天地有形外,思入风云变态中。
> 富贵不淫贫贱乐,男儿到此是豪雄。

此诗所描绘之境界以"闲来"为发端,以"静观"为方法,以"万物"为对象,贯通于四时天地,落实于豪雄气象。可与横渠四句相互发明:明道言"观"与"通",含摄有形之外,契入风云变幻,其特点是"从容";而横渠所言"立"与"开",其主旨是承担(无论何种承担,均以"富贵不淫贫贱乐"为前提)。

依《周易》所言,圣人之"开物成务",乃是以"设卦观象"为途径、"仰观俯察"为枢纽,尤以伏羲的贡献最为突出:

> 圣人设卦观象,系辞焉而明吉凶,刚柔相推而生变化。
>
> 《易》与天地准,故能弥纶天地之道。仰以观于天文,俯以察于地理,是故知幽明之故;原始反终,故知死生之说;精气为物,游魂为变,是故知鬼神之情状。与天地相似,故不违;知周乎万物而道济天下,故不过;旁行而不流,乐天知命,故不忧;安土敦乎仁,故能爱。范围天地之化而不过,曲成万物而不遗,通乎昼夜之道而知,故神无方而《易》无体。(《周易·系辞传上》)
>
> 古者包羲氏之王天下也,仰则观象于天,俯则观法于地,观鸟兽之文与地之宜。近取诸身,远取诸物,于是始作八卦,以通神明之德,以类万物之情。(《周易·系辞传下》)

因为"观"这种哲学行为，天地、鸟兽、自身、外物的特征、属性及相互关系，都可以通过归类象征的"伏羲思维方式"来把握。

而在天地之间，水的形态与作用常常引起人们的注意，而古代则有"君子见大水必观"的传统：

> 孔子观于东流之水。子贡问于孔子曰："君子之所以见大水必观焉者是何？"孔子曰："夫水，大遍与诸生而无为也，似德；其流也埤下，裾拘必循其理，似义；其洸洸乎不淈尽，似道；若有决行之，其应佚若声响，其赴百仞之谷不惧，似勇；主量必平，似法；盈不求概，似正；淖约微达，似察；以出以入，以就鲜洁，似善化；其万折也必东，似志。是故君子见大水必观焉。"（《荀子·宥坐》）

可见，观的对象必有其可观之处，而哲人的观察则使得可观之处具有特别的意义，而其中的特别意义也反过来激发哲人的思考。[1]

除了可观的成就之外，无论是官方的庄重活动，还是私人的游乐约会，关键地方或标志性的物体，劳作的场面，都需要仔细勘察，亦称之为"观"：

> 升彼虚矣，以望楚矣。望楚与堂，景山与京。降观于桑，卜云其吉，终然允臧。（《诗经·鄘风·定之方中》）
>
> 士与女，方秉蕳兮。女曰："观乎？"士曰："既且。""且往观乎洧之外，洵吁且乐。"（《诗经·郑风·溱洧》）
>
> 士与女，殷其盈矣。女曰："观乎？"士曰："既且。""且往观乎洧之外，洵吁且乐。"（《诗经·郑风·溱洧》）
>
> 笃公刘，既溥既长。既景乃冈，相其阴阳，观其流泉。（《诗经·大雅·公刘》）

"观察"的目的在于做出选择，而好的选择，又依赖于审慎的观察。

---

[1] 如陈立胜教授所论，王阳明"看花"之看，固是观看、观察，但此是关照、关心、关爱心态下之观看（陈立胜：《王阳明"心外无物"论——〈传习录〉"岩中花树"章新解》，原文部分节次刊于《中原文化研究》2015 年第 1 期，全文刊布于经典与解释网站：http://jdyjs.sysu.edu.cn/Item/1163.aspx#_ftnref15）。

二 观：审谛之视

"观"不是无意或者被动的"看"。相比于"看书"而言，"观书"更有哲学意味。孔子教导学生："小子！何莫学夫《诗》？《诗》，可以兴，可以观，可以群，可以怨；迩之事父，远之事君；多识于鸟兽草木之名。"[1]（《论语·阳货》）其中的"可以观"是升华了《诗经》的认知意义和评判功能，即观察万物的情实及历史人物的得失。朱熹亦有《观书有感》诗：

（一）
半亩方塘一鉴开，天光云影共徘徊。
问渠哪得清如许？为有源头活水来。

（二）
昨夜江边春水生，艨艟巨舰一毛轻。
向来枉费推移力，此日中流自在行。

在实际的治国理政中，"观"同样重要：

> 黄帝令力黑浸行伏匿，周留（流）四国，以观恒善之法，则力黑视（示）象（像），见黑则黑，见白则白。（《马王堆汉墓帛书十六经·观》）

而在日常生活中，万物纷繁，人事复杂，所见所闻皆变动不居，"观察"之要害在于追根问底：

> 视其所以，观其所由，察其所安，人焉廋哉？人焉廋哉？（《论语·为政》）
> 故德积者昌，【殃】积者亡。观其所积，乃知【祸福】之乡。（马

---

[1] 王夫之阐释孔子之言："于所兴而可观，其兴也深；于所观而可兴，其观也审。"（《姜斋诗话·诗译》，见《四溟诗话、姜斋诗话》，人民文学出版社，1961，第139页）

王堆汉墓帛书《十六经·雌雄节》)

观察的最终落实不是根据肉眼所见,而是如邵雍所言,以"心"和"理"为依据:

> 夫所以谓之观物者,非以目观之也。非观之以目,而观之以心也。非观之以心,而观之以理也。(《观物内篇》)

换言之,无论出发点如何,所"观"的结果自然都不会停留于表面,而是能够揭示其属性和情实。而各种现象之间,亦需要"观其会通":

> 圣人有以见天下之赜,而拟诸其形容,象其物宜,是故谓之象。圣人有以见天下之动,而观其会通,以行其典礼,系辞焉以断其吉凶,是故谓之爻。(《周易·系辞传上》)

"会通"不仅在于"天下之动",亦在于天与人之间。如同《周易》以卦象观察万物,邵雍认为指节与掌纹也是观察天地的中介:

> 天有四时,地有四方,人有四支,是以指节可以观天,掌文可以察地。天地之理具乎指掌矣,可不贵之哉!(《观物外篇》)

故而,"观"不是一般意义上的"视觉",而是"谛视":

> 观,谛视也。古文观从囧。(《说文·见部》)
> 审谛之视也。《穀梁传》曰:"常事曰视,非常曰观。"凡以我谛视物曰"观",使人得以谛视我亦曰"观"。犹之以我见人,使人见我皆曰"视"。一义之转移,本无二音也;而学者强为分别,乃使《周易》一卦而平去错出,支离殆不可读,不亦固哉!《小雅·采绿传》曰:"观,多也。"[①] 此亦引伸之义。物多而后可观,故曰"观,多也"。犹灌木之为丛木也。(段玉裁《说文解字注》)

[①] "其钓维何?维鲂及鱮。维鲂及鱮,薄言观者。"(《诗经·小雅·采绿》)

与"谛视"同义的是"审观":

> 故执道者之观于天下也,必审观事之所始起,审其刑(形)名。刑(形)名已定,逆顺有立(位),死生有分,存亡兴坏有处。然后参之于天地之恒道,乃定祸福死生存亡兴坏之〔上〕所在。(《马王堆汉墓帛书经法·论约》)

所以,"观"本身就是由表及里,探究事物的来龙去脉及兴衰存亡的哲学行为,而不仅仅是作为一种方法,也不仅仅是具有哲学含义。[①] 人人皆有"观"的行为,而哲学家不过是更有"观"的自觉而已。

三 由"观"而见

"观"的对象也绝不是仅仅限制于耳目之见闻,而是无所不包。《周易·象传》屡言由"观"而"天地万物之情可见":

> 咸,感也。柔上而刚下,二气感应以相与,止而说,男下女,是以亨,利贞,取女吉也。天地感而万物化生,圣人感人心而天下和平。观其所感,而天地万物之情可见矣!
>
> 恒,久也。刚上而柔下,雷风相与,巽而动,刚柔皆应,恒。恒亨无咎利贞,久于其道也。天地之道,恒久而不已也。利有攸往,终则有始也。日月得天而能久照,四时变化而能久成,圣人久于其道而天下化成。观其所恒,而天地万物之情可见矣!
>
> 萃,聚也;顺以说,刚中而应,故聚也。王假有庙,致孝享也。利见大人亨,聚以正也。用大牲吉,利有攸往,顺天命也。观其所聚,而天地万物之情可见矣!
>
> 剥,剥也,柔变刚也。不利有攸往,小人长也。顺而止之,观象也。君子尚消息盈虚,天行也。

[①] 成中英《论"观"的哲学涵义——论作为方法论和本体论的本体诠释学》一文也认为"'观'是一种理解的、沉思的、创造性的活动"(见成中英主编《本体诠释学》第二辑,北京大学出版社,2002,第43页)。

> 颐，贞吉，养正则吉也。观颐，观其所养也；自求口实，观其自养也。天地养万物，圣人养贤以及万民。颐之时大矣哉！

"所感""所恒""所萃"，以及"剥""颐"，包括二气、天地、日月、雷风、四时、宗庙、祭祀、养育等，每一项都意义重大。借助于卦象，"观"的结果是天地万物的情实可以显现出来。倘若没有"观"，则天地万物之情实无从了解；而所观的对象不同，要求"观"的角度也不同：

> 道，可道也，非恒道也。名，可名也，非恒名也。无名，万物之始也；有名，万物之母也。故恒无欲也，以观其妙；恒又（有）欲也，以观其所嗷。两者同出，异名同胃（谓）。玄之又玄，众眇（妙）之门。（《马王堆汉墓帛书老子乙本》）
>
> 致虚极，守静笃。万物并作，吾以观其复。夫物云云，各归其根。（通行本《老子》第十六章）

如上文所论，哲人之观在于万物的奥妙和根本。

四 政教之柄

《周易·观》的卦象是"风行地上"，《象传》解释为"先王以省方，观民，设教"。在《马王堆汉墓帛书经法》中，"观"被列为治国理政的"六柄"之首：

> 六枋（柄）：一曰观，二曰论，三曰僮（动），四曰转，五曰变，六曰化。观则知死生之国，论则知存亡兴坏之所在，动则能破 兴弱，槫（转）则不失讳（韪）非之□，〔上〕变则伐死养生，化则能明德徐（除）害。六枋（柄）备则王矣。（《马王堆汉墓帛书经法·论》）

凡此种种，均可见"观"的意义重大，藕益智旭《周易禅解·观》更结合佛法加以阐发：

> 约世道，则以德临民，为民之所瞻仰；约佛法，则正化利物，举

世之所归凭；约观心，则进修断惑，必假妙观也。但使吾之精神意志，常如盥而不荐之时，则世法佛法，自利利他，皆有孚而颙然可尊仰矣。

就人世间而言，贤明的帝王，事业上的成就，标志性的物件，庄严的场所，抑或盛大的礼仪，都值得"观"，需要"观"：

> 文王有声，遹骏有声，遹求厥宁，遹观厥成。文王烝哉！（《诗经·大雅·文王有声》）
>
> 喤喤厥声，肃雝和鸣，先祖是听。我客戾止，永观厥成。（《诗经·周颂·有瞽》）
>
> 王道之可观者，莫盛乎宗庙。宗庙之可观者，莫盛乎盥也。（王弼《周易注·观》）
>
> 庭燎有辉。君子至止，言观其旂。（《诗经·小雅·庭燎》）
>
> 君子来朝，言观其旂。（《诗经·小雅·采菽》）
>
> 明昭上帝，迄用康年。命我众人，庤乃钱镈，奄观铚艾。（《诗经·周颂·臣工》）

成就不一定要非常伟大，才称得上"可观"，但对于"可观者"要进行甄别：

> 子夏曰："虽小道，必有可观者焉，致远恐泥，是以君子不为也！"（《论语·子张》）

带有监督性质的"观"，则是权威的体现：

> 皇矣上帝，临下有赫；监观四方，求民之莫。（《诗经·大雅·皇矣》）

概而言之，了解政教的表现形式及根本意义，都依赖于"观"的行为。自上而下的"观"是了解和掌握情况，自下而上的"观"则是接受教化。

五　"反观""观穿""通观"

圣人能够把万物的情实统一起来，是因为他能"反观"。邵雍即强调：

> 圣人之所以能一万物之情者，谓其能反观也。所以谓之反观者，不以我观物也。不以我观物者，以物观物之谓也。既能以物观物，又安有我于其间哉！（《观物内篇》）

"反观"的依据不是"我"，而是"他人"或"他物"。"以物观物"既不是"为主"，也不是为"客"，而是"为物"，即反"我"为"他人"或"他物"。孔子之"观过知仁"可谓"反观"的典型：

> 子曰："人之过也，各于其党。观过，斯知仁矣。"（《论语·里仁》）

孔子指出，一个人的过失和他的乡党（同类人）有关。"观过"既包括"观自己之过"，也包括"观他人之过"，即自己之过为他人所观。同时，一个人的言行之间也可能有出入，所以更有"观"的必要：

> 宰予昼寝。子曰："朽木不可雕也，粪土之墙，不可杇也；于予与何诛？"
> 子曰："始吾于人也，听其言而信其行；今吾于人也，听其言而观其行。于予与改是。"（《论语·公冶长》）

孔子的教训在于"听而信"，而忘记了"观"的必要。可见，"听"与"观"不应分离，毕竟"人"相对于"物"而言，是有能动性的。在《庄子》当中，具体地罗列了如何在不同的情形下去观察不同的德目：

> 孔子曰："凡人心险于山川，难于知天；天犹有春秋冬夏旦暮之期，人者厚貌深情。故有貌愿而益，有长若不肖，有顺怀而达，有坚而缦，有缓而钎。故其就义若渴者，其去义若热。故君子远使之而观其忠，近使之而观其敬，烦使之而观其能，卒然问焉而观其知，急与之期而观其

信，委之以财而观其仁，告之以危而观其节，醉之以酒而观其侧，杂之以处而观其色。九征至，不肖人得矣。"（《庄子·列御寇》）

"以物观物"中包含了"物化"的过程，如庄周梦蝶之"栩栩然"，但并非"为物所役"，因为毕竟还有一个"观"在——或者说，观察者因为"观"的行为，他始终是他自己。当然，这个自己又是"旁观者"，而"旁观者"的位置可以使得观察者保持他的独立性，乃至于以"不欲观之"来表达他的选择。《观》卦的卦辞是：

  盥而不荐，有孚颙若。

马融注曰：

  盥者，进爵灌地，以降神也。此是祭祀盛时，及神降荐牲，其礼简略，不足允也。国之大事，唯祀与戎。王道可观，在于祭祀。祭祀之盛，莫过初盥降神。故孔子曰："禘自既灌而往者，吾不欲观之矣。"此言及荐简略，则不足观也。以下观上，见其至盛之礼，万民信敬，故云"有孚颙若"。（孔颖达《周易正义》引）

王弼《周易注》认为"盥"的环节最为盛大，而"荐"的部分比较简略，不足复观，故"观盥而不荐"也。孔子所言"吾不欲观之"，见于《论语·八佾》。此种"不欲观"有无奈的成分，亦有批评和质疑的含义。在"礼崩乐坏"的年代，这不是孤例：

  子曰："居上不宽，为礼不敬，临丧不哀，吾何以观之哉？"（《论语·八佾》）

同时，某人的言行倘若有"不足观"的因素，也要注意分辨，哪怕是周公：

  子曰："如有周公之才之美，使骄且吝，其余不足观也已。"（《论语·泰伯》）

孔子此处是强调周公不仅有才能之美，且没有"骄且吝"的毛病，这是对古代人物的观察。邵雍认为"以今观今""以后观今""以古自观"都是"自我而观之"，并且观察者本身也可能成为被观察的对象：

> 以今观今，则谓之今矣；以后观今，则今亦谓之古矣。以今观古，则谓之古矣；以古自观，则古亦谓之今矣。是知古亦未必为古，今亦未必为今，皆自我而观之也。安知千古之前，万古之后，其人不自我而观之也？（《观物内篇》）

邵雍把"我"置于古今之中，一方面承认"自我而观之"的合理性，同时亦指明了"自我而观之"的相对性，这可以援引作对孔子所说的"毋意、毋必、毋固、毋我"的阐释。在庄子看来，"自我观之"恰好是关于仁义的发端，是非的标准等种种纷争难以厘清的原因：

> 自我观之，仁义之端，是非之涂，樊然殽乱，吾恶能知其辩！（《庄子·齐物论》）

邵雍也明确认为：

> 以物观物，性也；以我观物，情也。性公而明，情偏而暗。（《观物外篇》）①

蕅益智旭《周易禅解·观》有言："人心本顺、本巽、本中、本正，以心印心，所以不假荐物而自服矣。"其中"以心印心"可以和"以物观物"相对应，都是"大观"——超越了"童观"的"小"和"窥观"的"丑"②。《道德经》则说明了"以身观身，以家观家，以乡观乡，以国观国，以天下

---

① 《观物内篇》又云："暑变物之性，寒变物之情，昼变物之形，夜变物之体，性情形体交而动植之感尽之矣。""情"与"性"皆可为寒暑昼夜所变。
② 如王树人、喻柏林先生所论："如果承认人可以'天地与我并生''万物与我为一'，那么，这个'我'，应怎样理会或把握？用主客二元的思维方式，或者说，用对象化的思维方法，是不可能提出这样问题的，以至认为这种思想和观点，是荒谬的不可思议的。但是，从物我两忘的象思维出发，则这种问题的提出，不仅是必然的，而且是合理的。"（王树人、喻柏林：《象思学论纲》，《中国社会科学院研究生院学报》1997年第4期）

观天下"的功效：

> 善建者不拔，善抱者不脱，子孙祭祀不辍。修之身，其德乃真；修之家，其德有余；修之乡，其德乃长；修之于国，其德乃丰；修之于天下，其德乃普。故以身观身，以家观家，以乡观乡，以国观国，以天下观天下。吾何以知天下之然？以此。（《道德经》）

观察历史除了"公而明"的立场之外，还需要不同的角度。具体到"孝"的德目，孔子的评价方法也是"观"，但认为父亲在世，要观察儿子的志向；而父亲去世，则要观察儿子的行为。"观"的内容不同，是因为父亲是否在世会影响到儿子的言行：父亲在世，儿子在行为上会相对谨慎，所以要看他的志向是否坚定；而父亲辞世，则要看他的行为准则和行为方式。如果能持续三年没有更改父亲所遵循的法则，就可以称得上"孝"了。

> 子曰："父在，观其志；父没，观其行；三年无改于父之道，可谓孝矣。"（《论语·学而》）

佛教教义中，对"观"的阐发细致精微，多与"思"相结合，并强调"观穿"是出离于种种迷情和算计，是智慧的别名：

> 观者，系念思察，说以为观。（《观经净影疏》）
> 观以观穿为义，亦是观达为能，观穿者即是观穿见思恒沙无明之惑，故名观穿也。观达者达三谛之理。（《净名经·三观玄义上》）
> 言观者观智，是法离诸情计，故名为观也。（《游心法界记》）

《观无量寿经》就是讲述如何通过方便的观想，修习真观而入极乐。佛教所说的观想还包括集中心念于某一对象，以对治贪嗔痴等妄念，如《坐禅三昧经》卷下所言的"九想观"。观世音菩萨又名"观自在菩萨"，窥基《般若心经幽赞》卷上谓："'观'为照之义，即了空有之慧；'自在'为纵任之义，即所得之胜果。昔行六度，今得果圆，慧观为先而成十自在。"

邵雍也认为"圣人"就是把"观"的能力发挥到极致，能够"以一心观万心，一身观万身，一世观万世者"：

人也者，物之至者也；圣也者，人之至者也。人之至者，谓其能以一心观万心，一身观万身，一世观万世者焉。其能以心代天意，口代天言，手代天工，身代天事者焉。其能以上识天时，下尽地理，中尽物情，通照人事者焉。其能以弥纶天地，出入造化，进退古今，表里人物者焉。(《观物内篇》)

"通照人事"亦即"通观人事"。人事、万物、古今、天地，皆可以从更高的层次去"观"，以至于"道"：

由天地之道观惠施之能，其犹一蚊一虻之劳者也。(《庄子·天下》)①

圣人者，以己度者也。故以人度人，以情度情，以类度类，以说度功，以道观尽，古今一度也。类不悖，虽久同理，故乡乎邪曲而不迷，观乎杂物而不惑，以此度之。(《荀子·非相》)

荀子所说的"以道观尽，古今一度"不仅和庄子思想一致，也在现代学者中引起共鸣。可以说，儒、道、佛三家都强调"观"的历史性、整体性和透彻性。②

《左传》《国语》所载22例用《周易》卜筮的事例，虽然其可靠性引起争议③，但即便这些例子完全是后世的杜撰，也可以说明《周易》提供了独特的历史观察法。以周史筮敬仲为例，他对于"遇《观》之《否》"的解释包含了丰富的内容：

---

① 亦如王树人先生所指出的："在老子和庄子那里，由于站在宇宙中一切都是'道通为一'的域域高度，所以，一切真伪是非，都可以在回归于'道'中得到'齐物'或消解；反之，离开这种'道通为一'的境域，或者说站在'道'之外，就要产生无穷无尽的真伪是非之辨。"(王树人：《象思维下的〈齐物论〉》，《中国社会科学院研究生院学报》2005年第1期)

② 蒋国保先生概括说："方东美把西方的形上学称为'超绝形上学'，把中国的形上学称作'超越形上学'，指出两者的区别在于：一个(超绝形上学)将本体世界与现象世界打成两橛，以为本体世界独立、超绝现象世界；一个(超越形上学)强调本体世界不离现象世界、本体世界寓于现象世界，现象世界与本体世界圆融和合、体用不二。'超越形上学'从不主张形上世界与现实世界脱节、与现实人生脱节，却强调形上学'在现实人生中可以完全实现'。"(蒋国保：《方东美论儒释道会通》，《中国社会科学院研究生院学报》2010年第3期)无论是"道通为一"，还是"超越形上学"，其理论基础都是观的哲学。

③ 参见张朋《春秋易学研究——以〈周易〉卦爻辞的卦象解说方法为中心》，上海人民出版社，2012，第17~37页。

初，懿氏卜妻敬仲，其妻占之，曰："吉，是谓'凤皇于飞，和鸣锵锵，有妫之后，将育于姜。五世其昌，并于正卿。八世之后，莫之与京。'"陈厉公，蔡出也。故蔡人杀五父而立之，生敬仲。其少也。周史有以《周易》见陈侯者，陈侯使筮之，遇《观》之《否》。曰："是谓'观国之光，利用宾于王。'此其代陈有国乎。不在此，其在异国；非此其身，在其子孙。光，远而自他有耀者也。《坤》，土也；《巽》，风也；《乾》，天也。风为天于土上，山也。有山之材而照之以天光，于是乎居土上，故曰：'观国之光，利用宾于王。'庭实旅百，奉之以玉帛，天地之美具焉，故曰：'利用宾于王。'犹有观焉，故曰其在后乎。风行而着于土，故曰其在异国乎。若在异国，必姜姓也。姜，大岳之后也。山岳则配天，物莫能两大。陈衰，此其昌乎。"（《左传·庄公二十二年》）

周史以象数与义理相互发明，以《观》卦的卦象和卦爻辞为基础，结合"遇《观》之《否》"的占卜结果，把现实与未来融为一体，而竟然与后来的历史演变如出一辙，与其说是占卜的高手，不如说是解释的典范——这必然与他的超常观察能力有关。故而，"观"的广度和深度，特别是准确度，和"观者"的水平以及观者当时的心境息息相关。[①]

然而，无论怎样揭示"观"的意义，亦不能认为"观"是万能的；或者说，"观"也是需要被超越的：

> 无始曰："有问道而应之者，不知道也。虽问道者，亦未闻道。道无问，问无应。无问问之，是问穷也；无应应之，是无内也。以无内

[①] 王阳明弟子欧阳南野云："夫意用于仰观，则仰观为一物；意用于俯察，俯察为一物。同一观察也，而用心不同。有卤莽灭裂者，有沉溺倚着者，有以尽职业者，有以谋功利者，有以为暴者，有以为御暴者，有如来教反身以修德者。盖敬怠善恶异，而格与不格由分。其心之独知，有昭然不可推掩者。即观察之事而格之，主敬胜怠，改恶从善，正其不正，以尽其当然之则，然后知至而意诚，是观天察地，亦莫非日用身心性情之学。盖意即观察之意，知即观察之知，观察即是知之事。"而阳明另一弟子邹东廓《静观说》云："当其心志和平，怡然自适，则天高地下，山峙水流，鸟飞鱼泳，草蕃菊茂，无往而不可观。及夫情意所郁，则宇宙若隘，山川若囚，花若以溅泪，而鸟若以惊心。是岂物之变哉？静原不静之间也。"（陈立胜：《王阳明"心外无物"论——〈传习录〉"岩中花树"章新解》，原文部分节次刊于《中原文化研究》2015年第1期，全文刊布于经典与解释网站：http://jdyjs.sysu.edu.cn/Item/1163.aspx#_ftnref15）

待问穷，若是者，外不观乎宇宙，内不知乎大初，是以不过乎昆仑，不游乎太虚。"(《庄子·知北游》)

"以无内待问穷"，则"外观"亦无必要了。故而，"观"本身也是"观"的对象。①

---

① 如陈立胜教授所指出的，在王阳明及其弟子看来，"观"的行动也是一种"物"，也是"格"的对象（陈立胜：《王阳明"心外无物"论——〈传习录〉"岩中花树"章新解》，原文部分节次刊于《中原文化研究》2015 年第 1 期，全文刊布于经典与解释网站：http://jdyjs.sysu.edu.cn/Item/1163.aspx#_ftnref15）。

由易观礼

——《周易》履卦大象辞诠释

蔡 杰 翟奎凤[*]

摘要 履卦大象辞"上天下泽,履;君子以辨上下,定民志",历代的诠释总体上都与"礼"紧紧结合在一起。易学家解释礼的制定,是圣人通过对"上天下泽"之象的仿照,并且随着传统礼制的不断发展,其诠释也不断深入与丰富。而"定民志"一辞,到宋代则十分注重其背后的内涵,以此阐发礼的功用。可以看出,历代易学家对履卦大象辞的诠释,带着传统礼制社会中深刻的时代痕迹,特别是在明清之交,随着思想文化的活跃,知识分子普遍展开对礼制的反思,这些都映射到了履卦大象辞的诠释当中。但是总体而言,古代易学家对履卦大象辞的诠释都没有越出"礼"的范畴,并且自觉维护着"礼"的权威性与不可置疑性。"礼"是中华传统文化的精髓,与《易》有机地融合在一起,可以通过"礼"对《易》的履卦大象辞进行诠释,也可以通过《易》的诠释观察各个时代的礼制特点。

关键词 履 礼 上天下泽 民志

"上天下泽,履;君子以辨上下,定民志"为履卦大象辞。《序卦传》说"物畜然后有礼,故受之以履",履卦的解释从开始就与礼结合在一起,

---

[*] 蔡杰,1992年生,男,福建龙海人,山东大学儒学高等研究院硕士研究生,主要从事经学史研究;翟奎凤,1980年生,男,安徽利辛人,哲学博士,山东大学儒学高等研究院副教授,主要从事易学、宋明理学研究。

或者说"履"就是礼的意思。马王堆出土的帛书《易经》，此卦名即作"礼"。历代易学家解履卦，也大多与礼相结合，特别是履卦的大象辞，从礼的制定到礼的功用，可以说都在礼的范畴之内。但是在大致方向相同的情况下，历代对履卦大象辞的诠释，其侧重点有所不同。《周易》大象传一般是取象、阐理的模式，所以历代对履卦大象辞的诠释，或从《象传》"履，柔履刚"入手，或从卦象"上天下泽"入手，或则侧重于礼的功用"定民志"上，其中有着深刻的时代原因，也包含不同思想的人群对礼的观点。

今天，我们重新认识与诠释《易经》，有相当一部分学者偏于道德体验与修身智慧，而稍有脱离经学文本本身，所以说"认为中国传统哲学是基于道德生活的要求，出于道德直觉或道德体验的观念，是由于脱离经学史研究，孤立地分析一些哲学概念和命题，而产生的一种误解"①。本文将回归《易经》文本，对历代重要的易学注解进行爬梳，展开论述履卦大象辞的礼学内涵。

一 从"履"到"礼"

履卦大象辞中"上天下泽，履"，为何"上天下泽"之象不取名为"礼"，却名为"履"呢？关于"履"字，《说文》释为"履，足所依也，从尸从彳从夂，舟象履形"，意思是说"履"的本义是鞋子。这是一个名词概念，但是我们通过古文字字形的观察，认为这一本义考释是有问题的。"履"甲骨文②从人、从止、从舟省，止符是脚趾，舟省形像鞋子，所以"履"是一个会意字，本义为践踏，是一个动词概念。"履"从甲骨文发展到《说文》的小篆，字形中部分部件已发生讹变，故许慎不能完全地考释。而从"履"的早期文献使用上看，"履字从甲骨文、西周金文，一直到春秋战国文献皆用为动词践踏等义，只是到了秦汉文献才用为名词鞋之义"③，也正好说明了这一点。那么在不曾见过帛书《易经》的情况下，如何将动词概念的践踏之义的"履"解释为"礼"？这就成了历代易学家必须面对的问题。

---

① 郑万耕：《易学与哲学》，上海图书馆、上海科学技术文献出版社，2013，第424页。
② 参见《新甲骨文编》卷八，福建人民出版社，2009，第485页。
③ 李学勤主编《字源》，天津古籍出版社，2012，第750页。

值得一提的是《尔雅·释言》就直接解释道"履，礼也"。但是《尔雅》是在给出"履，福也"（《释诂》）和"履，禄也"（《释言》）的相同解释之后，又另出"履，礼也"一解，这实在是一个特别的地方。《尔雅》是成书较早的一部辞书，大概辑录于战国时代，至少在汉文帝时已设《尔雅》博士。而马王堆下葬时代在汉文帝十二年之后①，所以《尔雅》的著者能够见过那个时代的帛书《易经》，即见过履卦卦名作"礼"。到了晋时郭璞的《尔雅注》，解释道"礼可以履行，见《易》"②，就出现将动词概念的践行之义的"履"解释为"礼"的尝试。

历代注解家将"履"释为"礼"的尝试各不相同。除了郭璞注之外，东汉末年的《释名》解释为"履，礼也，饰足所以为礼也"③，这是将"履"当作是名词鞋子，认为对脚的装饰即是礼。这自然是十分牵强的。而与郭璞差不多同时代的韩伯，在《周易注》注道"履者，礼也，礼所以适用也，故既畜则宜用，有用则须礼也"④，这样的解释其实并没有将动词的"履"解释为"礼"，此处"履"的出现仅仅表示一个卦名。

真正直面动词概念的践行之义的"履"与"礼"之间释意的问题，是孔颖达的《周易正义》，"但此履卦名合二义，若以爻言之，则在上履践于下，六三履九二也；若以二卦上下之象言之，则履，礼也，在下以礼承事于上"⑤，这就清楚表明了"履"在履卦中的两层含义，其一是以爻言的动词概念的践履之义，其二是以象言的表示卦名。此后，宋代易学家一样注意到这个分歧，并且提出了疑问："履者，何人之所履也？人之所履者，何礼之谓也？"⑥宋儒有意将"履"的两层含义联结统一，大致是继承郭璞对"履，礼也"的注解尝试，如程颐将"礼"释为"人之所履也"⑦。

我们反观帛书《易经》将履卦名为"礼"，是否存在一种可能，即履卦本初就叫"礼卦"？或者帛书《易经》的履卦之名为"礼"只是一种纯粹声音上的通假？如宋代冯椅所言"古人用字，声同者皆通，则'履'之为

---

① 马王堆3号墓出土的一件木牍，有"十二年十二月乙巳朔戊辰"字样。
② 郭璞注，邢昺疏《尔雅注疏》，北京大学出版社，2000，第74页。
③ 刘熙：《释名》卷第五，四部丛刊景明翻宋书棚本。
④ 王弼著，楼宇烈校释《王弼集校释》下，中华书局，1980，第581页。
⑤ 王弼、（晋）韩康伯注，（唐）孔颖达疏《周易正义》，北京致公出版社，2009，第68页。
⑥ 司马光：《易说》卷一，清武英殿聚珍版丛书本。
⑦ 程颐：《伊川易传》，《伊川程先生周易上经传》卷之二，元刻本。

'礼'。因天泽之象亦可兼通，要之立卦之义，则以践履之'履'也"①。古时字少，"履"和"礼"二字音近义通，在早初可以互用互训，所以这个问题极有可能是文字习惯的缘故，然而后世对此既定的文字习惯却有着深刻的思想阐发和意义再生。欲梳理与考察"履"与"礼"的关系，可以参照履卦的象辞和爻辞，特别是象辞中有一句与履卦卦象相关的"履，柔履刚也"。本文将以此句为突破口，通过卦象"柔履刚"探求"上天下泽"之象何以取名为"履"。

从履卦卦象上看，乾在上，兑在下，此是刚履柔之象，为何说成"柔履刚"？较早的虞翻解为"坤柔乾刚，谦坤籍乾，故'柔履刚'"②；李道平疏"坤柔谓旁通《谦》也，乾刚谓本卦《履》也。籍，蹈也。以坤之柔蹈乾之刚，故曰'柔履刚'也"③。虞翻以卦变解易而闻名，在此他就运用卦变旁通的方法解履卦，但这一路数在后世没有得到广泛继承与进一步发挥。历史上真正成为诠释"柔履刚"的主流有两派，也可以看作是孔颖达《正义》注意到的《履》卦名的两层含义。要而言之，亦即一派为以爻言履，一派为以象言履，其中又以以爻言履派较盛。

以爻言履派，是从履卦的爻象出发，六三阴爻，其余五爻均为阳爻，"柔履刚"的意思就是六三履九二，也就是说"柔"指六三爻，"刚"指九二爻。汉代荀爽就持这样的观点，"谓三履二也"④；及至三国魏王弼，则深入阐发了其中的义理，注"凡象者，言乎一卦之所以为主也。成卦之体在六三也。……三为《履》主，以柔履刚，履危者也"⑤，所谓一卦之主就是在一卦当中能够代表这一卦的主要一爻，全卦的意义主要由这一爻之义决定，这就是王弼著名的"一爻为主"说。王弼认为能够代表履卦的是六三爻，楼宇烈对此句解释道"指六三阴柔而在九二刚阳之上"，此处的"履"不是"礼"之意⑥。宋代苏轼在此基础上又进行充分发挥，他说"《履》之所以为'履'者，以三能履二也。有是物者不能自用，而无者为之用也。乾有九二，乾不能用，而使六三用之。九二者，虎也，虎何为用于六三而

---

① 冯椅：《厚斋易学》卷九，清文渊阁四库全书本。
② 李鼎祚：《周易集解》卷三，清文渊阁四库全书本。
③ 李道平撰《周易集解纂疏》，中央编译出版社，2011，第113页。
④ 李鼎祚：《周易集解》卷三，清文渊阁四库全书本。
⑤ 王弼著，楼宇烈校释《王弼集校释》上，第272页。
⑥ 王弼著，楼宇烈校释《王弼集校释》上，第274、275页。

莫之咥？以六三之应乎乾也。故曰'说而应乎乾'，是以'履虎尾，不咥人，亨'。应乎乾者犹可以用二，而乾亲用之不可，何哉？曰乾，刚也，九二亦刚也，两刚不能相下，则有争，有争则乾病矣。故乾不亲用而授之以六三，六三以不校之柔而居至寡之地，故九二乐为之用也"①，苏轼引入了"用"的概念，结合整个象辞内容，从刚柔间相亲相争的视角对爻象进行阐释。至此，可以说苏轼已将"六三履九二"一说发挥到淋漓尽致。

但是细味王弼注"三为《履》主，以柔履刚"，并未像楼宇烈所释那般明言以三履二，这就为后世的以爻言履派留下了许多分歧，或者说阐发空间。宋代易学家朱震认为是"履，践也，言践履之道。一柔而履二刚，上为乾刚所履，不言刚履柔者，三柔，《履》之主也。以柔履刚，践履之难，处之得其道，履之至善也，故曰'柔履刚'，此以六三一爻言《履》之义也"②，强调了六三为《履》主，也强调了"履"的践行之道，虽然六三上面为乾所履，但是《履》主六三在践履过程中，以至善之道而行，仍然可以说是"柔履刚"。此说是有所强调与侧重的，借以阐发朱震自己的思想学说，所以不能完满地解释经文本身。在以爻言履派中，能够与"六三履九二"一说并立的，是"六三履五刚"说，代表人物有宋代杨万里，他说"六三以一柔而行五刚，九五以纯刚而宅中正，此下以礼而正上，上以礼而自正也。下以礼而正上，故柔顺以格其非心，和说以平其威怒，君一正而臣不阳，上以礼而自正"③，意思是说"柔履刚"是六三履其余五刚爻，并在此基础上将履卦与"礼"结合起来，阐发了君臣伦理关系，认为君为刚阳，臣为柔顺，以此设定礼的体制。明代易学家焦竑继承了这一思想，他说"六三虽以一阴统众阳，其实臣也，下也。上有九五之君在焉，六三其敢借诸？故特称九五之尊，曰帝位，其严于君臣之际如此"④，可以看出明代的君臣分殊、等级差异十分严明，这可以说是"礼"的过度发展，出现了僵化的趋势。

以象言履派，是从"上天下泽"之象入手。从卦德上看，内卦兑为柔悦，外卦乾为刚健，"柔履刚"的意思就是兑履乾。"宋初三先生"之一胡瑗在《口义》中说"此言得履卦之名者，盖由以柔顺之体上承于乾刚之质，

---

① 苏轼：《东坡易传》卷二，明刻朱墨套印本。
② 朱震：《汉上易传》卷一，四部丛刊续编景宋刻本配汲古阁景宋钞本。
③ 杨万里：《诚斋易传》，张先生校正《杨宝学易传上经》卷三，宋刻本。
④ 焦竑：《易筌》卷一，明万历刻本。

此所以名曰'履'也。……兑以阴柔处于下，而上承刚健，是由贱之事贵，卑之事尊，苟非尽悦顺之礼以事之，则其伤害可知矣"①，这是将"上天下泽"之象与礼的规定结合在一起，认为内卦兑为柔顺之体，外卦乾为乾刚之质，兑在下以礼承于上，谓之"履"，也就是说将"履"解释为承奉、侍承的意思。后来理学大家程颐继承前辈的观点，在《易传》中说"为卦天上泽下，天而在上，泽而处下，上下之分，尊卑之义，理之当也，礼之本也，常履之道也，故为'履'。履，践也，藉也。履物为践，履于物为藉，以柔藉刚，故为履也。不曰刚履柔，而曰'柔履刚'者，刚乘柔常理不足道，故易中唯言柔乘刚，不言刚乘柔也。言履藉于刚，乃见卑顺说应之义"②，程颐的思路与胡瑗基本一致，只是程颐将"柔履刚"解为"柔履于刚"，也就是说"履"在此表示的是被动态。程颐用了一个很巧妙的办法，借用了虞翻注中的以"履"为"藉（籍）"。因为"藉"包含两个义项，一个是践踏之义，如"杀夫子者无罪，藉夫子者不禁"（《吕氏春秋》）；一个是铺垫之义，如"正值李梳头，发委藉地"（《世说新语·贤媛》）。践踏义是上履下，施动主体是"上"；铺垫义是下承上，施动主体是"下"。程颐的巧妙之处在于将"履"的解释转移到"藉"上，然后利用词的多义性，取"藉"的铺垫义将"履"定义为被动态。他还特别指出了一点，为何不言"刚履柔"而说"柔履于刚"呢？是因为刚乘柔，这只是表象，是不足为道的，而说成"柔履刚"的深刻意义在于凸显出了处下者的卑顺悦应的特点。以象言履派至胡瑗、程颐两位理学家乃得大备，后世这一派的易学家多只是继承其说③。

无论是以爻言履派，还是以象言履派，都将"履"视为动词性质，并

---

① 胡瑗：《周易口义》卷三上经，清文渊阁四库全书本。
② 程颐：《伊川易传》，《伊川程先生周易上经传》卷之二，元刻本。
③ 朱熹《本义》只说了一句"以二体释卦名义"（《周易本义》周易象上传第一，宋咸淳刻本）。李光地《周易折中》集元代王申子与胡炳文二说，王申子"《履》以六三成卦，三之象下迫于二阳之进，上蹑乎三阳之刚"，胡炳文"《本义》谓二体，见得是以兑体之柔，履乾体之刚，非指六三以柔而履刚也"，然后李光地便据此在案语中评道"王氏胡氏二说不同，然当兼用，其义乃备"（李光地编纂《周易折中》，刘大钧整理，巴蜀书社，2006，第341页）。其实李光地的评论是有问题的。王申子并不持六三以柔履刚的观点，李光地所集的王氏之语只是说到六三上为三阳所蹑，下为二阳所迫，说的是六三在履卦六爻中的位置，并未提及"柔履刚"。王申子真正的观点是"以成卦之主释卦名，义言三以兑之柔，蹑乾之后，而履其刚也，故曰履"（《大易缉说》卷四，清文渊阁四库全书本），所以王氏当也属以象言履派。

且认为履卦与"礼"的关系只是在人之所履的行为过程中，应当遵循"礼"的原则。"《履》如何都做'礼'字说？"朱熹回答道："礼主卑下，履也。是那践履处，所行若不由礼，自是乖戾，所以曰'履以和行'。"① 所以可以看出，历代易学家在"履，礼也"的诠释上，并不是从字音通用上去说，而是包含了深刻的现实意义。

统观履卦的卦辞、爻辞、象辞、大小象辞及相关序卦辞，明确属于"礼"的范畴只有大象辞与《序卦传》的"物畜然后有礼"。《序卦传》这一句主要是从人们生活中对"礼"的需求出发，这实际上是中华传统文明中一个古老的思想。"既富矣，又何加焉？"孔子说："教之。"②《管子》说得更直接："仓廪实然后知礼义。"这一个思想在中国历代一脉相承，晋代如韩伯注"既畜则宜用，有用则须礼也"③；唐代如崔憬注"物畜不通，则君子先懿文德，然后以礼导之"④；宋代如程颐注"夫物之聚，则有大小之别、高下之等、美恶之分，是物畜然后有礼，《履》所以继《畜》也"⑤。到了宋儒程颐，已将原本生活中对"礼"的需求稍为转向，转向了"礼"的由内而外的自觉体现，这是理学的一个标志。

综上所述，从履卦大象辞到"礼"的诠释途径很多，包括卦名角度的践行之"履"所依据礼的准则，以及卦序角度的物畜然后以礼为用，也包括卦象角度的从"上天下泽"之象到礼的制定等诸多方面。

二 礼的制定：历代对"上天下泽"的不同诠释

礼的本质是尊卑贵贱的等级秩序，其特点在于一个"分"字。中国传统礼治主义的核心是礼乐制度，礼在于分，乐在于和，所谓"乐统同，礼辨异""礼义立则贵贱等矣，乐文同则上下和矣"⑥，说的就是这个道理。所以礼的制定就从"分"入手，履卦大象辞集中体现了这样的思想，通过"上天下泽"之象，表明了区分等级秩序的道理。易象来源于自然，就像

---

① 黎靖德：《朱子语类》卷第七十，明成化九年陈炜刻本。
② 《论语·子路第十三》。
③ 王弼著，楼宇烈校释《王弼集校释》下，第581页。
④ 李鼎祚：《周易集解》卷三，清文渊阁四库全书本。
⑤ 程颐：《伊川易传》，《伊川程先生周易上经传》卷之二，元刻本。
⑥ 两条皆自《礼记·乐记》。

"上天下泽"即是自然之象，所以履卦大象辞体现的思想是礼的制定来源自然法则。人们通过仿照自然法则，"辩上下"，以设定礼制，规范社会的等级秩序。

唐代之前的易学著作存世较少，涉及"上天下泽"关于礼的制定尤少，如虞翻、王弼都不曾论及。但中国礼制起源甚早，在上三代已是礼制大备的时期，所以"上天下泽"关于礼的制定思想，可从《周易》之外的其他文献看到。《文子》曰"高莫高于天也，下莫下于泽也，天高泽下，圣人法之，尊卑有序，天下定矣"，这样的思想与履卦大象辞几乎毫无两样。文子虽属道家，但这一派道家与老庄稍有差异，文子一派以及其后的稷下道家都注重经世，《文子》中有很浓的礼学思想，所以《文子》这一条完全可以看作是对《周易》履卦大象辞的早期注解。

《文子》此句的意思是天在上，泽在下，圣人通过模仿这样的自然法则，制定一套规范社会的礼制。先秦儒家典籍也体现了关于礼的制定的思想，《礼记》载"凡礼之大体，体天地，法四时，则阴阳，顺人情，故谓之礼"①。人生于天地之间，天地是人类无法超越的界限，天地本身即具有形上意义。古人通过仿照"天尊地卑"以设定礼制，也是为礼制寻找形上依据，使礼制所体现的尊卑等级秩序成为一种合理的存在。所以说"'天尊地卑，君臣定矣；卑高以陈，贵贱位矣。……在天成象，在地成形'②，如此则礼者，天地之别也"③。由"天尊地卑"投射到人类社会的等级秩序，古人对这一认识起源很早，但在履卦大象辞的诠释，则自唐宋之后，才开始得到深入阐发。

三国魏王弼不曾在履卦大象辞做注④。三国吴虞翻虽注过履卦大象辞，但其主要思想是卦变旁通，没有明确涉及上下尊卑⑤；后世李道平为虞翻注做疏释时，虽稍有涉及尊卑概念，"乾为天，兑为泽，礼以地制，泽又卑于地，故君子法之以制礼"⑥，但这已是汲取了唐宋易学家的思想。

较早明确在履卦大象辞"上天下泽"注解中导入尊卑概念的是唐代。

---

① 《礼记·丧服四制》。
② 《周易·系辞上》。
③ 《礼记·乐记》。
④ 参见王弼著，楼宇烈校释《王弼集校释》上，第272页。
⑤ 参见李鼎祚《周易集解》卷三，清文渊阁四库全书本。
⑥ 《周易集解纂疏》，第115页。

孔颖达《正义》提到"天尊在上，泽卑处下"①，史征也说道"天尊泽卑，各得其序"②。也就是说乾天居上为尊，兑泽在下为卑，上下分则尊卑定，所以宋初胡瑗《口义》释为"乾，天也；兑，泽也。夫天本在上，今居于上；泽本在下，今居于下，是尊卑分定，而各得其所也"③。这已是对"上下尊卑"较为完整的解释，但关于"天尊泽卑"的设定，还只是停留在就象解象的表层。在严分上下之为礼的问题上，为何卦象不是上天下地，不是上山下泽，而偏偏是"上天下泽"？为何《大象传》不说天下有泽，不说泽在天下，而偏偏说"上天下泽"？宋代易学家注意到了这些问题，并给出了不尽相同的阐释。

其中成为主流并普遍被后世接受的思想是：乾天在上为尊，坤地在下为卑，而泽比地居更下，所以处于更加卑微的地位，取"上天下泽"为礼之象是将上下尊卑分得比"上天下地"更为严明，这是严分等级制度的象征。李光说"天体在上，泽最处下"④，已经露出这样的思想端倪。而杨万里的阐释则更加详致，"天高地下，天尊地卑，泽又下之下、卑之卑者，此天地之间，粲然有象之礼也"⑤。由此可见，这一说到杨万里处就基本定型了，后世易学家大多接受这一思想，只是在此基础上进行发挥。比如元代解蒙就这一问题给出更加具体的阐释，他说"上天下地，非不足以辨上下也，而地未极乎卑；上山下泽，非不足以辨尊卑也，而山未极乎高。此辨上下，所以独取于上天下泽也"⑥，可谓将杨万里关于"上天下泽"一说发挥到淋漓尽致。明清如何楷⑦、方孔炤⑧等易学家亦持此解，特别是王夫之更是在此基础上深入挖掘，做出十分独特的诠释，"风、火、泽皆坤之属也，'本乎地者亲下'，而风火上行，唯泽流下，与上悬绝"⑨，"各履其位，

---

① 《周易正义》，第68页。
② 史征：《周易口诀义》卷二，清武英殿聚珍版丛书本。
③ 胡瑗：《周易口义》卷三上经，清文渊阁四库全书本。
④ 李光：《读易详说》卷二，清文渊阁四库全书本。
⑤ 杨万里：《诚斋易传》，张先生校正，《杨宝学易传上经》卷三，宋刻本。
⑥ 解蒙：《易精蕴大义》卷二，清文渊阁四库全书本。
⑦ 何楷："水潴而不流者曰泽，其大者海也。不曰天下有泽，不曰泽在天下，必曰'上天下泽'，所以严大分也。天高地下，天尊地卑，泽又下之，下卑之卑者。"（参见何楷《古周易订诂》卷二，清文渊阁四库全书本）
⑧ 方孔炤："不曰天下有泽，泽在天下，而曰'上天下泽'，所以严大分也。"（参见民国马其昶《周易费氏学》卷二所辑，民国七年抱润轩刻本）
⑨ 王夫之：《周易大象传》，《船山全书》，岳麓书社，1991，第703页。

而不相乱。君子之于民，达志通欲，不如是之间隔，唯正名定分，礼法森立，使民知泽之必不可至于天，上刚严而下柔说，无有异志，斯久安长治之道也"①，意思是说泽虽为坤属，但与同为坤属的风、火不同，风和火其性上行，而泽性流下，由此泽与天则绝然相分，履卦以"上天下泽"为象就体现了礼的等级严分的特点。总体而言，这一说之所以能成为古代对履卦大象辞"上天下泽"的主流诠释，在于严分社会的等级秩序，符合统治者的需求，符合皇权专制的发展规律。

"上天下泽"的尊卑设定，除了上一主流思想外，还有一股暗流。宋代张浚认为"《履》不取地而取泽，泽气上通，其性说，不若上天下地之否，盖礼必人情，通说而后可久，且泽水静止，民志之定云"②，这是从"泽"的性质这一方面进行阐释，主要涉及两点，其一是结合《彖传》的"说而应乎乾"，通过泽气上通于天，使上下相通，长治久安，体现了礼的人情特质，而不是上天下地的否卦，相隔不交，君主与臣民相距越来越远；其二是泽性静止，恰好象征着民志能安。这一解释由外及内，深入浅出，可谓比较完美。

关于礼的人情特质，其实也是礼制设定的一条原则。上文论及礼的制定来源于模仿自然法则，但除了这一条原则之外，礼的制定还以人情为依据。《礼记》说"礼者，因人之情而为之节文"③，就是这个道理。后世汉代如司马迁所说"缘人情而制礼，依人性而作仪"④，宋代如郑樵所说"礼本于人情，情生而礼随之"⑤。可以看到，礼本于人情的制定原则，在历代并没有断绝，只是相对处于隐蔽的状态，没有得到普遍的发明与倡导。所以张浚关于"上天下泽"一说虽有源可溯，但在等级严分的礼制时代，所谓上下相通，根本不会被认可。宋之后特别是明清，君主集中制愈演愈烈，整个社会制度出现僵化的趋势，张浚一说在皇权专制时期不受重视是可想而知的。

除了以上两种对履卦大象辞"上天下泽"相对主要的诠释之外，还有一些对后世影响较小的解释。如宋代朱震的"天泽相际，目力之所极，则

---

① 王夫之：《周易内传》卷一下，清船山遗书本。
② 张浚：《紫岩易传》卷一，清文渊阁四库全书本。
③ 《礼记·坊记》。
④ 《史记·礼书》。
⑤ 郑樵：《六经奥论》卷五，文渊阁四库全书经部五经总义类。

视之一也。而上下实异体，不可不辨礼者"①，这是从卦象出发，说自然界的天与泽看起来浑然不分，但天与泽的实质是绝然相异的，所以不可不辨。如果将这一思想落实到社会当中，那么就说明了君主与臣民虽同属于人的类属，但其实质有尊卑差别，应当分辨清楚，礼才能成立。宋代持这一类思想的还有赵以夫，"大泽浩渺，与天相连，若无上下之分，实有天渊之间。君之于民，虽同类也，而上下之分截然，如天渊之不可紊"②。但这一类阐释有混淆上下严分的嫌疑，因而在后世影响不大。

自此，历代关于履卦大象辞"上天下泽"的尊卑设定，可得一览。上下尊卑的概念既已明确，那么由"辨上下"到礼的制定就顺理成章了。这一部分的诠释在宋明清三代较为统一。此处举阐释得较为具体与详细的例子，宋代如"上下之辨如天之与泽，高卑不至于无限，则民志定矣。维持此道者莫如礼"③；又如"圣人于是发'上天下泽'之象，发'辨上下，定民志'之道，上下有章，贵贱有等，天秩之叙也。致其辨焉，使上者安于上，下者安于下，则民志定矣"④，这是说君子仿照自然法则，分辨上下尊卑，使尊贵的人能安然居上，卑贱的人也能处下定志安分。明代如"法上天下泽之象，以辨上下，而制其践履。上者如天之不可为泽，下者如泽之不可为天，上下各得其分，则民有定志，而无觊觎陵夺之患，此所谓礼也"⑤；又如"以泽视天，则最下最卑者也。此天地自然之分，君子因其自然，制为典礼，隆杀等级，截然不乱。贵役贱，尊役卑。上者如天之不可以为泽，下者如泽之不可以乾天，使民各安其分、定其志。民志定然后可以言治，民志不定由上下之辩不明，等威无别，僭乱易生，天下不可得而治也"⑥，这是强调上下安分的思想，将尊贵与卑贱截然两分对立。可以看出传统社会发展到明代，等级制度大大加强，并以此图社会安定，长治久安。清代如"天地间至下者唯泽，分明之极方是礼。唯上下之极者，其上下最分明，故二象是礼之象"⑦；"所谓天高地下，而礼制行也，故其象为《履》。君子观于《履》之象，而知尊卑失序，贵贱异位，民志所由，惶惑

---

① 朱震：《汉上易传》卷一，四部丛刊续编景宋刻本配汲古阁景宋钞本。
② 赵以夫：《易通》卷一，清文渊阁四库全书本。
③ 郑刚中：《周易窥余》卷三，清文渊阁四库全书本。
④ 杨简：《杨氏易传》卷五，民国四明丛书本。
⑤ 何楷：《古周易订诂》卷二，清文渊阁四库全书本。
⑥ 潘士藻：《读易述》卷三，清文渊阁四库全书本。
⑦ 胡方：《周易本义注》卷二，清岭南遗书本。

淆乱，而莫知适从也，是以创制立法，凡君臣、父子、夫妇、兄弟以至朋友之交，莫不有尊卑贵贱之等焉。上下辨矣，辨则安其分，而无非望之觊，故其志定也"①，说的也是一个道理，并且还囊括五伦关系（包括本应平等相处的"朋友"一伦）。至此，传统社会的等级秩序与纲常伦理发展到登峰造极的地步。

三 礼的功用：宋代对"定民志"的侧重

履卦大象辞"定民志"主要说的是礼的功用。孔子说"安上治民莫善于礼"②，谈到礼的作用与履卦大象辞的思想几乎完全一致。"辨上下，定民志"，意思是说分辨上下尊卑，就是为了安上治民，使尊贵者居上能安，卑贱者处下能守其分。"夫礼者，所以章疑别微，以为民坊者也，故贵贱有等，衣服有别，朝廷有位，则民有所让。"③ 社会发展进入阶级社会，人们的身份地位就有了不同，产生了尊卑贵贱之分。礼制强调这种尊卑贵贱的等级差别，使每一个社会成员能够安分守己，各就各位。这是一种由动词概念的"分（fēn）"到名词概念的"分（fèn）"，就是说由辨别上下的"分"来设定礼制，并由礼的约束性使上下安守其"分"。当一个动作词语能够衍生成就一个名物词语，说明这一名物已经固化并且成熟了。所以我们可以这么说，履卦大象辞中"辨上下"说的是"分（fēn）"，"定民志"说的是"分（fèn）"，前者体现的是礼的制定，后者体现的是礼的功用。

在履卦大象辞的诠释上，强调礼对"民志"的功用是在从宋代开始，也可以说是儒学复兴的一个象征，具有深刻的时代原因。宋以前，三国吴虞翻有注"谦坤为民，坎为志"④，意思是说履卦通过六爻尽变而旁通为谦卦，谦卦中间二、三、四爻恰好组成一个坎卦，所以说"坎心为志"⑤。虞翻虽然谈及"民志"，但仍一心专于变卦解易，并不注重"民志"内含的阐发。唐孔颖达疏解《大象传》，对"民志"也不曾加以发明，或导入新的诠释理念。而到宋代，由于特殊的时代原因，其中包括政治变革、理学兴起、

---

① 刁包：《易酌》卷三，清文渊阁四库全书本。
② 《汉书》卷二十二。
③ 《礼记·坊记》。
④ 李鼎祚：《周易集解》卷三，清文渊阁四库全书本。
⑤ 《周易集解纂疏》，第115页。

排斥佛老等因素，导致宋代易学家十分重视"民志"的概念，甚至在履卦大象辞的诠释上几乎完全侧重于"民志"的阐发。

胡瑗《口义》阐发说："尊卑分定，而各得其所也。故君子于此时，以人之饱食、煖衣、逸居而无教，则近于禽兽也。是以作为礼制以节之教之，辨别其民之上下，安定民之心志，使为君、为父、为夫、为长，凡在人之上者，皆以恩威接于下；使其为臣、为子、为妇、为幼，凡在人之下者，皆以柔顺事于上。如此则上下之分定，而人民之志固定矣。"① 胡瑗是"宋初三先生"之一，是理学先驱，他对"定民志"的阐发已相对深入，特别是强调了在纲常伦理中的重要作用，这与胡瑗自身的思想学说是相一致的。对"定民志"的礼学诠释，及至理学大家程颐处可谓透彻，他解释道"夫上下之分明，然后民志有定，民志定然后可以言治。民志不定，天下不可得而治也。古之时，公卿大夫而下，位各称其德，终身居之，得其分也。位未称德，则君举而进之，士修其学，学至而君求之，皆非有预于己也。农工商贾勤其事，而所享有限，故皆有定志，而天下之心可一。后世自庶士至于公卿，日志于尊荣，农工商贾，日志于富侈，亿兆之心，交骛于利，天下纷然，如之何其可一也！欲其不乱，难矣，此由上下无定志也。君子观《履》之象而分辩上下，使各当其分，以定民之心志也"②，程颐将"民志"的范畴大大扩展，不仅于纲常伦理之内，还扩大到整个社会的各个阶层，落实到各个社会阶层的每一个角色，包括公卿大夫、农工商贾等，都圈进了"定民志"的范畴内；并且将"定"推进一步，上升到"治"，也就是说礼的功用不仅在于"定民志"，更在于治世，或者说礼的目的就在于治世。所以朱熹在程传面前无话可说，不复更赞，只留下"程传备矣"③四字。

胡瑗、程颐、朱熹都是理学的代表人物，后世易学家注履卦大象辞多沿其说。而与理学对立的心学，诠释的视角则稍有不同，陆九渊说"其志既定，则各安其分，方得尊德乐道。谦德之柄，谓染习重，则物我之心炽然，谦始受人以虚，而有入德之道矣"④，强调心的主体性作用，具有很浓的心学意味。而与广义的理学不同的有事功一派，也表现出了自己的思想

---

① 胡瑗：《周易口义》卷三上经，清文渊阁四库全书本。
② 程颐：《伊川易传》，《伊川程先生周易上经传》卷之二，元刻本。
③ 朱熹：《周易本义》，《周易象上传》第三，宋咸淳刻本。
④ 陆九渊：《象山集》，《象山先生语录》卷之三十五，四部丛刊景明嘉靖本。

主张，司马光说"其曰'辨上下，定民志'者何？夫民生有欲，喜进务得，而不可厌者也。不以礼节之，则贪淫侈溢而无穷也。是故先王作，为礼以治之，使尊卑有等、长幼有伦、内外有别、亲疏有序，然后上下各安其分，而无觊觎之心。此先王制世御民之方也"①，从人性的角度出发，认为人性中有不善（"民生有欲，喜进务得"）的成分，以此为依据而设定礼制，用以规范社会和防治人民。司马光的人性观与程朱不同，司马光是以"生之谓性"为依据认为人性有善有恶②，所以他对"定民志"的诠释，在出发点就与程朱一派有不同；并且司马光更强调礼的政治作用，也就是突出"制世御民"，充分体现了这一派思想学说的功利特色。

整个宋学的特点是不注重训诂名物的考证，而是以经为道的载体，"因经以明道"，重在阐发经文背后的义理。正是这样的风格，使各个学派在对经典的重新阐释当中，带上了各自学派的特色。但也不是所有人都脱离经文太远，对履卦大象辞"定民志"的诠释，有一部分易学家仍然居于《周易》本身，如耿南仲说"泽有说意，使民说于下，志所定也"③，张浚说"泽水静止，民志之定云"④，尽管二人见解不一，但都是居于卦象本身，从泽性上去解释"民志"。不过在整个宋学的学术语境当中，这样的诠释始终无法成为主流。

宋学有一项重要的历史任务，就是抵斥佛老，重建儒学。在易学的诠释上，除了极少数的几个人（如苏轼）之外，儒者无论哪一学派都自觉参与到排斥佛老的运动当中。特别是履卦大象辞"定民志"所体现礼的功用上，儒者更是努力捍卫礼制的权威性，不可怀疑，不可动摇。杨万里的《诚斋易传》在相当大的程度上，继承了理学大家程颐的思想，杨氏说："君子则之而已，天下之祸莫大于人欲，人欲肆则下皆有为上之心，故君子徐行后长者，而民犹有畛其兄之臂；君子不敢齿路马，而民犹有犯属车之尘。礼作而后上下分，上下分而后民心息，民心息而后天下安，故辨上下者，非私其上也，安其上也；非安其上也，安其下也。上下相安于纲常之中，而不沦胥于禽兽夷狄，大哉礼乎！而或曰起伪，又曰忠信之薄，彼未

---

① 司马光：《易说》卷一，清武英殿聚珍版丛书本。
② 司马光《善恶混辨》："夫性者，人之所受于天以生者也，善与恶必兼而有之。"（《温国文正司马公文集》卷72）
③ 耿南仲：《周易新讲义》卷二，清文渊阁四库全书本。
④ 张浚：《紫岩易传》卷一，清文渊阁四库全书本。

见礼亡之祸尔。"① 可以看出，杨氏在关于履卦大象辞"定民志"的诠释上，基本继承了程传的思想，而最末一句则笔锋一转，批判了荀子性恶论和老子对礼的看法。"起伪"一说来自荀子思想，宋儒排荀子的性恶观，尊孟子的性善论，这是儒学内部的发展趋向，是理学兴盛的一大特点。而所谓"忠信之薄"一说则是出自《道德经》"夫礼者，忠信之薄，而乱之首"，是先秦时期，道家攻击儒家学说的典型观点。杨万里批评道家沦于空谈，看不到礼制的重要性，也就是看不到缺乏礼制的严重后果。宋儒无论哪一学派都自觉抵斥佛老，除了理学一派，心学宗师陆九渊的大弟子杨简说："彼老氏谓礼为忠信之薄、乱之首，则安能治天下国家？老氏窥本见根，不睹枝叶，不见宗庙之美、百官之富习乎？道家之学未学乎《易》者也。孔子大圣，犹曰'五十而后学《易》，可以无大过。'易道之未易，遽学如此。盖天下之变化无穷，情伪万状，而欲动中机会，变化云为，无非典礼，诚非一于清虚净寂者之所能尽识也。"② 虽然杨简这一段主要是指向道家，但所谓"清虚净寂者"其实连带性地囊括了佛家，杨简通过肯定礼制的华美以及《易》中礼的精神，批判佛老对礼的无视与否定。

总体而言，宋之前对履卦大象辞"定民志"只停留在表层的注释，未予以相当的重视。直至宋学兴起，由于宋学自身的学术旨趣，宋儒开始侧重于"定民志"一辞的深入诠释，大大阐发了其背后所蕴含的礼的功用。

四　明代对礼制的重新审定

明中叶之后，大明王朝经过一百多年政权和社会的相对稳定，统治阶层的政治开始走向腐败，从皇帝到地方，政治治理能力和工作效率渐渐削弱。正统的官方意识程朱理学也呈现出僵化的趋势，阳明心学应时而作，从个人意识确立了人的主体地位，特别是阳明后学更走极端，任由放纵个人的情感欲望。整个社会的政治、经济、文化、思想等方方面面，这方方面面又相互影响、相互推进，整个社会就出现了自由放任的现象，特别是在民间。当时民间的商品经济特别发达，百姓"不置其田亩，而居货于商"③。经济的发展带动了文化的兴起，思想文化领域呈现出了缤彩纷呈的

---

① 杨万里：《诚斋易传》，张先生校正《杨宝学易传上经》卷三，宋刻本。
② 杨简：《杨氏易传》卷五，民国四明丛书本。
③ 顾炎武：《天下郡国利病书》卷十九《江南七·苏州府》，稿本。

局面。所以，我们可以看到明末是一个思想大解放的黄金时期。

随着传统社会的权力集中，"君尊臣卑"的观念愈演愈烈。到明代，朱元璋废除宰相一职，君主专制得到空前发展。从部分易学著作中，可以看出等级严分的礼制发展到极致，如何楷《古周易订诂》"天泽一定之分，三尺孺子亦能知之，所谓辨者亦于其细微之际，人所易忽者，而明别之耳。人知天威之不可犯，而不知路马之不可齿；知兄臂之不可紾，而不知疾行之为不弟。君子欲移风易俗，齐治均平，必从隐微疑似之间，区分缕析，使民凛然畏惧，不敢逾越尺寸，乃可定其心志，而帖然顺治也。徒曰'天尊地卑，君上臣下'，则古之奸雄僭逆悍然不顾者，何接踵比肩哉？文言云'臣弑其君，子弑其父，非一朝一夕之故，繇辨之不早辨'者，意盖如此"①，认为天尊泽卑之分，是众人皆知的，其难知者是在细微之处不能辨上下。何楷举奸雄篡逆的历史现象，说明辨明君尊臣卑还远远不够，应该从每一个隐微的细处去区分等级，使臣民凛然生畏，那么就不敢逾越半步，社会就可顺治安定。如此等级森然的礼制，视之也使人生畏。

到明末，由于思想文化的活跃与解放，知识分子普遍展开对君臣伦理的反思②。时代的特点与思想，有相当一部分映射到易学家对履卦大象辞的诠释中，反映了当时知识分子对礼制的重新审定。所以本文将这一特殊时期单拎出来，专门放在最后一节进行讨论。

---

① 何楷：《古周易订诂》卷二，清文渊阁四库全书本。其中"不齿路马"与"疾行不弟"的典故，出自《诚斋易传》"君子徐行后长者，而民犹有紾其兄之臂；君子不敢齿路马，而民犹有犯属车之尘"（《诚斋易传》，张先生校正《杨宝学易传上经》卷三，宋刻本），但此处何楷的思想实比杨万里更进一步。

② 比如刘宗周认为"上积疑其臣，而畜以奴隶；下积畏其君，而视同秦越，则君臣之情离矣"（《学言》上，《刘子全书》卷10，道光甲申刻本），指出了君臣畸形关系的现象；黄道周说"不仕者，臣之志也；仕者，臣之义也"（《儒行集传·儒仕章第九》，清文渊阁四库全书本），"非其道义，不臣不仕"（《儒行集传·规为章第十五》），指出君臣之间是以道义相合，人臣不是君主的附庸，强调了人臣的独立性。特别是在明亡之后，知识分子更加深入反思皇权专制，黄宗羲说人君"以为天下厉害之权皆出于我，我以天下之利尽归于己，以天下之害尽归于人，亦无不可；使天下之人不敢自私，不敢自利，以我之大私为天下之公。……然则为天下之大害者，君而已矣"（《明夷待访录·原君》，清指海本）；唐甄更以激进的思想无所忌惮地批判道"自秦以来，凡为帝王者皆贼也"（《潜书·室语》，清康熙刻本），这无疑是对君主专制的鞭挞。吕留良重新审视君臣关系后，继承了黄道周的思想，认为"君臣以义合，合则为君臣，不合则可去，与朋友之伦同道，非父子兄弟比也。不合亦不必到嫌隙疾恶，但志不同、道不行便可去"（《四书讲义》卷三十七孟子八，清康熙天盖楼刻本），强调了处下之臣的独立性，间接提高了为臣者的政治地位；并认为君臣不足与父子、兄弟相比，而应如朋友一伦，即强调平等相互的关系。

明末易学家在重新诠释履卦大象辞中，强调了礼的制定原则中的人情实质，并用人情来调和君臣上下关系，使君臣以情互动。比如焦竑《易筌》中对履卦大象辞解释道"古者君臣之际，分严而情通。上天下泽，履，其分严也；山上有泽，咸，其情通也"①，在阐释"上天下泽"之分时，特意提及"山上有泽"之情，其实是强调了君臣之间的互动关系。再如郝敬说得更明确，他运用天泽往来，说明上下情通，"天至高也，泽至卑也，不交则相悬，而不成《履》，故泽上承乎天，天下即于泽。天与泽尊卑之分隔，而上与下往来之情通，故升□进退，而成《履》也。……分虽辨，而志不悦，强世而行，亦终不辨"②，履卦是天泽相叠而成，是相交一起才成象的，如果天泽不交就不能成其履卦，强调了君臣上下之间的交通互动；否则即使上天下泽分辨得再明确，臣民处于下而不能悦其志，不能安居乐业，说到底还是"不辨"的，强调了处下的臣民也一样拥有主体性。可以看出，这样的阐释极富辩证思想。

在强调上下交通的问题上，除了以人情为载体，还有部分易学家提出以德的方式。如林希元提倡道"然上下之辨，岂止章服、宫室、车旗之差等而已哉？必度德授官，因能任事，使自士庶至于公卿，各以其德，而居位无德者，不敢以卑而谋尊，其间车服采章亦为之差别。农工商贾各勤其事而食力，而非力者不敢以贱而僭贵，其间宫室服用亦为之限制。上下既辨，则人度德量力以居位，任事而不敢萌分外之思，民志于是乎定矣。故以诸侯则安于诸侯，而请隧与繁缨者无有也；以大夫则安于大夫，而僭八佾者无有也；以邑宰则安于邑宰，而僭称公者无有也；如后世之庶人帝服、倡优后饰者，益无有也。是皆上下之辨而其效如此也"③，意思是说分辨章服、宫室这些外在的区别不是最重要的，人应该以德以力决定自己的社会地位，能者居其位。这其实是将礼内化为一种自觉的本能，提倡礼的道德功能，而不是外在的严分等级秩序，是对僵化了的礼制的一种对抗与救治。从这一点上看，以德救礼的方式比人情更进一步，如果说强调人情还只是囿于君臣伦理关系，那么以德救礼的方式则是针对整个僵化了的礼制而言。

可以看到，在明末思想大解放时代，对礼制的反思，有的人加固礼制

---

① 焦竑：《易筌》卷一，明万历刻本。
② 郝敬：《周易正解》卷四，明郝氏九经解本。
③ 林希元：《易经存疑》卷二，清文渊阁四库全书本。

的僵化，有的人提出调和的办法。但也有一些人处于二者之间，一方面维护着礼制的权威性，一方面又提倡君臣协调，呈现出一种复杂的矛盾性，典型的代表人物是黄道周。黄道周在《易象正》中说道："乾之气足以为泽也，泽之气不足以为云，为人下者不亦难乎？盛阳在前，阴以柔之，不悦则咥也，悦之则媚也。《诗》曰：'百辟卿士，媚于天子。'《虞书》曰：'汝无面从，退有后言。'夫履虎尾而无后言者，难矣。古之事君者，有犯而无隐；后之事君者，有隐而无犯。诗曰：'有菀者柳，不尚愒焉；上帝甚蹈，无自瘵焉。'夫以甚踽之臣，事甚蹈之帝，不媚必咥，何以已之？其亦惟礼乎！礼者，威神之所弭耳也。故履者，辨定之象也。天高泽深，鱼鸟不知；礼法之崇，绝祥去疑；虽有凶人，不生其私；及其究也，以称物平施。"①《易象正》是黄道周后期的著作，可以说体现了其毕生易学与礼学的成熟思想，他也十分重视《易象正》，甚至其中有相当的部分用韵文写成。黄道周对履卦大象辞不仅论述了礼的重要性，还强调了礼的必要性。他说泽不足以上升到天上，而凝聚为云，象征着为臣者的难处，即在君主面前，人臣若不取悦于君主就会遭受打击，若取悦于君主就会成为谄媚，这是描述为臣者的两难之处，也是矛盾之处。他说道古代的为臣者，是直言敢犯，而没有隐藏；后世的为臣者，却是明哲保身，只管隐藏而不敢直言。那么人臣既然处于如此两难境地，该怎么做呢？只有一种办法，就是礼，也就是履卦的精髓所在。只要有礼，君主的神威就不会受到影响，人臣就可以直言上谏。黄道周最后举了一个例子，他说鸟虽高飞，于天却不能触其高度；鱼虽潜水，于泽却不能探其深底，说明了常人难以体察到的礼制的权威性，至上性，不可置疑性；但是他又同时强调履卦所旁通的谦卦大象辞"称物平施"，整个谦卦大象辞是"君子以裒多益寡，称物平施"，说的是取高补低，使能够平等的道理，充分体现了黄道周的君臣平等的思想。可以看出，黄道周一方面维护着礼的神圣威严，一方面又强调为臣者的独立性与主体性，试图提高人臣的政治地位，使君臣之间能够和谐平等。这是黄道周思想中一个相当复杂的矛盾之处，也是那个思想大解放时代产生的奇特现象。

明清之交的时代环境促使知识分子对礼制的反思，更有少数的人直接对礼制产生了质疑，如江藩《述补》称"所谓礼也，王者之于民也，必使

---

① 黄道周：《易象正》，翟奎凤整理，中华书局，2011，第161、162页。

养生送死而无憾，然后教以礼义。不育而教，则救死不赡，奚暇治礼义哉？"① 意思是说"礼"是指君王对臣民而言，君王需使臣民有基本的物质保障，然后再谈礼义。这样的诠释一反传统对"礼"的理解，传统解释一般是依据兑的卦德为悦，是臣民取悦于君主，而江藩却将"礼"的关系扭转，设定为君主对臣民，强调了居上君主的责任。江藩认为物质保障要先于礼义，或者说将"物畜然后有礼"都纳入"礼"的范畴，并强调"物畜"的优先性。如果说明清之交的思想家对履卦大象辞的诠释，注重于臣民的独立性与主体性，也就是体现了民本思想，那么江藩的诠释就体现出注重民生的倾向。当然，民本思想是明末思想解放中的特点之一，而民生思想则从未成为主流，顶多只能说是萌芽。所以江藩对礼的规定，于履卦大象辞的诠释史中只是极少数。

从整个传统礼制史上看，每每君主集中制过度发展时期，总会出现两类人：一类是知识分子，以反思的姿态对礼制进行救治，强调以调和的方式，缩小等级差距，使上下情通，君臣互动；一类就是对王朝重新洗牌的人，大多是莽夫，也就是不受礼的规约的人，或者说捣毁礼制的人。于是有"秦之失道，礼义消亡，陈胜、项籍之徒或辍耕陇上，或叹息道傍，自此豪杰并起，天下纷纷"②，所以说敏锐的思想家是时代变化的风向标。

结　语

关于履卦大象辞的诠释，在历史上有过缤彩纷呈的观点，但都与"礼"紧紧结合在一起。"礼"是中国古代制度与传统文化的一个重要命题，而履卦大象辞中"上天下泽"是"礼"之象，"辩上下"是礼的制定，"定民志"则是礼的功用，可以说《易》与"礼"在中国传统文化中有机地融合在一起。但是各个朝代对履卦大象辞的诠释都有所侧重，在"辩上下"的诠释上，随着君主集中制的发展，历代的诠释呈现出对礼的制定越来越严分的总体趋势；在"定民志"的诠释上，这是宋儒所侧重阐发的部分，体现了宋学在解经上的特点，也反映出深刻的历史痕迹。而传统礼制到明代

---

① 江藩：《周易述补》卷二十，清嘉庆刻本。
② 李光：《读易详说》卷二，清文渊阁四库全书本。

空前发展，产生僵化的现象，敏锐的思想家开始对礼制进行反思，并提出不同的救治方案。尽管明清之际有极少数一些人对"礼"产生质疑，但总体而言，历代思想家对履卦大象辞的诠释，基本都没有跳出"礼"的框架，"礼"是权威至上的，是不可动摇、不容置疑的。

阳明学自然思想及其开展*

——从王阳明到刘宗周

陈 畅**

摘要 在中晚明时期，阳明学派内部对良知教不同发展方向有着激烈的争论。其中有几个关键的思想现象：泰州学派"张皇见龙"及其引发的情识而肆现象，王畿等人引发的儒佛合流现象，阳明学派内部众多以慎独为宗旨的思想家，以黄宗羲为代表的"言性命必究于经史"的转向。这些思想现象源于阳明学者对良知自然内涵的不同侧重及其运用。通过梳理阳明对于良知自然及其义理结构的论述，可以发现良知自然三义是宗旨林立的阳明学派共同的思想结构，此三义能够帮助我们理解阳明学派不同的发展方向及其思想史效应。

关键词 良知 自然 个体性哲学

自然是中国古典思想的核心词汇之一，向来以蕴含丰富而充满歧义著称。[①] 在宋明理学里，自然的重要性主要表现在理学家普遍将其确立为天理良知的核心内容；而理学家对自然内涵的不同侧重及其运用，正是我们借

---

* 本文是国家社科基金青年项目"《明儒学案》的道统论哲学及其话语特色研究"（12CZX035）、广东省社科规划青年项目（GD11YZX01）、广东高校优秀青年创新人才培养计划项目（wym11027）的阶段性成果。

** 陈畅，1978年生，男，广东梅县人，哲学博士，同济大学人文学院哲学系副教授，主要从事中国哲学研究。

① 详参陈少明《自然——从思想史到生活方式》，收入氏著《等待刺猬》，上海三联书店，2004。

以考察理学思想发展的线索所在。例如，阳明学派内部对良知教不同发展方向有着激烈的争论，与此相关的思想现象是个中各派均坚守自然意蕴。当然，这种坚守是在自然意蕴的不同层面展开的。值得关注的是，这种不同层面的意义转换并非阳明学的分裂，而是阳明学思想主旨（个体性哲学）的完成和落实。本文将在梳理阳明学自然思想及其义理构架的基础上，厘清从王阳明到刘宗周的阳明学义理开展过程。这种探讨将从一个侧面深化我们对中晚明以降的近世思想发展中某些关键问题的理解。

一 自然及其义理构架：阳明论良知自然

中国古典思想中的自然指充满生机的天地宇宙"自己如此""本来样子"的意思，其中不包含造物主的观念、杜绝任何人为制作和干涉。换言之，自然指涉一个自发而完美的状态，天地万物未经人为干扰的运动变化本身就是完善的、和谐的。宋代以来，理学家对天理观念的核心定义就是自然。如程明道称："天地万物之理，无独必有对，皆自然而然，非有安排也。每中夜以思，不知手之舞之，足之蹈之也。"[1] 这种思维方式，重点在凸显儒家提倡的社会义务不是外在强制性（人为制作）的价值观念，而是拥有天性基础的生命存在方式：社会义务的完成同时也是成就天性，由此获得人生之乐。因此，理学不仅象征着生命成长之道，同时也是社会政治和教化（简称政教）之道。[2] 在这种思想背景之下，社会价值（公共性）和天性（自然）同时成为宋明理学天理观的两大内涵；但是，由于自然本身具备的多层次含义，使得两大内涵在融合的基础上也呈现内在张力。例如天道之自然无为与人情之自然无为不一样：前者如春夏秋冬之往复、日月星辰之运转，具有公共必然、秩序、规律的含义；后者如喜怒哀乐等情感，具备生命个体、情境性方面的含义。在实际操作过程中，公共规范的必然性与个体情感的情境性之间（公共性与个体性之间）存在着某种张力。明代心学史上陈白沙"心与理未有凑泊吻合处"与青年王阳明"亭前格竹"

---

[1] 程颢、程颐：《二程集·河南程氏遗书卷第十一》，中华书局，2002，第121页。
[2] 陈赟指出，中国古典政治思想的特质在于一切政教营为都必须"在此自然本性的守护上确立其合法性"；其对通过制作或改造人性从而推行人为之文明的观念具有一种自觉的防御。详见《"天下"或"天地之间"："政－治"生活的境域》，收入氏著《天下或天地之间：中国思想的古典视域》，上海书店出版社，2007，第9、10页。

的思想史事件，均以这一张力为背景。① 笔者试图从阳明学自然思想的角度，探讨阳明学派对于这一张力的化解之道。在阳明那里，自然不是主词，而是用以描述良知心体的词汇；这种描述性的词汇，能够以一种别致的方式让我们深入了解良知学说的深层意蕴。

在阳明对自然的各种使用中，大致可区分为三种互相蕴含而又稍有区别的含义（区别主要是在其后学的使用中彰显）：①无为（自在，毫无掩饰造作的纯真）；②自发的趋势（自动，不容已）；③规律（秩序、必然如此）。需要说明的是，这三种含义在许多场合中是浑然一体的，因为包括阳明在内的传统思想家对自然的使用，往往是语意浑沦圆转如盘中之珠，难以剖分而离析之。但在某些具体的语境中，有意无意间确实各有侧重，"稍有区别"是就此而言。例如：

①尧舜之兢兢业业，文王之小心翼翼，皆敬畏之谓也，皆出乎其心体之自然也。出乎心体，非有所为而为之者，自然之谓也。②

②七情顺其自然之流行，皆是良知之用，不可分别善恶，但不可有所着；七情有着，俱谓之欲，俱为良知之蔽；然才有着时，良知亦自会觉，觉即蔽去，复其体矣。③

③知是心之本体。心自然会知：见父自然知孝，见兄自然知弟，见孺子入井自然知恻隐，此便是良知，不假外求。④

④《大学》所谓厚薄，是良知上自然的条理，不可逾越，此便谓之义；顺这个条理，便谓之礼；知此条理，便谓之智；始终是这条理，便谓之信。

上引第①条是在无为的意义上使用；第②条"自然之流行"是无为之意，后面的"自会觉"也是"自然"，是自发的趋势之意；第③条是自发的趋势之意；第④条是规律秩序之意。概言之，自然有形式义和内容义，无

---

① 详见拙作《宋明理学中的研几义蕴——以朱子、白沙、阳明后学、蕺山为线索》，载于杨国荣主编《思想与文化》第十四辑，华东师范大学出版社，2014。
② 王守仁：《答舒国用（癸未）》，吴光等编校《王阳明全集》，上海古籍出版社，1992，第190~191页。
③ 王守仁：《传习录下》，《王阳明全集》，第111页。
④ 王守仁：《传习录上》，《王阳明全集》，第6页。

为和自发是其形式义,规律是其内容义。从根源上说,自然的形式义和内容义是统一的,例如:

> 盖良知只是一个天理自然明觉发见处,只是一个真诚恻怛,便是他本体。故致此良知之真诚恻怛以事亲便是孝,致此良知之真诚恻怛以从兄便是弟,致此良知之真诚恻怛以事君便是忠。只是一个良知,一个真诚恻怛。……良知只是一个,随他发见流行处,当下具足,更无去求,不须假借。然其发见流行处,却自有轻重厚薄,毫发不容增减者,所谓"天然自有之中"也。①

"天理自然明觉发见处",同时蕴含无为和自发的含义,是指贯通天地人的生机之自主呈现,故而有"发见流行处"。如阳明说:"天地间活泼泼地,无非此理,便是吾良知的流行不息。"②"仁是造化生生不息之理。虽弥漫周遍,无处不是,然其流行发生,亦只有个渐,所以生生不息。"③良知(仁)不是局限于个体的人心,而是具有本体宇宙论意义的生机在人之体现,因此吾心良知与天地之间的生机是贯通同一的;它是最根源的存在,其每一发见流行处与良知自体毫无二致,故曰"当下具足,不需假借"。而这种发见流行,本身内涵规律秩序的意义。程明道有云:"事事物物上皆天然有个中在那上,不待人安排也。安排著则不中矣。"④ 秩序规律是生机流行过程中天然、客观存在的条理。此即自然的形式义与内容义的统一:良知的发见流行是无为、自发而同时也具备客观条理,是每一事物、每一生命"微妙的律动和秩序"⑤ 的呈现。显然,这条语录是从根源上重新定义心体(良知)和天理:良知是情,阳明经常使用的"真诚恻怛"即是例证;良知同时也是理,因其具有"天然自有之中"的规范性;毋宁说良知是超越情理之区分的根源存在。正是这一根源性,使得人的"自然"之情本身具备"天然自有之中"的规范性。这种定义方式与朱子学有着根本性的区别。朱子学所定义的情有两大特点:①情是性情二分构架中的情,是性理的监控

---

① 王守仁:《传习录中》,《王阳明全集》,第84~85页。
② 王守仁:《传习录下》,《王阳明全集》,第123页。
③ 王守仁:《传习录上》,《王阳明全集》,第26页。
④ 程颢、程颐:《二程集·河南程氏遗书卷第十七》,第181页。
⑤ 〔日〕荒木见悟:《佛教与儒教》,中州古籍出版社,2005,第288页。

对象；②情的呈现是特殊的，具有情境性，其公共性必须借助理则来体现。因此，阳明谈论良知自然与朱子谈论天理自然之间的差异，就不仅仅是修辞对象的变化、语意的转移，更是哲学立场的整体改变。若回顾理学史，不难发现阳明的主张是对北宋理学"以觉论仁"思潮的旧调重弹。这一思潮的代表人物是北宋程门弟子谢上蔡。上蔡称："心有所觉谓之仁"①"仁是四肢不仁之仁，不仁是不识痛痒，仁是识痛痒"②。上蔡所说的"觉"是对"心"应事接物时"活泼泼地"状态的描述，知觉活泼时为仁、麻木时为不仁，其论说的重心是要在不可抑制的生机自然勃发状态中直接把握仁（天理）的真面目：

> 所谓天理者，自然底道理，无毫发杜撰。今人乍见孺子将入于井，皆有怵惕恻隐之心。方乍见时，其心怵惕，所谓天理也。要誉于乡党朋友，内交于孺子父母兄弟，恶其声而然，即人欲耳。③

上蔡的天理人欲之辨，侧重是否能超越理智的穿凿杜撰，他时刻警惕理智对生机的规制和扼杀。朱子坚决反对上蔡的观点，主张"以理论仁"。在朱子看来，生机如果不按其自然条理运行，将如电光石火般稍纵即逝；这样一来，生机与人欲会很容易混淆，若没有理性的辨识和贞定，就会有"认欲为理"的危险。④ 从自然的角度看，"以理论仁"与"以觉论仁"的差异主要表现为：前者是从天道自然下贯（规范）人情自然，后者是从人情自然生发公共秩序（或情理浑融一体生发）。天道自然的呈现，昭然若揭；人情自然的呈现，需要一定的程式辨析和确认，否则容易流于人欲放肆；故而朱子对上蔡的批评确有其理据。但是阳明良知论并非简单重复上蔡观点，而是从人情自然呈现（或情理浑融一体生发）的根本结构上重新奠基，澄清个体性的情感如何"自然"具备公共规范性。此所谓根本结构，

---

① 朱熹《论语精义》卷六下记载，见《朱子全书》（修订本）第七册，上海古籍出版社、安徽教育出版社，2010，第419页。
② 谢良佐：《上蔡语录》卷中，收入《朱子全书外编》第3册，华东师范大学出版社，2010，第20页。
③ 谢良佐：《上蔡语录》卷上，收入《朱子全书外编》第3册，第4页。
④ 详参冯达文老师的系列研究：《从"理性"到"觉性"——论慧能禅学在中国佛学发展史上之价值》《再论从"理性"到"觉性"——中国佛学与宋明儒学的一个公共话题》，载于氏著《理性与觉性：佛学与儒学论丛》，巴蜀书社，2009。

主要有二：一是"寂感"，二是"未发已发"。如阳明称："光光只是心之本体，看有甚闲思虑？此便是'寂然不动'，便是'未发之中'，便是'廓然大公'。自然'感而遂通'，自然'发而中节'，自然'物来顺应'"[1]即是。

寂感出自《周易·系辞上》"易无思也，无为也。寂然不动，感而遂通天下之故。非天下之至神，其孰能与于此"。程明道释之曰：

> "寂然不动，感而遂通"者，天理具备，元无欠少，不为尧存，不为桀亡。父子君臣，常理不易，何曾动来？因不动，故言"寂然"；虽不动，感便通，感非自外也。[2]

寂然是描述天理天然自有、见见成成、停停当当，不烦一毫安排造作；因天理恒常不易，故曰不动。因此，寂然不动并非指述一片死寂状态，而是客观地形式地描述天理本体自身，相当于"上天之载，无声无臭"。如朱子称："寂，含活意，感则便动，不只是昏然不省也。"[3] 即是指出"寂然不动"的天理流行义。感通是则指本体之功用。"感非自外"则是指寂感是体用的关系，"具备内通而无限制的妙用，不是感性中之接受或被影响，亦不是心理学中的刺激与反应"[4]。朱子也曾解释说："无思虑也，无作为也，其寂然者无时而不感，其感通者无时而不寂也。是乃天命之全体，人心之至正，所谓体用之一源，流行而不息者也。"[5] 根据这一思路，寂感是体用一源显微无间的关系，代表了天命流行创生、神化之机制；人只要掌握恒常不易寂然不动之理，生命自然能保持"活泼泼地""感而遂通天下之故"的创生状态。

需要注意的是，理学家主要是在心的层面使用寂感范畴，并与《中庸》首章"喜怒哀乐之未发谓之中；发而皆中节谓之和"联系起来，从而获得丰富的工夫论意义。如程伊川云：

---

[1] 王守仁：《传习录上》，《王阳明全集》，第22页。
[2] 程颢、程颐：《二程集·河南程氏遗书卷第二上》，第43页。
[3] 黎靖德编《朱子语类》卷九十六，中华书局，1994，第2470页。
[4] 牟宗三：《宋明儒学的问题与发展》，华东师范大学出版社，2004，第59、60页；《从陆象山到刘蕺山》，上海古籍出版社，2001，第159页。
[5] 朱熹：《朱熹集》卷六十七《易寂感说》，四川教育出版社，1996，第3516页。

心一也，有指体而言者，寂然不动是也。有指用而言者，感而遂通天下之故是也。①

"喜怒哀乐之未发谓之中。"中也者，言寂然不动者也。故曰"天下之大本"。"发而皆中节谓之和。"和也者，言感而遂通者也，故曰"天下之达道"。②

小程子的诠释使得寂感和未发已发说获得一个切实的工夫下手处，从人日常生活中的思虑、知觉与视听言动来探讨天命流行机制。概言之，寂感和未发已发说之义理实质在于心之动静、机能和工夫问题：人心之动静与天地万物的化育秩序有某种对应关系；人的活动与天地的活动是一个连续的整体、有共同的基础，故而可以据此寻求主客体世界的根据。在小程子的思路指引下，理学家们理解的未发通常指意识尚未起作用时，其间对应或蕴含寂然不动、浑然森然之性；已发、喜怒哀乐则是指已然发动的形而下之情。例如在朱子己丑之悟后的中和新说，未发指心的静止状态，已发指心的活动状态；未发时心体寂然不动，性具于其中而呈形显象，已发时心体感物而通，性发为情而见心之用。在此种心体结构中，心分为性与情两个层次：性是纯粹的核心，是形而上的绝对至善；情则是形而下者，是有善恶之分的气质因素。由此，工夫论的核心就是根据性理（客观规范）对"情"的种种活动进行检查，以使人的意念与行动符合"理"的要求。尽管朱子所说的性理是从即物穷理的具体情境中"格"出，但毕竟与生生活泼、流动不居的实际情境有一间之隔；而心统性情的结构更有扩大这种间隔、导致"理"僵滞的可能性。其根源就在于，在领会生活世界的节奏这一点上，"理"比"情"慢了几拍：客观性理必须经由理性的反省方能掌握；而"情"则是感应场域中的直接、当下产物，具有随感随应之灵活性。当现实情境急剧变化时，人把握到的"理"与现实发生乖离，流而为僵化拘执的观念，亦在所难免。众所周知，阳明良知学的提出与他对朱子学天理观弊病的反省密切相关。当天理变成一个僵化的观念、外在的名号规范和束缚人的言行，却不具备滋养人的生命的功能时，需要去名以就实，重新激活天理观（公共性）。对于阳明来说，此所谓"实"，就是个体的情感、

---

① 程颢、程颐：《二程集·河南程氏文集卷第九·与吕大临论中书》，第609页。
② 程颢、程颐：《二程集·河南程氏遗书卷第二十五》，第319页。

良知、灵明：

> （生问：何谓之同体？）先生曰："你只在感应之几上看，岂但禽兽草木，虽天地也与我同体的，鬼神也与我同体的。"请问。先生曰："你看这个天地中间，什么是天地的心？"对曰："尝闻人是天地的心。"曰："人又什么教做心？"对曰："只是一个灵明。""可知充天塞地中间只有这个灵明，人只为形体自间隔了。我的灵明，便是天地鬼神的主宰。天，没有我的灵明，谁去仰他高？地，没有我的灵明，谁去俯他深？鬼神，没有我的灵明，谁去辨他吉凶灾祥？天地鬼神万物，离却我的灵明，便没有天地鬼神万物了。我的灵明，离却天地鬼神万物，亦没有我的灵明。如此便是一气流通的。如何与他间隔得？……今看死的人，他这些精灵游散了，他的天地万物尚在何处？"①

阳明此论说明了个体情感如何在情境中展现普遍性。心体良知是贯通天地的生机在人之体现，是生机自身之明觉，是其自明、自了、自知②，是为我的灵明。天地宇宙中的生机是一种融于无形，却无时不刻地显现自己的统体存在。这种显现总是具体的，是由"我的灵明"来感知、来实现之；亦即：本体真实因"我的灵明"而显，本体真实首先是个体性的；普遍性在个体性的基础上生发，不存在一个虚悬于个体性的本体。感是人际、物际生机之感通，是一气相通的生机之流通共振；人在日常生活中通过"感"形构出一个个的实践场域，在每一个场域中，是良知（我的灵明）唤醒了一体生机的韵律，以"活泼泼地"的方式共在。在这个意义上，是良知（我的灵明）激活了我的世界中的万物生机、力量和秉性；天地宇宙正是依赖于良知灵明而显现自身，这种显现属于一体之中的自明、自了、自知。我的灵明虽然是以"我"而言，但并不局限于我之肉身，而是对万物化生秩序的本然描述：天地之间为生生之气所流行贯通，万物本真地处于互相敞开的境域，处于一种动态、生机的关系之中。因此，个体情感通过感通而回返天地化生秩序，感应之心（情感）虽然是个体性的，但它本身具备整体性和普遍性。这也使得阳明所说的寂感关系呈现出与宋代理学家那里

---

① 王守仁：《传习录下》，《王阳明全集》，第 124 页。
② 牟宗三：《从陆象山到刘蕺山》，第 247~254 页。

完全不一样的特质:"'未发之中'即良知也,无前后内外而浑然一体者也。有事无事,可以言动静,而良知无分于有事无事也。寂然感通,可以言动静,而良知无分于寂然感通也。"① 感通不是外在刺激,而生机相通共振,因此寂感是寂在感中,感在寂中,即寂即感,神感神应的关系。唐君毅先生曾论及中国思想中的感通,他把感通比喻为自由原则,区别于因果观念及机械惰性行为模式下的必然原则;颇有助于我们理解个中原理:

> 一物之由创造的生起以表现自由,又非在其与他物感通时不显。且物必愈与他物感通,而后愈有更大之创造的生起……个体之德量,由其与他物感通,新有所创造的生起而显;亦由时时能自觉的求多所感通,求善于感通,并脱离其过去之习惯之机械支配及外界之物之力之机械支配,而日趋宏大。②

因果机制和机械惰性的行为方式形构出一个巨大的存在链条,所有的事物都是这一链条中的某一环节,事物环环相扣,互相依赖互相构成;其所遵循的是必然性原则,毫无自由可言。究其根源,在于这种行为方式树立起胶固、狭隘的自我,自我隔限于万物感通的本然状态,远离生生不穷的创造性本身。重建和回返万物交感、生机一体的本真联系,自能日臻于广大精微的天地境界。这一义理模式展现出理学的核心关怀:人必须契入更为广大的天地自然秩序中确认和证成自身。

事实上,阳明对灵明感通的论述从根底上重塑了个体性与公共性的关系。他通过对寂感生机之梳理,拆除了朱子学体系中的性情二元结构,从而使得心体(我的灵明)获得自在无碍的活力。这一意涵在未发已发说中得到系统表述。阳明所说的未发已发关系是:"未发在已发之中,而已发之中未尝别有未发者在;已发在未发之中,而未发之中未尝别有已发者存;是未尝无动静,而不可以动静分者也。"③ 这种未发已发论不是在时间序列中的关系论述,而是从时间序列中解放出来,确保已未体用的浑然一体性。这种未发已发一体化的思想,目的在于否定先验的定理的措定、否定超然

---

① 王守仁:《传习录中·答陆原静书》,《王阳明全集》,第64页。
② 唐君毅:《中国文化之精神价值》,广西师范大学出版社,2005,第67页。
③ 王守仁:《传习录中·答陆原静书》,《王阳明全集》,第64页。

于心（主体）的超越之物的存在，以保证良知（我的灵明）之绝对自由以及创制事理的充分权限。对于良知教"未发即已发"的这一虚无（不受拘束）性格，阳明高弟王畿有进一步的表述："夫未发之中是太虚本体，随处充满，无有内外，发而中节处，即是未发之中。若有在中之中另为本体，与已发相对，则诚二本矣。良知知是知非，原是无是无非，正发真是真非之义。"① 良知当下具足、无所欠缺，因其具备随处充满、发而中节这一特征，亦可命名为未发之中；当然，这种命名方式是取"中"之实义而非拘泥于"未发"字面上的含义。良知即是最根源的存在，若在良知之外另寻未发之中，便是二本之学。良知本具的自在无碍之活力，就能保证其无是无非而又能发真是真非。概言之，在阳明看来，良知本具活力、本能发真是真非，只要破除阻碍、弛缓良知之呈现的障碍，感应之心（情感）的个体性自然能展现出公共性和普遍性。在这一意义上，阳明良知教中"自然"的首要含义是无为和自发，秩序是由前两个含义内具。从工夫论的角度来说，通过排除任何强制和扭曲，回归无为的状态，心体自身的秩序就能以自有、自觉、自正（正其不正以至于正）的方式呈现。正如牟宗三先生所说："此亦无绕出去的巧妙办法。此中本质的关键仍在良知本身之力量。……不是把良知明觉摆在那里，而用一个外来的无根的另一个觉去觉它。这逆觉之觉只是那良知明觉随时呈露时之震动，通过此震动而反照其自己。"②

总而言之，阳明良知教的提出意味着一种个体性哲学立场的建立，近人刘咸炘引用刘宗周之言论曰："蕺山谓阳明即知即行，即心即物，即动即静，即体即用，即工夫即本体，即下即上，无之不一，以救学者支离之病。此语最简明。"③ 在刘咸炘看来，这是阳明经世事功的根源所在。④ 这一判定恰好也说明了阳明个体性哲学重新激活天理观的有效性。从阳明对自然的使用来看，其个体性哲学的建立主要侧重自然的无为和自发义，秩序义是前两义所本具。正是这一特质，引发了阳明门下弟子对良知教发展方向的激烈争论。

---

① 王畿：《答耿楚侗》，《王畿集》卷十，凤凰出版社，2007，第242页。
② 牟宗三：《从陆象山到刘蕺山》，第162~163页。
③ 刘咸炘：《读〈学案〉记》，《推十书》第一册，第185页。
④ 刘咸炘：《阳明先生传外录引》，《推十书》丙辑，第1473页。

二 个体性与公共性之辨：阳明后学的辩难困局与刘宗周的解决思路

关于阳明门下弟子对良知教发展方向的激烈争论，前引拙作《宋明理学中的研几义蕴——以朱子、白沙、阳明后学、刘宗周为线索》已有详细讨论。概言之，顺着阳明个体性哲学的思路发展，阳明后学中的泰州学派和浙中王门（主要指王畿）分别开发出两种发展路径：泰州学派侧重自然三义中的自发义[①]，王畿等人侧重无为义。但是，这两种路径也带有一些严重的流弊，如泰州学派"张皇见龙"[②]易有猖狂放肆之弊、王畿等人引发儒佛合流之弊等等，在中晚明学界受到严厉批判。[③] 刘宗周广为流传的名言"今天下争言良知矣，及其弊也，猖狂者参之以情识，而一是皆良；超洁者荡之以玄虚，而夷良于贼。亦用知之过也"[④] 即此之谓。江右王门聂豹、罗洪先等人看出阳明的绝对浑一观正是造成中晚明良知学流弊的根源，展开了对良知教的改造。围绕聂豹的改造行动，阳明门下弟子分成两派辩难不已，聂豹和王畿就分别是两派辩论的核心人物。聂豹的理论改造提出了类似于朱子学以体用分立为前提、以体立而用自行的次序为特征的"体用一贯"观。[⑤] 这种论述将良知分拆为已发与未发；"心"由此被区分为类似于朱子学心统性情结构的二重构造：虚明不动之体和感发之用。以自然的角度，聂豹的良知论述最重视的是自然的内容义：秩序。但是聂豹等人提出的改造思路在救正良知流弊的同时，亦在良知教的体系下受到根本的质疑：

[①] 例如，泰州学派代表人物罗汝芳思想以"天机自然"为基础，其称："不追心之既往，不逆心之将来，任他宽洪活泼，真是水流物生，充天机之自然。"又说："我今与汝终日语默动静，出入起居，虽是人意周旋，却是自自然然，莫非天机活泼也。"（《明儒学案》卷三十四，《黄宗羲全集》第八册，第15页、第33页）相对而言，这种自然观更加重视自然的自发义（活泼泼地），即日常的自发情感，如孝弟慈。详见拙作《孙慎行慎独学的义理结构》（载于《中国哲学史》2009年第2期）的相关讨论。
[②] 黄宗羲：《明儒学案》卷三十二《泰州学案》，《黄宗羲全集》第七册，第826页。
[③] 晚明三教合一思潮代表人物管志道对泰州学派"张皇见龙"展开深刻的理论批判，详见拙作《管志道三教一致论初探》，载于杨国荣主编《思想与文化》第8辑《现代性的中国视域》，华东师范大学出版社，2008。
[④] 刘宗周：《证学杂解》解二十五，《刘宗周全集》第二册，中研院中国文哲研究所筹备处，1996，第325页。
[⑤] 见聂豹《答王龙溪》，《聂豹集》卷十一，凤凰出版社，2007，第401页。

良知不容许分拆为未发已发，其寂感诚神亦不容许分拆为已发与未发。① 黄宗羲综合多位阳明学者的意见指出"双江、念菴举未发以救其弊……然终不免头上安头"②，正是看到这一点。如是，王畿与聂豹等人针锋相对的立场就构成阳明学内部争辩多时、难以解决的困局。

在这个僵持不下的辩难困局中，诸如"本体之自然""性体之自然""良知自然之觉"之类的用语都常见于双方书信：一方侧重自然的无为和自发义，亦即形式义；另一方侧重自然的秩序义，亦即内容义；双方在理论上各执一词，无法调解。这也展现出明代心学运动最为核心的问题：不假人力的自然生机是最真实、最有力量的存在，要怎样做工夫才能确保这种本源力量在日常生活中发挥主宰功能？阳明以绝对浑一观来保证"自然"发用的做法，固然是儒佛合流以及荡越流弊的根源。但对于好不容易才从朱子学心性结构中挣脱出来的明代心学来说，重新回到朱子二元论体系中是最不可接受的事情，这也是理解了阳明意图的阳明门人以及黄宗羲都一致批评聂豹等人的做法是"头上安头"的原因所在。因此，如何建构一种能同时确保自然三义之浑融性的心学理论，就成为中晚明时期心学发展之内在要求。

真正完成这一时代任务，解决阳明后学辩难困局的思想人物就是刘宗周。刘宗周哲学是以重构阳明学自然观的方式建立起来的。其称：

> 自喜怒哀乐之说不明于后世，性学晦矣，千载以下，特为拈出。③

此处"性学"就是自然思想。如前所述，天道自然与人情自然的展现方式不太一样。在思想上与阳明学、与刘宗周颇有渊源的章学诚说：

> 有天地自然之象，有人心营构之象。天地自然之象，《说卦》为天为圜诸条，约略足以尽之。人心营构之象，睽车之载鬼，翰音之登天，意之所至，无不可也。然而心虚用灵，人累於天地之间，不能不受阴阳之消息，心之营构，则情之变易为之也。情之变易，感于人世之接构，而乘于阴阳倚伏为之也。是则人心营构之象，亦出天地自然之象

---

① 详参牟宗三先生的分析，氏著《从陆象山到刘蕺山》，第 254~261 页。
② 黄宗羲：《明儒学案》卷二十，《黄宗羲全集》第七册，第 539~540 页。
③ 刘宗周：《学言中》，《刘宗周全集》第二册，第 490 页。

也。(《文史通义·易教下》)

正如章学诚所说"人心营构之象，亦出天地自然之象"，两者之间自然存在关联，刘宗周找到了一个既有经典文本依据，又有日常生活经验依据的恰当入路：喜怒哀乐。刘宗周有鉴于阳明学在心体层面谈论自然之流弊，把气论引入阳明学体系。在刘宗周，喜怒哀乐不是一般意义上的情绪，而是贯通天地人的生气之秩序。对应于天道自然与人情自然之区分，刘宗周建构的自然思想也区分为性宗和心宗两部分：

> 性情之德，有即心而见者，有离心而见者。即心而言，则寂然不动，感而遂通，当喜而喜，当怒而怒，当哀而哀，当乐而乐。由中导和，有前后际，而实非判然分为二时。离心而言，则维天于穆，一气流行，自喜而乐，自乐而怒，自怒而哀，自哀而复喜。由中导和，有显微际，而亦非截然分为两在。然即心离心，总见此心之妙，而心之与性，不可以分合言也。故寂然不动之中，四气实相为循环；而感而遂通之际，四气又迭以时出。①

心是以"人"而言，因此"即心而见者"是指人分上言性情之德，即人情自然，是为心宗；"离心而见者"是指天分上言性情之德，即天道自然，是为性宗。"自喜而乐，自乐而怒，自怒而哀，自哀而复喜"，自是"自然"，是维天于穆一气流行之事，丝毫不假人力、不涉人为，又何须勉力作为。（按：因其不涉人为，则属于"不可见闻"者，此即"离心而言"；若可得而闻见，则又不属于"离心而言"，而是"即心而言"了。这也就是理学传统中所说的"人生而静以上不容说，才说性时便已不是性"。）这是天道自然意义上的喜怒哀乐。就心宗、人情自然意义上的喜怒哀乐而言，它并不是乍起乍灭、自无其体之形而下存在，而首先是人的一种天赋能力，当这种能力尚未具体表现出来之时，就是未发；当人在日常生活中表现出喜怒哀乐之态，就是已发。这样一来，喜怒哀乐就是贯穿于未发已发之际、无片刻不存；这种安排将喜怒哀乐从时间序列中解放出来，赋予其自在无

---

① 刘宗周：《学言中》，《刘宗周全集》第二册，第487页。

碍的活力，而不必在喜怒哀乐之外另寻"所以"喜怒哀乐之根据。显而易见，相对于阳明本人的良知学说，刘宗周特别强化了自然的秩序含义。

刘宗周所说的喜怒哀乐首先是气之秩序，这种提法的理论意义在于：良知之逆觉不是个体心之逆觉，而是贯通天地人的生机本身之逆觉；但是从泰州学派和王畿等人的理论推进来看，阳明的寂感、未发已发理论构架存在着把良知局限于个体心之虞，无法贯通天地生机；刘宗周的喜怒哀乐说，借助于秩序意识，未发已发一体化的整体感，能够超越个体局限，以巧妙地契入更广大的秩序的方式解决上述问题。阳明曾述及良知与人情之关系："凡人言语正到快意时，便截然能忍默得；意气正到发扬时，便翕然能收敛得；愤怒嗜欲正到沸腾时，便廓然能消化得；此非天下之大勇不能也。然见得良知亲切时，其工夫又自不难。缘此数病，良知之所本无，只因良知昏昧蔽塞而后有，若良知一提醒时，即如白日一出，而魍魉自消矣。"① 刘宗周对阳明此段文字的评论和修正，正表达了其自然观相对于阳明的最大特点：

> 愚谓言语既到快意时，自当继以忍默；意气既到发扬时，自当继以收敛；愤怒嗜欲既到沸腾时，自当继以消化。此正一气之自通自复，分明喜怒哀乐相为循环之妙，有不待品节限制而然。即其间非无过不及之差，而性体原自周流，不害其为中和之德。学者但证得性体分明，而以时保之，则虽日用动静之间，莫非天理流行之妙，而于所谓良知之见，亦莫亲切于此矣。若必借良知以觉照，欲就其一往不返之势，皆一一逆收之，以还之天理之正，则心之与性，先自相仇，而杞柳桮棬之说，有时而伸也必矣。②

黄宗羲在《明儒学案·蕺山学案》综述其师思想"独得慎独之真"的主体文字即来自于此。慎独诚意工夫的核心在于"证得性体分明"，这一句本平平凡凡，但是刘宗周所说的性体具有特殊含义。性体是从喜怒哀乐四气周流、丝毫不假人力、不涉人为之天分上说："喜怒从气机而流，故就性宗指点。"③ 维天于穆一气流行，自有其内在的节奏和秩序，刘宗周称之为"性

---

① 王守仁：《与黄宗贤（丁亥）》，《王阳明全集》卷六，第219~220页。
② 刘宗周：《学言中》，《刘宗周全集》第二册，第487~488页。
③ 刘宗周：《学言下》，《刘宗周全集》第二册，第540页。

体"。孟子曾言："天下之言性也，则故而已矣，故者以利为本。"(《孟子·离娄下》) 刘宗周释之云："可见此性见见成成、停停当当，不烦一毫安排造作，此即天命流行、物与无妄之本体，亦即此是'无声无臭'。所云无声无臭，即浑然至善之别名，非无善无恶也。"① 在刘宗周看来，"故"是指喜怒哀乐四气周流时呈现的现现成成、不待勉强造作、自然流行的秩序特点，这种自然秩序（性）就是日用事为"发而皆中节"、停停当当的根源；遵从这种秩序，行其无所事、以利为本，将如"天之高也，星辰之远也，苟求其故，千岁之日至，可坐而致也"（孟子·离娄下）般必然。因其纯粹自然而然，"不烦一毫安排造作"，故谓之"无声无臭"；因其停停当当，故谓之浑然至善；两者异名而同实。质言之，刘宗周所说的工夫本质，是契入事物内在的自然节奏、宇宙大化流行的生生脉络，随顺"气机通复之候，生长收藏，各尽其妙"②，自然能做到"日用动静之间莫非天理流行"。在自然的气化秩序中，"由中导和"的结构内蕴把握先机、天理妙用流行的功能；所谓的良知（格物致知）也只有在这一意义上才能发挥真实效用。

总而言之，阳明所使用的自然，大致可分为三种含义：无为、自发、秩序。在阳明的本体工夫论语境中，更加重视前两种含义。泰州学派、王畿等人对良知学说的发展，是沿着阳明思路推进，更强调无为、自发。这一思路是引发阳明后学情识而肆、玄虚而荡的理论根源。江右王门聂豹致力于救阳明学之流弊，侧重自然的秩序含义，但不免又生"头上安头"之弊。刘宗周的自然思想，在接续阳明思路的基础上，侧重以秩序义来囊括无为和自发义。这种自然思想的结构性改造，引出一系列重要的理论现象。

三 结语：阳明学自然思想（个体性哲学）的理论意义

在中晚明时期学术思想发展过程中，有几个关键的思想现象：泰州学派"张皇见龙"及其引发的情识而肆现象，王畿等人引发的儒佛合流现象，

---

① 刘宗周：《答王右仲州刺》，《刘宗周全集》第三册上，第389页。
② 刘宗周：《学言下》，《刘宗周全集》第二册，第545页。

阳明学派内部众多以慎独为宗旨的思想家，以黄宗羲为代表的"言性命必究于经史"的转向。这些思想现象都是在广义上的阳明学派内部发生，其间是否是否存在着共同的思想结构？这是我们在研究中晚明学术思想时必须重点思考的核心问题。笔者认为，良知自然三义是宗旨林立的阳明学派共同的思想结构，此三义能够帮助我们理解阳明学派不同的发展方向及其效应。

至于阳明自然思想所展现的个体性哲学立场，则需要从宋明时代的政教议题获得整体理解。在宋明时代，理学著作的特点之一是存在大量将宗族建设与政治、教化关联起来的论述，这种论述是为了解决时代难题——由于唐宋之际的社会变迁，宋初所面临的是平民化社会"一盘散沙"的局面；如何解决这一局面，是宋明时代的重大社会政治问题。[①] 从共同体建构的角度看，一个理想的共同体必须保持社会主体之活力，其中存在几个前提要素：①能够满足个体真实的、合理的欲望需求，②具有和谐的共同体内部秩序，成员之间各美其美、互不妨碍甚至能够互相成就。满足这两个前提，才能建构一个富有活力、创造力的共同体。笔者认为，一个较佳的建构方式，也就是本书重点提出的：由人情自然生发公共秩序（或情理浑融一体生发）。在这一意义上，"自然"是我们理解阳明学义理开展的关键线索，也是借以理解近世思想发展的重要线索。由王阳明提出和建立、刘宗周所完成的个体性哲学立场，其实际效果可通过两个思想史现象看出。一个是自承"间有发明，一本之先师"[②]的刘宗周忠实继承者黄宗羲著述的《明儒学案》，黄宗羲在《明儒学案》中提出了一种崭新的道统史观："先儒之语录，人人不同，只是印我之心体变动不居"，"苟工夫着到，不离此心，则万殊总为一致。学术之不同，正以见道体之无尽"[③]，表述出个体性与公共性的恰当平衡，正是刘宗周哲学的具体展开[④]，象征着由阳明提出的个体性哲学之真正完成和落实。另一个则是浙东史学的出现。近人刘咸炘说："浙东史学，文献之传，固本于金华，而其史识之圆大，则实以阳明之说为

---

① 相关研究可参考蔡孟翰《从宗族到民族——"东亚民族主义"的形成与原理》（载于《思想史》第 4 期，台北联经出版社，2015，第 57～166 页），龚鹏程《宋代的族谱与理学》（收入氏著《思想与文化》，台北业强出版社，1995，第 248～304 页）。
② 黄宗羲：《明儒学案序》，《黄宗羲全集》第十册，第 78 页。
③ 黄宗羲：《明儒学案序》《明儒学案序（改本）》，《黄宗羲全集》第十册，第 77、79 页。
④ 详见拙作《〈明儒学案〉中的宗传与道统——兼论〈明儒学案〉著述性质》相关讨论，载于《哲学动态》2016 年第 11 期。

骨,即心即物之说,即道器合一之说。"① 如果说刘宗周自然思想是阳明个体性哲学之完成,刘咸炘的评论正指出了"王阳明→刘宗周→浙东史学"之间的内在关联。此即刘宗周自然思想引发的另一个理论现象,由此可借以管窥明清思想转型的一个独特面向。

---

① 刘咸炘:《阳明先生传外录引》,《推十书》丙辑,第1473页。

论荻生徂徕对朱熹政治理念的批判

——以"先王之道"为中心

吕　欣[*]

摘要　朱熹将"理"作为其学术体系的核心，并努力将理学思想发挥于其政治理想与实践中。日本古学派儒者荻生徂徕早年从朱子学，中年后发生思想转折，开始对以朱熹为代表的宋儒思想进行批判与反思，认为朱熹的理学本体论空虚无凭，远离先王之道。朱熹与荻生徂徕理解先王之道权威性的出发点不同，以至荻生徂徕对朱子理学批评的侧重于道德与政治之间的关系辨析，在致用的实际事功层面对朱熹政治理念进行质疑。从二者的政治理想本旨来看，两者政治理念的方法论亦有不同，二者对于复先王之道思考方式的差异，最终在于二者对自然秩序与主体性人格之间的不同诉求，须回到各自特定的历史环境理解时代对二者的主体人格观念差异产生的重要影响。相反，对主体性人格的定位也影响着后世对复"先王之道"的解读与反思。

关键词　朱熹　荻生徂徕　古学　先王之道　主体人格　日本儒学

引　言

朱熹的理学思想与政治理念有着重要的关联，无论其对《论语》《孟子》等经典的解读，还是与友人之间的书信，抑或是给皇帝的奏札或封事，

---

[*] 吕欣，1990年生，女，吉林长春人，中山大学哲学系中国哲学专业博士研究生，主要从事宋明理学和日本儒学研究。

多有表达其欲恢复三代之治的政治理想与实践，表达宋代理学家士大夫群体对恢复三代之治的道统心愿。宋儒对"先王之道"的探讨，自然不在少数。朱子对先王之道的论说，亦是其政治理念的重要部分。

日本德川时代中期儒者荻生徂徕早年从朱子学，中年后发生思想转折，开始对以朱熹为代表的宋儒思想进行解体，提倡"古文辞学"，其对朱子学的批判主要针对其理学本体，认为朱熹"理"之观念空虚无凭不落实处，未能得孔孟之传，远离孔孟所讲的先王之道。荻生徂徕的学术思想对日本近代政治思想影响甚大，日本著名政治思想史学者丸山真男在《日本政治思想史研究》一书宗旨即是为突出古学派以来，对压抑人性的朱子学这一封建思维方式解体的过程——高扬人性的主体性、解放人情人性的近代思维方式成立的过程。①

本文以"先王之道"观念为论据，从三部分讨论荻生徂徕对朱子政治理念的批评，第一部分从概述荻生徂徕"先王之道"说源起的背景开始，铺垫荻生徂徕政治学术观念的来龙去脉；第二部分展开二者对"先王之道"说的根基判断、基本观点分析，讨论二者对"先王之道"理解上的道德与事功不同侧重的分歧；第三部分从"先王之道"于二者而言的现世可能展开讨论，通过对"仁"的理解、具体的史实案例分析，最终归到主体人格的追求上，以更好理解本来都重视政治、想要落实先王之道的朱熹和荻生徂徕两者思想的矛盾之根。

一　荻生徂徕的"先王之道"学说源起

（一）荻生徂徕以前的日本朱子学概况

藤原惺窝（1561～1619）开辟了日本思想史上的儒佛之争，在其之前，禅僧们一直将宋学作为"禅学走向兴隆的一个台阶，也作为与佛教不相矛盾的学问在学习"②。惺窝带着从儒教立场批判佛教的观点，因其着眼于宋学和禅佛的异质性，以称佛释为异端：

---

① 王青：《日本近世儒学家荻生徂徕研究》，上海古籍出版社，2005，第177页。
② 〔日〕今井淳、小泽富夫编《日本思想论争史》，王新生等译，北京大学出版社，2014，第104页。

我久从事于释氏，然有疑于心。读圣贤书，信而不疑，道果在兹，岂人伦外哉！释氏既绝仁种，又灭义理，是所以为异端也。

《拔萃罗山文集卷四十·惺窝先生行状》①

惺窝认为儒佛相斥的最重要理由便是佛教否定人伦，否定仁义。林罗山（1583~1657）是江户时代德川幕府初期儒学家，师从惺窝的他亦涉猎各教思想，其儒学思想从程朱理学，认为六经要旨皆在程朱理学之中。尽管当今学者曾从林罗山与朱熹在文道关系的认识上，基于林罗山对韩愈、苏轼的评价，提炼总结出林罗山于文学批评上与朱熹有很大的逻辑不同。②但林罗山仍不失为日本儒学史上谨慎遵循朱子思想而未越雷池的朱子学者。

一心斥佛的朱子学者山崎闇斋（1618~1682）曾作《辟异》批判释氏。而《辟异》除了文末，均是朱子及其门人的语录选粹。这种写法是闇斋叙述朱子学时的常态。可见闇斋对朱子学的研究更加中规中矩，但他的《辟异》却遇到了中年时代由早年尊崇宋儒走到质疑时期的另一位著名儒学家伊藤仁斋（1627~1705），近代日本儒教的内部论争，特别是就朱子学的论争就这样露出端倪。

伊藤仁斋的哲学思想受到了我国明朝哲学家吴廷翰（1491~1559）③的影响，中年时怀疑宋儒背离孔子和孟子，于是摈弃朱子学，独尊孔、孟，分外重视《语》《孟》，主张恢复儒家经典的古义，并要建立所谓"圣学"。如此一来，伊藤仁斋的标新立异固然遭到朱子学派的攻击，但他仍然坚持己见。

从伊藤仁斋以来，朱子学内部发生分野，古学派滋生。伊藤仁斋、山鹿素行（1622~1685）一直到荻生徂徕（1666~1728），这些达到顶点的古学派人士对朱子学进行严肃批判。古学与阳明学把朱子学夹在中间，分别

---

① 该版本为中村直道誊写，天保年间本［1831~1832］，ナカムラナオミチ（シャ），早稻田大学藏。

② 参读龚颖文《林罗山与朱熹的文道关系论比较研究》，载张品端主编《东亚朱子学新论》，厦门大学出版社，2012，第92~113页。

③ 吴廷翰，号苏原，明无为州人。著有《吉斋漫录》《椟记》《瓮记》《丛言》《志略考》《湖山小稿》《洞云清响》等。在人性论上主张只有气质之性，别无他性。在天理、人欲问题上，主张天理在人欲之中。在形神问题上，批驳灵魂不灭，死后轮回的见解。在认识上，坚持"德性之知"必须由于"闻见之知"肯定认识与学习和锻炼的关系。在知行关系问题上，认为知和行是一个问题的两个方面，知指导行，行非有知指导不可。他早年受外祖父张纶的启迪，不赞同宋儒把性和气区别开来作为善恶相对的划分。

从相反的角度来批判朱子学。中国宋明理学研究者对朱子与阳明的思想对立点并不陌生，有趣的是古学派代表荻生徂徕并没有在阳明学的立场反击朱子学，他反而质疑朱子和阳明所默认的这种"理"与"心"的存在状态本身就毫无意义，无法承认"理"和"心"中存在价值判断的标准。徂徕彻底剥夺了"理"和"心"的概念所包括的价值性，认为主体一方本不存在道德标准。

（二）荻生徂徕"先王之道"思想启蒙

荻生徂徕幼年时父亲被流放，其跟随父亲在外漂泊13年，但未影响其好学之心：

> 日与田父野老偶处，尚何问有无师友，独赖先大人箧中藏有《大学谚解》一本。①

《大学谚解》是日本朱子学派代表人物林罗山之子林鹅峰的著作，该书借《大学》为原本，宣扬朱子的四书学特别是对《大学》的解读。徂徕在没有师友的环境下自行研读，为学初期颇受朱子学影响。中年时接触到伊藤仁斋的学说，极口称赞，写信向仁斋恭请赐教，然仁斋不知何故未应②，徂徕遂与仁斋交恶，写出流露了愤懑之情的《萱园随笔》，抨击仁斋"存养扩充"等学说逃不出朱子学窠臼，进而发展出自己对朱子学思想的另一套论说。

"先王之道"一词早出于《论语·学而第一》：

> 有子曰："礼之用，和为贵。先王之道斯为美，小大由之，有所不行，知和而和，不以礼节之，亦不可行也。"

古学派奠基者伊藤仁斋认为《论语》是"最上至极宇宙第一书"，孔子为"最上至极宇宙第一人"，孔子的思想是"人类最普遍最妥当的意识存

---

① 〔日〕户川芳郎：《荻生徂徕全集》第二卷，神田信夫编《译文筌蹄初编》题言，日本美铃书房，1974，第3页。
② 〔日〕丸山真男：《日本政治思想史研究》，王中江译，三联书店，2000，第42页。此处王青补充丸山真男未给出的仁斋未应徂徕的原因——病老之因，乃不知何所据。

在，具有自明与自然的特征"①。仁斋也非常重视《孟子》，认为孟子之学为孔门大宗嫡系，其学以仁义为宗，以王道为主。② 仁斋试图以《语》《孟》二书为线索去阐明孔子学说本意，即"古义"③。仁斋将宋儒思想称为后世的思辨，打着复古旗号实则是开拓了思想的新境界。他对"孔子之道"无形中融入古学派自身的定位与解释，这种定位与解释影响了荻生徂徕。徂徕为与仁斋区别"复古"之义不同，力贬仁斋所谓"古义"非真古，因仁斋排除真正具有古义的六经而读取孔孟之书，使"先王之道"只成为儒家者流之道。④ 徂徕钻研古文辞，以求古义，建构自己的先王之道学说。与仁斋相比，徂徕的政治中心思想虽然亦是"王道"，但唯徂徕言称"先王之道"。

（三）荻生徂徕政治理念的出发点

据丸山真男所录，元禄十五年（1702）日本发生了一起重大事件：某大前夜，赤穗流浪武士46人冒雪袭击了本地吉良义央的宅地，把主要目标义央首级带到了泉岳寺等候官府处置。流浪武士此举，引来一时舆论鼎沸。"这一事件同封建主从关系——它是幕府自身据以确立的基础——和作为幕府统一政权的政治立场是一种明显的冲突，同时它意味着对把君臣道德和父子夫妇兄弟朋友关系并列的儒家伦理的致命打击。"⑤ 对此事，已有文献资料并没有显示出徂徕的具体态度，但他却有一份文书《徂徕拟律论》，收录在《赤穗义人纂书补遗》中，记录了部分传下来的其对幕府的咨询所作的奉答资料，其中有言：

> ……然限于党事，毕竟是私论也……无幕府之许可，企图骚动，于法所不许也。今定四十六士之罪，以士之礼，处以剖腹自杀，则上杉家之愿不空，彼等不轻忠义之道理，尤为公论。若以私论害公论，此后天下之法无以立。

---

① 〔日〕吉川幸次郎：《仁斋·徂徕·宣长》，岩波书店，1975，第1页。
② 〔日〕伊藤仁斋：《孟子古义》，关仪一郎编《日本名家四书注释全书》第九册，"纲领"，第2页。
③ 伊藤仁斋早年学习程朱理学，37岁时开始怀疑宋学与孔孟之旨不同，后以批宋儒对孔孟的误解、探索孔孟学说本义——古义为己任。其私塾名为"古义堂"，其学派亦称古义学派。
④ 张崑将：《日本德川时代古学派之王道政治论：以伊藤仁斋、荻生徂徕为中心》，华东师范大学出版社，2008，第53页。
⑤ 〔日〕丸山真男：《日本政治思想史研究》，第46页。

这段引文可见徂徕是反对极刑的，他认为以私论害公论不可取，反而视流浪武士的行为是"忠义"之举。丸山真男指出，徂徕否定以私论害公论，是否定把个人道德扩张到政治决断上。这两方面是否存在矛盾，荻生徂徕将政治思维的优越地位贯穿到其学术思想特质之中，这便是徂徕政治理念的出发点。荻生徂徕《辨道》《辨名》等代表作亦是由此，欲通过将濒临崩溃的儒学政治化，从而试图做出根本性重建①，对朱子学的批判包含了其对道德与政治的问题的思辨，后文将具体分析。

二 道德与事功：徂徕与朱子政治理念的认识分歧

荻生徂徕与朱子的政治理念，从出发点、认识论及方法论上均存在较大差异。下文将从二者对"先王之道"权威性的出发点比较及二者在道德与事功上不同的认识论进行探析，尝试分析二者分歧的合理性。

（一）"先王之道"的权威性

1. 是理是物

在《四书章句集注》中，朱子针对孔孟之书所提到的"先王之道"分别进行了分析论述。对于前文所引《论语》"先王之道斯为美"章，朱子这样解读：

> 礼者，天理之节文，人事之仪则也。和者，从容不迫之意。盖礼之为体虽严，然皆出于自然之理，故其为用，必从容而不迫，乃为可贵。先王之道此其所以为美，而小事大事无不由之也。②

朱熹将孔子话语的初衷归到"自然之理"上，认为先王之道之所以为美，是因为大事小事天下事均出于自然之理，而由"理"化作"用"之层面，即"礼"，从容不迫地将"礼"发挥表现以至于用，则为可贵之"和"，先王之道由此而美。可见朱子将"先王之道"在《论语》中的意涵归到了"理"的讨论上。

---

① 〔日〕丸山真男：《日本政治思想史研究》，第49页。
② 朱熹：《四书章句集注》，中华书局，1983，第51页。

对此，以古文辞学见长的荻生徂徕无法认同。徂徕批判朱子学思维方式是企图以"一理"贯穿所有事物，"一理以言之，天地人物皆尔，浮屠法身遍一切之见耳"①，无异于浮屠法身之说。徂徕认为"先王之道"非"理"之讨论，而是具体、实在、个别的"物"的讨论：

> 盖先王之教，以物不以理。教以物者，必有事焉焉。教以理者，言语详焉。物者众理所聚也，而必从事焉者久之，乃心实知之，何假言也。言所尽者，仅仅乎理之一端耳。且身不从事焉，而能了然于立谈，岂能深知之哉。②

荻生徂徕也谈格物，但拒绝朱子的"格物穷理"，认为宋儒学说"理无形，故无备"③，先王之道，教之以物不以理，如此才"心实知之"。又：

> 先王之道，先王所造也，非天地自然之道也。盖先王以聪明睿知之德，受天命，王天下，其心一以安天下为务，是以尽其心力。极其知巧，作为是道。使天下后世之人由是而行之，岂天地自然有之哉！④

此处徂徕搬出一个关键问题：先王之道生于何？

2. 权威的来源

在朱子看来，先王之道源于自然之理。徂徕直接进行否定，以王"受天命"为源起，说明先王之道即先王所造，其作为即是道，是天下后世之人的行为范本，无关乎天地自然。徂徕进一步突出天命的意义：

> 先王之道，安天下之道也。其道虽多端，要归于安天下焉。其本在敬天命，天命我为天子、为诸侯、为大夫，则有臣民在焉；为士则有宗族妻子在焉，皆待我而后安者也。且士大夫皆与其君共天职者也。⑤

---

① 〔日〕荻生徂徕：《辨道》，《大日本思想全集》第七卷《荻生徂徕集》，先进社版，1931，第46页。
② 〔日〕荻生徂徕：《辨道》，第35~36页。
③ 〔日〕荻生徂徕：《辨道》，第38页。
④ 〔日〕荻生徂徕：《辨道》，第15页。
⑤ 〔日〕荻生徂徕：《辨道》，第20页。此处张崑将《日本德川时代古学派王道政治论》第91页征引有误，荻生徂徕原文为"且士大夫"而非"且也士大夫"。

二者解"先王之道"的出发点均在于给予"先王之道"权威性，有了权威性，才能对国家政治有决定性影响。那么权威性是谁赋予？于此，二者认识论层面上迥异。朱子首先认定礼为天理之节文，进而将先王之道的用与本质都指向理。由于宋代理学之"理"具有统领性，例如"理一分殊"观念由程子发展到朱子，使"理"更加具有绝对的思想统领性的地位；再如"格物穷理"，朱子也谈物，但通常以格物思想来深入之"理"，又将理之本体归为"太极"，将理与形而上的天地自然之道沟通，万事万物统体一太极，赋予"理"权威。而回归三代之治复先王之道作为一种政治理想，是政治思维中的"理"，特别是站在宋代思想大环境中，这种解读符合所处时代的科学性与规范性。

而以荻生徂徕为代表的古学派出发点在于一种纯粹的"复古"，徂徕对"先王之道"的解读，也是要赋予其权威性，这种权威性依附于实在的历史发生。徂徕对先王之道的认识层面更近于事实的合理解读，徂徕提出"先王之道"的权威性源于"天命"，将"敬天命"作为先王之道的"本"，还是有一个先在意识的基础。但这种天命的关键又体现在实命自觉，"一心安天下之务"是先王所受天命，而其尽其心力而为则是实际生命的自觉表现，这种观念也反映出当时日本思想界人间主体性的关怀。

（二）道德与事功：致用的困境

儒家讲"经世致用"，在朱子看来格物致知正心诚意以至利天下，是一环一环符合天理的递进。其坚持理一分殊的观念，认为一家一国之纲纪，虽分为殊，其理本一。黄宗羲在《宋元学案》中记载：

> 朱子言"余之始学，亦务为笼统宏阔之言，好同而恶异，喜大而耻于小"。而李延平之言曰："吾儒之学，所以异于异端者，理一而分殊也。理不患其不一，所难者分殊耳。"余心疑而不服，以为天下之理，一而已，何为多事若是！同安官余，以李延平之言反复思之，始知其不我欺矣。

荻生徂徕对"道"与"德"之"殊"非常重视，认为不具同一性的道与德，很难致用到政治的有利层面。进而批判朱子学将所有事归于"理一"来解释是荒谬的。

1. 仁心与安民

《孟子·离娄上》曰：

> 孟子曰："离娄之明，公输子之巧，不以规矩，不能成方员；师旷之聪，不以六律，不能正五音；尧舜之道，不以仁政，不能平治天下。今有仁心仁闻，而民不被其泽，不可法于后世者，不行先王之道也。……"

孟子于此段指出徒有仁心仁闻而民不被其泽，先王之道则是未推行的空谈。对于此段，朱子在《孟子集注》中解读曰：

> 仁心，爱人之心也。仁闻者，有爱人之声闻于人也。先王之道，仁政是也。范氏曰："齐宣王不忍一牛之死，以羊易之，可谓有仁心。梁武帝终日一食蔬素，宗庙以麪为牺牲，断死刑必为之涕泣，天下知其慈仁，可谓有仁闻。然而宣王之时，齐国不治，武帝之末，江南大乱。其故何哉，有仁心仁闻而不行先王之道故也。"①

在这段解读中，朱子直接将先王之道定义为"仁政"。并举证齐宣王不治其国之例，说明先王之道即仁政对国家治理的重要性。朱子区分仁心仁政，是仁心与仁政有着内圣外王分别。

朱子一生多次参与政治事务。以朱子于南宋孝宗朝所奏的三篇封事为例②，其内容多是对南宋政治与社会民生问题所提建议，是体现朱子政治理念的重要文献，其中的理学思想虽多与政治活动直接联系。③ 但归根结底是劝孝宗能够"正君心"，做到孟子所讲的"格君心之非"。荻生徂徕认为朱子学强调"心"运用到政治上即由"正心诚意"到"正君心"，都是在强

---

① 朱熹：《四书章句集注》，第 275 页。
② 指《壬午应诏封事》（1162）、《庚子应诏封事》（1180）以及《戊申封事》（1188）三篇封事。封事内容见朱杰人、严佐之、刘永翔主编《朱子全书》第 20 册《晦庵先生朱文公文集》，上海古籍出版社、安徽教育出版社，2002，第 569、580、589 页。本文所引三封事文本，《壬午应诏封事》见于第 569~580 页；《庚子应诏封事》见于 580~588 页；《戊申封事》见于 589~614 页。
③ 朱子封事的具体分析，参拙文《宋孝宗时期朱子三封事发微》，《朱子学刊》第 26 辑，第 134~151 页。

调主观动机,而重点不在有无"安民"的客观效果上。①

如此,仁心与安民是两个层面的问题。"先王之道"固不能初心不正,但荻生徂徕关心的"先王之道",是具体的效果层面,即是否有治国安民的效果达成。

2. 道德与政治的联系与分叉

朱子的政治理念很注重个人道德于政治上的身体力行,其自己一生也一直努力践行。在其一生与朝廷的来往中,主张《大学》的三纲八目,"修身齐家治国平天下"。运用格物致知、正心诚意的理学解读,规劝人君能够首先在进行政治活动时做到"正心诚意"。如此,朱子学视域内的个人道德修养工夫与政治活动是连续的、统一的,寄希望于君主能够实现这种连续统一。宋代士大夫拥有着得君行道的心愿,这种愿望的背景是导致徂徕学与朱子学分歧的重要背景,即社会制度——科举制的有无。

日本江户时代是世袭身份制的社会,只有武士才能成为统治阶级,官职大小亦受父荫所庇,全与道德无关。荻生徂徕的事功心理是为国家治理做实事,必不会认为个人修养道德能直接带来国家政治和经济的成功,但这也不能说明徂徕把道德和政治完全对立二分。荻生徂徕看来:

> 德者得也。谓人各有所得于道也。……德亦人人殊焉,夫道大矣。自非圣人,安能身合于道之大乎?故先王立德之名,而使学者各以其性所近。②

徂徕认为,"德"不具有同一性。先王圣人并不是朱子理学的体现者,而是政治社会制度的制作者,是超越普通人的。"人人皆可得为圣人"在徂徕看来是不现实的。与此类似,每个人的德行迥异,各有所"道"。徂徕认为,"道"是人在世所实行之道,是人在社会生活中必须遵守的规则。"先王之道"亦不仅是道德性层面上的"仁政",而是一种更广义上的道:

> 道者统名也,以有所由言之,盖古先圣王所立焉,使天下后世之人由此以行,而已亦由此以行也。辟诸人由道路以行,故谓之道。自

---

① 王青:《日本近世儒学家荻生徂徕研究》,第61页。
② 〔日〕荻生徂徕:《辨名上篇·德》,《荻生徂徕集》,第66页。

孝悌仁义以至于礼乐刑政，合以名之，故曰统名也。先王圣人也，故或谓之先王之道，或谓之圣人之道，凡为君子者务由焉，故亦谓之君子之道。孔子之所传，儒者守焉，故谓之孔子之道，亦谓之儒者之道，其实一也。①

虽然先王之道可与圣人之道等互通，但徂徕参考了《中庸》第二十八章"吾说夏礼，杞不足征也；吾学殷礼，有宋存焉；吾学周礼，今用之，吾从周"的意思②，以夏商周先王之道的不同为例，说明历代皆有符合其时代的王道，与德一样，在实际表现上并不具备同一性。

如此，徂徕学所言及的"道德"不具有同一性，可指向大事小事，方方面面，确实未必直接与政治关联。由于朱子与徂徕对于处理道德与政治关系上的视角与方法均有差异，各自在理解上亦存在合理性。

丸山真男指出，徂徕虽然举了一些个人道德和政治非连续的明显例证，但他又把道德看作是政治的手段。作为君主要重视个人修养，但"不可推及修身以为治民之道"，"然则为人君者，纵被讥之为不合道理之人，然安民，思以行事，具此心之人实天下之父母也"③。徂徕的观念是，治国安民作为政治目的的先行，可以不合道理。丸山真男引用了马基雅维利《君主论》中的一段话来呼应徂徕的观念，可作为道德与政治之间矛盾的很好总结：

> 我知道每一个人都同意：君主如果表现出上述那些被认为是善的优良的品质，就是值得褒扬的。但是，由于人类的条件不允许这样，君主既不能全部具有这些优良的品质，也不能完全地保持它们，因此君主必须有足够的明智远见，知道怎样避免使自己亡国的恶行，并且如果可能的话，还要保留那些不会使自己亡国的恶行。但是，如果不可能的话，他可以毫不踌躇地听之任之。④

---

① 〔日〕荻生徂徕：《辨名上篇·道》，《荻生徂徕集》，第55~56页。
② 〔日〕子安宣邦：《徂徠學講義：『弁名』を読む》，岩波书店，2008，第43页。
③ 〔日〕荻生徂徕：《太平策》，《日本经济大典》第九，别见〔日〕丸山真男《日本政治思想史研究》，第53页。
④ 弗勒尔克编《马基雅维利全集》第三卷，第68页。多贺善彦译《君主论》（日文版），第131页。

三　归复与展望：先王之道的现世可能

使道德与政治能够产生积极关联的要素是什么？如何使先王之道可以落到实处？接下来结合具体历史环境，进行对二者复先王之道的方法论进行比较。

（一）荻生徂徕的政治事功之"仁"

1. 安天下之心与功：先王之道的施行

荻生徂徕对"仁"的强调，虽不像朱子那样分为内圣内求的仁心工夫论和仁政的外王两面，但与朱子相似的是，很强调"仁"在政治上的实施。在徂徕看来，"先王之道"的施行才能真正落实"仁"。他提出：

> 夫有安天下之心而又有安天下之功，谓之仁，管仲是也。有安天下之心，而无安天下之功，不得谓之仁。有安天下之功而无安天下之心，莫有此事焉。如三子者（微子、比干、箕子），有安天下之心而无安天下之功，虽无安天下之功，然使纣从其言，则亦足以安天下，故谓之仁。①

"安天下之心"与"安天下之功"是行先王之道的两种办法，与其说"仁"是"安天下之功"的标准，不如将"安天下之心"和"安天下之功"当作"行仁政"的方法。徂徕将"仁"定位在事功层面上，把孔子学问中的伦理道德特征，发挥运用在政治事功意义上，由此巩固其王道思想，为当时日本社会寻求最需要最合理的政治秩序范本。这种政治秩序须有制度性的规范，徂徕在《辨名·学》第一则中批判朱子和伊藤仁斋：

> 是二先生，皆不务学圣人之道，而务学圣人者耳。故欲效法圣贤所言所行以悟圣贤之心。辟诸大匠授人规矩，而其人不遵其规矩以学之，乃欲效法大匠之所为，以悟其用斤之妙，则其不伤手创鼻者几希

---

① 〔日〕荻生徂徕：《论语微》壬卷，关仪一郎编《日本名家四书注释全书》论语部，东洋图书刊行会，1922~1926，第333页。

矣。岂不谬乎!

徂徕重"规矩"而轻"悟圣贤之心"的王道政治思想,被张崑将定义为具体规范型的"制度性的王道"(Institutional Kingcraft)。[①] 这种思想未免具有片面性,且在仁心仁政的辨析上,徂徕直截了断认为"宋儒求仁于心,故其说至管仲而穷矣",此言显然忽视了朱子对于"先王之道"在落实"行仁政"上的强调。

2. 于人为长,安民之德

"圣人之道"非自然,而是圣人"建立""制造"出来的具体的历史形成物。徂徕批判仁斋因《中庸》有"天下之达道有五"就将"道"理解为"仁义礼智信"五常,殊不知这五种道可适用于天子到庶民,属于"先王之道"中但却不能囊括"先王之道"。他认为仁斋对古典不能做出正确解读,与宋儒实属五十步笑百步。徂徕认为"道"是圣人为了"治国平天下"而建立的外在实体,这种道是"经世济民"的政治之道。朱子学最终的实践目的也是《大学》三纲八目所示"平天下"的实现。但在媒介理解上与朱子不同,徂徕切断了道德与政治的自然连续性,强烈否定通过道德问题化解政治问题,甚至认为这种做法是佛老之学的传承。不论个人道德的自我完善怎样积累,也不会形成整体的秩序。原因在于不论如何修身养心,修行成就如无瑕美玉,若无关爱下位人之心,不知治国之道,则于事毫无益处。

由此,徂徕对"仁"的解说也与以往儒家学说不同。徂徕将"仁"看作一个政治概念加以解释,即"于人为长,安民之德"。不同于历来的"不忍人之心""恻隐之心"等解释,徂徕将儒教从"心性之学""德行之学"提升到"经世济民之学"的高度。

徂徕既将圣人规定为"道"的创造者,圣人在徂徕学中有着绝对的权威。不同于其他儒者,徂徕认为人的气质不会发生变化,反驳了宋儒的"复初之说"。同理,既然生之非圣人,那么人不论怎么学习也无法成为圣人,故朱子学术中通过读书法达到自然习得圣人之心的说法更使徂徕难以容忍。《辨道》中说:

[①] 张崑将:《日本德川时代古学派之王道政治论:以伊藤仁斋、荻生徂徕为中心》,第95页。

先王聪明睿智之德，秉承天性，非凡人所能及。故而，古来无学而成为圣人之说。

这种赋予圣人绝对权威，使之与普通人隔绝，很可能会让人们放弃"学而至圣"的道德努力。不过徂徕的真意是，如果要求大家都成为圣人，反而是强迫凡人所不能，使天下之人断绝向善之心。只要每个人遵循圣人之教，顺应自己的个性形成自己的"德"就足矣，成不了圣人也能成为人才。而各式各样的人才辈出，社会就可以顺利运转。徂徕的这种政治思维否定了整齐划一的人的存在状态，尊重人的多样性，充分发挥各种人的独特作用，这对后来日本社会的个体与整体发展也有一定的思想影响。

徂徕对人心自我控制能力持不认同态度。朱子讲"居敬穷理"，徂徕则对"居敬""穷理"分别抨击，是为心法的否定。徂徕犀利地认为，只要学习朱子学，就会急于严格设立是非正邪的区别标准，并用来批评别人，变得"人品丑恶"。他进一步举证山崎闇斋和浅见絅斋两位朱子学者的人品，批评当时因治学严格而广为世人所知的崎门派严格主义学问。在《学则·七》中指责：

学宁为诸子百家曲艺之士，也不愿做道学先生。

这句话充分表达了徂徕学的性格，但这种尖锐的批判也让人不禁怀疑，学过朱子学的徂徕，是不是已经将严格设立是非正邪的标准潜移默化，不知不觉地化用在其学问论争之中。

（二）先王之道方法论

1. 小、大之辨

先王之道有很多方面，人的性质也有很多种。"君子"与"小人"之间不是以道德水准为判断依据，尽管徂徕说"君子从大体，小人从小体"，此语中的"大小"则是从是否参与"治国安天下"的政治行为来划分其社会角色。

徂徕这样讲"仁政"：

有称仁政而曰仁者，如曰知及之，仁能守之。……问政者，一邑之教也，皆其人为宰而问今日所行焉。问仁者，一国之教也，皆为其它日或得为一国之政而预问也。如孔子之告颜子子张，直以天下言之，可以见已。行仁政，以修身为本。身苟不修，虽行仁政，民不从之。……且先王之道，本为安民立之。故其言修身者，亦皆以为行仁之本已，岂徒成己哉！后儒狃闻庄周内圣外王之说，而谓天下国家举而措之，是以其解仁，或以天理，或以爱，专归重于内，而止于成己，岂不悲哉！①

"一邑之教"和"一国之教"分别属"问政者"和"问仁者"，所指的功能性不同，"仁"较之"政"在此处更是国家命脉的基本，至于邑之政事则是具体的行仁政表现。徂徕一方面强调修身对行仁政的作用，一方面抨击后儒的"内圣外王"皆止于成己。事实上，徂徕没有明说，他其实认同成己的作用，毕竟行仁政之本就在修身，而修身首先得是修己身，而非他身。他强调的是"无安民之心，亦小人之归"，一个人如只致力于个人道德品质的修养，只关心一己温饱，没有为"治国安民"做出实际贡献，那么这个人不能算"君子"，而是一个不折不扣的小人。②

2. 弃亲救亲：案例与伦理

徂徕在《太平策》中有"人情不变"说，是指人趋利避害的本质在原则上不变，但在具体的形式和程度上可有所变化。先王之道顺应是否人情，在朱子和荻生徂徕各自所处的社会环境表现不同。荻生徂徕认为"道本人情"，他在《政谈》中记载了这样一则弃母案：

川越城中有一个农民，他因失去了田地房屋而无法生活下去，就先把妻子休掉，然后自己剃发为僧，取名道入，携带寡母出门乞讨。母亲生病了，这个农民就将其母放在大路边，自己来到江户城。后来，当地人向那位母亲打听情况并把老人送回川越去了。这就是"道入弃亲"事件。针对这件事，武官美浓守吩咐身边儒者："弃亲应当如何量刑？请参考中国和日本的先例提出方案来。"那时我刚到美浓守府上，是新手。当时其他儒者的意见都认为弃亲之刑未见明律中有规定，古

---

① 〔日〕荻生徂徕：《辨名上篇·仁》，《荻生徂徕集》，第78~79页。
② 王青：《日本近世儒学家荻生徂徕研究》，第62页。

今书籍中也无记载。此人之举毕竟是非人所为，他携母乞讨以至于病倒，这种情况很难称之为弃亲。他在四五天前已经休妻，哪怕是乞讨为生也要与母亲相伴而行，作为一个非人，这种举动已属罕见的孝行。如果是他与妻子住在家中而把母亲丢弃到别处，这才是弃亲，此人并无弃母之心，所以这很难算是弃亲。但是，美浓守不同意儒者们的上述意见，说："无论是什么人，弃亲总归是不忍之事。我要将此事呈报将军，听取上面的意见。"

那时候，将军信奉朱子学，以理学的道理专门关注人心、动机这类问题。美浓守信禅，平日不太信仰儒家的道理。此时，我申述道："天下皆有饥馑，其他人的领地内同样也会有灾情，但是其他藩国并没出现过弃亲之事。所以，如果我们把这件事定为弃亲罪，那么，无论对道入此人量以何刑，都会成为其他藩国的范例。依我之见，道入离乡出走，首先是他原籍的代官和郡奉行有责任，往上推是家臣之长的责任，再往上还应有进一步的责任人。道入本人的责任该是很轻的。"我当时的职位虽然很靠后，但美浓守闻听此言，觉得这才是高见，于是下令发给道入每天五合玄米让他用来侍奉母亲，并安排他返回家乡。我得到美浓守的认可。①

徂徕认为道入弃母是生活所迫，出现此种事件是统治者在政治上的失败，而不应该单纯从道入的内心道德动机去判罪。据此，很多日本思想史研究者认为徂徕是一个批判朱子学的道德主义的功利主义者，并认为这种功利主义对日本的近代化起到了推动作用。在这个例子中，徂徕通过自己的言说帮助武官做决定，将行仁政落到实处。徂徕认为"恶"不是绝对的，终究要被纳入先王之道的体系里，在先王之道体系中得到纠正和改善，达到趋于"善"的状态。以此，徂徕认为朱子学的特征便有道德禁欲主义色彩。

相对于"弃亲"，朱子却提到过"救亲"。在《朱子语类》卷五十九中，子蒙录了这样一段朱子论说《孟子·告子上》中"理义之悦我心"章的一段话：

---

① 〔日〕荻生徂徕：《政谈》，龚颖译，中央编译出版社，2004，第33~34页。由于原文为古日文，此处征引中译本。

> 人之一身,如目之于色,耳之于声,口之于味,莫不皆同,于心岂无所同。心之所同然者,理也,义也。且如人之为事,自家处之当于义,人莫不以为然,无有不道好者。如子之于父,臣之于君,其分至尊无加于此。人皆知君父之当事,我能尽忠尽孝,天下莫不以为当然,此心之所同也。今人割股救亲,其事虽不中节,其心发之甚善,人皆以为美。又如临难赴死,其心本于爱君,人莫不悦之,而皆以为不易。且如今处一件事苟当于理,则此心必安,人亦以为当然。如此,则其心悦乎,不悦乎?悦于心,必矣。先生曰:"诸友而今听某这说话,可仔细去思量看。认得某这话,可以推得孟子意思。"

儒家讲求仁义忠孝,朱子将尽忠尽孝的心定位为"天下莫不以为当然,此心所同"。今人"割股救亲"则是"心发之甚善"的表现。这种表现的背后则是"当于理",朱子指出,如果一件事当于理,那么"此心必安"。尽忠尽孝都是心安之事,当于理之事。如果朱子面对弃亲案,或会从心安理得的角度出发指明弃亲者心不安,是不孝之举。

如此,在处理事件的思路上,荻生徂徕从事件现实外因去理解未达到"善"状态的行为,而朱子则是由内心是否合乎理、是否心安的内因角度去看待。徂徕认为既然先王之道能够通过"仁"去理解人情人性,虽没有对自身主体像朱子那样严格内求,但其实是在抛却自己的主体性[1],无条件把自己置身于政治术的先王之道体系中,让自己与先王之道达到高度一致。

3. 研读经典

荻生徂徕为代表的日本古学派认为,中国的六经记载了"先王之道",所以学习"先王之道"的方法是直接钻研六经,而要正确地理解六经,必须通晓汉语古文辞,弄清楚"先王"施政时的种种事实。这也是徂徕的"古文辞学"。

荻生徂徕被现代日本学者看作"日本的戴震",认为徂徕与戴震高度重视六书动态的相互关系,隐含了文字学、音韵学、训诂学的内在交互关系,以一种历史性动态性的视野,去捕捉文字中六书的互相关系,所蕴含的是广义的史学意识。[2] 虽然朱子对为学者研读经典的强调不比徂徕弱,但所蕴

---

[1] 王青:《日本近世儒学家荻生徂徕研究》,第63页。
[2] 林少阳:《"文"与日本学术思想:汉字圈1700~1990》,中央编译出版社,2012,第96~97页。

含的意识层面则是教导为学者从经典中体现的圣人话语里体知到圣人之心，即字字句句上穷理，而掌握圣贤工夫。在《朱子语类》第 14 卷"《大学》纲领语类"中，弟子廖谦于甲寅年（1194）记录朱子之语云：

> 先看《大学》，次《语》《孟》，次《中庸》。果然下工夫，句句字字，涵泳切己，看得透彻，一生受用不尽。只怕人不下工夫，虽多读古人书，无益。书只是明得道理，却要人做出书中所说圣贤工夫来。若果看此数书，他书可一见而决矣。①

此段话是朱子晚年所言，已是其四书学体系基本定型的时期。由于是针对《大学》纲领而谈，朱子首先明确了学者要先看《大学》，进而说明了《四书》的读书次第，并表达依照此次序切磋琢磨以后的作用是"一生受用不尽"。朱子此处对古人书也定了性：是"明得道理"，而对读者的要求则是做出书中所说的"圣贤工夫"。

再如《四书或问》卷一，朱子曾言：

> 程子所以先是书（《大学》）而后《论》《孟》，盖以其难易缓急言之，而非以圣人之言为有优劣也。至于《中庸》，则又圣门传授极致之言，尤非后学之所易得而闻者。故程子之教未遽及之。岂不又以为《论》《孟》既通，然后可以及此乎！盖不先乎《大学》，无以提挈纲领而尽论孟之精微；不参之《论》《孟》，无以融贯会通而极中庸之归趣。然不会其极于《中庸》，则又何以建立大本？经纶大经，而读天下之书、论天下之事哉！以是观之，则务讲学者固不可不急于《四书》，而读《四书》者又不可不先于《大学》，亦已明矣。②

朱子亦注重经典之间的交互关系，但主要是在次序、难易上面的强调。"盖以其难易缓急言之，而非以圣人之言为有优劣也"这句话甚有意味，不管《四书》还是《五经》，都是圣人之言，并无水平优劣高低之分，因圣人之心殊途同归，指向"道"。朱子所尊崇的"道学"，是承续了宋学与政治

---

① 黎靖德编，王星贤点校《朱子语类》卷 14，中华书局，1986，第 249 页。
② 朱熹：《四书或问》，上海古籍出版社、安徽教育出版社，2001，第 11 页。

方面结合而来的"道理最大"的宋代士大夫信仰。宋代理学之"义理",亦是探求事物的根本道理,而这道理就藏在"圣人之心"中。故圣人之心之所以值得学者去追寻,是因为此心通晓"道理"。学者读《四书》的目的,是体悟到"圣人之心",而非单纯拘泥于文字。

在徂徕看来,为学之道以信圣人为先这个初衷与朱子无异。但他批判朱子学的不拘泥于文字是不懂古文辞义,用当时的辞义去解释经典,牵强附会,杜撰出"先王"、孔子所没有的,不符合"先王之道"的性理学。

吴震曾做文章指出荻生徂徕以古文辞学作为其儒家经典诠释的重要方法论。吴震认为,徂徕用"以古言征古义"来反对"以今言视古言"之际,"古言"不免被绝对化,这就有可能走向"以古言视今言"的另一极端,其结果必将造成对古今文化的历史性连续的切割,从而使其思想蒙上了非历史性的色彩。① 但荻生徂徕本意绝非要切割文化的历史性连续,他对人间主体性,也即主体人格的观念,或导致他走向了标新立异的"反动"。

4. "礼"之论争与反徂徕学

徂徕说"礼乐",是配合"先王之道"的施行、与社会整体秩序相关的宽泛概念。徂徕学派代表人物太宰春台则基于这种观点上,更强调"礼"控制个人内心的功能。对徂徕而言,"礼"将人性解放为最自然的形态,而对春台而言,"礼"则将人性限制在了某种形态。这一放一收的相悖观点,体现了徂徕学内部的差异。

对于《圣学问答》,春台发出了更具挑衅性的议论。反讽外面具有君子容仪的就是君子,都不问其内心如何。那么圣人之教义以衣服为最先,不论其内心,先使其穿着君子衣服,学习君子容仪,再教会其君子言语,由此便渐渐成就君子之德行。故德并非别物,只需衣服、容仪和语言即可。如此言论,使得徂徕学潜藏的问题浮出水面并尖锐化,引来了反徂徕学的弄潮儿。

反徂徕学的批判思想由太宰春台的影响而来,并且进一步论说四起。最终回论到"心"与"礼"的问题,并且对春台的思想进行反思。如高濑学山(1667~1749)认为:

---

① 吴震:《德川儒者荻生徂徕的经典诠释方法论初探》,《中山大学学报》(社会科学版) 2014年3期。

时代之礼不同，各国之礼各异，坐立有别。葬埋之礼，天竺、震旦之所以不同，是因为土地风俗变化之故。但彰显我恭敬心态相同。故当知礼义出于自心。

《非圣学问答》

站回朱子学立场的学山，将脉络贯穿于作为形之礼义和支配它的内心之间，认为礼义根本就应在我们内心寻求。松宫观山也基于学山的观点对徂徕及春台进行批判，认为圣门之学在"心"与"物"的紧张关系的基础上成立。这些基于对徂徕思想的抨击学说与朱子礼学思想殊途同归。

四 复归之路：主体人格的定位

朱子学具有共同社会的思维方式。在日本德川社会封建制度理念正当化的社会气质下，朱子学占据着社会政治思维方式的代表性地位。五伦这种封建社会的根本规范同视为实体自然（人的先天本性和宇宙秩序）的朱子学结构，清楚地表现了德川封建秩序观并为其赋予理论意义，这也是朱子学形而上的深层根柢。

丸山真男指出，以程朱理学为代表的以自然秩序理念为实定的秩序提供基础，是与该秩序的勃兴时期乃至安定时期相对应的；而用主体性人格为实定的秩序赋予基础，则是要与该秩序的动摇时期乃至危机时期相对应的。[1] 徂徕生活在一个解构、腐蚀封建社会毒素急剧疯长的时代里，他付诸全部思索致力于排除这种毒素，但毒素成长、时代更迭，是历史的必然。所以注定了荻生徂徕是一位应运而生的"反动"的思想家。[2]

而中国宋代，社会虽然面临抗金的威胁，军事方面有忧患，但宋代理学昌盛时期，毕竟是宋代政治秩序相对勃兴或安定的时期，社会经济、科技、制造业、文化艺术等等都安然地发展蓬勃，理学的兴盛也是一种历史必然。特别是科举制时代，理学家士大夫得君行道的理想是由内而外的伸展愿望，而不是要致力去解构一个封建时代要去面临的思维方式，所以宋儒对"先王之道"的理念自然站在一种由内而外的向度，把自然秩序思想

---

[1] 〔日〕丸山真男：《日本政治思想史研究》，第186页。
[2] 〔日〕丸山真男：《日本政治思想史研究》，第180页。

彻底化，所以理学思想对于人格的优位性就异常坚固。

而从荻生徂徕的使命，是要从圣人观念中清除所有形上学理念性的立论，并且使之现实化。所以荻生徂徕坚决拒绝以朱子学为代表的宋代理学以"理"去推测先王之道，认为这种以理推测圣人的方式是对圣人的亵渎。他认为"循先王之道，谓之正；不循先王之道，谓之邪"，否定了先验性的正邪观念。① 徂徕把"天命"作为"先王之道"权威性的赋予，在自然秩序思想转换中，神所从事的任务则是徂徕学中"圣人"所扮演的角色。而徂徕视角中的先王之道与圣人之道、孔子之道又合通为一，则"先王之道"的权威性便在于"受天命"，"先王"从事神所从事的任务。为把对于秩序的主体性赋予人，而人又以内在于秩序、以秩序为前提，所以必须把自由于一切价值判断的人格、他的现实存在本身来作为终极的依据。丸山真男认为这就是徂徕学说里，最初人格被绝对化。圣人的位置，被类推为德川将军，它首先即表现为这样一种政治绝对主义，徂徕在《政谈》中举例日本国中，如不能完全符合将军意旨，在幕府政治中就会有不便，世界万民全寄托在将军身上等诸如此类。徂徕政治理念的"封建性"，不是内在于自身价值，只是作为偶然地由当前政治统治者的意图和尽心制作出来的结果所呈现的封建性。这样一来，一旦时代发生变化，新的统治者就会以同样的方式基于自己的意图，改变被统治的结构。而徂徕的初衷又是为了克服封建社会的危机，所以历史巨轮中"不可制御的魔鬼"②，还会在他之后继续推进。

跳出朱子与荻生徂徕的时代背景，"先王之道"首先是人为（圣人）制作的，还是首先应当服从于自然秩序（天理），从中国晚清的情况和效果来看，前者为改制打下理论基础，而后者表现为因循守旧，公羊家纷纷要改制变法。但从理学看来，如果现实政治不合天理，那么理学也要改制。相反，先王之道也必须服从于一定的"天理"或事物变化之律，也不应墨守成规。这便是问题的复杂性所在。

结　语

先王之道，是孔孟以后的儒者政治理念中的重要范畴。复先王之道，

---

① 〔日〕丸山真男：《日本政治思想史研究》，第193页。
② 〔日〕丸山真男：《日本政治思想史研究》，第194页。

本旨上是儒者对理想政治的探求，目的是为所处时代提供政治理想国的理论可能。程朱理学虽然重视理对道德的主导引领，"理"是解决事物存在的合理性与活动功能的规范性问题，所以理学更重视人的行为规范结果。这也是理学与心学同宗孔孟，但侧重不同之处。但以理学为宗旨而影响的朱子政治理念，对"先王之道"把握趋向便是站在由内而外的向度，把自然秩序思想彻底化，坚固了人格的优位性地位。

以荻生徂徕为代表的古学派，把中国古代自尧帝到周公施政的社会看作是理想社会，主张复古。他认为"先王之道"是尧、舜、禹、汤、文、武、周公这七位圣人创造出来的，所以"先王之道"也是"孔子之道""圣人之道"。"先王之道"就是"安天下之道"。体现"先王之道"的是"物"，是礼乐刑政。为治国安民，政者本人的道德修养是根本，这种道德修养须出于安天下之心愿，所以道德与政治之间的沟通之环便是"仁"，"先王之道"即以仁为主展开。

朱子认为"理"是自然秩序的形而上法则，万物统体太极之理；徂徕认为"理"无形，因而没有准则，"天理人欲"之说更是荒谬。"先王"之教，以"物"不以"理"。徂徕主张顺天命，并且认为天和圣人之心不可真知，为了统治人民而祭祖、向鬼神问卜也是必需方式。这都是徂徕政治理念的"封建性"的体系，为批判朱子学对人格的定位，他将"先王之道"看作先王的意图和尽心制作出来的偶然结果。这样一来，复先王之道就意味着时代发生变化，新的统治者以同样的方式基于自己的意图，改变被统治的结构。徂徕的最终目的是站在所处时代环境，为了克服封建社会的危机而提出"反动"学说的思想家。徂徕学思想上的矛盾，反映了德川时代朱子学以至整个儒学思想体系开始分崩离析的状况。

徂徕学是日本儒学史上罕见的具有创造性的学术体系。荻生徂徕对朱子政治理念的批判及其先王之道思想，在日本政治思想史上具重大影响。古学派出现在日本封建思维方式开始让位于近代思维方式的历史转折时期，虽以古学为名，实际上却蕴藏着日本近代思想的萌芽。朱子学思路所处时代给理学的兴盛提供了历史舞台，但无疑却站在历史里给后世的日本古学派儒者以经验参考，亦给了所处时代不同的他们以自身视角进行合理批判的可能。

中国哲学知识论之疑难
——以"名实"关系为视角

姜李勤[*]

摘要 知识论自觉肇始于西方哲学，但知识论在中国传统之有无尚存悬疑。西方知识论与古希腊"始基"问题的探讨、语言命题的规范有必然联系，近代哲学发生认识主体自觉，构建知识论的线索变得更为清晰。中国文化缺乏基于语言本体的真理关怀，如道家明晰表达了反语言倾向。经官方儒学奠基后，道德实践原则的导向性远过构建知识系统之迫切，知识论颇为难产。

关键词 知识论 语言命题 反语言倾向 名实

一 浅述西方知识论传统

知识论是西方哲学的固有传统，希腊哲学已有肇端。如前苏格拉底的自然哲学家对"始基"问题的探索，已带有知识论的特质。如"气本说""水本说"等理念虽为奠基经验观念的朴素思维，却提出了整个哲学史最宏大与核心的问题——是什么。自然哲学在希腊时代尚缺乏实验精神与具体而微的技术手段，故此哲学层面的感性思维与简单抽象便成为哲学家驾驭自然的一般手段。受此限制，哲学议题便落脚在"世界是什么"这个整体化处理的思考模式内，由此必然延伸出"世界是一""存在是一"的朴素反

---

[*] 姜李勤，1978年生，男，内蒙古赤峰人，哲学博士，遵义医学院人文社会科学院副教授，主要从事中西比较哲学研究。

思。在"是"的维度下,思维的对象被限定为"一",无论思考的结论为"是"或"不是",都在此由语言设定的框架内完成。人类日常思维所面对的问题纷繁复杂,希腊哲学家的特质为纯粹的兴趣导向,而非如先秦诸子把问题意识统合在"务为治者也"①的政治诉求上。故此人为设定的议题难有明确的问题导向性,哲学普遍关注的发生只可根植于人类的思维方式本身,存在问题便如此在西方哲学传统内扎根。对"是"的认知与清晰的存在意识在爱利亚学派之后才奠定起来,"始基"问题虽然赋予"是"以思维整合的能力,但问题意识的随机发生并非受其限定,希腊哲学之活力便在于对直观与感性思维的尊重。由此诸多各式各样的琐碎知识便随机发生,《柏拉图对话集》诸篇中多有对"知识"的寻根溯源,知识的形态与范畴此时尚待明确,更乏知识论的系统观点。柏拉图虽在诸篇章中多有托物言志,但却赋予知识本身以完整的独立性和尊严,讨论知识的情景对知识并无任何干扰,知识的确定性来自人类思维普遍的共通特质。如《国家篇》中讨论的数学思维与《巴门尼德篇》中讨论的"是"与"一"的问题,皆为对人类思维通性的探索。苏格拉底的"灵魂助产术"亦在平等的对话机制中操作,知识的权威仅可发生在人类思维或语言的内在规定性上,而哲学家的任何洞见都需要在他人的独立认知中加以验证。知识便是对人类普遍认知的探索。希腊时代的知识观念尚须投射到具体的经验世界或理论命题上,人类思维的普遍机制要在观点或结论认同中方可显现,人类认知能力尚未由认知过程中抽离,而认识论的系统展开则尚乏时日。

希腊哲学对待知识的态度成为知识论长足发展的前提,而讨论机制作为知识产生的平台,必然要面对语言命题客观合理性的问题。感官世界的共通性源自生理机制,但感性材料无法在人际间传递,个体的经验世界务必通过语言才可能构成普遍知识,因此语言机制的合法性问题便凸显出来。巴门尼德在希腊自然哲学传统内捕捉到了语言的核心地位,开启了西方文化的语言中心主义。无论语言命题作为手段表达任何观点与主张,都应该符合人类思维的某些内在特质。"始基"作为时代议题,必有经验要素的参与,而不可能单独作为分析命题来处理。当时虽缺乏分析与综合等方法自觉,但人类直观的认知是由表象思维开启的,也就是建立在感官能力之上的。可以说对"世界是什么"之问题而言,表象思维即可发生认识,而表

---

① 司马迁:《史记·太史公自序》,中华书局,2006,第758页。

述观点则需介入语言机制。正是由于希腊人对知识的开放态度,表述观点的语言机制愈加繁荣起来,理性思维由此便渐具雏形。思想若以命题表述则涉及两个维度:

其一,命题与事实的符合;其二,命题自身的语言悖论。

"始基"问题的探讨依赖现象界的参与,虽有理论构型,但它还须感性经验加以检验。如"气本说""水本说",都尚未涉及语言悖论。语言悖论的自觉始自埃利亚学派,巴门尼德把握到人类思维的这种内在规定,其表现在语言命题中便是"是"与"不是"的辩证机制。人类思维依直观不能接受既"是"又"不是"的论点,而"是"作为思维的一般形态,即表达了人类知识的构建更多依赖肯定性的观点。理性传统的形式逻辑与辩证法皆由此开端,"既是气,又是水""既是气,又不是气"等判断,虽在经验观察层面尚有合理依据,但在人直观思维中却难以接受,此类判断表达在命题中便称之为语言悖论。对由诸多合理命题构成的知识体系而言,经验世界的因人而异与变动不居逐渐得以澄清,而语言机制提供的命题合法性渐而成为关注重心。符合语言自身机制便为命题成立的前提,亦可称为知识的基础,理性就此脱胎。

亚里士多德遵循巴门尼德开辟的语言主义的道路,将语言机制作为寻求知识确定性的途径,《工具论》诸篇与《形而上学》鲜明地将语言命题的内在解析与合理性问题作为思考的重心。实体观念、三段论、形式逻辑等这些最鲜明的亚里士多德的哲学特质皆在语言平台上运作,即便《物理学》《动物学》等篇虽然倚重经验观念的思想领域,其核心议题仍需以语言机制加以表述,如此之发现皆需构建在语言的可信赖性之上。亦可言感性经验务须与人之理性能力符合方可构成知识。感官经验以生理机能为手段,无须就其自身探究合理性,因为对人而言现象是被给予的。但以语言机制为载体的理性则由语言机能与思维发展两方面作用而成,思维作为人类在进化与群体生活中后天开辟之领域,其合理性务必要有去伪存真的反省。在巴门尼德以人类思维的自明性对命题中"是"与"不是"的问题进行规范后,亚里士多德进一步探究作为知识基础的命题合理性问题,属种定义法、三段论等皆为语言机制的探讨范围。实则命题合法性在亚氏的展开远不止如此。如对主词进行限定的观念,《解释篇》指出:

"非人"这一个用语不是一个名词。实际上并没有一个被公认的词，足以用来指称这一用语。因为它既不是一个句子，也不是一个否定命题。①

试取"菲罗的是"或"菲罗的不是"这些词组，这些词就它们现在的样子而言，既不形成一个正确命题，也不形成一个错误命题。②

"非人""菲罗的是"等语言单位根本无法构成合理命题，而在语言上却可以出现，即便不经感官或经验的验证，由这些语言单位构成的命题在理性机制内便得到否定，因其命题构成的知识是不合逻辑的。《工具论》与《形而上学》虽基于语言现象对命题加以琐碎与细致的检讨，但根本关怀不外乎知识合理性的诉求。柏拉图之"相论"对知识论奠基的作用虽不及亚里士多德明确，但"殊相"与"共相"之别亦是探讨可感世界之外的基于语言的"可知世界"何以可能的问题，而"可知世界"的真实性必然涉及语言合理性的问题。

知识论的视域在希腊时代便已奠定，中世纪的逻辑学研究不过为其绪余，而真正实现重大变革的则属于近代哲学的开启。笛卡尔所倚重的自明性知识实不过是对巴门尼德、亚里士多德损益语言命题的心理机能的反省，革命发生在哲学主体性自觉观念上。希腊哲学探讨的知识在笛卡尔看来，务必需要加注定语——我的知识。"我"的存在方是知识的可能，I think, so I am 或依拉丁文形态 Cogito ergo sum，Cogito 依拉丁文语法无须附加人称代词，如此更为切近于哲学意味。人类思维最直观的状态必然是单一要素的，前反思状态仅为 think，而 I think 则已受到语法规范之迁延，so I am 在理解中出现了巨大的误区，如汉译"故我在"就严重曲解原意，I am 的形式在西方语法中为命题表达的隐性前提，如"天是蓝的""地球是圆的"，在严格表述的要求下，当为"我看到天是蓝的""我认为地球是圆的"，当然"地球是圆的"在西方语言中并非分析命题，earth 并无"圆"之内涵。so I am 纯粹为认识论之反思，am 在此不过是对纷繁复杂的认知命题的概括，其前提正为 think，笛卡尔的哲学主体性完全构建在认知机能上，"故我在"则无法反映这一特质。认识论中主体性的觉醒，在知识论上则衍生了全新的议题，亦可言传统知识的最大疑难，即如何在语言的知识客观机制

---

① 亚里士多德：《范畴篇·解释篇》，上海三联书店，2011，第 64 页。
② 亚里士多德：《范畴篇·解释篇》，第 65 页。

上，进一步探究心理的语言主观机制，如何由人类心智为知识提供合理性。《人性论》《人类理解论》《人类理智新论》《人类知识起源论》等鸿篇巨制皆由人类的生理与心理机能探究知识可能性的问题，渐而分化为倚重感官机能的经验论与倚重语言天赋的理念论，在"天赋观念"的问题上的交锋中展开的。"观念"是语言机制的载体，"天赋"则是心理机制的依托，知识论的传统由希腊时代缺乏主体反省的语言机制发展为构建主体认识上的语言、心智与现象相符合的问题，此亦为近代哲学主客二元机制的内核。

"观念"在前康德时代是作为命题或心智的要素存在，知识的确定性主要还是主客观统一的验证手段，当时人们出于对主体性的诉求，务必在统一中寻求心理根源，故此需要"观念"的联结。认知主体并未独立为系统加以解读，康德在此进行了伟大实践，认识的复杂结构与运作过程以图式的方式加以阐述，知识完全由认识机能限定和设立，知识不过为主观知识。客观知识乃主观认知过程对经验素材的拣选与加工而已。康德对人类知识普遍原理的主观性解读，完成了对客观形而上学的摧毁、建立了主观形而上学的变革。人显得比世界更强大，而意志似乎比知识更真实。但知识论的传统实则并未断绝。胡塞尔孜孜不倦寻求逻辑的心理基础、哲学的科学性，使始自希腊哲学的理性中心论遭受质疑，深藏于语言机制自明性之下的心理因素被现象学放大，存在主义抓握住这条绳索，试图解除理性之求真论调对人性的捆绑，存在意味着重新回归。而英美哲学则回到了语言的对象化解读这条老路，不过其自然科学的参照系远非希腊时代可比，知识论在语言机制与科学理念的双重作用下继续进行合理性的探索。

在科学与哲学彼此助长下，当代西方知识论蔚为大观，科学发现的哲学解读成为知识论不可或缺的重要参照系。各种学说与理论系统琳琅满目，在科学理念受到普遍尊重的当下，关注西方之知识论领域，对于开拓国人学术视野与更新思维方式不无裨益。但西方知识论发展史可言为西方的理性思维所开辟的心路历程，而理性核心的内涵就在于人的认知能力之反省。中西方思维差异之大不言而喻，中国人精神世界的历程缺乏明晰的理性观念的主导，依认识论之反思描摹出中国式思维的结构与机理，在历史与当下皆显贫乏。知识论诉求之"真"的合法与权威，似也略显单薄。虽当代西方丰富的知识论学说不失为中国文化的参考价值，但精神世界的深度契合并无根基可言。

二　中国哲学知识论疑难

任何文明形态都以语言作为承载与传承的重要凭借，但它们赋予语言之职能却不尽相同。西方文明虽经历语言立场的多重转化，但语言在文明及个体精神世界中的核心地位从未动摇，即使在科学时代亦不能例外。东方文化却显然与此歧途，佛教所破之"名言""名相""名想"皆对语言而论，汉语承载之文化传统异彩纷呈，文学体裁的多样与多变恐其他文明无以企及，但此并非构成知识论的材料。具有真实性关怀的学说主要围绕"道"论与"理"论展开，道家学说鲜明地表达出反语言主义之立场，"道不可言"为其根本态度。此由老子开其端，渐而有庄子之"得鱼而忘筌，得意而忘言"[1]、王弼之"得象而忘言，得意而忘象"[2]，"意"只有突破语言之碍，方可切近于"道"，悟"道"并非主体认知的过程，而似直接去体验。当代西方新实在论的"直接呈现说"[3]与此貌似，即淡化认知过程的解读，而强调世界在心灵的直接显现，但 realism 一词明显地澄清了此间差别，新实在论所言之超越认知过程，所指在于外界事物而并非心灵描摹，即现象界直接作用于心灵成为"观念"，但此心灵之"观念"是认知的结点。"观念"依然在柏拉图之"相"论与古典哲学的视域内，心灵中的"观念"显然不能被道家所容。如"坐忘""玄冥""玄览"等神秘的体悟皆构建在泯灭主体思维的基调上。儒家虽与此有别，如孔子言"文以载道""言之无文，行而不远"，但伦理色彩与现实诉求无法兼容语言作为独立机制的真理关怀。"道"虽被赋予至高无上的权威，但"三代""先王"等史迹附加并无益于知识论的展开，"四心说""诚心说"等虽在人的认知机能上寻求依据，认识途径却是循规蹈矩，连认知结果都是既定的。"仁义礼智，非由外铄我也，我固有之也，弗思耳矣。"[4] 归根结底是对主张的认同而非质疑与反省。若"思"之结果为"非仁""非义"或根本与"四心"无关，则此认知必以非圣诬法而论。孟、荀在儒家皆可言善辩，但立论根基并未置于语言的自明性之上，在倡导人性之自然基础上，孟、荀多以"饮水""嗜

---

[1] 杨柳桥译注《庄子译注》，上海古籍出版社，2007，第466页。
[2] 楼宇烈：《王弼集校释》，中华书局，2012，609页。
[3] 黄颂杰等：《现代西方哲学辞典》，上海辞书出版社，2007，第151页。
[4] 杨伯峻译注《孟子译注》，中华书局，2008，第259页。

炙"等感官经验的一般性作为终极法则，但此一般性的成立实则颇可置疑。此至宋明理学方渐成气候，但"理"之威权亦与语言自明性无关，"天命""本然"直接给予"理"不容怀疑的地位。理学亦并未给出现象世界与精神空间的开阔视野，"事君有事君的理，事父有事父的理"，"理"不过是为儒家伦理学说附加的一个认证标签，知识的拓展与科学理念依然无萌蘖可能，世界照旧是伦理化的人性世界，经验观察所得依然是既成观念之辐射，"羊有跪乳之恩，鸦有反哺之意"，现象界便无自身之运作规律可言，而心灵也并无认知机能反省的空间。

老子之"道"并未清晰明了其意义所在，"侯王守之""圣人之治"使得"道"难脱世间诉求，道家后继之《文子》《鹖冠子》及黄老道家已明确将"道"泛化为"王道""治道"，唯《庄子》略显与诸子时代之主题有所偏离，《庄子》诸篇多有对名辩学派的关注与回应，并且在现实主张外，对语言机制进行了解读。但是对于名家者流对语言现象的客观观察与语言机能的运用，庄子大加贬摘，若言儒墨诸子"立是废非"的主张为"屈折人心"，则名家"胜人之口"直斥为"一蚊一虻之劳"，故而"合之以是非，以休乎天均"的心灵诉求与"不遣是非，以与世俗处"的现实法则使得庄子必然遁入排斥语言可信性的价值虚无论中。

上述为中国知识理念之一斑，欲在文化传统中寻求语言机制的自我破解，颇为困难。语言被过多地赋予现实主义的承载，政治与伦理主张也罢，纵情抒情也罢，语言皆以手段而呈现，其自身的系统机能则无暇回窥。先秦名辩为文化传统中难能可贵的灵光一现，在诸子以语言致力于完善与论证各自的现实关怀的气氛下，名家关注到剥离现实的语言来意指其自身的悖论问题。希腊哲学正是由巴门尼德完成了这一使命，随后由亚里士多德将语言命题之合理与不合理加以分化，确立了知识的必要与可能。但希腊哲学的语言关怀付诸的是探究真理的严谨态度，而名辩思潮玩味语言之余，因触动了"是是非非谓之是，非是是非谓之非"的政治威权而惹火上身，诸子皆对其口诛笔伐。"大一统"格局成形后，名家再无存在土壤。希腊哲学基于语言系统的反省与作为知识一般表达形态的命题的规范，完成了知识论的筑基。知识的发生与演进皆在语言框架内完成，个体直观与普遍经验，乃至科学实验等诸多文明成果皆以语言命题为达成表述与论证的平台。观点交流与批判思维基于命题合理性方有共享平台，并且由此方可实现知识的彼此启发与知识系统的积累。而中国文化中自诸子百家的互相挞伐、彼此侵凌到后来基于现实诉求的相互渗透之实用主义，客观合理的知识平台从未搭建起来，从先秦儒墨之争、儒法之争到白虎观、石渠阁乃至鹅湖之会，成果不外乎人为主导之默契与偏执己见之纷争，"简易工夫""发明本心"等方式根本无法突破认知机能中的个体差别，构筑公共知识平台的语言系统之自明性也从未提上日程。

三　名实之辩

探究中国文化有无知识论的形态，必要面对名实之辩的议题。宽泛而言，诸子时代的共同议题便有名学一科，如儒家之"正名"，法家之"循名督实"，道家之"道隐无名"，名辩之"乱名"等，相关理论之探讨正为中国哲学认知理论的草创时代。董仲舒等儒生完成名教理论的构型后，"合名实"便成为文化主题，直至理学家及实学等倡"知行合一"，实则皆在此议题内。由孟子言"仁之实，事亲是也；义之实，从兄是也"[①]至阳明所言"见父自然知孝，见兄自然知弟"[②]，良知良能始终囿于道德的实践诉求之内，由先秦儒学性命之辩、心性之别到宋明理学的"天理""良知"，认知机能的归宿殊途同归，皆是对儒家人伦规范的权威性加以论证与强化。如王阳明言："有孝亲之心，即有孝之理"，"有忠君之心，即有忠之理"，如此推导则可有"心之体，性也，性即理也"[③]之论。可知"心即理"与"性即理"之纷争不过是对共同归旨的差别解读。

名教传统形成后，名实之争框定在伦理规范的界限内，"名"即为概念分析之对象，如"君""父""仁""义"，亦为经验个体的指称，如"君君，臣臣"之类表述便可简单明了地表达诉求。先秦作为普遍关注的名实之辩在文化传统的演进中渐而淡化为"实"之理念，乃由"实"之现实功用日渐强化，而概念思辨色彩不为所重而致。在诸子话语中，相对"名"而言，"实"的概念解读与内涵扩充犹显淡泊。如"名者，实之宾也"（《列子·杨朱》），"所以谓，名也；所谓，实也"（《墨子·经说上》），"名者，名形者也"（《尹文子·大道上》），"名者，圣人之所以纪万物也"（《管子·心术上》），"名者，圣人之所以真物也"（《深察名号》），"名，

[①] 杨伯峻译注《孟子译注》，中华书局，2008，第183页。
[②] 王阳明：《传习录》，远方出版社，2007，第38页。
[③] 王阳明：《传习录》，远方出版社，2007，第146页。

公器也"(《庄子·天运》),等等,颇为繁复。可见诸子时代,"名"之概念在自然与人为,规范与认知等诸多领域尚待讨论。由先秦名学到两汉名教,"名"经历了由多元解读到人为确立的规范过程。从先秦名学的言而自明到汉代以降名教的不言而喻,"实"的概念却并未在内涵与外延等领域加以探讨。何故如此,套用弗雷格的观点——"实"不过充当指称职能,其含义并无讨论空间。[①] 由此迁延出中西方哲学巨大的分野——存有论的差异,对知识论而言,则导致认知解读完全分道扬镳。

基于汉语的"存有",顾名思义,完全扭曲和模糊了黑格尔、海德格尔等诸多哲学理念的差别,因古汉语并无系词,故"有""是""在"等现代汉语之系词用法,便勉为其难。"实"在诸子话语中不置可否而直接指称,可称其对象是给定或自明的。《说文》以"富"训"实",恐意指有别。由哲学层面分析,有如"秀而不实"之实体意味与"先名实者"之事功意味,"名实之辩"当倚重于事功,如此方有现实导向职能,如"循名实而定是非"。恰因"实"的施用是人为设定,故导致忽略自然状态与语言机制自身的内蕴,并因此导致对哲学之实体观念与存有论的简单处理。如后起发展起来的由"意之所在便是物"[②] 直接给出"实"的意象论。以及由掩盖了基于"实"的概念完全可能发生的本体论、知识论乃至存在主义等视角。

将"实"的概念投射到西方哲学传统,"有什么""是什么"的思考为整个哲学进程的导链,因为此观念完全为未知领域。经验个体的偶然性无法为"存有"提供依托,行为规范更加无法承载如此非人主使的客观必然命题,唯有基于主体认知方可作为理解"实"的可能凭借,由此不但知识是认知主体的发现,"实"亦为认知主体的给予,故实体观念必然以述谓来解读,语言主义的倾向由此确立。"实"之个体可以由感官机能给定,"实"之全体在时空的大架构下,也只能由人类的思维来把握。即使在自然哲学的阶段,希腊人所争论的"存有"、"一"与"多"、"动"与"静"的问题,这些观点必然以表象思维与抽象思维为奠基。这些重大的哲学理念在"名实之辩"的诸子时代并未发生,撇开政治诉求之迫切,庄子、墨学、名辩、阴阳、术数等诸家皆未认真对待"实"何以可能的问题,因此认知机制便不在"存有"视域下发生,知识亦无关于"存有"这个宏大命题。个

---

① 参看《论涵义与指称》,涂纪亮《语言哲学名著选辑》,北京三联书店,1992。
② 王阳明:《传习录》,第17页。

体之"实"被加以关注的偶发性便在意象的架构下得到解读，如此则若担当现实则有"正心诚意"的人格养成，若逃于物累则必有"圣人无意"的修养理论。若"实"由人为规范加以引导，则世界个整体将被拆解，人的整个认知机能也无法以整体与系统的方法加以反思与认知。若非"君子自返""反身而诚"的伦理导向，便是"坐忘""玄冥"的神秘直观，认识论却无从建构，知识只能作为个体实践经验与自我体验加以整合，在缺少主体中心性与认知反省的情形下，知识论则无从发生。

本文仅在知识论框架内讨论，故不对主体问题加以引申。实则"实"给定与构建的差别，将直接导致对主体性的追问。唯有把整个经验世界看作"一"，才有整个存有界与人的知识相关的议题，经验世界的整体打包，才可能开出作为认知能力的主体性。因有中世纪之隔断，存有的整体观念与主体性的自觉略显延展，实则纯为一体两面，而单个概念所指称之殊相或个别实体，则无法导出共相与存有界的意义，"实"的观念作为个别给定，亦无法引起"实"作为维度的思考。公孙龙子所言"物莫非指而指非指"，是难能可贵的将概念由指称剥离出来的反省，但却在文化传统中以"玩琦词"之讥而收场。亚里士多德的命题逻辑已经明确语言命题自我规范的议题，语言的系统化认知正是理性思维的摇篮，这也就是经验世界与语言的分离，而人作为认知主体，方在语言中安家。儒家主导之伦理教化，人之主体性并非在认知机制自身的框架下反省，而是作为规训对象去承接既成的人伦规范。思维视域伴随语言命题的边界加以限定，语言作为思辨机制沦落为对既定传统的辩护，认知主体渐而萎缩。唯赖佛教、西方哲学等异域文化方可以在概念系统上加以充实。两次文明融合皆为汉语言系统的词汇爆炸与语言革命，但思维革命在缺乏认知主体性构建的状况下，始终难产。

经史考辨

论司马贞"三皇五帝"古史系统的建构

王光有[*]

摘要 司马贞于《三皇本纪》中记伏羲、女娲、神农,天皇、地皇、人皇二系之三皇,于《史记·五帝本纪》注中本司马迁,述黄帝、颛顼、帝喾、尧、舜五帝。其"三皇五帝"古史系统所据文本达几十种,其中核心即《帝王世纪》《淮南子》《河图》《三五历纪》《春秋命历序》《国语》,皆性质不同,所载古史各异。唐代学者对这些文本有着多样性的态度,司马贞在兼有肯定与反驳的同时,表现出了较孔颖达、张守节更为复杂的处理方式。他在"剪刀加浆糊"式的叙述中又有着对文本的曲解、改动以及主观判断与"先验的想象",而此中也蕴含着他的通史情怀及对君臣秩序与伦理教化的坚守之心。他的建构之作,是"三皇五帝"古史系统发展至唐代渐趋成熟之代表。

关键词 司马贞 《史记索隐》 三皇五帝

古史系统的建构包含有材料及作者的判断两个关键因素,换句话说,它是作者有意识地选用材料并表现自身历史观的过程。就"三皇五帝"古史系统而言,三皇经历了"皇"字由形容词到天神,再过渡到人的过程[①],秦时李斯等以天皇、地皇、泰皇称之[②]。"五帝"之说始于五方帝、五色帝之祭祀,《吕氏春秋》以太皞、炎帝、黄帝、少皞、颛顼称之[③]。时至西汉,

---

[*] 王光有,1993年生,男,甘肃白银人,兰州大学历史文化学院硕士研究生,主要从事史学理论与史学史研究。
[①] 童书业:《三皇考·序》,见顾颉刚《古史辨自序》,河北教育出版社,2000,第185页。
[②] 司马迁:《史记》卷6《秦始皇本纪》,中华书局,2014,第304页。
[③] 杨宽:《中国上古史导论》,见吕思勉、童书业编著《古史辨》(第7册上),上海古籍出版社,1982,第249页。

《淮南子》本楚地古史系统而述二皇。董仲舒发挥黑统、白统、赤统三统循环之说，又发明三王、五帝、九皇之论，发展邹衍以五行相胜为基础的五德终始说为五行相生说。孔安国以伏羲、神农、黄帝为三皇，少昊、高阳、高辛、尧、舜为五帝[1]。司马迁依《大戴礼记》作《五帝本纪》，其中又间引诸家之说，以黄帝、颛顼、帝喾、尧、舜为五帝。刘歆发展董仲舒之五行相生说以解释王朝的更迭，作《三统历》建构上古至西汉帝王之世系，起伏羲，推算历代王朝之德运。两汉之交，"三皇五帝"之说随谶纬之风而大兴，《尚书璇玑钤》《孝经援神契》等皆有所涉及[2]。至东汉，应劭本《白虎通义》，亦有"三皇""五帝"之论[3]，郑玄注《尚书中候·敕省图》以伏羲、女娲、神农为三皇[4]。魏晋之际，通史撰述之风大起，皇甫谧《帝王世纪》、谯周《古史考》等皆述及三皇五帝以来之史。隋唐续魏晋通史撰述之遗绪，诸家之作蔚为大观。司马贞正是出于这样一个"三皇五帝"古史系统渐趋成熟的结点之中，其接张衡"史迁独载五帝，不记三皇"，而并录三皇五帝之遗愿[5]，引诸家"三皇五帝"之说，作《三皇本纪》，从而建构了三皇之史，班列之于正史，翕合之于五帝。其"三皇五帝"古史系统当不可忽视，其中原委应详加探讨，但事实上并未得到足够的重视[6]。本文以文本为切入点，兼引诸家之说，试图探讨司马贞"三皇五帝"古史系统

---

[1] 张守节注中所云。见司马迁《史记》卷1《五帝本纪》，第2页。
[2] 顾颉刚：《古史辨自序》，第250、254～255页。
[3] 应劭撰，王利器校注《风俗通义校注》卷2《正失》，中华书局，1981，第68页。
[4] 郑玄注，孔颖达疏《礼记正义》卷1《曲礼上》，中华书局，影印世界书局缩印阮刻《十三经注疏》本，1980，1231页。
[5] 严可均辑，许振生审订《全后汉文》卷55，商务印书馆，1999，第561页。
[6] 后世学者仅对其所补《三皇本纪》进行过零星的批驳。如袁桷《清容居士集》、王士禛《居易录》、汪越《读史记十表》、冷士嵋《三皇本纪论》、王鸣盛《十七史商榷》等。见袁桷《清容居士集》卷25《衢州重修三皇庙碑》，四库全书本；王士禛《居易录》卷30，四库全书本；汪越《读史记十表》，《二十五史补编》（第1册），开明书店，1995，第4页；冷士嵋《三皇本纪论》，南开大学古籍与文化研究所编《清文海》（第16册），国家图书馆出版社，2010，第317页。近代学者多引其中所论探讨"三皇五帝"诸说源流。参看顾颉刚《古史辨自序》，吕思勉《三皇五帝考》，吕思勉《中国民族史两种》附录2，上海古籍出版社，2008，第21页；〔日〕泷川资言《史记会注考证》，新世界出版社，2009，第31～32页。近人论著虽偶有提及，但都未曾深入探讨。著作如朱东润《史记考索》，武汉大学出版社，2009，第94～95页；杨海峥《汉唐〈史记〉研究论稿》，齐鲁书社，2003，第156～157页；张新科《史记学概论》，商务印书馆，2003，第114页等。论文如王裕秋、张兴吉《论司马贞中止〈补史记〉写作的原因——以司马贞笔下的炎帝为例》，"炎帝·姜炎文化与和谐社会国际学术研讨会"论文，2006；刘璐《论司马贞补〈史记〉意识在〈史记索隐〉中的体现》，《鸡西大学学报》2014年第5期等。

的建构过程,并深入地分析他的心境。

一 所据文本及核心文本所载古史概况

司马贞的"三皇五帝"古史系统存在于其所补《三皇本纪》[①]与《史记·五帝本纪》[②]注文之中。《三皇本纪》实际上包含两种三皇的系统,其一为伏羲、神农与女娲,其二为天皇、地皇与人皇。五帝系统与司马迁所言黄帝、颛顼、帝喾、尧、舜相同。

司马贞于补《三皇本纪》条例中自言据《帝王世纪》《三五历纪》。程金造《史记索隐引书考实》辑考司马贞《三皇本纪》引书凡八种:《小戴礼记》《左传》《国语》《帝王世纪》《世本》及《礼记》(郑玄注)、《春秋左传集解》(杜预)、《古史考》(谯周)[③],其中无《三五历纪》。上述9种文本并未具备其中所引文本之全貌。以其所引之先后次序来说,第一系统所据文本为《国语》、《帝王世纪》、《古史考》、《周易》、《礼记》、《世本》、《汉书》、《淮南子》、郑玄注《尚书中候敕省图》、《左传》、杜预《春秋经传集解》、郑玄注《礼记》;第二系统所据文本为《河图》、《三五历纪》、《古史考》、《帝王世纪》、《韩诗外传》、《管子》、《春秋命历序》。五帝系统所据文本为《古史考》、宋均注《孝经援神契》、《尚书序》、孙氏注《世本》、《帝王世纪》、杜预注《左传》、贾逵注《左传》、《史记》、《国语》、宋衷注《汉书》、《国语》、《世本》、张晏注《大戴礼记》、《汉书》、《山海经》、《列女传》。

三皇的第一系统之中,司马贞构建伏羲形象中所据文本有《国语》《帝王世纪》《古史考》《汉书》《周易》《礼记》。其依《国语》述伏羲为风姓,注文之中反对书中炎黄二帝皆少典之子[④]的说法。依"其华胥已下,出《帝王代纪》",伏羲"蛇身人首""有圣德""都于陈""代燧人氏,继天而王""养牺牲以庖厨,故曰庖牺""仰则观象于天,俯则观法于地……造书

[①] 司马贞:《三皇本纪》,见司马迁《史记》附录2,第4051～4055页。除需说明之外,以下凡涉及《三皇本纪》的内容皆不做注。
[②] 司马迁:《史记》卷1《五帝本纪》,第1～56页。除需说明之外,以下凡涉及《五帝本纪》注文者,皆不做注。
[③] 程金造:《史记索隐引书考实》,中华书局,1998,第52、58、70、101、115、536、542、613页。
[④] 徐元浩撰,王树民、沈长云点校《国语集解》,中华书局,2002,第336页。

契以代结绳之政""伏牺葬南郡"皆本于是书①。司马贞依《古史考》,于注文之中述"谯周以燧人为皇",证伏羲"始制嫁娶,以俪皮为礼"②;依《汉书》补伏羲"结网罟以教佃渔"③之事;依《周易》《礼记》释"帝出于震"④"其帝太皞"⑤。分析后可知,六文本中,《帝王世纪》用于主体内容的书写,其余皆用作证明、补充的材料。

女娲形象的建构依据有《帝王世纪》《淮南子》两个文本。前者叙女娲"唯作笙簧",无所作为⑥,后者述女娲炼石补天,有不世之功⑦。两者皆可视为核心文本。

神农形象的建构中,司马贞据《帝王世纪》,述"炎帝神农氏……又作五弦之瑟"及神农之后凡八代之内容⑧,依《周易》述神农后之榆罔之事⑨,其中主体内容以《帝王世纪》为准。

三皇第二系统之中,"天皇已下,皆出《河图》及《三五历》也",司马贞以《河图》与《三五历纪》完成了天皇、地皇与人皇主体内容⑩的描述,此二者皆可视作核心文本。人皇之后凡十七氏,"皇甫谧以为大庭已下

---

① 欧阳询撰,汪绍楹校《艺文类聚》卷11《帝王部》,上海古籍出版社,1982,第208页;徐坚等撰《初学记》卷9《总叙帝王》,中华书局,1962,第196页;李昉等撰《太平御览》卷78《皇王部》、卷721《方术部》,中华书局,1960,第364、3193页。《北堂书钞》《初学记》《艺文类聚》《太平御览》均未载伏羲葬南郡之事。宋翔凤、顾观光、徐宗元所辑《帝王世纪》录有此内容,但皆据司马贞《三皇本纪》。见皇甫谧撰,宋翔凤集校《帝王世纪集校》,《续修四库全书·史部·别史类》,上海古籍出版社影印训纂堂丛书本,2002,第2页;皇甫谧撰,顾观光辑《帝王世纪》,中华书局影印商务印书馆《丛书集成初编》据《指海》本排印本,1985,第2页;皇甫谧撰,徐宗元辑《帝王世纪辑存》,中华书局,1964,第5页。
② 郑玄注,孔颖达疏《礼记正义·序》、卷1《曲礼上》,第1223、1232页。
③ 班固:《汉书》卷21《律历志》,中华书局,1962,第1011~1012页。
④ 王弼注,孔颖达疏《周易正义》卷9《说卦》,中华书局影印世界书局缩印阮刻《十三经注疏》本,1980,第94页。
⑤ 郑玄注,孔颖达疏《礼记正义》卷14《月令》,第1353页。
⑥ 郑玄注,孔颖达疏《礼记正义》卷31《明堂位》,第1491页。
⑦ 何宁:《淮南子集释》卷3《天文训》、卷6《览冥训》,中华书局,1998,第167、479~480页。
⑧ 皇甫谧撰,徐宗元辑《帝王世纪辑存》,第10~13页;李昉等撰《太平御览》卷78《皇王部》,第365页。
⑨ 王弼注,孔颖达疏《周易正义》卷8《系辞下》,第86页。
⑩ 安居香山、中村璋八辑《纬书集成》,河北人民出版社,1994,第1093、1094、1095、1218页;欧阳询撰,汪绍楹校《艺文类聚》卷11《帝王部》,第206~207页;李昉等撰《太平御览》卷78《皇王部》,第363页。

一十五君，皆袭庖牺之号"，则除五龙氏与燧人氏，其余皆据《帝王世纪》。又据《韩诗外传》与《管子》述自古封泰山者之数①，二者皆为辅助材料。自天地开辟至孔子获麟，司马贞据《春秋命历序》②之"十纪"总之，则该文本也应为核心材料。

  五帝系统中，司马贞依宋均注《古史考》《孝经援神契》，孙氏注《尚书序》《世本》③，总叙记录三皇五帝的文本情况，可视为辅助材料。黄帝的主体内容依据的是《帝王世纪》及《国语》。依前者述黄帝的主要事迹④，依后者述黄帝之子，前文已有提及。《左传》杜预注及《大戴礼记》中"帝鸿氏"及"黄帝三百年"⑤之内容可视为对《帝王世纪》的补充，而《国语》贾逵注及《汉书》中黄帝之子的内容⑥用于辅证。颛顼之内容依据有《帝王世纪》《左传》《山海经》及《世本》宋衷注、《汉书》张晏注⑦，各文本皆据一两处，未有可作为核心文本者。帝喾之内容据宋衷《帝王世纪》《左传》及《世本》，依《帝王世纪》述帝喾之名及妃与子⑧，依据较多，其余二者各一处。尧与舜之内容仅据《帝王世纪》及《列女传》，前者述尧之姓及妃与子，舜母等内容⑨，《列女传》仅述尧之二女⑩。由上可知，在对颛顼、帝喾、尧与舜的构建中，司马贞依据文本虽多，但仅《帝王世纪》可视为核心文本。

  综合以上的分析我们可以发现，司马贞在建构"三皇五帝"古史系统

---

① 孔安国传，孔颖达疏《尚书正义·尚书序》，中华书局影印世界书局缩印阮刻《十三经注疏》本，1980，第113页；黎翔凤撰，梁运华整理《管子校注》卷16《封禅》，中华书局，2004，第952～953页。

② 安居香山、中村璋八辑《纬书集成》，第885页。

③ 郑玄注，孔颖达疏《礼记正义》卷1《曲礼上》，第1231～1232页；程金造：《史记索隐引书考实》，第536页。

④ 皇甫谧撰，徐宗元辑《帝王世纪辑存》，第14、15、25页。

⑤ 杜预注，孔颖达疏《春秋左传正义》卷20《文公十八年》，中华书局影印世界书局缩印阮刻《十三经注疏》本，1980，第1862页；王聘珍：《大戴礼记解诂》卷7《五帝德》，中华书局，1983，第117页。

⑥ 徐元浩撰，王树民、沈长云点校《国语集解》，第336页；班固：《汉书》卷20《古今人表》，第867页。

⑦ 皇甫谧撰，徐宗元辑《帝王世纪辑存》，第27页；杜预注，孔颖达疏《春秋左传正义》卷20《文公十八年》，第1861～1862页；程金造：《史记索隐引书考实》，第572、629页；班固：《汉书》卷20《古今人表》，第872页。

⑧ 皇甫谧撰，徐宗元辑《帝王世纪辑存》，第29、30页。

⑨ 皇甫谧撰，徐宗元辑《帝王世纪辑存》，第35、38页。

⑩ 程金造：《史记索隐引书考实》，第562页。

的过程中所依据的核心文本为《帝王世纪》《淮南子》《河图》《三五历纪》《春秋命历序》《国语》。利用核心文本构建"三皇五帝"古史系统的主体内容并不意味着他对其中有关之内容一概据之,进而言之,六种文本本身所含的古史内容相当庞杂,现予以概述。

《帝王世纪》,《隋书·经籍志》著录为10卷,列之于史部杂史类,称其所述之范围"起三皇,尽汉、魏"[1]。今已佚,《初学记》《艺文类聚》《太平御览》等类书有录,后世辑本有顾观光本、张澍本及今人徐宗元辑本等。是书所载内容为帝王、星野及历代垦田、户口情况。学者除有仿效之作外,多将《帝王世纪》之内容用于文本注释之中[2],其中最多的,当属由帝王所构成的古史内容。依辑本来看,《帝王世纪》所述帝王起自天皇,终于曹魏元帝曹奂,其中的上古帝王尤为史家所重视。是书之中,皇甫谧以伏羲、神农、黄帝为三皇,少昊、颛顼、帝喾、尧、舜为五帝[3]。三皇之内容多见于司马贞《三皇本纪》。黄帝之内容,除《三皇本纪》所引外,亦有其感生神话,与神农战于阪泉之野,使歧伯"尝味草木,典主医病,经方本草病",使仓颉造文字等事迹。五帝之内容,除《三皇本纪》所引之内容外,亦有少昊之感生神话、都邑及所葬之地;颛顼之父母,平九黎之乱,始都穷桑,后徙商丘及命飞龙作乐等;帝喾都亳,列五行之官"分职而治诸侯"及诸妃诸子等;尧之感生神话、形象,其命羲和四子分掌四岳,征有苗氏,嫁二女于舜及崩时年岁等;舜之感生神话、形象,"登南山,观河渚,受图书"及征有苗氏等。除五帝外,皇甫谧又述及帝喾子帝挚禅位于尧之事[4]。

据以往学者的研究,《淮南子》所载古史大体涵盖自然、动物与上古帝王三个方面的内容[5]。其中所载上古帝王包括太皞、少皞、炎帝、黄帝、颛顼、女娲、共工、神农等。《天文训》列太皞、少皞、炎帝、黄帝、颛顼五

---

[1] 魏徵等撰《隋书》卷33《经籍二》,中华书局,1973,第961页。
[2] 具体可参看安正发《〈帝王世纪〉研究史述略》,《宁夏师范学院学报》(社会科学版)2016年第4期,第87~88页。
[3] 司马贞、张守节于《史记·五帝本纪》注文中皆有提及。
[4] 上述《帝王世纪》中五帝及帝挚之内容参看自皇甫谧撰,徐宗元辑《帝王世纪辑存》,第14~47页。
[5] 马庆洲:《〈淮南子〉神话钩沉》,《清华大学古代汉文学论集》,中华书局,2005,第192页。

者为五方之帝①,《时则训》又载所治地域②。《览冥训》《兵略训》《说林训》三篇述黄帝治天下之功,与炎帝相战及"生阴阳"、与诸神造人之事迹③。共工怒触不周山与女娲炼石补天之事,主要载于《天文训》《览冥训》两篇中,见上文司马贞《三皇本纪》所引。《说林训》载女娲"七十化"之造人事迹④。《原道训》《修务训》《泰族训》诸篇述神农教民耕种、亲尝百草及作琴之事迹⑤,《主术训》述其治天下之功及末世之弊政⑥。总体来说,《淮南子》中的古史系统是对先秦及秦汉之际古史诸说的继承,其古史系统又渗透着阴阳五行学说与天人感应思想⑦。

谶与纬起源甚早,二者泛指术数占验。谶书有《河图》《洛书》及附会二者之书,纬书有《易纬》《尚书纬》《诗纬》《礼纬》《乐纬》《春秋纬》《孝经纬》七纬。谶纬之学兴盛于两汉之交,自东汉末遭遇禁毁,不复盛景。谶纬之中包含着独特的古史内容,司马贞"三皇五帝"古史系统所引为《河图》及《春秋命历序》,现仅就二者言之。

《河图》原来被当作祥瑞,后被定为《八卦》《洪范》之源及帝王受命时所接受的天书⑧。《纬书集成》辑录《河图纬》凡四十余种。其中涉及的上古帝王大致可分为3个系统,一、天皇、地皇、人皇;二、苍帝、赤帝、黄帝、白帝、黑帝;三、燧人、伏羲、黄帝、仓颉、少昊、颛顼、帝喾、有巢氏、羿、尧、舜。关于第一系统,《纬书集成》将司马贞《三皇本纪》中所述天、地、人三皇之内容尽数录入《河图》,可做参考。第二系统之五帝合载于《河图》,其中述五帝之方位、神名等⑨。第三系统之中,《河图》载伏羲之感生神话⑩,其余关于伏羲之内容见于《河图始开图》《河图挺佐辅》《河图握矩记》及《龙鱼河图》,主要包括伏羲禅位于伯牛及其因《河

---

① 何宁:《淮南子集释》卷3《天文训》,第183~188页。
② 何宁:《淮南子集释》卷5《时则训》,第432~437页。
③ 何宁:《淮南子集释》卷6《览冥训》、卷15《兵略训》、卷17《说林训》,第476~479、1044、1186页。
④ 何宁:《淮南子集释》卷17《说林训》,第1186页。
⑤ 何宁:《淮南子集释》卷1《原道训》、卷19《修务训》、卷20《泰族训》,第34、1311~1312、1389页。
⑥ 何宁:《淮南子集释》卷9《主术训》,第609~611页。
⑦ 赵自勇:《〈淮南子〉对上古神话的整理》,《安徽史学》2009年第4期,第115、125页。
⑧ 顾颉刚:《古史辨自序》,第370页。
⑨ 安居香山、中村璋八辑《纬书集成》,第1221、1247页。
⑩ 安居香山、中村璋八辑《纬书集成》,第1222页。

图》画八卦等诸多功绩①。诸多帝王之中，黄帝的内容最多，主要有其感生神话及受《录图》，伐蚩尤等诸多事迹②。《河图玉版》载仓颉为帝，南巡狩，受书于灵龟；《河图握矩记》《河图》中载少昊、颛顼、帝喾之形象及颛顼之感生神话；《河图》载有巢氏；《河图括地象》载羿；《龙鱼河图》《河图录运法》载尧受图于大龟及归功与舜之事迹；《河图著明》《龙鱼河图》载舜之感生神话及受图于黄龙之事迹③。

《纬书集成》辑录《春秋纬》凡二十余种。其中涉及上古帝王有天皇、地皇、人皇、燧人、伏羲、女娲、神农、黄帝、仓颉、少昊、颛顼、帝喾、尧、舜等。其中古史系统的具体内容及意义可参看王小明《〈春秋〉纬与汉代思想世界》一文④，此处不做赘述。

《三五历纪》，今已佚，《玉函山房辑佚书》辑录1卷，凡十余条。内容包括盘古开天辟地之神话，天、地、人及日月星辰的形成，天皇、地皇、人皇及仓颉⑤、神农、黄帝诸对象⑥。

《国语》中所载上古史内容主要集中于《周语下》《鲁语上》《晋语四》《楚语上》《楚语下》诸篇，涉及帝王有炎帝、黄帝、颛顼、帝喾、尧、舜等。关于炎帝与黄帝，《晋语四》述炎黄二帝同为少典之子，上文已有所论，《鲁语上》载黄帝"能成命百物"⑦。《周语下》载颛顼建北维日、辰之内容⑧，《鲁语上》载其修黄帝之功⑨，《楚语下》载其"绝地天通"，整顿天地之秩序⑩。《鲁语上》载帝喾整齐日、月、星之顺序，教稼穑以安民，尧定刑法之准则为民之标准，舜征有苗氏而死于苍梧⑪，《楚语上》载尧、

---

① 安居香山、中村璋八辑《纬书集成》，第1106、1108、1109、1149页。
② 安居香山、中村璋八辑《纬书集成》，第1093、1105、1144、1149、1164、1165页。
③ 安居香山、中村璋八辑《纬书集成》，第1093、1145、1146、1151、1166、1189、1215、1222页。
④ 王小明：《〈春秋〉纬与汉代思想世界》，湖南大学博士学位论文，2012，第122~141页。
⑤ 马国翰将"仓颉"作伏羲，误。孔颖达述仓颉所在时代时称："其仓颉，则说者不同……徐整云：'在神农、黄帝之间'。"徐整《三五历纪》为一种说法，可以看出，此处为仓颉，而非伏羲。见孔安国传，孔颖达疏《尚书正义·尚书序》，第113页。
⑥ 马国翰：《玉函山房辑佚书》史编杂史类，上海古籍出版社缩印清光绪九年娜嬛仙馆本，1990，第2397页。
⑦ 徐元浩撰，王树民、沈长云点校《国语集解》，第156页。
⑧ 徐元浩撰，王树民、沈长云点校《国语集解》，第124页。
⑨ 徐元浩撰，王树民、沈长云点校《国语集解》，第156页。
⑩ 徐元浩撰，王树民、沈长云点校《国语集解》，第515页。
⑪ 徐元浩撰，王树民、沈长云点校《国语集解》，第156~157页。

舜之子丹朱、商均①。

二 核心文本的唐代接受情况

通行于两晋南北朝之际的《帝王世纪》②，在唐人的眼中呈现出了不同的性质与价值。在魏徵等人看来，像《帝王世纪》这样后汉以来的杂史类文本多为一家之言且"体制不经"，并不能与正史并列，其内容采集旧说，多为委巷谈资，怪诞妄说。只有在"通人君子，必博采广览"这样的条件之下，才可采其要③。刘知幾肯定了百家诸子补充正史与扩展闻见的作用，但针对其中一些文本在材料选择中的失当之处进行了批判。裒集诸史的《帝王世纪》在刘知幾看来多据六经图谶，所记诸多事迹皆为异端邪说，无中生有，后世以讹传讹，"引书之误，其萌于此矣"④。在《大统纪序》⑤中，陈鸿认为，秦始皇焚书致使"史官废纪""失传其本"，继而造成了"后代儒者，凿天地心胸，造生人闻见"的局面，纬书的作者、皇甫谧及谯周之徒"得肆言上古之事，恃无可验，竞开异说"。《帝王世纪》在他看来只是"异说"。

上述学者皆对《帝王世纪》持否定的态度。相较于魏徵等人的视如鸡肋，刘知幾与陈鸿眼中的《帝王世纪》是后世儒者的异闻邪说，毫无可取之处。不同于上述诸人，孔颖达将《帝王世纪》与其他文本进行了比较。依《尚书序》及《太甲》篇，太甲继汤而王，但《史记·殷本纪》所记不同，太甲之前有太丁、外丙与仲壬。皇甫谧得《古文尚书》，未按其中所载，却以《史记》为准⑥。孔颖达以为，汤至太甲的王位传承应该依照《古文尚书》所载，《帝王世纪》是错误的。依照他的衡量标准，《古文尚书》为"经诰大典"，而《帝王世纪》则是"传记小说"。孔颖达所认为的事实，存在于《古文尚书》这一权威文本中，而《帝王世纪》中与经典相悖

---

① 徐元诰撰，王树民、沈长云点校《国语集解》，第483页。
② 吕思勉：《两晋南北朝史》，上海古籍出版社，1983，第1413页。
③ 魏徵等撰《隋书》卷33《经籍二》，第962页。
④ 刘知幾撰，浦起龙通释《史通通释》卷5《采撰》，上海古籍出版社，1978，第115~116页。
⑤ 董诰等编《全唐文》卷612，北京：中华书局缩印清嘉庆十九年刻本，1983，第6179~6180页。
⑥ 孔安国传，孔颖达疏《尚书正义》，第162页。

的内容，在孔氏这里并无存在的可能①。然而经过统计，我们却发现，《帝王世纪》不同程度地出现在了《五经正义》孔氏所做的疏中②，且多为补充史料之用。"不可用"的《帝王世纪》为何会出现在对权威所做的疏中？其实，《帝王世纪》作为"传记小说"的不可存在仅适用于它与一种权威文本的陈述出现矛盾之时，只要可以补充权威的陈述，或出现第三种繁杂且相互冲突的的文本时，则上述的界限就会被打破。试举一例便可证之。在《礼记正义·序》中，孔颖达坦言记载古史文本的稀缺："但天地初分之后，即应有君臣治国。但年代绵远，无文以言。"仅有的文本各说纷纭，尤其是"纬候纷纭，各相乖背，且复烦而无用"③，基于此，孔氏选择了郑康成的《六艺论》及皇甫谧的《帝王世纪》。孔氏所言的纬候即《易纬通卦验》《礼纬斗威仪》。可以看出，在他的眼里，此类文本所载古史有着诸多的问题。尽管其中一些记载并不符合孔氏的观点，但是相对于纬候，《帝王世纪》中所体现出的系统性成为了他选择的重要依据。

杂史、异说、传记小说，这三者便是唐代文人对《帝王世纪》性质的基本断定。随着文本的日益繁多，权威的陈述并不能够满足文人对于古史的理解，这样，《帝王世纪》便成为了权威的边角料，在文本之间的可信度以及系统性的比较中占据了一席之地。就是因为具备了这样的价值，才会使得其有了"唐宋以来多有崇尚"④的局面，而司马贞便是其中深谙其价值的一位：

> 按神农之后凡八代，事见《帝王代纪》及《古史考》。然古典亡矣，况谯、皇二代皆前氏传，前闻君子考古书而为此说，岂至今击空乎？

---

① 柯林武德阐述了这样一个自己并不认同的理论：历史学中最本质的是记忆和权威，历史学家一旦相信了权威的陈述，则其中神圣的条文价值，体现在陈述内容的颠扑不可破性。历史学家不允许篡改、删改、增添权威的陈述，更不允许矛盾的出现。柯林武德认为，所谓的权威只是历史学家的证据，历史学家真正相信的只有自己。见〔英〕柯林武德《历史的观念》，何兆武、张文杰译，商务印书馆，1997，第328、330页。但从孔颖达的观点以及他对顾彪话语的引用中至少可以看出，在历史学家的眼中，权威的确存在，且并不允许其他的文本与之相冲突。
② 仅统计"帝王世纪"四字，结果为：《毛诗正义》7次，《尚书正义》10次，《礼记正义》9次，《周易正义》2次，《春秋左传正义》5次。
③ 郑玄注，孔颖达疏《礼记正义·序》，第1223~1226页。
④ 宋翔凤：《帝王世纪集校序》，见皇甫谧撰，徐宗元辑《帝王世纪》附录，第139页。

薰莸何属明矣。称皇甫谧为君子，以为《帝王世纪》依据古书，继承古典，司马贞对待其人其作的态度与刘知幾、陈鸿形成了极大的反差。不管赞同与否，上述之态度，至少为他运用《帝王世纪》提供了一个理由。

《淮南子》历代评说各异，褒贬互存①，唐代亦是如此。魏徵等人在《隋书·经籍志》中列之于子部杂家类②。杂家类兼诸子、众家之道意为其范围，"见王者之化"为其功能，内质少而兼诸学、言语非经而通博，"杂错漫羡，而无所指归"为其性质③。在魏徵等人看来，杂家类之作原职出于史官，后世仿效者，诸如《帝王世纪》，忽略其本源，遂而造成鱼龙混杂、良莠不齐的局面。相较于前者，刘知幾对《淮南子》却极力称赞，在他看来，《淮南子》"牢笼天地，博及古今"，其中的价值就在一个"博"字④。是书虽位列诸子，但以叙事为主，亦可为"史之杂也"，也就是杂史。除去语言及结构上的弊病之外，杂史有其自身的史料价值，而这正是刘知幾所欣赏之处，正是有了这样的价值，其才可"与正史参行"⑤。

利用《淮南子》女娲炼石补天之事，司马贞构建了女娲的不世之功，他可以说将此文本利用到了极致，因而对之持肯定之态度无疑。

谶纬虽屡遭禁毁，但仍然在某些方面发挥着重要的作用，例如在解释政权合法性上，这在唐代也有着种种表现。苏州张后胤治谶纬之学，"历观图谶，备详兴灭"⑥。太原之时，太宗问及孰可代隋，张氏称"李姓必得"，其"早识天命"⑦，实为其运用治谶纬之学的表现。唐朝统治者在对政权合法性表现出忧虑的同时，对谶纬进行了主动的接受，但这并不意味着其对于谶纬的政策也是同步的，诸多资料表明，后者表现出的特征是多样性的。高宗朝《永徽律》规定私家不可藏有谶书，但"纬、候及《论语谶》，不在禁限"。谶书乃"先代圣贤所记未来征祥之书"⑧。可见是将谶纬的使用进行了强制性的控制，并将其牢牢把握在政权手中，字里行间未见对于谶纬的

---

① 马庆洲：《淮南子考论》，北京大学出版社，2009，第208～216页。
② 魏徵等撰《隋书》卷34《经籍四》，第1006页。
③ 魏徵等撰《隋书》卷34《经籍四》，第1010页。
④ 刘知幾撰，浦起龙通释《史通通释》卷10《自叙》，第291页。
⑤ 刘知幾撰，浦起龙通释《史通通释》卷10《杂述》，第273页。
⑥ 李义府：《大唐故礼部尚书张府君之碑》，见周绍良主编《全唐文新编》（第1部第3册），卷153，吉林文史出版社，2000，第1756～1757页。
⑦ 刘昫等撰《旧唐书》卷189《张后胤传》，中华书局，1963，第4950页。
⑧ 长孙无忌等撰《唐律疏议》卷9《职制》，中华书局，1983，第196页。

贬抑之辞。但对待政权之外对象的使用，情况则完全不同。玄宗《赐杨慎矜等自尽并处置诏》称僧人史敬忠"凶慝逆徒，狂愚贱品。乃妄陈谶纬，别觊异图，密与（杨慎矜）交通，将期委质"①，显然对私人谶纬的使用极尽驳斥。

孔颖达引经典而弃《帝王世纪》，在载有上古君臣的文本中，弃谶纬而用《帝王世纪》，这表现出了他眼中文本利用的层次，在这一层次中，谶纬居于底层，但这又不能说明其弃谶纬而不用。事实上，《五经正义》孔颖达疏中多据谶纬以释经②，《河图纬》便是其中之一。在孔颖达眼中，《河图》即"天命"及垂法于后世君王的工具③。与之相似，郑鲂也注意到了《河图》的垂法功能，他称"惟帝世圣时，必有符命"，也就是天命之说，因而黄帝受《河图》而王④。对于《河图》功能的阐述，实际上反映了《河图》已经以一种叙事模式的角色进入到了学者的叙述中。

唐人文本中征引《春秋纬》处亦多，其中所反映出的态度也呈现出多样性的特征。贾公彦据《易通卦验》等文本以为君臣政教始自燧人，也就是人皇之世后伏羲因之。依《春秋文耀钩》与《春秋命历序》⑤，燧人与伏羲虽已有官，但无官号、官位。可以看出，他是将上述《春秋纬》中的内容当作可据材料来对待。对谶纬并无好感的刘知幾也将《春秋纬》中的内容当做了可据材料。在反驳《孝经》为郑玄所注之旧说的十二条证据中，其中一条就援引《春秋演孔图》中的内容来说明⑥。

《三皇本纪》中天皇、地皇、人皇这一系统在司马贞看来只是一种补充，相比较伏羲、神农与女娲这一系统来说并没有什么重要性，原因是这一系统为图纬所载。而他要上溯"开辟之初，君臣之始"，则虽载于图纬，仍"不可全弃"。司马贞无形之中将追溯上古之史作为一种由头，将谶纬纳入自己的叙述模式之中。"天皇已下，皆出《河图》及《三五历》也"，可以看出，他将《三五历纪》这个不同性质的文本与谶纬之说相结合，本质上来说，司马贞使用文本时并没有孔颖达那样的清晰界限，《三五历纪》仅

---

① 董诰等编《全唐文》卷32，第361页。
② 皮锡瑞：《经学历史》，中华书局，2011，第141页。
③ 郑玄笺，孔颖达疏《毛诗正义》卷16《文王》，中华书局影印世界书局缩印阮刻《十三经注疏》本，1980，第502页。
④ 董诰等编《全唐文》卷740，第7656页。
⑤ 董诰等编《全唐文》卷164，第1671页。
⑥ 董诰等编《全唐文》卷274，第2785页。

为谶纬的补充而已。

关于《国语》，柳宗元从"由中庸以入尧、舜之道"这一标准出发，遂作《非国语》，以为《国语》虽"其文深闳杰异"，但"其说多诬淫"①。不同于柳宗元，司马贞在利用《国语》的过程中并未表现出简单的倾向。他依照《帝王世纪》与《史记·秦本纪》中炎黄二帝中间相隔八帝五百余年以及颛顼氏之裔孙女修吞玄鸟之卵而生大业，大业娶少典氏而生伯翳的说法，认为少典氏为诸侯国号，炎黄二帝并非兄弟，以此反驳了《国语》中少典娶有蟜氏之女而生黄帝与炎帝之说。再有，《国语》中载黄帝之子中得姓者有十四人，一共有十二姓，其中青阳与夷鼓同为己姓。《汉书·古今人表》称黄帝妃肜鱼氏生夷鼓，嫫母生苍林。他同意《国语》与《汉书》之说，又以为黄帝之子中苍林与玄嚣同为姬姓②，综合三方面的内容，他反驳了《帝王世纪》中将己姓的夷鼓与姬姓的苍林视为一人，且为肜鱼氏所生的说法。从中可以看出，司马贞在对《国语》的引用中兼有肯定与反驳。

通过上述内容，我们可以清晰地看出唐代学者对待文本态度的多样性。正因为有了这样的态度，学者在征引文本以及叙述古史时才会凭借各自独有的文本择取标准，并利用不同的材料予以建构，下文就孔颖达、张守节、司马贞三人"三皇五帝"之古史系统言之。

三 孔颖达、张守节、司马贞"三皇五帝"古史系统之比较

在孔颖达看来，三皇五帝的时代中，伏羲为上古，神农为中古，五帝为下古③，伏羲、神农、黄帝、少皞以德为号，高阳、高辛、唐、虞以地为号④。再有，此时代正朔及所尚色不同，伏羲以上未知，神农以十一月为正，色尚赤；女娲以十二月为正，色尚白；黄帝以十三月为正，色尚黑；少皞以十二月为正，色尚白；高阳氏以十一月为正，色尚赤；高辛氏以十二月为正，色尚黑；尧以十二月为正，色尚白；舜以十一月为正，色尚

---

① 柳宗元：《柳河东集》卷44《非国语》，上海人民出版社，1974，第746页。
② 司马贞认为《国语》中青阳与苍林同为姬姓的说法是文误。
③ 郑玄注，孔颖达疏《礼记正义》卷9《礼运》，第1415页。
④ 郑玄注，孔颖达疏《礼记正义》卷14《月令》，第1354页。

赤①。三皇之首即伏羲，也就是上皇。伏羲时代的社会安定，民众各得其所，无礼仪与刑法②。伏羲亦称太皞，据《古文尚书》等文本，"元气广大谓之皞天"，皞即广大之意，伏羲德能同天，因而称为太皞，为东方之帝③。整个伏羲形象的塑造，皆依《帝王世纪》④，女娲亦同⑤。神农即伊耆氏，别号大庭氏，身号炎帝，亦称田祖或土祖⑥。关于神农的感生故事以及其起于烈山的记载皆依《帝王世纪》⑦。关于黄帝，孔氏依是书述其感生神话等⑧。关于少昊，孔氏亦依是书述之，除此之外，还有少昊亦曰金天氏，为西方之帝，其子即修与熙，亦称玄冥之内容⑨。关于颛顼，孔氏依《帝王世纪》述及颛顼世代及感生故事，又据《左传》，称颛顼氏有子黎，是为祝融⑩。关于帝喾、尧、舜，孔氏依《帝王世纪》述三者之世代及感生故事⑪。另外，《周易》中载有黄帝、尧、舜九事，孔颖达反对《帝王世纪》将功劳归黄帝的做法⑫。

张守节依据《三统纪》对三皇五帝的统序及所尚色进行了概括："伏羲为天统，色尚赤；神农为地统，色尚黑；黄帝为人统，色尚白；少昊，黄

---

① 郑玄注，孔颖达疏《礼记正义》卷6《檀弓》，第1276页。
② 孔颖达《诗谱序》疏云："上皇谓伏牺，三皇之最先者，故谓之上皇。郑知于时信无诗者，上皇之时，举代淳朴，田渔而食，与物未殊。居上者设言而莫违，在下者群居而不乱，未有礼义之教，刑罚之威。"见郑玄笺，孔颖达疏《毛诗正义》，第262页。
③ 郑玄注，孔颖达疏《礼记正义》卷14《月令》，第1353页。
④ 关于伏羲的叙述，散见于《周易正义》《礼记正义》等文本的疏中。如王弼注，孔颖达疏《周易正义》卷8《系辞下》，第86页；郑玄注，孔颖达疏《礼记正义》卷14《月令》，第1353页。
⑤ 郑玄注，孔颖达疏《礼记正义·序》卷31《明堂位》，第1224、1491页。
⑥ 郑玄注，孔颖达疏《礼记正义·序》卷16《月令》，第1224、1371页；杜预注，孔颖达疏《春秋左传正义》卷48《昭公十七年至十九年》，第2083页；郑玄笺，孔颖达疏《毛诗正义》卷14《甫田》，第475页。
⑦ 孔安国传，孔颖达疏《尚书正义》，113页；郑玄注，孔颖达疏《礼记正义》卷46《祭法》，第1591页。
⑧ 王弼注，孔颖达疏《周易正义》卷8《系辞下》，第86页。
⑨ 王弼注，孔颖达疏《周易正义》卷8《系辞下》，第86页；郑玄注，孔颖达疏《礼记正义》卷14、卷16、卷17《月令》，第1353、1372、1380页。
⑩ 王弼注，孔颖达疏《周易正义》卷8《系辞下》，第86页；郑玄注，孔颖达疏《礼记正义》卷15《月令》，第1364页。
⑪ 王弼注，孔颖达疏《周易正义》卷8《系辞下》，第86页；郑玄笺，孔颖达疏《毛诗正义》卷17《生民》，第529页。
⑫ 王弼注，孔颖达疏《周易正义》卷8《系辞下》，第87页。

帝子，亦尚白。故高阳氏又天统，色尚赤，尧为人统，故用白。"① 太昊伏羲氏亦称泰帝②。据《帝王世纪》，张氏称神农氏为姜姓，母曰任姒，名女登，为少典之妃，感神龙首而生炎帝，人身牛首，以火德王，都于曲阜③。黄帝为少典国君之次子，有熊国君，号有熊氏、缙云氏、帝鸿氏、帝轩氏。母为附宝，见大电绕北斗枢星，感而生黄帝于寿丘。黄帝日角龙颜，以土德王。张氏依《龙鱼河图》《山海经》，称蚩尤兄弟八十一人，兽身人语，皆无道，黄帝为施仁义而未能禁止蚩尤，后从玄女处得到兵信神符，令应龙禽杀蚩尤。又依《帝王世纪》，黄帝以风后为相，以力牧为将。其制衣服、营殡葬，教民收采禁捕以时，用之有节，后自择亡日，还葬桥山。据《华阳国志》《十三州志》《河图》，张氏称颛顼高阳氏为黄帝孙，昌意子，母为昌仆，亦曰女枢，瑶光如蜺贯月，感而生颛顼。依《帝王世纪》，他以为帝喾高辛，为姬姓，其母没有记载。帝喾有四妃，即有邰氏女姜嫄、有娀氏女简狄、陈丰氏女庆都、娵訾氏女常仪，分别生后稷、卨、放勋及帝挚。帝挚在位九年，政微弱，唐侯（放勋）德盛，受帝禅。尧能仿上代之功，故称放勋，尧为谥号。依孔安国语及《吕刑传》，尧命羲（重）、和（黎）掌天地之官。依《帝王世纪》，尧都平阳，其娶散宜氏之女女皇，生丹朱。丹朱顽嚚，好争讼，共工善言语，用意邪僻。于是尧将娥皇、女英嫁给舜，观其德行。后舜受尧终帝制事于文祖。尧在位九十八年，通舜摄二十八年。总共一百一十七岁。舜为姚姓，父为瞽叟，母为握登，握登见大虹而生舜。舜命十二牧论帝尧之德，教导民众远离邪佞。舜的妃子娥皇无子，女英生商，二人葬于衡山。依《山海经》，舜葬于苍梧山之阳。

司马贞"三皇五帝"古史系统的构建内容大致如下：

华胥于雷泽之中"履大人迹"而生伏羲于成纪。伏羲风姓，蛇身人首，继燧人氏而王，有神圣之德。"观象于天"，"观法于地"，"观鸟兽之文，与地之宜"，遂作八卦，用以"通神明之德，类万物之情"；造书契、制嫁娶、作35弦之瑟；结网罟，"养牺牲以庖厨"，因有"宓牺氏"与"庖牺"之称；有龙瑞，以龙纪官，遂称龙师；其为木德，注春令，故而有太皞之称以及"帝出于震"的说法；都于陈，封泰山，总立111年。后裔在春秋时有任、宿、须勾、颛臾。

---

① 司马迁：《史记》卷1《五帝本纪》，第32页。
② 司马迁：《史记》卷12《孝武本纪》，第599页。
③ 司马迁：《史记》卷4《周本纪》，第164~165页。

女娲与伏羲相同，也是风姓。代伏羲而立，号为女希氏，亦有圣德。一说其作笙簧，无革造，不承五运；一说其为木德，"以其功高而充三皇"。其末年，有诸侯共工氏"任智刑以强，霸而不王，以水承木"，与祝融战，败而触不周山，是时天崩地裂。女娲于是炼五色石补天，"断鳌足以立四极，聚芦灰以止滔水，以济冀州"，最终"地平天成"。女娲氏之后神农氏兴起。

女登，有蟜氏之女，少典之妃，感神龙而生炎帝。炎帝神农氏，姜姓，火德，人身牛首，长于姜水。制耒耜，教耕种，尝百草，作五弦之瑟，重八卦为六十四爻。都陈，后居曲阜，立一百二十一年，葬于长沙。本起烈山，纳奔水氏之女听詙，生帝魁，魁生帝承，后至榆罔，共八代，五百三十年，其后轩辕氏兴起。圣人德泽广大，子孙绵延，神农之后裔有州、甫、干、许等，"并为诸侯，分掌四岳"。至周代，其后人为贤相、诸侯，"霸于中国"。

少典氏为诸侯国号，而非人名，其后裔为黄帝。黄帝为土德，色尚黄，代炎帝之火德。生于寿丘，长于姬水，居于轩辕之丘，因而姓姬，号轩辕。弱而能言，有黄云之瑞。获宝鼎神策，得以推算历数，知节气日辰之将来。使应龙于凶黎之谷禽杀蚩尤。其二十五子中得姓者有十四人，共有十二姓，分别为姬、酉、祁、己、滕、箴、任、荀、僖、姞、儇、衣。立四妃，象征后妃四星。其中元妃累（嫘）祖为西陵氏女，生昌意；次妃女节为方雷氏女，生青阳；次妃彤鱼氏女，生夷鼓；次妃嫫母，生苍林，班在三人之下。十四子中青阳与夷鼓同为己姓，苍林与玄嚣同为姬姓。黄帝"在位百年而崩，年百一十一岁"，"生而人得其利百年，死而人畏其神百年，亡而人用其教百年"。

颛顼名高阳，其"养材以任地"，"行四时以象天"，"制尊卑之义"，"理四时五行之气"而教化万民。"岁在鹑火而崩"，葬于东郡，或曰在鲋鱼山之阳。

帝喾名为夋，不知其母。其父为蟜极，为尧之祖。帝喾公廉，"举动应天时，衣服服士服"。娶陈锋氏之女庆都及娵訾氏之女常宜，分别生放勋与挚。挚立九年而唐侯有盛德，遂禅位于唐侯，唐侯即尧。

尧从母所居，故而姓伊祁氏，名为放勋。尧为谥号。其仁"如天之函养"，其智"如神之微妙"。民众"咸依就之""咸仰望之"。命羲与和运用历数之法观察日月星辰。将两女娥皇及女英嫁于舜。娶散宜氏之女女皇，生丹朱。尧有庶子九人,皆不肖。

虞舜者,虞国名,舜为谥号。舜字都君,其父为瞽叟,其母为握登,姓姚氏,生舜于姚墟。舜之德抚及四方之夷人。

上述古史系统之中有两个对象值得注意,那就是女娲、少典。在对《三皇本纪》女娲内容的注释中,司马贞称:

> 按三皇说者不同,谯周以燧人为皇,宋均以祝融为皇,而郑玄依《春秋纬》,以女娲为皇,承伏牺,皇甫谧亦同,今依之。

这里有一个问题,皇甫谧是否认为女娲为三皇之一。在《五帝本纪》注中,司马贞指出《帝王世纪》以伏羲、神农、黄帝为三皇,这与上述说法相矛盾。《帝王世纪》中,皇甫谧称女娲为"女皇"[1],但尧所娶散宜氏之女亦名为"女皇"[2],可见"女皇"之称并不能代表女娲就是三皇系统的组成部分。如此说来,司马贞此处以为皇甫谧将女娲列为三皇的说法是对《帝王世纪》的曲解。相较于此,他直接改动《淮南子》中内容的举动则更加明显。上文已经提及,他称《三皇本纪》中有关女娲炼石补天及共工氏与祝融战之事依据的是《淮南子》。但是,《淮南子》中与共工氏作战的对象是颛顼,而非祝融,《史记·五帝本纪》将颛顼列于五帝之中,司马贞或有避免矛盾之想,但这也表现出了他擅自改动文本的做法。在对女娲的描述中,司马贞在所引《帝王世纪》与《淮南子》内容中间加入了"一曰女娲亦木德王。盖宓牺之后,已经数世,金木轮环,周而复始。特举女娲,以其功高而充三皇,故频木王也"这段含糊不清的说法,以此完成了《帝王世纪》中女娲无功到《淮南子》中女娲有不世之功的过渡,两者的记述得以有了连续性,从而建构了女娲之所以能够位列三皇的证据。唐时诸如杨炯[3]、乔谭[4]等人皆以为女娲有不世之功,但未将其置于三皇的地位,三皇五帝官方祭祀中,也不见女娲的身影[5]。司马贞将女娲列于三皇的观点的确是一个特例,为了迎合女娲有资格列入三皇这一观点所采取的做法体现出了他作为

---

[1] 皇甫谧撰,徐宗元辑《帝王世纪辑存》,第9页。
[2] 司马迁:《史记》卷1《五帝本纪》,第24页。
[3] 董诰等编《全唐文》卷192,第1944页。
[4] 董诰等编《全唐文》卷451,第4615页。
[5] 董诰等编《全唐文》附陆心源撰《唐文拾遗》卷4,第10407页。

构建者所有的"先验的想象"①。在对少典的描述中，司马贞依据《帝王世纪》与《史记》，反对《国语》之说。放弃《国语》，反而肯定晚出的《史记》与《帝王世纪》，这样的做法并不符合文本利用上取近舍远的要求。其实在对少典形象的叙述中，他更多的是在进行主观上的判断，并未对文本的可信度予以考虑。

"三皇五帝"古史系统建构过程之中，孔颖达利用诸文本补权威之阙文，张守节在利用文本时并未有所倾向，文本之间的关系是平行的。司马贞虽据有核心文本，但诸多文本的掺杂，以及对《帝王世纪》《淮南子》内容的改动，使得《三皇本纪》更像他依据自己的判断进行的文本抄录，其"三皇五帝"古史系统更像是"剪刀加浆糊"②式的古史叙述。另外，对文本的曲解、改动，在文本之间进行的主观判断以及建构过程中"先验的想象"，这体现出了他较孔、张二人的复杂之处。需要注意的是，复杂的建构过程背后必定包含着司马贞所遵循的思想基础，了解他的心境之后，我们才可将有关的做法进行合理的看待。

四　文本与历史之间：司马贞的心境

司马贞将当时视为杂史与谶纬的文本作为"三皇五帝"古史系统构建的核心依据，通过对核心文本在唐代接受情况的分析，我们可以发现，唐人对于这些文本持有多样性的态度，并不是诸如《隋书·经籍志》之类的官方说法那样简单。在这样的背景之下，司马贞对于文本的利用显现出极具张力的特点。对待君子之书《帝王世纪》，他对其继承古典之作用极尽赞誉，却也用《国语》《汉书》反驳其将黄帝之子夷鼓苍林视为一人，为彤鱼氏所生的说法，亦用《淮南子》中女娲炼石补天的记载驳其所述女娲无功的内容；对待谶纬，他的态度较为复杂，"不可全弃"的背后暗含着对于谶

---

① 〔英〕柯林武德：《历史的观念》，第335~336页。柯林武德以为，历史学家进行历史学的构造的活动可以称之为"先验的想象"。具体来说，历史学家们在从权威那里引用来的陈述之间插入了另一些他们所蕴含的陈述，其本质是想象出来的东西。正是有了"先验的想象"，才使得权威陈述之间得到互相沟通，赋予了历史叙述或描写它的连续性。

② 柯林武德称以摘录和拼凑各种不同权威的证词而建立的历史学为"剪刀加浆糊"的历史学。在这种形式的历史学中，作者在权威的陈述中找到与他目的有关的材料，随即进行摘抄、编排，必要的话加以翻译，并在自己的著作中重新构造成自己认为合适的样式。见〔英〕柯林武德《历史的观念》，第357~358页。

纬本身以及其中所载天皇、地皇、人皇这一三皇系统的保留，并以《三五历纪》中的内容对其进行补充；而对待《国语》，他纠正了其中青阳与苍林同为姬姓错误说法的同时，又表现出了肯定与反驳的双重态度。除此之外，在"三皇五帝"古史系统的建构过程之中，司马贞并未将《周易》等孔颖达视为"经典"的文本作为核心材料；相反，与对待《礼记》《左传》等一样，只是将之置于从属的地位。虽然经典文本之中三皇五帝内容的稀少会使得司马贞不予过多关注，但从本质上来说，在"三皇五帝"古史系统的构建过程中，他并未显现出崇尚"经典"之心。这点在其他地方也有过体现，比如在《五帝本纪》注文中，司马贞认为："太史公博采经记而为此史，广记异闻，不必皆依《尚书》。"[①] 经典地位的下降，各种文本利用的多元化，使得司马贞有了"探求异闻，采摭典故"[②]的做法。在文本日益繁多的时代，经典并不能满足学者的阅读范围，文本利用范围的扩大是一种必然趋势。但文本的繁杂与历史的久远势必会形成鲜明的对比，学者在择取文本时的见仁见智反映出了一个事实，那就是对于文本的怀疑。从《隋书·经籍志》中《帝王世纪》的"迂怪妄诞，真虚莫测"，《淮南子》的"杂错漫羡，而无所指归"，到刘知幾、陈鸿眼中《帝王世纪》的异端邪说，再到孔颖达对于"经典"、《帝王世纪》及谶纬利用的逐次分级之中便可看出。这种情形以"三皇五帝，诸说不同，列次分区，谁者为允"[③]这样的疑问清晰地体现在"三皇五帝"古史系统的建构上。司马贞"剪刀加浆糊"式的文本利用与古史叙述方式背后隐藏着对于文本所载古史内容的怀疑，正因为如此，他才在这种叙事模式中对文本加以曲解改动以及进行主观上的判断，必要时运用"先验的想象"，使得文本之间的记载能够顺利衔接与过渡，自己的古史系统看起来更加合理。从文本的多元化利用，再到对文本的怀疑，司马贞的建构过程更像是在自己叙事模式之下对三皇五帝的重构。为何他以如此复杂的方式构建"三皇五帝"古史系统，其中体现出了他怎样的心境，这应是我们亟待解决的问题。

补《三皇本纪》条例载：

> 太史公作《史记》，古今君臣宜应上自开辟，下讫当代，以为一家

[①] 司马迁：《史记》卷1《五帝本纪》，第21页。
[②] 司马贞：《史记索隐序》，见司马迁《史记》附录2，第4044页。
[③] 董诰等编《全唐文》卷147，第1489页。

之首尾。今阙三皇而以五帝为首者，正以《大戴礼》有《五帝德》篇，又《帝系》皆叙自黄帝已下，故因以《五帝本纪》为首。其实三皇已还，载籍罕备。然君臣之始，教化之先，既论古史，不合全阙。

司马贞感叹记载三皇以还历史之典籍的稀少，《史记》依《大戴礼记》之《五帝德》及《帝系》两篇，未能"上自开辟"而记。他以为，既然涉及古史，则作为君臣与教化之源的三皇时代"不合全阙"。字里行间之中透露着他的通史情怀。在他看来，《史记》"错综古今，囊括记录，本皇王之遗事，采人臣之故实，爰自黄帝，迄于汉武，历载悠邈，旧章罕备，渔猎则穷于百氏，笔削乃成于一家"，尽显通史之价值，但是司马迁"叙五帝而阙三皇"。他看到了"三代已还，载籍罕备"的史料局限，也感受到了"首创者难为功"①的困局，因而没有对司马迁阙载"三皇"一事过度苛责。但不管怎样，在他看来，《史记》之中凸显出的缺陷势必会导致"盖先史之未备，成后学之深疑"②的局面。

唐人著作涉及上古之史者有韩潭"采虞、夏以来至于周、隋"事迹之《统载》，马总"撰纂太古十七氏，中古五帝三王……"之《通历》，姚康"上自开辟，下尽隋朝"之《统史》等，杜佑《通典》亦兼引文本之中有关上古之内容③。唐代通史之作产生于必要历史条件之中，从中可见唐人有着渴望了解上古至当代历史之通识。正是具备了这样的通识，孔颖达才可"竭所闻见，览古人之传记，质近代之异同"④；刘知幾才可赞颂博雅君子"征求异说，采摭群言"⑤的做法；张守节才可于"六籍九流地理苍雅锐心观采"⑥；李渤才可尝习《易》《书》《诗》《礼》《春秋》，得见三皇之道、五帝之德、三王之仁与五霸之义，于文本之中"参以百家，统以九流，又遗其繁华，摭其精实，收视黜听，顺其所自，故游涉中理也"⑦；来鹄才可意识到"三皇不书，五帝不纪。有圣有神，风销日已。何教何师，生来死止。无典无法，顽肩媲比。三皇实作，五帝实治。成天造地，不昏不圮。

---

① 司马贞：《补史记序》，见司马迁《史记》附录2，第4047页。
② 司马贞：《补史记序》，见司马迁《史记》附录2，第4047页。
③ 瞿林东：《唐代史学论稿》，北京师范大学出版社，1989，第76、80~81页。
④ 孔安国传，孔颖达疏《尚书正义·序》，第110页。
⑤ 刘知幾撰，浦起龙通释《史通通释》卷5《采撰》，第115页。
⑥ 张守节：《史记正义序》，见司马迁《史记》附录2，第4057页。
⑦ 董诰等编《全唐文》卷712，第7305页。

言得非排，文德圣齿。表表如见者，莫若乎史"①，在阐述史臣时认识到史书之重要性；也因此，司马贞才可好于"探求异闻，采撷典故"，极尽所能地构建"三皇五帝"古史系统这一通史的蓝图②。

司马贞三皇五帝古史系统之建立，除萌生于通史情怀之外，还有一个更加深层次的考虑，那便是对君臣秩序与伦理教化的坚守。我们从上述材料中"君臣之开始，教化之先"以及他在《三皇本纪》中应用谶纬时"开辟之初，君臣之始"的考虑中便可窥见得出。唐人对于三皇五帝之世表露出向往之心与借鉴之意。在玄宗朝对三皇五帝的祭祀活动中，不管是《南郊推恩制》中的"三皇五帝，道冠开辟，创物垂范，功济生灵"③，抑或是《置三皇五帝庙敕》中的"三皇五帝，创物垂范，永言龟镜，宜有钦崇"④，都体现出了这一点。而唐人有此心此意，正是对于君臣秩序与伦理教化的溯源。在司马贞看来，二者皆形成于三皇五帝之世。上文已经提到，贾公彦以为政教与君臣始自人皇之世，后伏羲得以因袭。在张怀瓘看来，"厥初生人，君道尚矣。应而不求，为而不恃，执大象也。迨乎伏羲氏作，始定人道，辨乎臣子，伏而化之，结绳而治"⑤。学者将君臣与教化始于某某时期作为一种叙事模式，无疑是为了给二者找寻权威且古老的依据，这其中涉及了唐代文士普遍的一种心态，即对君臣秩序与伦理教化的坚守，广而言之，则是对儒家思想与传统秩序的维护。

从文本的利用，最终到文本的怀疑，司马贞在其"三皇五帝"古史系统的建构过程中对于文本表现出了复杂的态度变化。正如柯林武德所说，历史学家仅仅关心有助于建立其思想的外部表现与事件⑥，司马贞的建构过程就是如此。文本的利用中，他于众多文本之中择取核心文本，又于核心文本之中择取核心证据，当这些文本不足以支撑或背离自己的观点时，又以逻辑判断与想象进行过渡与调和，表现出对于文本的怀疑。他利用"君

---

① 董诰等编《全唐文》卷811，第8530页。
② 司马贞起先"欲改更舛错，裨补疏遗，义有为通，兼重注述"，于《史记》之中补、注并行。但后来意识到贸然改窜古史，实有不妥，遂而"释文演注，又重为述赞"，今可见补《史记》之处者，仅为《三皇本纪》，其与《史记·五帝本纪》注文中之"三皇五帝"古史系统可看作是通史之蓝图。司马贞：《史记索隐序》，见司马迁《史记》附录2，第4044页。
③ 董诰等编《全唐文》卷25，第286页。
④ 王溥：《唐会要》卷22《前代帝王》，中华书局，1955，第430页。
⑤ 张彦远辑，洪丕谟点校《法书要录》，上海书画出版社，1986，第199页。
⑥ 〔英〕柯林武德：《历史的观念》，第306页。

臣""教化"这两个词眼将自己认为"不可全弃"的谶纬纳入建构内容之中,文本的怀疑上升到了历史本身。司马贞以"三皇五帝"古史系统完成对于通史蓝图的构建及对于君臣秩序与伦理教化坚守之心的表达,这正是文本与历史两个对象之间所体现出的司马贞的心境。

结　语

正如上文所言,古史系统的建构是作者有意识地选用材料并表现自身历史观的过程。司马贞在"三皇五帝"古史系统建构的过程之中,有意识地降低了经典文本的地位,利用一切可以利用的材料补史之阙文。从三皇五帝之史的角度讲,"异闻"与"典故"在他的眼中皆为可用之依据,正因为如此,他才可将不同性质的文本、不同性质的古史系统进行利用。文本的利用是为基础,须借判断将其整合,"剪刀加浆糊"式的叙事、"先验的想象"等便随之产生,整个古史系统便是最终的成果。司马贞徘徊于文本和历史之间,构建了属于他的"三皇五帝"古史系统,我们虽仅可从他所补的《三皇本纪》及《史记·五帝本纪》注文中得以窥见,但毋庸置疑,这个狭小的范围包含着复杂的内容及丰富的思想流露,不管是构建之初的心境,还是构建之中的态度与做法,司马贞无疑都是独特的,但是纵观上述整个内容,暂且以部分唐代学者的范围来说,他又是其中的代表而已。学者们自身文本利用标准的多元化,对于文本本身的怀疑,进而上升到对于整个"三皇五帝"古系统的怀疑,但却反而极力构建这样的叙事模式,这便是文本与历史在他们眼中所扮演的角色,在这样的矛盾与张力中,他们最终试图来定格自己的思想历程,完成了从文本到古史思想的过渡。

梁启超与章学诚研究的兴起

崔 壮[*]

摘要 章学诚研究兴起于20世纪20年代，并逐渐成为一门显学。在这个过程中，梁启超较早接触和鼓吹章氏学说，其鼓吹与宣传，方式多样，别具效力。在他的影响下，产生了一批章学诚的早期研究者，直接推动了研究的兴起。

关键词 梁启超 章学诚

章学诚研究兴起于20世纪20年代，并逐渐成为一门显学[①]，已成为不争的事实，但对于"如何兴起"这一问题的回答始终莫衷一是。一般认为，因日本学者内藤湖南作《章实斋年谱》的刺激，胡适开始关注章学诚，重新撰写了一部更为翔实的《章实斋先生年谱》，由此，章学诚研究被引入国内并逐渐形成热潮。[②] 而谢巍认为何炳松是发扬光大章学诚的

---

[*] 崔壮，1991年生，男，河北藁城人，华东师范大学历史学系博士研究生，主要从事中国史学史研究。

[①] 首先需要澄清两个概念，即"章学诚的再发现"与"章学诚研究的兴起"。前者针对的是章学诚在清代中后期至内藤湖南和胡适为其撰写年谱之前百余年间有无被历史湮没的问题，后者则为西方历史研究范式下的概念。随着研究的深入，章学诚的"再发现"日益被认作一个伪命题，即章氏本未湮没，便不存在所谓"再发现"。而"章学诚研究的兴起"，与此则并不相同，事实上，任何一种学问都存在一个兴起的阶段。参见黄兆强《章学诚研究述论》，《东吴历史学报》2004年第11期，第303页。

[②] 罗炳良先生在其著作《传统史学理论的终结与嬗变：章学诚史学的理论价值》"导论"中称："20世纪中国学术界开始关注和研究章学诚，显然是受到日本学术界的刺激与影响。这种现象在近代中国具有一定的普遍性，以至有人把它称之为'章学诚现象'。"参见罗炳良《传统史学理论的终结与嬗变：章学诚史学的理论价值》，泰山出版社，2005，第7页。

第一人。① 四川学者刘开军则强调刘咸炘在章学诚研究中的先见地位，认为探讨研究的兴起不能只看重外部刺激而忽视内部的暗流涌动。② 黄兆强全面分析了章学诚研究兴起于 20 世纪 20 年代的原因和背景，从章氏著述本身所具有的多元面向、章氏遗书的整理出版、西方史学的传入等多个方面进行了探讨。③

章学诚研究的兴起是一个复杂的事件，绝非仅因一人或数人之鼓吹与宣传而能兴起者，黄兆强的分析可谓详尽，然而不能因此而忽视个别学者的作用。陈鹏铭先生在一篇文章中指出，梁启超的宣传影响了内藤湖南和胡适，进而导致了章学诚研究的兴起，可惜未做深论。④ 本文仅就梁启超在 20 世纪 20 年代章学诚研究兴起中的作用进行阐述，以求教于方家。

一

梁启超早在少年时期可能就已经接触到了章学诚。1887 年，15 岁的梁启超求学于广州石星巢先生，后进入广州五大书院之一的学海堂读书，其间将凭借优异成绩获得的奖学金大量购书，以至"每届年假辄捆载而归"。当时购进的《粤雅堂丛书》，收有章学诚著的《文史通义》与《校雠通义》。⑤ 1890

---

① 谢巍：《发扬光大章学诚史学第一人》，刘寅生、谢巍、何叔馨编《何炳松纪念文集》，华东师范大学出版社，1990，第 122~158 页。
② 刘开军：《传统史学理论在民国史学界的回响：论刘咸炘的章学诚研究》，《史学史研究》2015 年第 2 期，第 35 页。
③ 黄兆强：《六十五年来之章学诚研究（1920~1985）》，《东吴历史学报》1988 年第 6 期，第 211~236 页。
④ 参见陈鹏铭《试论章学诚对于近代学者的影响》，中国历史文献研究会编《章学诚国际学术研讨会论文集》，北京图书馆出版社，2004，第 421 页。除陈鹏铭先生的论断外，关于梁启超在章学诚研究兴起中的作用，其他学者也做出过积极评价，如：廖晓晴将梁启超对章学诚的推崇作为章氏学说昌明于天下的主要原因（廖晓晴：《史林巨匠》，辽海出版社，1997，第 2、254 页）；梁继红指出梁启超对章学诚史学、方志学成绩的表彰在章氏研究兴起中的作用（梁继红：《章学诚学术研究》，北京大学博士学位论文，2003，第 3 页）。这些评价文字，肯定了梁启超在章学诚研究兴起中的作用和贡献，只是缺少详细的梳理、总结与论证过程。
⑤ 梁启勋：《戊辰室笔记》，转引自丁文江、赵丰田编《梁启超年谱长编》，上海人民出版社，1983，第 19 页。

年，梁启超就学于康有为。康氏熟知章学诚学说，对其态度前恭后倨，尤其随着他"孔子改制"思想的成熟，对"六经皆史""集大成者乃周公而非孔子"等观点极力诋呵。① 梁启超必定因此而对章学诚学说有更加深入的了解。20世纪20年代初早已远离"经今文学"的语境，在言及"六经皆史"的观点时，不禁流露出曾受康有为影响的痕迹。他说过这样的话，"其（即章学诚——引者按）言'六经皆史'，且极尊刘歆《七略》，与今文家异"②，又有"章实斋说'六经皆史'，这句话我原不敢赞成"③，都从侧面反映了梁启超在阅读、理解乃至接受章学诚过程中的曲折经历。1897年，梁启超来到湖南长沙，主讲时务学堂。据学者龙武考察，在清末湖南维新运动中，章学诚的著述得到整理、刊行，观点、学说得到广泛传播，俨然兴起了一场"章学诚热"④。虽然梁启超居湘时间并不长，但必应感受到这种氛围的存在。

以上所述，可谓"经今文学"或"晚清思想史"背景下的梁启超与章学诚之因缘。在思想的局限中，章学诚之于梁启超更多是一种思想的异在物而少有触动。1902年乃梁启超摆脱康有为思想束缚的标志性年份⑤。这一年，倡导"新史学"的契机，使得他对章学诚的理解与诠释出现了全新的局面——摆脱"思想"的牵扯，而从史学理论的视角以及中西史学比较的立场重新审视章学诚的学说。这样，梁启超最终成为章学诚研究的先行者，在研究兴起的过程中功不可没。

首先，从时间上看，章学诚见诸梁启超之笔端远远早于内藤湖南和胡适。1902年2月8日，梁启超倡导史界革命的纲领性文章《新史学》发表在《新民丛报》创刊号，在系统梳理中国之旧史的一节中，将章学诚《文史通义》与《史通》并举，作为"史学理论"的代表，而非沿用"史评"这样一种传统目录学的类别名称。⑥ 这种做法，使梁启超得以与以往将刘、

---

① 参见陈鹏铭《试论章学诚对于近代学者的影响》，第417～419页。
② 梁启超：《清代学术概论》，朱维铮校注，上海古籍出版社，1998，第69页。
③ 梁启超：《治国学的两条大路》，《饮冰室合集·文集》之三十九，中华书局，1989，第110页。
④ 参见龙武《清末湖南维新运动中的章学诚热》，卢敦基主编《浙江历史文化研究》第四卷，浙江大学出版社，2012，第203～223页。
⑤ 梁启超：《清代学术概论》，第86页。
⑥ 梁启超：《新史学》，《饮冰室合集·文集》之九，第2页。

章并称的学者相区别①,可作为他在新的视域中倡导章学诚学说的起点。值得一提的是,一度被学者认作发现章学诚之第一人的内藤湖南,直至这一年才在杭州读到《文史通义》和《校雠通义》。②

梁启超1904年撰《论中国学术思想变迁之大势》中"近世之学术"部分,对章学诚学术的评价很高,称他为"浙东学派"的"巨子","虽刘子元蔑以过之",终末有"吾于诸派中宁尊浙东"的誓愿。③ 1920年著《清代学术概论》,多次提及章学诚,均备加赞誉,称其"学识在刘知幾、郑樵上",《文史通义》"价值可比刘知幾《史通》",还有一段比较完整的论述:"在全盛期与蜕分期之间,有一重要人物,曰会稽章学诚。学诚不屑于考证之学,与正统派异。其言'六经皆史',且极尊刘歆《七略》,与今文家异。然其所著《文史通义》,实为乾嘉后思想解放之源泉。……实为晚清学者开拓心胸,非直史家之杰而已。"④ 该书首先以《前清一代思想界之蜕变》为题于当年11~12月在《改造》第3卷第3~5期连载发表。而在此时,内藤湖南《章实斋先生年谱》才刊发于日本《支那学》第1卷第3、4期。

1921年,梁启超在天津南开大学讲演《中国历史研究法》,将章学诚与刘知幾、郑樵并称,作为代表中国史学的人物,极大肯定了章氏史学的价值。他讲:"批评史书者,质言之,则所评即为历史研究法之一部分,而史学所赖以建设也。自有史学以来二千年间,得三人焉:在唐则刘知幾,其学说在《史通》;在宋则郑樵,其学说在《通志·总序》及《艺文略》《校雠略》《图谱略》;在清则章学诚,其学说在《文史通义》。……章氏生刘、郑之后,较其短长以自出机杼,自更易为功。而彼于学术大原,实自有一

---

① 刘知幾与章学诚,或《史通》与《文史通义》的并称现象,在章学诚生前即露端倪。章学诚《家书》中说:"人乃拟吾于刘知幾。"(章学诚:《文史通义新编新注》,浙江古籍出版社,2005,第816页)章学诚生前好友吴兰庭在给章氏的信中讲道:"承示近刻数首,其论史之识,有刘知幾所未及者。"(吴兰庭《答章实斋书》,转引自胡适著、姚名达补《章实斋先生年谱》,台湾商务印书馆,1980,第138页)光绪间萧穆《跋文史通义》:"近人有以章氏之书拟之《史通》者。"(萧穆:《敬孚类稿》,黄山书社,1992,第133页)章太炎《清儒》:"章学诚为文史校雠诸通义……其卓约过史通。"后改"过"字为"近"(章太炎:《清儒》,徐亮工编校《中国近三百年学术史论》,上海古籍出版社,2006,第7、15页)。可以说,梁启超之前,将刘、章并举,均属于传统学术的范畴,与梁氏史学理论及中西史学比较的视域不同。
② 内藤湖南:《章学诚的史学》,内藤湖南著,马彪译《中国史学史》,上海古籍出版社,2008,第370~371页。
③ 梁启超:《论中国学术思想变迁之大势》,夏晓虹校,上海古籍出版社,2006,第101页。
④ 分别参见梁启超《清代学术概论》,第18、54、69~70页。

种融会贯通之特别见地，故所论与近代西方之史家言多有冥契。……要之自有左丘、司马迁、班固、荀悦、杜佑、司马光、袁枢诸人，然后中国始有史。自有刘知幾、郑樵、章学诚，然后中国始有史学。"① 除此之外，梁启超还频繁引用章学诚观点作为论据，据笔者统计共有7处之多。② 讲稿于当年11月、12月在《改造》第4卷第3~4号揭载一部分。次年，也就是章学诚研究兴起的标志性年份1922年，1月梁启超《中国历史研究法》正式出版。同时，胡适所著《章实斋先生年谱》刊行。

其次，从对章学诚的"鼓吹"或"宣传"方式上看，较之内藤湖南和胡适，梁启超有其独特的优势，甚至更有成效。

内藤湖南自1902年读到章氏著述后，随即在日本大学课堂上鼓吹章学诚的学说③，而1920年所撰年谱，被内藤氏声明禁止汉译④，故而他的影响主要局限在日本及一些具备日文阅读能力的学者。实际上，除胡适外，内藤湖南的章学诚研究似并未对其他中国学者产生影响。胡适著《章实斋先生年谱》，可谓第一部正式出版的章学诚研究专著，对学界影响之大毋庸置疑。但正如他在日记中所言"我现在只希望开山辟地，大刀阔斧的砍去，让后来的能者来做细致的工夫"，故而除了这本"一时高兴之作"的"一种玩意儿"之外，关于章学诚未有后续研究。⑤

梁启超，则除民初从政的数年有中断外，自1902年发表《新史学》，到20世纪20年代末，对章学诚及其学说进行了持续的关注与"鼓吹"。现将所见梁启超含有"鼓吹"章学诚内容的文章和著作的出版情况列表如下。

由下表可见，梁启超的一篇文章或一种著作往往相继以数种形式面世，使得对章学诚及其学说的"鼓吹"与宣传更加多样化、更具层次性与持续性。以其中最为重要的《论中国学术思想变迁之大势》《清代学术概论》《中国历史研究法》《中国近三百年学术史》《中国历史研究法补编》五种著作为例。前两者，先在期刊连载，后收入文集或整理为单行本出版，无形中扩大了阅读人群和影响范围。后三者，则首先以讲演的形式发表，次

---

① 梁启超：《中国历史研究法》，梁启超著，汤志钧导读《中国历史研究法》，上海古籍出版社，1998，第24~25页。
② 参见梁启超《中国历史研究法》，17、21（两处）、22、25、27、53页。
③ 内藤湖南：《章学诚的史学》，第371页。
④ 参见姚名达《校后补记》，载胡适著、姚名达订补《章实斋先生年谱》，第1页。
⑤ 胡适著，曹伯言整理《胡适日记全编》（第一册），安徽教育出版社，2001，第565页。

在期刊连载，最后单行本发行，形成了三重"阅读圈"和"影响圈"。梁启超在章学诚研究兴起中的作用，由此可见一斑。

梁启超含有"鼓吹"章学诚内容论著出版情况一览表①

题名	讲演情况	期刊发表情况	收入文集或单行出版情况
新史学		载1902年2月8日《新民丛报》创刊号	收入《饮冰室壬寅文集》；收入1905年上海广智书局出版《分类精校饮冰室文集》；收入1906年刊行《中国新史学》一书，出版机构不详；收入1925年《乙丑重编饮冰室文集》
论中国学术思想变迁之大势·近世之学术		载1904年9~12月《新民丛报》第53~55、58号	收入1905年上海广智书局出版《分类精校饮冰室文集》；收入1925年《乙丑重编饮冰室文集》；收入1927年上海会文堂书局出版《重订分类饮冰室文集全编》
清代学术概论		1920年11~12月在《改造》第3卷第3~5期，题为《前清一代思想界之蜕变》	1921年2月上海商务印书馆出版单行本
中国历史研究法	1921年秋在天津南开大学讲演	1921年11、12月在《改造》第4卷3~4号揭载一部分	1922年1月上海商务印书馆出版单行本
治国学的两条大路	1923年1月9在日东大国学研究会讲演		收入1923年9月上海商务印书馆出版《梁任公学术讲演集》第3辑；收入《乙丑重编饮冰室文集》
国学入门书要目及其读法		载1923年6月14~23日《晨报副刊》	
文史学家之性格及其预备	1924年1月在清华学校讲演	载《清华周刊》第291号	
近代学风之地理的分布		载《清华大学学报》1924年第1期	收入《乙丑重编饮冰室文集》
说方志			收入《乙丑重编饮冰室文集》

① 本表制作主要参考了李国俊编《梁启超著述系年》，复旦大学出版社，1986。表中所列"收入文集或单行出版情况"以20世纪20年代及以前为主，均为初版。

续表

题名	讲演情况	期刊发表情况	收入文集或单行出版情况
中国近三百年学术史	1923年9月至次年5月在清华大学讲演	第1~12讲，载1924年5~6月《史地学报》第3卷第1~8期；末4讲《清代学者整理旧学之总成绩》部分，载1924年6~9月《东方杂志》第21卷第12、13、15~18号	1929年民志书局出版单行本①
龙游县志序			载《龙游县志》书前，该书于1925年于北京京城印书局刊行
指导之方针及选择题目之商榷	1925年9月13日在清华国学研究院讲演	载10月2、9日《清华周刊》	
中国历史研究法补编	1926年10月至次年3月在清华大学讲演	部分内容发表于《清华周刊》	1933年6月上海商务印书馆出版单行本
儒家哲学	1927年在清华大学讲演		1936年北京中华书局出版

在众多涉及章学诚的著述中，梁启超热衷于章学诚学术地位的塑造，虽然缺少严格意义上的研究内容，但这种言说方式，可谓真正的"鼓吹"，想必也更加具有吸引力和震撼力。从"学识过刘知幾"的论断，到"史学三大家"与"史学三书"的构建，再到"集中国史学之大成"的赞誉，从"浙东学派之巨子"的定位到"集浙东学派之大成"的概括，从"清代唯一之史学大师""清代第一之史学大师"的称谓到"乾嘉时期思想界双峰"的塑造，再到"乾嘉后解放思想之源泉"的论断，此外还有"世界上第一位讲历史哲学的人""方志学的建立者"等关于学术地位的论说，这些论点无不令人耳目一新，推动着研究者们去关注章学诚，研究其人、其学。②

1925年清华大学国学研究院的成立，为梁启超鼓吹章学诚学说提供了

---

① 《梁启超著述系年》作1924年，误（见该书第226页）。
② 参见《论中国学术思想变迁之大势》，第101页；《清代学术概论》，第69~70页；《中国历史研究法》，第24~25页；《中国近三百年学术史》，夏晓虹、陆胤校，商务印书馆，2013，第117、361~366页；《说方志》，《饮冰室合集·文集》之四十一，第95页；《中国历史研究法补编》，梁启超著，汤志钧导读《中国历史研究法》，第204、307页；《儒家哲学》，《饮冰室合集·专集》之一〇三，第67~68页；等等。

另一种方式。作为研究院导师，梁启超 1923~1924 年在清华学校讲演"中国近三百年学术史"时许下撰写"章实斋之史学"的研究专著或专篇学术承诺，被他带到了研究院的"专修题"之内。这种以在研究院授业的方式来倡导、传递章学诚研究的做法，有力推动了研究的兴起。1925 年 9 月 13 日，梁启超就研究生"指导之方针及选择题目"诸事在研究院发表演说，讲演稿发表于同年 10 月 2 日、9 日出版的《清华周刊》第 24 卷第 4、5 号。在"指导研究题目示例"中，"章实斋研究"赫然在列。① 如此做法自然也收获了巨大成果，日后成为章学诚研究重镇的姚名达即受业于梁启超门下，他是这一年 9 月 28 日来到研究院的，自述"立志做史学史的研究，就在'专修题'内认定了'章实斋的史学'一门"②。至于梁启超对姚名达章学诚研究的影响，将在下文详述。

再次，从个人魅力看，梁启超清末时流亡日本，已为"言论界之骄子"；20 年代欧游归来，绝缘政治而埋头学术，在全国各地讲演，成为当时学术界的焦点人物，即使和五四新文化运动中红得发紫的胡适相比，梁启超也不稍逊色。

论口才，梁启超怕无人匹敌。他的讲演，具有情浓、意新、识广、言畅的特点③，总能够移人之情、撼人之志、聚人之识。张嘉森是这样描述梁启超演说之震撼力的："先生每演说，恒数万言，言各不同……意气声容，恻怛悲壮，闻者舞蹈感泣，万态呈露，莫不得其意以去。去而告人，人又莫不叹恨，以为不获闻梁先生言。"④ 散文家梁实秋撰有《记梁任公先生的一次演讲》一文，以其特有的清丽、幽默且极富生活情趣的笔调刻画出梁启超演讲"中国韵文里表现的情感"时，那种博学而多情、"到紧张处，便成表演"的神态。文末，他说："听过这讲演的人，除了当时所受的感动之外，不少人从此对中国文学发生了强烈爱好。"⑤ 由此可以想见梁启超在讲演中对章学诚学说进行鼓吹所能收获的效力，相信也会有不少人从此对章

---

① 梁启超：《指导之方针及选择题目》，《〈饮冰室合集〉集外文》，北京大学出版社，2005，第 973 页。
② 姚名达：《〈章实斋先生年谱〉序》，载胡适著、姚名达订补《章实斋先生年谱》，第 1 页。
③ 肖燕：《梁启超的演讲特色》，《吉林师院学报》1994 年第 2 期，第 58~61 页。
④ 张嘉森：《〈梁任公先生演说集〉序》，夏晓虹编《追忆梁启超》（增订本），生活·读书·新知三联书店，2009，第 184 页。
⑤ 梁实秋：《记梁任公先生的一次演讲》，夏晓虹编《追忆梁启超》（增订本），第 258~260 页。

氏学说产生强烈爱好。

论文笔，梁启超早年的文章称得上中国散文史上的一朵奇葩，情感浓烈、气势磅礴、顺畅通达，自称"夙不喜桐城派古文，幼年为文，学晚汉魏晋，颇尚矜炼，至是自解放，务为平易畅达，时杂以俚语韵语及外国语法，纵笔所至不检束……其文条理明晰，笔锋常带情感，对于读者，别有一种魔力焉"[①]。至20年代，在走下政坛之后，梁启超更多写作学术文章。早年报馆生涯的历练以及养成的文章风格，也体现在这一时期的文风上，当然照样取得成功，就连对梁启超史学颇有微词的钱穆也对其文笔备加称赞，称："近人论学，专就文辞论，章太炎最有轨辙……其次是梁任公……其文字则长江大河，一气而下，有生意、有浩气，似较太炎各有胜场。"[②]另一方面因讲课之用，他尝试用白话作文，衍生出梁启超式的"讲义体"。夏晓虹先生通过对《中国近三百年学术史》文本的分析，得出"能够把学术史写得如此饶有趣味且贴合史实，确实是梁启超特有的本事"[③]的结论。有如此之文笔，或许就是梁启超文章一旦发表，即可结集或单行出版，而一旦出版，就可接二连三再版的原因。从这个角度上看，章学诚由梁启超笔之于书，岂有不风靡之理？

二

1922年是章学诚研究兴起的关键之年，这一年胡适出版《章实斋先生年谱》，何炳松发表《文史通义札记》，张其昀发表《读史通文史通义校雠通义》和《刘知幾与章实斋之史学》，甘蛰仙发表《章实斋的文学概论》。据笔者分析，四人的章学诚研究均与梁启超有着大大小小的联系。

胡适自称作《章实斋先生年谱》的动机，起于民国九年冬天读内藤湖南的章氏年谱。[④]但在这之前，他必定从梁启超处获得了对章氏的最初认知和印象。胡适曾坦言梁启超的《中国术思想变迁之大势》带给他巨大的影

---

① 梁启超：《清代学术概论》，第85~86页。
② 钱穆：《钱宾四先生论学书简》，载余英时《现代学人与学术》，广西师范大学出版社，2006，第58页。
③ 夏晓虹：《作为讲义的〈中国近三百年学术史〉》，载梁启超《中国近三百年学术史》，第458页。
④ 胡适：《〈章实斋先生年谱〉自序》，载胡适著，姚名达订补《章实斋先生年谱》，第1页。

响,给他"开辟了一个新世界",使他"知道四书五经之外中国还有学术思想",而且说"这是第一次用历史眼光来整理中国旧学术思想,第一次给我们一个'学术史'的见解",甚至声称"我最爱读这篇文章"。① 既然胡适对这篇文章如此钟情,那么他不可能没有见到其中关于章学诚的论断和叙述。1920年,胡适又几乎全程参与了梁启超《清代学术概论》的写作与发表②,而这书中存有梁启超关于章学诚的更多断语以及较大篇幅的论述。当然,这里并非要证胡适所言之伪,而是想要通过常理推断,来说明梁启超在胡适关注章学诚并撰写年谱中所起到的作用。章学诚研究的兴起,必然经过众多学者的宣传与鼓吹,这样章氏之价值才能愈加为人们所承认。胡适对章氏价值的肯定也是这个道理,恰如"三人成虎"的寓言(或许并不恰当),梁启超不幸充当了"三人成虎"中第一个谈虎人的角色,为听虎者所忽视,而内藤氏有幸第三个出场,却为听虎者所认可。梁启超的论断不一定是引起胡适撰年谱的直接动机,但必定为胡适后来受到内藤《章实斋年谱》之刺激奠定最初的印象。

关于何炳松的章学诚研究,他在为胡适著,姚名达补的《章实斋先生年谱》所作的序中回忆道:"民国六年以后我在北京大学教了五足年的书,又和适之先生同事,而且常常同玩。他和我不约而同而且不相为谋的研究章实斋,亦就在那个时候。结果他做成一部很精美的《年谱》,我做了一篇极其无聊而且非常肤浅的'管见'。"③ 所言"管见",指1925年2月发表的《章学诚史学管窥》,在这之前的1922年2月,何炳松就发表了这篇"管见"的前身《读章学诚〈文史通义〉札记》,据他所言与胡适的撰写年谱同时,则"管见"应是"札记"的误记。何炳松否定了胡适所撰年谱对他的影响,但并不代表他的研究完全是自发的。《读章学诚〈文史通义〉札记》中讲:"章学诚之《文史通义》为有清一代关于史法之唯一著作。论者谓其可与刘知幾之史通相埒。"④ 何炳松研究章学诚《文史通义》,后又研读刘知幾《史通》,进而得出"刘不如章"的结论,完全可以看作对"论者"此

---

① 胡适:《四十自述》,《胡适文集》第1册,北京大学出版社,1998,第72~73页。
② 参见夏晓虹《1920年梁启超与胡适的学术姻缘:以新发现的梁启超书札为中心》,《中华文史论丛》2010年第3期。
③ 何炳松:《〈章实斋先生年谱〉序》,载胡适著,姚名达订补《章实斋先生年谱》,第4页。
④ 何炳松:《读章学诚〈文史通义〉札记》,《史地丛刊》第1卷第3期,1922年2月,第1页。

言的检视。① 所言"论者"当指梁启超不差,梁氏在《清代学术概论》中说:"其专研究史法者,独有章学诚之《文史通义》,其价值可比刘知幾《史通》。"② 何炳松否定胡适的影响,却在文章中显现了梁启超影响的存在,这是对梁启超在章学诚研究兴起中之作用的最佳诠释。

张其昀撰《刘知幾与章实斋之史学》称,章学诚著《文史通义》《校雠通义》为"吾国史学评论第二部名著",然又在此加注解释未及郑樵《通志》的原因道:"《通志》实一革新体之史著,而非评论史学之专著,其史例大要见于总序及艺文、校雠、图谱诸略,识力精绝。顾范围尚狭,近代史家所论之内证、外证、史之宗旨、史之述作之类,郑君多未及议。余故以章君之书,为中国史学评论第二部名著。"③ 张其昀的这种做法,虽然可以看作对梁启超"史学三书"的商榷甚至驳议,但从侧面凸显出梁氏此论在当时之流行与影响。还需要指出的是,梁启超虽然不是首先将刘知幾、章学诚并称的人,但从现代史学的立场出发将二者及其著作在史学理论、史学批评以及史学方法的层面上并称乃至对比,均以梁氏为最先与最著。可以说,张其昀是承继梁氏指出的方向,而开辟学术新境的功臣。

甘蛰仙④的《章实斋的文学概论》较前者稍为晚出,于 1922 年 12 月 6~13 日《晨报副刊》连载发表,是章学诚文学研究的第一篇专文。他著此文,称"对于《文史通义》,只把其中关于文学的论调提出来说,即关于史学的论调也拟暂缓。因为章实斋的文学论,往往为他的史学论所掩,就是诵说他的史学的人们,对于他的文学论,也未必加以详细地述评;所以觉得有提前论次的必要"⑤。可见,在 1922 年年底的时候,经过梁启超、胡适、何炳松以及张其昀等人的研究和倡导,章学诚史学的价值已经为学界有所认知,甘蛰仙的这篇文章正为补偏而作。1924 年,甘蛰仙兑现两年前宣称"暂缓"研究章学诚史学的诺言,在《晨报副刊》9 月 7~16 日连载发表《章实斋之历史观》,可谓促使章学诚研究真正兴起的一篇力作。⑥ 在

---

① 何炳松:《〈史通〉评论》,《民铎杂志》1925 年第 1 期,第 87 页。
② 梁启超:《清代学术概论》,第 54 页。
③ 张其昀:《刘知幾与章实斋之史学》,《学衡》1922 年第 5 期,第 3、5 页。
④ 甘蛰仙,名大文,四川大竹人。关于甘蛰仙之生平,参见刘中文《甘蛰仙及其对陶学的贡献》,《九江学院学报》(社会科学版) 2014 年第 2 期,第 5~6 页。
⑤ 甘蛰仙:《章实斋的文学概论》,《晨报副刊》1922 年 12 月 6 日。
⑥ 章学诚研究在 1922 年突然"兴起"之后,于 1923 年、1924 年陷入低潮,主要论文两年仅各一篇。

文章导言部分，甘蛰仙的表达几乎是梁启超观点的复述：

①刘知幾、郑樵与章学诚为中国史学的三大权威，"及章实斋出，始集刘郑之长，而力避其短：一面更扩大史料之范围，提高史学之地位，而卓然在②哲学的史学（一曰历史哲学，亦曰历史观，简称史观）界独树一帜，③且于方志学上巍然为不祧之祖焉"①。

关于①，梁启超将刘知幾、郑樵与章学诚并举，作为中国史学的仅有的三人，早在1921在南开大学讲演《中国历史研究法》时，该书1922年1月正式出版，且言："章氏生刘、郑之后，较其短长，自更易为功。"关于②，梁启超1923~1924年在清华学校讲中国近三百年学术史时，第一至十二讲的授课讲义印行发给学生，提出"实斋可称为历史哲学家"。1924年2月撰有《近代学风之地理的分布》一文，也称"会稽章实斋学诚……其史学盖一种历史哲学也"②。关于③，梁启超在《中国近三百年学术史》"清代学者整理旧学之总成绩"的"方志学"部分提出"方志学之成立，实自实斋始也"③的观点。该书第十三至十六讲"清代学者整理旧学之总成绩"在清华学校随授随编，似并未印发讲义，全部完成于1924年5月7日之前。"方志学"部分在第十五讲，于当年9月25日发表于《东方杂志》，略晚于甘蛰仙之文章。甘蛰仙为北京大学哲学系学生，活跃于20年代的北京学术界，因亲闻或传闻而获知梁启超讲演之内容、观点，当有可能。另外，即便甘蛰仙对章学诚在方志学史上地位的评价乃独立得出的结论，而"方志学"这个概念最早由梁启超提出并形诸文字发表，亦当是无可争议的事实。④

除了上述在1922年就出版专著或发表专文的几人，姚名达作为章学诚研究的重镇，反映了梁启超发生影响的另一个重要侧面。作为姚名达的授业导师，梁启超对其"章学诚研究"的影响主要体现在三个方面。

第一，以"章实斋的史学"作为研究章学诚的出发点。梁启超一直认为，章学诚的全部工作和成就在史学，其思想（或称道术）蕴藏于史学之

---

① 甘蛰仙：《章实斋之历史观》，《晨报副刊》1924年9月7日。
② 梁启超：《近代学风之地理的分布》，《饮冰室合集·文集》之七十一，第74页。
③ 梁启超：《中国近三百年学术史》，第361页。
④ 宋代朱长文曾有"方志之学"的说法，梁启超则更为明确地提出"方志学"这一学科概念，出现在发表于《东方杂志》第15号（1924年8月10日）的《清代学者整理旧学之总成绩》引言文中。参见韩章训《普通方志学》，方志出版社，1999，第1页。

中，与史学脱不了干系，只有真正了解章氏之史学才能真正了解章氏其人。由此，姚名达选择"章实斋的史学"作为专修题目，并撰成专文。

第二，以编撰年谱作为重要的研究方式。梁启超视编写年谱为史学训练和人物研究的极佳方式[①]，任研究生导师对学生有此引导与要求当在情理之中。姚名达围绕章学诚研究的主题，撰有《章实斋年谱》《邵念鲁年谱》《朱笥河年谱》等。

第三，将章学诚研究与中国史学史研究相结合，在史学史的视域中审视章氏史学的价值。在进入研究院之前，姚名达就认识到编纂"中国史学史"的必要，他说"读了适之先生的《国学季刊发刊辞》，便觉得他的中国文化史撰著计划中，缺少了一部最重要而且最有价值的中国史学史"。而直至进入研究院，受业于梁启超，才真正立志研究中国史学史，由此可以想见梁启超在这之中所起到的重要作用。姚名达选择章学诚史学作为研究对象，正是在这个宏大志愿与计划之下的选择。在计划实施的过程中，梁启超的重要性，可从姚名达的自述中见出一二："受业于梁任公先生，即立志用十年功夫，专门研究中国史学史。那时任公先生正想合师生之力，共著一部空前绝后的中国文化史。那年我才二十一岁，双亲健存，内顾无忧，所以当日立即下极大决心，非待史学史成书，不得离开清华。清华研究院照例是一年毕业的，我不愿离开良师，不愿抛弃凤业，所以毕业以后仍在清华住了三年。直到民国十八年一月十九日任公先生逝世以后，明灯失去了，不能不自行摸索前进。"[②]

梁启超率先从史学理论与方法以及中西比较的立场出发，肯定章学诚史学的价值，极大推动了章学诚研究在 20 世纪 20 年代的兴起。许冠三和吴怀祺先生分别对梁启超的刘知幾和郑樵评论进行了阐述，并对其在刘知幾和郑樵研究史中的地位予以高度评价[③]，同样，回顾章学诚研究的历史，梁

---

① 参见梁启超《中国历史研究法补编》，第 233~234 页。
② 参见姚名达著，清华大学国学研究院主编《姚名达文存》，江苏人民出版社，2012，第 216 页。
③ 许冠三曾对梁启超的刘知幾评论进行了总结，认为刘知幾史学之所以能"受到当代史家之广泛注视，并得与西方近代史学思潮主流会通而成为中国新史学准则之一"，其关键全在梁启超一人（参见许冠三《梁启超论刘知幾》，载《刘知幾的实录史学》，香港中文大学出版社，1983，第 222~226 页）。吴怀祺先生在其著作《郑樵评传》中列专节对梁启超的郑樵评论做了详细阐发（详见吴怀祺《梁启超评郑樵：光芒竟天的一颗彗星》，《郑樵评传》，广西教育出版社，第 146~155 页）。

氏之功，不容忽视。而唐爱明却讲道："虽然梁启超曾感觉到章学诚的伟大学术成就，但多为预见性结论，缺乏具体论证，因此无法凸显章学诚在学术史上的价值和意义。"① 固然，梁启超并没有像章学诚的其他早期研究者一样写出一部专著或一篇专文，但绝不能因此而抹杀他在章学诚研究史中的贡献和地位。本文正为此而作。

---

① 唐爱明：《章学诚文论思想及文学批评研究》，上海古籍出版社，2013，第1页。

经史张力及其调适
——以蒙文通史学史书写为核心

刘 学[*]

摘要 在史学史著作中,蒙文通先生的讲义书写自具一种特色,他将通观明变明道的史学思想灌注其中,既经由刘咸炘远绍章学诚,同时据此重构南宋浙东史学。讲义论晚周史学多取《古史甄微》《经学抉原》旧论,论旨指向旧文,目的在确立经与古史间的分途,以别于流行之康、章二脉。成熟之作《儒学五论》的写作与史学史正相接续,所主者为一儒史相资之半开放式思想体系,但尚不能完全圆善融通。经史张力作为史学史书写前后凸显出的问题,虽经由自身展露与蒙文通调适解决的阶段,却在《儒学五论》中尚不能得以消解,其间转而透露出近代经学衰落的一种内在理路。

关键词 蒙文通 《中国史学史》 浙东史学 经史分途 儒史相资

引 言

晚清以降直至民国的历史世界常被历史学家处理为一个整体,相较于传统秩序下的中国,在此不难看出种种激变之处。较之以往冲击-反应模式的二元化处理,后来的史学家不时提醒自己注意到传统到现代转变过程中的多元复杂性,因此研究难免被导向先前未曾留意的地方,并且能抱以

---

[*] 刘学,1995年生,男,安徽六安人,复旦大学古籍所硕士研究生,主要从事文献学、中国学术史研究。

更加开放包容的心态，如面对经学瓦解的问题，就隐含这种整体趋势。作为明体达用体道的学问与生命一体之经学，在后来逐渐定型的现代学术格局中显得扞格难通，最终便在官方、学术界以及民间都相继失落，这一过程的具体意涵当然远远超出学术史层次，而更带着官方意识形态、读书人生命空间等等不同的转变过程，但学界目前的讨论似仍取学术思想层面较多。这一论题早期有罗志田的《清季民初经学的边缘化与史学走向中心》[①]，文中揭示出清代考据学传统中隐含的经学、史学两系统在民国时的易位，并且强调了史学被附加的社会价值、道德意义，由于罗文中提到蜀中地区在这场大势变迁中的独立性，并且屡次提及蒙文通[②]，后来学界讨论蒙氏时也难免将之放入经史易位的架构中。

罗文中构成的意义向蒙文通研究的渗透，最早可见于王汎森《从经学向史学的过渡——廖平与蒙文通的例子》一文[③]，该文从"古史多元论"和"大势变迁论"两方面提出蒙文通日益成为一位新学术体制中的专业史家，并且归纳了经学转变的若干环节。针对这种将蒙文通看作经史转型例证的做法，张凯提出了商榷意见，他的一系列论文试图证明蒙文通的史学是义理化的史学[④]，"以

---

① 原刊《汉学研究》第15卷2期，1997年12月。后收入氏著《权势转移：近代中国的思想、社会与学术》，湖北人民出版社，1999，第302~341页，该书新版（北京师范大学出版社，2014）中被删去。另外关于经学衰落瓦解的著作还有如路新生《经学的蜕变与史学的"转轨"》，上海古籍出版社，2006；刘巍《中国学术之近代命运》，北京师范大学出版社，2013；陈壁生《经学的瓦解》，华东师范大学出版社，2014。这些著作各各取径、视角不同，可见经学蜕变的问题已逐渐成长为史界一个专门话题。

② 关于蒙文通的生平，读者可自参看其子蒙默《蒙文通先生小传》，此不赘及，文载刘梦溪主编《中国现代学术经典》之《廖平、蒙文通卷》，河北教育出版社，1996。

③ 王汎森：《从经学向史学的过渡——廖平与蒙文通的例子》，氏著《近代中国的史家与史学》，复旦大学出版社，2010，第70~101页。

④ 对蒙文通经史学研究的诸时段，张凯有堪称覆盖的研究，经眼有以下诸文：《出入"经""史"："古史三系说"之本意及蒙文通学术旨趣》，《史学月刊》2010年第1期；《浙东史学与民国经史转型——以刘咸炘、蒙文通为中心》，《浙江大学学报》（人文社会科学版）第41卷第6期；《平议汉学：蒙文通重构近代"今文学"系谱的尝试》，《中国哲学史》2012年第4期；《清季民初"蜀学"之流变》，《近代史研究》2012年第5期；《经史分合：民国时期〈中国史学史〉的两种写法》，《社会科学战线》2012年第8期；《"以国故整理科学"：〈儒学五论〉与国史体系重建》，《浙江学刊》2013年第1期；《经今古文之争与国难之际儒学走向》，《浙江大学学报》（人文社会科学版）第43卷第3期；《经史分合与民国"新宋学"之建立》，《近代史研究》2013年第6期；《经史嬗递与重建中华文明体系之路径——以傅斯年与蒙文通学术分合为中心》，《浙江大学学报》（人文社会科学版）第44卷第2期；《〈经学抉原〉与民初经学之走向》，《学术研究》2014年第4期。这些文章的问题都可在其博士学位论文《"义与制不相遗"：蒙文通与民国学界》（中山大学历史系，2009）中见其源。

经御史"是作者常用的表述,他认为从《古史甄微》到《儒学五论》都没有发生弃经入史的情况,在蒙文通学问中,经史是体用关系,儒史相资,统摄内圣外王。虽然张凯对蒙文通在各个阶段的学术活动都有涉及,但病在以这种整体认同框范不同时期蒙文通对经史张力的处理。我们应该承认,这种将蒙文通自觉放在民国经史学术转型的过程中来重述,强调个人与近代学术、思想变迁大势关联的进路,改变了以往简单介绍其学术成就的范型①。但若转进到蒙文通自身,却还有相当层次未被发现,如20世纪30年代史学史书写的阶段②。

蒙著《中国史学史》的面貌长期不被学界了解。这是他授课中长期使用的讲义,1933~1935年在北京大学任教时开始撰写,1938年在四川大学时基本撰成③,后来陆续将其中部分刊出发表,但生前未出单行本。就蒙文通与经史转型的问题来看,如前所述已经出现了分化,或认为蒙文通立学始终以经学为根底,治史只是学术重点的转移④,或认为蒙文通弃经从史,在经史学两种形态之间发生了结构性转型⑤。有的学者认为,现代史学范式的确立是以摆脱传统经学为代价方才完成的,经学家和旧史家面对的是弃史保经或脱经入史的两难境地,其中一些经学家虽然抱持尊经的态度,实则却反而促成新史学范式的建立⑥。当我们以蒙著《中国史学史》为依托,分析其中不同的层次时,或许可以对这种将现代史学和经学对立的思维提

---

① 这一范式可由几部纪念性文集体现,如蒙默编《蒙文通学记》(增订本)(三联书店,2006)以及四川大学历史文化学院编《蒙文通先生诞辰110周年纪念文集》(线装书局,2005)。
② 关于蒙著《中国史学史》的讨论,现只见蒙文。何晓涛《蒙文通与中国史学史》[《四川大学学报》(哲学社会科学版)2004年第3期]和张凯《经史分合:民国时期〈中国史学史〉的两种写法》(《社会科学战线》2012年第8期)两文基本只是史学史特点上的探究。栗品孝《蒙文通与南宋浙东史学》(《浙江学刊》2005年第3期)及张凯前揭《浙东史学与民国经史转型——以刘咸炘、蒙文通为中心》[《浙江大学学报》(人文社会科学版)第41卷第6期]二文分析了蒙文通与浙东史学关系问题。
③ 刘承军:《蒙文通先生年谱长编》卷四,中华书局,2012。
④ 刘复生:《转型而不同调:晚清以来蜀中学人之经史观》,《湖南大学学报》(社会科学版)第29卷第6期。
⑤ 王汎森:《从经学向史学的过渡——廖平与蒙文通的例子》,氏著《近代中国的史家与史学》,第70~101页。
⑥ 李晓宇:《"井田制之争"中的蒙文通与胡适》,《蜀学》第三辑,该文认为蒙文通为保全经学价值而将之与历史真实性剥离的时候,实已宣告了经学为空想,从反面促起史学的现代范式。这种竞争的趋同性(王汎森:《思想史研究方法经验谈》,许纪霖、刘擎主编《知识分子论丛》第12辑《何谓现代,谁之中国?》,上海人民出版社,2014)很值得审视。史学现代范式确立过程中发生的"新旧革命"也有不同层次有待区分,从经史关系层面来看基本表现为经学史料化、分科化,核心是经为常道的瓦解,参看陈壁生《经学的瓦解》,华东师范大学出版社,2014。

出反思，并得以连接蒙文通前后期的学术写作，由于前人的专门研究很少，本文也着意凸显这一阶段的关联性特质。

一　史学史特质及浙东史学的重取

蒙文通的史学史书写是伴随着他对史学的认同而逐渐发生的，其间川人刘咸炘对他影响较深。刘氏学宗章学诚，因此在蒙文通论述的过程中也不难看到《文史通义》的影子。因此之故，他对史学史的理解更偏向传统，与经由梁启超发端后来成为主流的史学史写作大不相同，后者可以金毓黻《中国史学史》为例。关于这种特色，蒙文通有一段重要的自述，见《跋华阳张君〈叶水心研究〉》：

> 双江刘鉴泉言学宗章实斋，精深宏卓，六通四辟，近世谈两宋史学者未有能过之者也。余与鉴泉游且十年，颇接其议论。及寓解梁，始究心于《右书》《史学述林》诸编，悉其宏卓，益深景慕。惜鉴泉于是时已归道山，不得与其上下其论也。后寓北平，始一一发南渡诸家书读之，寻其旨趣，迹其途辙，余之研史，至是始稍知归宿，亦以是与人异趣。深恨往时为说言无统宗，虽曰习史，而实不免清人考订獭祭之余习，以言搜讨史料或可，以言史学则相间犹云泥也。于是始撰《中国史学史》，取舍之际，大与世殊，以史料、史学二者诚不可混并于一途也。[①]

可知蒙文通在1931年执教河南大学（寓解梁）后，究心于刘咸炘论史诸书，在刘氏讲浙东史学的启发下，1934年在北大时（寓北平）又沉潜南宋史学，"暑期中在平，略读东莱、水心、龙川、止斋诸家书，欲以窥宋人史学所谓浙东云者"[②]。就蒙文通对史学逐渐发生认同来看，刘氏点醒之功是非常显著的，不仅使得蒙氏治学重点逐渐迁移，而且最终使蒙依托浙东

[①] 蒙文通：《中国史学史》，《中国史学史》，上海人民出版社，2006，第161页。
[②] 蒙文通：《致柳翼谋先生书》，《中国史学史》误系之于1935年，据《蒙文通先生年谱长编》当改系于1934年9月7日。1933年暑期蒙文通至北大，讲《周秦民族与思想》，次年授魏晋南北朝史及宋史。《治学杂语》自述，"我三十岁以后才稍治地理之学，四十以后因专在史学系教课，才放开了经学"。见王承军《蒙文通先生年谱长编》卷四，中华书局，2012。

史学觅得治史旨趣,在《中国史学史》中蒙文通明显扬撰述、抑记注①,其书写史学史不在于强调史官职置、史家生平和史著编撰,而在于透过前人论述发现其中的史观、史意。

蒙文通在书中常有所谓思想变化一会之说,不拘执为一家史学做注脚,意欲求一代之业而观其先后消息之故:

> 怀疑古代传说,始于屈原,诋毁儒家载籍,极于韩非。此思想转变之一会也。孔融、嵇康讥讪汤武,此思想学术转变之又一会也。②
>
> 窃以中国史学惟春秋、六朝、两宋为盛,余皆逊之。于此三段欲稍详,余则较略。每种学术代有升降,而史学又恒由哲学以策动,亦以哲学而变异。哲学衰而史学亦衰,国风熄而国语兴,由《左》《国》观之,实由多数畸形之史体编辑而成。六代精于史体,勤于作史;宋人深于史识,不在作史而在论。③

可见蒙文通史学史撰写的主要意趣在于明势察变,即通过对当时学术整体的把握及各部分动向的交互影响渗透,去看时人的史学观念及其高度。因此他强调在研究中特具贯通熔融之识,所谓以诸子之法治史者:

> 我从前本搞经学,后来教史学,十年后才稍知道什么是史学,应如何治史。治经、治史方法、目的都不同,但也有部分人始终不免以清人治经之法治史,就是以考据治史,所以不免于支离破碎,全无贯通之识,这远不如以治诸子之法治史。④

蒙氏不仅自己对此特表认同,而且移之以论前人,在讲论天宝后之文、哲学与史学相较于初唐相沿不改之断代纪传、五经正义之学的变通时,称:

---

① 蒙文通《中国史学史·绪言》:"记注、撰述,判若渊云,岂可同语。滥竽良史,即班述《汉书》,唐修五史,搜罗非不博,比校非不明,然漫无纪要,未睹风裁,谓之整齐故事则可,揆诸《春秋》所以为《春秋》之义,宁无歉然?"见《中国史学史》,第8页。
② 蒙文通:《中国史学史》,《中国史学史》,第65页。
③ 蒙文通:《致柳翼谋先生书》,《中国史学史》,第128页。
④ 蒙默编《蒙文通学记》,第34页。

> 于是人自为学，独重大义，视训诂章句若土埂。……是皆一反隋唐传统之学，而乞灵于晚周百家之言。诸子之学，于是蔚起。其从事六经，亦以从事诸子之法求之，而义理之途虽启。……由解放之后而尊儒，与由传统之见地以尊儒，一内一外，大不侔也。以视清世之以治经之法治诸子，岂不霄壤间哉？①

可知相比于考据之余习，以诸子之法治史的特色在于特别强调史之义理性，实则背后的思维仍是以为考据为破碎大道的琐屑恒钉之学，与胡适整理国故派比附其为西方之科学方法迥乎不同。清代自乾嘉起推重考据，渐以方法名学，但事实上考据学的覆盖性对经学、史学都是一种变相的掩蔽，蒙文通重贯通义理，治经、治史渐渐走向所谓"诸子之法"的道路，也反映了他在此层面上统合学术的路径。"史家以备明兴衰之故，究洞往事，立言制义，咸知所裁。"② 这种将古与今、究洞往事与立言制义相统合的倾向，溯其源当来自孔子"我欲托之空言，不如见之行事之深切著明也"③，以是《晚周各派之历史哲学》一节引述此句后慨叹，"此孔子之所以为昭昭也"④。于此也可见蒙文通论古衡今，"无事非究古义，亦无事非究将来"的经学宗旨对其史学观念的渗透，虽然表面上他认为自己破弃了经学，走向史学认同，由治经的求家法、考遗说走向治史之路，但二者在意义层次、义理层次上仍然得以维系，其间脉络并未完全斩断。这种经史互相渗透的传统特质可见于他对浙东史学系谱的重新构建上。

1933~1935年在北京大学期间，是蒙文通学术转移的重要时期，关节处即在刘咸炘启发下接触并浸淫于浙东史学。1934年9月7日暑假后蒙文通去信柳诒徵，称暑期中读吕祖谦、叶適、陈亮、陈傅良书，始窥南宋浙东史学云云，又引元儒黄溍、袁桷之言，称述东莱、龙川、止斋三宗六家。同年柳诒徵复信称赞其为袁桷张目，认为"浙东之学，经此次重加估计，必有超轶前人所称述者"⑤。该年秋学期蒙文通开设"中国史学史"课，于

---

① 蒙文通：《中国史学史》，《中国史学史》，第69、70页。
② 蒙文通：《中国史学史》，《中国史学史》，第43页。
③ 转引自蒙文通《中国史学史》，《中国史学史》，第33页。
④ 蒙文通：《中国史学史》，《中国史学史》，第33页。
⑤ 柳诒徵：《复蒙文通书》，王元化主编《学术集林》卷六，上海远东出版社，1995，第32页。

浙东史学溯其源于北宋三派，竟其流至宋濂、王祎。1934～1935 年开设《宋史》开课大纲也称"注重探讨宋一代政治之升降，学术之转变，制度之沿革，民族之盛衰，以吕东莱、陈君举、叶水心之说为本"①。1935 年获见《学史散篇》，读其中论吕、王、苏三家学之《宋学别述》，6 月发表评论中附议此三家与南渡之学关系。以为南渡以女婺为大宗，集北宋三家之成，机枢系于吕祖谦，足以抗衡朱氏。评论中以为刘氏欲补《学案》之不足，《学案》上混其源于伊洛，又将金华文献之传混于朱子，不具纲维。在 1941 年《四库珍本〈十先生奥论〉读后记》、1946 年《跋华阳张君〈叶水心研究〉》两文中蒙氏都继续申说浙东史学之系谱。②

《中国史学史》讲义《中唐两宋》章《南渡女婺史学源流与三派》《义理派史学》《经制派史学》《事功派史学》《金华文献之传》五篇所讲南宋浙东史学较具体系，可惜其中叙述其流衍至明的《金华文献之传》付之阙如，有目无书，只能以《跋华阳张君〈叶水心研究〉》中极简略的系谱弥补。蒙文通所重构的浙东史学，认为总体上承自北宋伊洛、新学、蜀学三家，三家萃合于一途，以吕氏为枢纽，其流则衍及明初，为金华文献之传：

> 吕氏尚性理，则本于程氏为多；唐氏尚经制，则本于王者为多；陈氏先事功，则本于苏者为多。③

> 事功、经制、性理为三派，而陈同甫、王道甫、唐说斋、陈止斋、吕东莱、叶水心为六家，此其最著者也。……三派六家实以东莱吕氏为之率。……自吕、叶诸家而下，楼昉、陈耆卿、叶邦、王瀚为一辈，王㧑、徐侨、王柏、吴子良为一辈，王应麟、车若水、舒岳祥、金履祥为一辈，吴师道、戴表元、闻人梦吉、许谦为一辈，柳贯、黄溍、吴莱、袁桷为一辈，宋濂、王祎、胡翰、戴良为一辈，以迄于方孝孺，其流若斯之永也。考其学风，皆祖尚吕、叶、二陈，所谓金华文献之传也。④

蒙文通重构的一个突出特色，是秉元人黄溍、袁桷之论，突破前人以

---

① 转引自王承军《蒙文通先生年谱长编》卷四，第 123 页。
② 以上各文均载蒙文通《中国史学史》一书。
③ 蒙文通：《中国史学史》，《中国史学史》，第 83 页。
④ 蒙文通：《跋华阳张君〈叶水心研究〉》，《中国史学史》，第 162、163 页。

永嘉、金华、四明、永康等地域区分系学术的做法，构建其以思想取向分殊义理、经制、事功三宗六家的系谱，又以为三宗枢机在言义理之金华吕氏，其流衍至明的系统亦可总谓之金华文献之传。较之北宋史学之专重《春秋》而高语褒贬，主人治而遗史之全体，专断于理道内圣之旨，南宋浙东史学之特色莫过于"以制度为大宗，言内圣不废外王，坐言则可起行，斯其所以学独至而言无弊"①，因此蒙文通多次言及南宋言史必以制度为重心，实是表彰其宏深之境，这种扬抑南北宋的倾向与同其晤论之陈寅恪大为异趣。② 他所构建的义、制、事绾合一体、不相灭裂的史学，实则也彰显其构建儒学的特色，义理自然渊源统合于儒家之旨，深达变化，观史会通，经制则为实用之学，于论道之义理为形器层面，言经制则必究心于政术邦典，非空言论之而可起而行之，既能曲尽一时之情势，深切一代之弊政，则亦能外发为事功。蒙文通论浙东史学，最可见内圣而兼外王之旨③，至于其独叙"史学"之意，亦可谓针对主流史学以史料考据为主导形势的有为而发，《治学杂语》云：

近数十年来，治史之学稍起，但究不脱乾嘉以来训诂考据之窠臼，若言继承文化遗产，尚有待于将来。若以史言，史料不过如药物，而使用药物者医学也，而驾驭史料者史学也。数十年来，国内史学界皆重史料，而绝少涉及文化遗产之史学。浙东史学究为文化遗产之一大宗，而世人知之者不多，殊可悯叹。④

信然，金毓黻在读过该讲义稿本后的一段评语"愚谓能自撰一史者，乃得谓之通史学，否则高语撰合，鄙视记注，则成家之作必少"⑤，有一定合理性，但在这种取舍中，也可彰显蒙文通史学史书写的个性所在，因此尚不宜将之放在史学史学科发展脉络中讨论。总此可见，刘咸炘、章学诚、浙东史学等回环式的历史声音在蒙文通的史学史世界中，也构成一种交互

---

① 蒙文通：《四库珍本〈十先生奥论〉读后记》，《中国史学史》，第159页。
② 蒙、陈称述宋学之不同，似以桑兵《民国学人宋代研究的取向及纠结》所论最能得旨，文载《近代史研究》2011年第6期。
③ 蒙文通《跋华阳张君〈叶水心研究〉》自称："余少年习经，好西汉家言。壮年以还治史，守南宋之说，是皆所谓为内圣外王之事，无乎不具也。"见《中国史学史》，第163页。
④ 蒙文通：《治学杂语》，蒙默编《蒙文通学记》（增补本），第45页。
⑤ 金毓黻：《静晖室日记》（第6册），辽沈书社，1993，第4591页。

回旋的存在,他既有对前人成说的摄取,同时又得到了心灵上的相契,以至能在史学史中寻得自身独立的史学体验和认同,这也确实印证了本节起首的引语,即旨趣、途辙都有传统性的一面。这种传统性即体现为对意义、义理的追求甚于对往古事迹的探寻,史学史的目的乃在于"彰往察来",于此,蒙文通也希望通过这种路径消除经史认同间的焦虑感。

二 经与古史之分途

这种认同感上的焦虑或紧张,不仅由近代学术变迁的大势奠定其背景,更有蒙文通自身学术历程所彰著的变化,具体则是表现在《古史甄微》和《经学抉原》中的经史分途说。在蒙文通的《中国史学史》中,这种焦虑感还得以保留。讲义以晚周史学为学术首个高峰,书中述及周代学术由国风至国语至家语的文、史、哲演变,亦及《尚书》出自三古而经周人润色之论,叙《晚周史学三系》一节则依1928年撰成、1932年发表之《古史甄微》立言,分晚周史学为鲁、晋、楚三系,"鲁人宿敦礼让,故说汤、武俱为圣智;晋人宿崇功利,故说舜、禹皆同篡窃;楚人宿好鬼神,故称虞、夏极其灵怪。三方称道古史不同,当即原于三方之思想各异"[①]。下文所用《孟子》说古史九事不同于晋、楚之传的例证,也是全用《古史甄微》旧文。至于后文之《东方前期文化与史学》《鲁国史籍与诸国史籍》分别说齐、鲁、晋三派则从学术立场划分,《六朝至唐》一章《汉以后有关之古史著作》则本以补目中《南学、北学与古史学》之阙,所论者南学、北学之分也。总此论及古史之各篇看,基本立义实肇基于《经学抉原》,并删去其中论今古学及传记各节以符"史学史"之名。虽然蒙文通论晚周史学时鲜及经学,但所用论述话语与《古史甄微》《经学抉原》极具同一性、相似性,纵使不是有意要将读者带回到他早期关于古史三系说论述的语境中,至少也可断定其中指涉的经史分途主旨尚未陡然变化。

蒙文通经史分途说来自于他对古史三系的论断。他首先区分出上古中国有海岱、河洛、江淮三种民族-地域系统,前及《孟子》述古事不同于晋、楚,即导源于上古民族三分。三晋之学,以史学为正宗;楚人则好神仙方鬼之谈,其史则多灵怪之说,多有理想虚构,其学术以屈宋以来辞赋

---

① 蒙文通:《中国史学史》,《中国史学史》,第20页。

为正宗；鲁人崇尚礼让经世，陈史也多寄托理想，其学术以六经为正宗。六经者，为邹鲁之学：

> 诸侯各有其书，而诸国各有其学，六艺者，不过邹鲁之学，而曰九流十家"皆六经之支与流裔"，则刘班之妄耳。不由诸子之文，以推诸国旧法世传之史，徒执鲁人残略之篇，以衡论往昔，又从而疑之。①

如此，则经史分途第一义已然确立，即邹鲁六经之学迥异于三晋古史之说也，《鲁国史籍与诸国史籍》所重即在鲁、晋之书相差绝远。又自六经文本层面来看，原为邹鲁保存之古文献，即三代图法、旧法世传之史也，其后经孔子之手据鲁史删定六经，最终才呈现其经学、儒学理想特质，"百家之学，为新起，为一系。《诗》《书》《礼》《乐》为一系，旧法世传之史为一系，二者皆旧有也"②。六经一系，以是与鲁之旧史分离，此为经史分途第二义。

蒙文通经史分途说自有其隐伏的针砭对象，《古史甄微自序》云：

> 晚近言学，约有二派：一主六经皆史，一主托古改制。二派根本既殊，故于古史之衡断自别。数十年来，两相诋諆嘲嚷，若冰炭之不可同形。言今、古学者且复以是为判。③

1929年之《论先秦传述古史分三派不同》④亦云：

> 在昔浙中学者善持六经皆史之论，缀学之士多称道之，诵说遍国内。晚近托古改制之论兴，缀学之士，复喜称道之，亦诵说遍国内，二派对峙，互相诋諆，如冰炭不可同形，已数十年于此也。

更早在1923年撰成的语体文《经学导言》中，早已将这矢石的对象具体指明：

---

① 蒙文通：《中国史学史》，《中国史学史》，第36页。
② 蒙文通：《中国史学史》，《中国史学史》，第35页。
③ 蒙文通：《古史甄微》，《蒙文通文集》第五卷《古史甄微》，巴蜀书社，1999，第2页。
④ 载《成大史学杂志》1929年第1期，16页。

最风行一世的，前十年是今文派，后十年便是古文派。什么教科书、新闻纸，一说到国学，便出不得这两派的范围。两派的领袖，今文家便是广东的康先生，古文家便是浙江的章先生。二十年间，只是他们的两家新陈代谢，争辩不休，他们的争议便占了汉学的大部分了。①

可见这一处理方式的所指即为主托古改制的今文家康有为和信六经皆史的古文家章太炎。

托古改制之说，具于康有为《孔子改制考》，其书将今文经视为孔子创教改制之计划书，否证其信史意义，梁启超《清代学术概论》概述曰：

定《春秋》为孔子改制创作之书……又不惟《春秋》而已，凡六经皆孔子所作，昔人言孔子删述者误也。孔子盖自立一宗旨而凭之以进退古人去取古籍。孔子改制，恒托于古。……经典中尧舜之盛德大业，皆孔子理想上所构成也。又不惟孔子而已，周秦诸子罔不改制，罔不托古……《孔子改制考》之内容，大略如此。②

康有为虽然极推孔子圣王改制的宏伟，但其弊端则否定上古信史，视儒学经典为伪作，又将整个学统全然统系于孔子一身，后来历史走向反而将之导入古史辨派③，效果则"破坏儒教的王统与道统，夷孔子与先秦诸子平列，使史学继文字学之后逐渐脱离经学的羁绊而独立"④。蒙文通则申六经非史之指，以为旧法世传之史直至秦火始亡，而三晋保存完好，为史学正宗，孔子删定六经时亦取以资借。依照康氏的说法，则六经完全为孔子空想之创作，蒙文通则为之奠定鲁史的旧底，以证明六经所言虽有理想加工、微言大义寄托的成分，但并非全然虚构。又针对康有为将孔子塑造成俨然人格神的教主，抽离他的历史实体，蒙文通则将孔子置于东方文化、

---

① 蒙文通：《经学导言》，《经学抉原》，上海人民出版社，2006，第16页。
② 梁启超：《清代学术概论》，上海古籍出版社，2000，第79页。
③ 王汎森：《古史辨运动的兴起》，允晨文化实业股份有限公司，1987，第193~217页。
④ 周予同：《五十年来中国之新史学》，朱维铮编校《周予同经学史论》，上海人民出版社，2010，第366页。

邹鲁之学之中，恢复其人的身份①，儒家之学亦得以安置：

> 儒家之学，尚中而贵仁，此固为善保持其原有民族之特殊精神，而又善调和于异民族之两极端精神，而后产生之新文化也。是邹、鲁既开化最早，中国文化之泉源，而又中国历久文化之重心也。②

蒙文通反对托古改制多言六经之古代学术基础，反对六经皆史辄讲孔子微言之义，二者实一体而两面，互有侧重而已。此处与辩争的六经皆史，实为章太炎重新阐发之"六经皆史"，而非章实斋本意上的"六经皆史"，就后者看，经史分途、六经皆史似有可融通处③。章太炎宗信"六经皆史"，但他讲的六经皆史已与章学诚大有不同。《文史通义·易教》言"六经皆史也。古人不著书，古人未尝离事而言理，六经皆先王之政典也"④。这本是阐述"官师合一"论的，经既是先王政典，则"必求当代典章，以切于人伦日用，必求官司掌故，而通于经术精微，则学为实事，而文非空言，所谓有体必有用也"⑤。这仍然是古文家奉先王之法的表达逻辑。但章太炎否认经与官书间的关系是必然的，他把经的范围划得很广，《訄书》"人言六经皆史，未知古史皆经"已将古史官所记之历史陈迹视作"经"，经史混同，六经也被历史文献化，治经方法则转变为处理历史文献之法，即"明其行事，识其时制，通其故言"，推其极致即胡适所言"六经皆史料"⑥。章氏既已夷六经于古史，删削六经的孔子便被视作古之良史，《诸子学略说》乃至说"孔子删定六经，与太史公、班孟坚辈，初无高下，其书为记事之书，其学惟为客观之学"⑦。蒙文通在讨论时，则否定六经地位同于古史，

---

① 蒙文通《井研廖季平师与近代今文学》："秦汉之间，齐人之学以阴阳五运之义与孔子之经合为一家，而六经有齐学。端门受命之说兴，孔子几于由人而变为神，儒家几于于由哲学而变为宗教，犹释迦、耶稣然。今古文诸家持其说者有之，幸破其说者有之，而孔子乃得为人，此亦中国学术之一大事。"（《经学抉原》，第96页）
② 蒙文通：《古史甄微》，《古史甄微》，第68页。
③ 张至廷：《从章学诚"六经皆史"说与蒙文通"经史分途"说论经、史分合关系》，《鹅湖月刊》第34卷第11期。
④ 章学诚著，叶瑛校注《文史通义校注》，中华书局，2004，第1页。
⑤ 章学诚著，叶瑛校注《文史通义校注》，第231页。
⑥ 王汎森：《章太炎的思想》，上海人民出版社，2012；陈壁生：《经学的瓦解》，华东师范大学出版社，2014。
⑦ 章太炎：《诸子学略说》，汤志钧编《章太炎政论选集》，中华书局，1977，第286页。

表彰孔子删述之道。就三系说看，古史真实多记载在北方三晋之书中，六经则鲁人之说，孔子曾据鲁史删定者。孔子删定六经的态度不是后世史家用考异之法求得史事陈述的真实无伪，而是明确灌输"窃取之义"，即其独特的生命思想认同。他的删定原则是"据鲁以述文，变鲁以协道"①，去舍取与之间凸显思想意旨，因此能使得《乐》《礼》《春秋》等皆非鲁史之旧貌。孔子既能洞彻三代之变、周人一代之变、鲁人一国之变，则六经并非空想、虚构，"洞彻于三代之变，且从而损益之，以俟后王。此孔子之所以为昭昭也"②。经过蒙文通在"托古改制""六经皆史"间互相冲撞的历程，他的经史分途说既将六经视为孔子微言所寄、大义所托，因此于文化传统中具有独特地位，不致沦为一般史料文献，同时将之依托在宏观的学术思想背景下而不致羽化为神怪飘渺之言，可以说在古史论述中已经在极力护持经学的完整地位。虽然他退一步将经作为鲁人所传，是与古史记不相混的"理想"，并且把经的意义和价值保全在"理想"之中，但未必便像李晓宇所说——无意中完成了连新派史学都无法做到的对传统经学的彻底解构。③ 面对20世纪30年代科学史学的强势话语，传统的已然解体的零落经学面临着对方摧拉之势，退一步使经、史各守本分，未必不是延续学统的办法，更何况蒙文通曾亲眼见证经学的衰落呢。1923年他南走吴越时，"博求幽异，期观同光以来经学之流变。而戎马生郊，故老潜通，群凶塞路，讲贯奚由"④，无奈之下只好入内学院学唯识义，这种学术上的冲击恐怕要比军阀混战给他带来更大的心理震动。

三 《儒学五论》及其张力

《中国史学史》一方面将自身对史学的特殊认同带入，通过重取浙东史学的立论，将义理、经制、事功绾合，达到意义层面上的经史和解；另一方面却还沿袭前期论著中经史分途说的痕迹，将六经与古史在文本、思想上区别开来。这种书写当然遗留有蒙文通写作中常好沿袭旧文的习惯，但

---

① 蒙文通：《经学抉原》，第59页。
② 蒙文通：《中国史学史》，《中国史学史》，第33页。
③ 李晓宇：《"井田制之争"中的蒙文通与胡适》，《蜀学》第三辑。此论实则更像是李晓宇先生一己的测度之辞，文章并未提出坚强的证据支持。
④ 蒙文通：《经学抉原》，《经学抉原》，第55页。

更深层地却反映出早期经学史学紧张性较强和中期经史一定意义上试图缓和之间的关联,最终,在《儒学五论》中,作者自信找到了消弭这种紧张的办法。

1938年《中国史学史》讲义基本撰成,至1943年,其中《晚周史学》《魏晋南北朝史学》《宋代史学》分别得以刊行。1938年讲义撰成之年,合取之前《汉儒之学源于孟子考》《非常异义之政治学说》《非常异义之政治学说解难》三篇撰为《儒家政治思想之发展》,收入1944年成都路明书店出版之《儒学五论》论集,该书收文本论五篇,附论四篇,各篇原刊时间均在1937年后。又有《经学遗稿三篇》,据蒙默后记甲、乙二篇略作于1944年前后,丙篇则在1949年,述旨与《儒学五论》基本一致。① 由此看,《中国史学史》与《儒学五论》写作时间相接续,刊行时间则大体同时。《中国史学史》论北宋三家之史学时,引苏洵《史论》,其主旨为经以道法胜、史以事词胜,经不得史无以证其褒贬、史不得经无以酌其轻重,经非一代之实录、史非万世之常法,体不相沿而用相资。蒙文通认为"专法褒贬义例,是明允于一时为绝识,故推明经史之体不相沿而用实相资。上来史家,混并经史为一途,盖其蔽固久矣",言下颇有赞允之意。② 刘咸炘同引《史论》,但却引章学诚并认为古无经史之分,经史义一体二之说为非。③ 二者俯仰之间可见蒙文通已经触及并认可儒史相资之思想,此思想实则已发展于《儒家政治思想之发展》一文中,而成熟则待《儒学五论》时。又他在《跋华阳张君〈叶水心研究〉》中也追叙少年习经好西汉今文之言,壮年治史守南宋浙东之说,并于文末提及梓行之《儒学五论》一书已推论西汉之学,因借作跋机会复为叙录南宋之学。④ 总此数证,可见《中国史学史》与《儒学五论》之作自有关联,蒙文通欲借之弥纶汉经宋史之间的张力与裂隙。

《儒学五论》是蒙文通覃思精研20余年才达到的学术成熟期作品,较之《经学抉原》已经有明显的改变,其中主体是本论五篇,兹因前人研究,简要梳理如下。蒙文通认为经学的精卓处在于融会百家诸子的新儒学。孔

---

① 蒙文通:《经学遗稿三篇》,《经学抉原》,第212页。
② 蒙文通:《中国史学史》,《中国史学史》,第81页。
③ 刘咸炘:《宋史学述》,《推十书》(增补全本)丙辑,上海科学技术文献出版社,2009,第501页。
④ 蒙文通:《跋华阳张君〈叶水心研究〉》,《中国史学史》,第163页。

墨之后，孔门弟子已经杂取诸子。战国时儒学就衰，秦汉之际新儒家取法墨家主平等、法家摈贵族之义，虽然不同于孔孟偏于世族政治之见，但根源仍在孔孟"为兆民"之教。至汉初新儒学既能融合百家以适应新社会需要，又能笃守传统文化核心发挥仁义之说，因此六经被注入新生命，成为汉儒所言新制度之理想，是为今文学。古文经学述素朴之三代，舍传记之博、师说之奥，专事经文，将六经还原到旧法世传之史；今文经学所述则蔚焕之三代，颂述三古之隆，正其想望后世之盛。今文学复因与皇权关系有分化，曲学阿世如公孙弘，迎合妥协派之董仲舒则变汤武革命为三代改制、变井田为限田，蒙文通独彰坚守大义，以《齐诗》《京易》《公羊春秋》"革命""素王"说为今文学中心。通过分析今文家"革命"说中"王法""制作"的井田、辟雍、封禅、巡狩、明堂五个方面，蒙文通认为"周之治为贵族，为封建，而贵贱之级严；秦之制为君权，为专制，而贫富之辨急。'素王革命'之说，为民治，为平等，其于前世贵贱贫富两阶级，殆一举而并绝之，是秦汉之际，儒之为儒，视周孔之论，倜乎其有辨也"①。他所揭橥的"革命""素王"如车之两轮，互相为用，其意义即在树立《春秋》"一王大法"，即继周损益的一套创造性革新制度。

  蒙文通处理儒学发展的突出特色在于将儒学和经学看作发展的系统思想，就依托的文本看，虽然六经之文本原本与古文献即故记旧典之类同质，但经学与经典文献则被分离，二者构成道与器的关系。六经经由阐释杂糅异己思想而有传记、解说，这种阐释不是文本意义上的训释考据，而能融合百家九流之学，造为思想高峰。通过蒙文通的解读，经学主要不是指围绕经典进行训解的学问，而是不断对话时代、回溯孔孟思想源头的半开放式的思想塑造。针对老师廖平在《今古学考》中将今古学问题归溯到孔子中晚年思想不同的近乎原教旨主义的阐说，蒙文通认为这种将千沟万壑悉归之孔子的做法实则尊孔太甚，是时代所见、囿于旧闻。蒙文通的解释在如何保持儒家特质和适应新的历史形势之间又碰到像先前在"托古改制"和"六经皆史"之间类似的微妙处境，他所提倡的办法即"儒史相资"，即《儒学五论自序》所谓：

    于后言之，则史也固资乎儒。于始言之，则儒也亦资乎史。世益

---

① 蒙文通：《儒学五论》，广西师范大学出版社，2007，第55页。

降，史益变，而儒亦益变。儒史相资于不穷，为变不可极。百柯万叶，其蕴宏深。然水则有源，木则有本，先圣后圣，损益殊而揆则一。①

要言之即随顺历史变化同时又并能维持儒学之根荄。这种强调思想与历史互动关系的经、史、儒一体之批判性的新儒学，已经由张志强阐述②。张文认为《儒学五论》"创造性地经由今文经学的路向，将逐渐脱离儒学义理价值立场的经学和史学重新纳入一种以史学为知识统合手段的儒学系统当中"，"儒史相资"使历史主体在不断向根源性价值回溯重建批判儒学和义理化史学的过程中得以整合。当然，这也可说是蒙文通建构的理想，但就自我认同来看，蒙文通实则并未放弃他宗今文经的立场，借廖平的学说他仍然要维持自己崇今文经而贬古文经的认同③，在今文路向和儒史相资之间，仍然没有达到最后的圆融境界。

他盛赞今文经的思想是：

先秦以往之思想，至汉而集其成。故后汉而下之思想，亦自西京而立其本。④

先汉经说之所由树立者，以周秦历史之衍变，自汉而下历史之所由为一轨范者，亦先汉经说所铸成。先后思想，与今学之不相离也如彼，而先后历史，与今学之不相离也如此。⑤

可见在儒史相资的历史发展解释下，蒙文通颇为自信西汉今文经说的一王大法思想可以源源不断地为历史提供资鉴，今文说发挥的历史作用又可以增强自身的权威性，并维持不坠。但我们再看蒙文通欲究儒史相资变化实情的附论四篇，即《周代之商业》《秦代之社会》《汉代之经济政策》

---

① 蒙文通：《儒学五论》，第149页。
② 张志强：《经、史、儒关系的重构与"批判儒学"之建立——以〈儒学五论〉为中心试论蒙文通"儒学"观念的特质》，《朱陆·孔佛·现代思想——佛学与晚明以来中国思想的现代转换》，中国社会科学出版社，2012。
③ 蒙文通《儒家政治思想之发展》"后论"部分又重新提及近代今文经的几派系统，最推崇者仍是廖平，所谓"精思伟度，真百世一人耶！"见《儒学五论》，第59页。
④ 蒙文通：《儒学五论·题辞》，第14页。
⑤ 蒙文通：《儒学五论·题辞》，第16页。

《宋明之社会设计》，四篇文章所讨论的确实是儒学思想与历史形势的互动关系，依照蒙文通的解说逻辑也可以证明儒史相资的正确性。前三篇论周、秦、汉的文章中突出者为汉儒，仍多用今文家言，而《宋明之社会设计》中所及则是宋明儒、孔孟，而未及今文言。实际上在作者本身儒史相资的经验中已经可以指明今文经固然在秦汉间独大，但随着历史不断传衍，形势不断变化，今文经说实则不能维持自身的永恒地位。作者虽然讥刺晚清之时迫于外患，急于变法，因此康更姓佴谈《春秋》公羊学，张改制之说，将经学"革命"义抛掷，未能恢宏，但征诸光绪间实际政治情势，"改制""革命"则高下未易分。蒙文通所以急下断言，固然因为对康氏素来不满，实则也是恐时势迁变危害他所认为的经学核心特质。

这里彰显出来的今文经一家之言与儒者内圣外王之学的根荄，存在着具有难以消解的张力存在。究其缘由，笔者认为实则是蒙文通虽然提出开放式的儒学思想，但始终不肯放弃今文学的信仰，因此他的儒史相资体系虽然是开放的，但仍保留了封闭性。他虽然屡次说今文只是哲学而非宗教，但在他身上我们却觉得今文学发挥的深入影响实无异于宗教。虽然他仍然持守"经学即是经学，本自为一整体，自有其对象，非史、非哲、非文，集古代文化之大成、为后来文化之指导者也"[①]，但在经学狂澜既倒的形势下，这实际只能是空来的口号，就如同在《儒学五论》中称"儒者内圣外王之学，匪独可行于今日之中国，以西方学术之趋势衡之，直可推之于全人类而以创造其将来"[②]一样，是个人心态焦虑的表达和理想的寄托，而非深致分殊下的思考。

经学、史学两种学问形态在蒙文通的生命中构成了长期的焦躁状态，借由儒史相资本来很有可能可以将蒙文通转造成当时"新儒家"的一员，但因为师教尊严及传统的刻骨沁透，蒙文通始终还是不能放弃"经学家"的自我认同，而其认同者又偏是多言"非常异义可怪之论"的今文经学，因此他承受的现代史学的心理冲击远远大过偏近考据的古文经学家。在《儒学五论》中，这种焦虑的争鸣达到了空前程度，问题实际上已经超越经学与史学的"理想""事实"冲突，而儒学的引入，虽然与史学容易达到和解，但无法达到为今文经提供永恒保证的目的。

---

① 蒙文通：《论经学遗稿三篇》，《经学抉原》，第209页。
② 蒙文通：《儒学五论》，第155页。

结　语

在20世纪三四十年代的学术历程中，蒙文通经由《中国史学史》联系起学问生命中《经学抉原》《儒学五论》两大端。前期通过对清末民初流行的康、章二脉经学提出批评，将六经与古史分离，实则开始使经史处于对冲局面；中期他在史学史书写中，试图以意义化、义理化的史学沟通立言制义的经学，虽然经学并未在讲义中特别提出，但其传统式的处理可说也使前期的张力得到了解放；后期他在《儒学五论》中试图构建内圣外王一体、儒史相资的大系统，但仍囿于今文经学的认同之内，并未真正地在经的恒常性和史的瞬息变化间树立起独具宗旨的思想、历史互动。《史学史》的意义，则在于不同程度的体现或生发出这三阶段或其一端。

本文建立《史学史》特质的意图已经得到展现，而其意义有溢于此者，即对将经学衰落的"指控"全然指向现代史学这一模式的有意背离。通过观察蒙文通在几个阶段的不同取向及调适手段，笔者认为更应重视从内在理路上来看经学的失落。在传统世界中，经学至上的地位可能经由两种方式确立，一种是政治权力层面的凑泊，一种是其本身思想的高峰性。在蒙文通看来，向皇权凑泊的经学家如公孙弘、董仲舒已跌落第二层次，因此他特别强调早期儒学思想上的高峰性，将内圣外王看作最高准则，就其与历史的互动来看，也可以不断行指导之责，而后者正是长期以来经学生命旺盛的表现，也是经学正统性确立并维系的更久远基础。但在近代，经学之主张不足以解纾时难，其思想不足以应付世局，自官方至民间，它的影响力都很难得到根本维系，遂发生意义上的焦虑。前人的研究基本局限在学术、思想范畴中提出解释，问题似乎尚有待于进一步向社会、国家等层面敞开，而那时的观察应该要远远超出对经学家及其群体的考量了。

问对文体起源诸说辨析*

何 杨**

摘要 关于中国古代问对文体的起源，存在《对楚王问》说、《卜居》《渔父》说、周秦诸子说、《尚书》说等诸多观点。本文通过对诸说的辨析，初步揭示出问对文体在先秦时期的产生与演变过程。《尚书》中的部分篇章已含问对，但论证较为简略。《左传》《国语》和周秦诸子文献中出现了大量包含问对体的篇章，其论证明显增强，而且有些文章整篇皆为问对。《卜居》《渔父》《对楚王问》则更偏重于抒发个人情感，而且《对楚王问》是首次以对问名篇的文献。

关键词 《对楚王问》 《卜居》 《渔父》 周秦诸子 《尚书》

问对，或称对问、问答、答问等[①]。顾名思义，问对是主客双方之间的问答或对话。然而，并非任何问答都是问对文体，"作为文体概念的对问，是指君臣、师弟、客主、朋友之间围绕一个主题，以问答的形式进行论难辩驳，由此形成的有中心论题，思想集中紧凑的论说文体。辩论性是对问体区别于其他同样具有问答结构文体的重要特征"[②]。简言之，问对文体是一种辩论性的问答。

---

* 基金项目：教育部人文社会科学重点研究基地重大项目"广义论证理论研究"（16JJD720017）。
** 何杨，1982年生，男，湖南醴陵人，哲学博士，中山大学逻辑与认知研究所暨哲学系讲师，主要从事先秦学术史研究。
① 在本文的表述中，如果是纯粹自己的表述，通常使用"问对"一词；如果是介绍或引用他人的表述，则遵照他人的用法。
② 吴承学、刘湘兰：《论说类文体》，《古典文学知识》2008年第6期，第94页。

关于问对文体的研究，由来已久。西晋挚虞就已关注此体，从其所著《文章流别论》的佚文中可以看出，他曾将后世所认为的四篇问对体代表作集中在一起讨论，他说："若《解嘲》之弘缓优大，《应宾》之渊懿温雅，《达旨》之壮厉忼忾，《应间》之绸缪契阔，郁郁彬彬，靡有不长焉矣。"① 南朝梁人任昉《文章缘起》则明确论及"对问"体，并将其溯源自楚人宋玉的《对楚王问》②。萧统在《文选》中，则设"对问""设论"二体，以《对楚王问》为"对问"；以《答客难》《解嘲》《答宾戏》为"设论"。与萧统不同，刘勰不做此种细分，皆为"对问"，其《文心雕龙·杂文》亦以《对楚王问》为"对问"体源头。自此以后，不少学者展开了问对文体的溯源研究。除上述《对楚王问》说外，还有《卜居》《渔父》说③，周秦诸子说，《尚书》说等诸多观点。本文拟对这些观点一一辨析，进而厘清问对文体在先秦时期的形成与演变。

一 《对楚王问》说

南朝梁人任昉和刘勰皆持此观点。任昉《文章缘起》曰："对问，楚宋玉《对楚王问》。"④ 刘勰《文心雕龙·杂文》曰："宋玉含才，颇亦负俗，始造对问，以申其志，放怀寥廓，气实使之。"⑤ 其后，明代陈懋仁《续文章缘起》承继了任昉的观点，认为"宋玉始造对问，朔等效而广之，迭相祖述，命篇虽异，而体则同源也"⑥。明代吴讷《文章辨体》和贺复徵《文

---

① 挚虞：《文章流别论》，见虞世南辑《北堂书钞》卷100，见《续修四库全书》第1212册，上海古籍出版社，2002，第468页。
② 参见任昉《文章缘起》，见陈元靓等编《事林广记》后集卷7"辞章类"，见《续修四库全书》第1218册，上海古籍出版社，2002，第355页。另外，宋玉是否是《对楚王问》的作者，存有争议。不过，在下引诸家观点中，将《对楚王问》视为问对体源头的学者多将其视为宋玉作品。
③ 关于《卜居》《渔父》，王逸《楚辞章句》、洪兴祖《楚辞补注》等认为是屈原所作；现代学者郭沫若、游国恩、陆侃如等则否认为屈原所作，但也多主张可能是周末汉初作品（相关综述参见金开诚、董洪利、高路明《屈原集校注》，中华书局，1996，第738～740页）。
④ 任昉：《文章缘起》，见《续修四库全书》第1218册，第355页。
⑤ 刘勰著，詹锳义证《文心雕龙义证》卷3《杂文第十四》上册，上海古籍出版社，2008，第489页。
⑥ 陈懋仁：《续文章缘起》，见王水照编《历代文话》第3册，复旦大学出版社，2007，第2556页。其中"朔等"指作《客难》（也称《答客难》）的东方朔、作《宾戏》（也称《答宾戏》）的班固、作《答讥》（也称《客讥》）的崔寔、作《释诲》的蔡邕。

章辨体汇选》在选录问对体文章时,皆以宋玉的《对楚王问》为首。陶秋英也认为此篇"是对问的最早的东西"①。为便于分析,先引《对楚王问》如下:

> 楚襄王问于宋玉曰:"先生其有遗行与?何士民众庶不誉之甚也?"
> 宋玉对曰:"唯,然,有之。愿大王宽其罪,使得毕其辞。客有歌于郢中者。其始曰《下里》《巴人》,国中属而和者数千人;其为《阳阿》《薤露》,国中属而和者数百人;其为《阳春》《白雪》,国中属而和者不过数十人;引商刻羽,杂以流徵,国中属而和者不过数人而已。是其曲弥高,其和弥寡。故鸟有凤而鱼有鲲,凤凰上击九千里,绝云霓,负苍天,翱翔乎杳冥之上。夫藩篱之鷃,岂能与之料天地之高哉?鲲鱼朝发昆仑之墟,暴鬐于碣石,暮宿于孟诸。夫尺泽之鲵,岂能与之量江海之大哉?故非独鸟有凤而鱼有鲲也,士亦有之。夫圣人瑰意琦行,超然独处,夫世俗之民,又安知臣之所为哉?"②

该文有三个值得注意的特征:

特征一:问答式。该文具有问答结构,由楚襄王发问,宋玉作答。

特征二:辩论性。笔者以为所谓辩论性意指至少有一方给出理由来支持或反对某观点。该文中,双方都提出理由来支持自己的观点。一方面,楚襄王从"士民众庶"对宋玉的评价推断出宋玉有不好的行为("遗行"③);另一方面,宋玉通过三个譬喻(曲高和寡、凤凰与藩篱之鷃在"料天地之高"方面的对比、鲲鱼与尺泽之鲵在"量江海之大"方面的对比)来论证圣人、高士非"世俗之民"所能理解。

特征三:抒情性。这一点主要就答者宋玉而言。从宋玉的长段答语可以看出,宋玉一方面抒发了自己因他人不知己而遭"不誉之甚"的愤懑之情;另一方面将自身视为与圣人相似的高士,表达了在负俗情况下依然保持自身"超然独处"的心志,带有自我宽慰之意。

其中特征一和特征二表明问对文体是一种辩论性问答。刘勰则根据特

---

① 陶秋英:《汉赋研究》,浙江古籍出版社,1986,第32页。
② 萧统编,李善注《文选》卷45,中华书局,2011,第627~628页。
③ 李善注曰:"遗行,可遗弃之行也。"见《文选》卷45,中华书局,2011,第627页。

征一和特征三（尤其是特征三）来界定对问文体。除了上引"以申其志，放怀寥廓，气实使之"以外，刘勰还总结了对问的基本特征，即"原夫兹文之设，乃发愤以表志，身挫凭乎道胜，时屯寄于情泰，莫不渊岳其心，麟凤其采，此立体之大要也"①。因此，在刘勰看来，撰写对问文体的作者虽处"身挫""时屯"的境地，却依然持守正道，保持宽广的心胸，并通过抒发个人的愤懑来表达心志。此外，从刘勰列举的所有对问名篇（东方朔《客难》、扬雄《解嘲》、班固《宾戏》、崔骃《达旨》、张衡《应间》、崔寔《客讥》、蔡邕《释诲》、景纯《客傲》、陈思《客问》、庾敳《客咨》）来看，也都具备这两个特征。以下仅以东方朔《答客难》为例予之说明，节引如下：

客难东方朔曰："苏秦、张仪一当万乘之主，而都卿相之位，泽及后世。今子大夫修先王之术，慕圣人之义，讽诵诗书百家之言，不可胜数，著于竹帛，唇腐齿落，服膺而不释，好学乐道之效，明白甚矣；自以为智能海内无双，则可谓博闻辩智矣。然悉力尽忠以事圣帝，旷日持久，官不过侍郎，位不过执戟，意者尚有遗行邪？同胞之徒无所容居，其故何也？"

东方先生喟然长息，仰而应之曰："是固非子之所能备也。彼一时也，此一时也，岂可同哉？……使苏秦、张仪与仆并生于今之世，曾不得掌故，安敢望常侍郎乎！故曰时异事异。虽然，安可以不务修身乎哉！……今世之处士，魁然无徒，廓然独居，上观许由，下察接舆，计同范蠡，忠合子胥，天下和平，与义相扶，寡耦少徒，固其宜也，子何疑于我哉？若夫燕之用乐毅，秦之任李斯，郦食其之下齐，说行如流，曲从如环，所欲必得，功若丘山，海内定，国家安，是遇其时者也，子又何怪之邪！语曰'以筦窥天，以蠡测海，以筳撞钟'，岂能通其条贯，考其文理，发其音声哉！繇是观之，譬犹鼱鼩之袭狗，孤豚之咋虎，至则靡耳，何功之有？今以下愚而非处士，虽欲勿困，固不得已，此适足以明其不知权变，而终惑于大道也。"②

---

① 刘勰著，詹锳义证《文心雕龙义证》卷3《杂文第十四》上册，第506页。
② 班固撰，颜师古注《汉书》卷65《东方朔传》，中华书局，1962，第2864~2867页。此外，《史记·滑稽列传》《文选》皆载录该文，《文选》将其归于"设论"类。

首先，该文采取问答式结构，具备特征一。答者为东方朔，也是文中的主方。问者为文中的客方，或为东方朔所假借（如《汉书·东方朔传》云："朔因著论，设客难己"①），或确有所指（如《史记·滑稽列传》载录此文时曾指出"时会聚宫下博士诸先生与论议，共难之曰"②）。

其次，东方朔的回答具有抒情性，具备特征三。与《对楚王问》中的楚襄王相类似，客方质疑东方朔存有"遗行"。针对客难，东方朔进行了颇为详细的辩解，他一方面抒发了自己生不逢时、怀才不遇的情感；另一方面则将自己视为许由、接舆之类的处士，在生不逢时时，仍将致力修身，并将对方视为"惑于大道"的愚者，带有宽慰自身之意。此外，《答客难》"发愤以表志"的特点呈现也可参照东方朔的创作动机，引述如下：

> 武帝既招英俊，程其器能，用之如不及。时方外事胡、越，内兴制度，国家多事，自公孙弘以下至司马迁皆奉使方外，或为郡国守相至公卿，而朔尝至太中大夫，后常为郎，与枚皋、郭舍人俱在左右，诙啁而已。久之，朔上书陈农战强国之计，因自讼独不得大官，欲求试用。其言专商鞅、韩非之语也，指意放荡，颇复诙谐，辞数万言，终不见用。朔因著论，设客难己，用位卑以自慰谕。③

从上述引文可见，公孙弘、司马迁等人皆受重用，但同样贤能的东方朔却"未得大官"，只能与枚皋、郭舍人等人陪伴在汉武帝身边从事"诙啁"（戏谑玩乐）工作。因此，他才"设客难己，用位卑以自慰谕"，创作《答客难》。

综上所论，《答客难》具备特征一和特征三，符合刘勰所述对问文体的立体大要。当然，与《对楚王问》相比，《答客难》中主客双方的问答都显得更为详细，东方朔是将《对楚王问》"效而广之"④。例如，东方朔不仅像《对楚王问》一样"发愤以表志"，而且还从时势不同的角度为自身辩解；不仅像《对楚王问》一样借用譬喻，而且还大量引证了张仪、苏秦、许由、接舆、范蠡和伍子胥等古人的事迹，诚如刘勰所论，该文是"托古

---

① 班固撰，颜师古注《汉书》卷65《东方朔传》，第2864页。
② 司马迁：《史记》卷126《滑稽列传》，中华书局，1982，第3206页。
③ 班固撰，颜师古注《汉书》卷65《东方朔传》，第2863~2864页。
④ 刘勰著，詹锳义证《文心雕龙义证》卷3《杂文第十四》上册，第499页。

慰志、疏而有辨"①。

　　值得提及的是，除却特征一和特征三，《答客难》实际上也具备辩论性特征。首先，客方对比了张仪、苏秦和东方朔，指出虽然三者皆"博闻辩智"，但张仪、苏秦"一当万乘之主，而都卿相之位，泽及后世"，而东方朔则"悉力尽忠以事圣帝，旷日持久，官不过侍郎，位不过执戟"，"同胞之徒无所容居"，进而推断出东方朔存有"遗行"。其次，主方东方朔一方面以"时异事异"为理由反驳客方的质疑；另一方面通过许由、接舆等处士的行为为当前自身的处境提供合理性支持，并借用譬喻表明愚笨的客方无法理解自己的大道。

　　我们再回到刘勰、任昉的观点。如果根据特征一和特征三来界定问对文体，《卜居》《渔父》也属问对体（详见下节）。为什么刘勰要将《对楚王问》视为问对体的源头呢？其原因或许在于，该文是最早以"对问"冠以篇名的文章。② 任昉以《对楚王问》为对问之肇始亦与此有关。首先，我们来看《文章缘起》中的一段原文：

　　　　对问，楚宋玉《对楚王问》。
　　　　传，汉东方朔作《非有先生传》。
　　　　上章，后汉孔融《上章谢太中大夫》。
　　　　解嘲，汉扬雄作。
　　　　旨，后汉崔骃作《达旨》。
　　　　劝进，魏尚书令荀攸《劝魏王进文》。
　　　　喻难，汉司马相如《喻巴蜀》并《难蜀父老》。③

　　由上可见，关于《文章缘起》的体例，作者通常是先书写"文章名"④，

---

① 刘勰著，詹锳义证《文心雕龙义证》卷3《杂文第十四》上册，第499页。
② 孙津华认为"魏晋南北朝时期的文体分类命名具有较为鲜明的重名特征"，进而很可能据此将《对楚王问》视为对问文体的源头（参见孙津华《文体的范式与突破——七体、连珠、对问、九体研究》，南京大学博士学位论文，2006，第84页）。
③ 任昉：《文章缘起》，第355页。另下文有关《文章缘起》的论说参考了吴承学《任昉〈文章缘起〉考论》，见《中国古代文体学研究》下编第4章，人民出版社，2011，第297~317页。
④ 依据《文章缘起》之名，采用"文章名"而非"文体名"似更好。当然，可能"这些文章在文体上具有一定的规范或典范意义"。此处，笔者借用了吴承学的表述，参见吴承学《任昉〈文章缘起〉考论》，见《中国古代文体学研究》下编第4章，第312~313页。

然后书写作者的时代、姓名（有时在作者姓名前加上作者的官爵，如上引"尚书令"），最后再书写篇名（若篇名与文章名相同，则往往不书篇名，如扬雄所作正是《解嘲》）。作者命名"文章名"的依据在于篇名，"文章名"都出现于篇名中。因此，虽然后世都将《对楚王问》与扬雄《解嘲》、崔骃《达旨》视为问对文体（如刘勰就在论述对问体时一起讨论这三篇文章），但是由于篇名不同，任昉仍将它们分成三类。

此外，从《文章缘起》所录文章范围来看，六经并不在列，其中最早的文献是屈原的《离骚》。对此，任昉的序也有所论述：

> 《六经》素有歌、诗、书、诔、茂、铭。如《尚书》帝庸作歌，《毛诗》三百篇、《左传》叔向《诒子产书》、鲁哀公《孔子诔》、孔悝《鼎铭》、《虞人茂》之类是也。此盖取秦汉以来，圣君贤士沿著为文之始，故因录之，凡八十五条，抑亦新好事者之目耳。①

由该序可见，任昉承认六经之中存在歌、诗等文体，但是他所选取的文章只是"秦汉以来，圣君贤士沿著为文之始"。从《文章缘起》实际载录的文献来看，绝大部分是秦汉以来的文献，同时也收录了极少数战国时期的文献（包括屈原《离骚》、宋玉《对楚王问》与《赋》、荆轲《易水歌》）。对此，吴承学总结道："《文章缘起》所标举作品大致是六经之外、秦汉以来有明确的创作年代、创作者，有一定典范意义的独立完整的篇章。它体现出任昉关注重点是脱离经学束缚之后个体的文章创造。"② 因此，根据《文章缘起》的体例，《对楚王问》当为战国以来最早以"对问"名篇的对问体文章。

二 《卜居》《渔父》说

宋人洪迈曰："自屈原词赋假为渔父、日者问答之后，后人作者悉相规仿。"③ 洪迈的观点已经含有《卜居》《渔父》为问对文体源头的观点。当然，若深究之，洪迈所言是指假设问答的词赋，并不等同于问对文体，比

---

① 任昉：《文章缘起》，见《中国古代文体学研究》下编第4章，第354页。
② 吴承学：《任昉〈文章缘起〉考论》，见《中国古代文体学研究》下编第4章，第317页。
③ 洪迈：《容斋五笔》卷7"东坡不随人后"条，见《容斋随笔》下册，中华书局，2005，第912页。

如，在该句之后，洪迈所举诸文皆为赋体，即"司马相如《子虚》《上林赋》以子虚、乌有先生、亡是公，杨子云《长杨赋》以翰林主人、子墨客卿，班孟坚《两都赋》以西都宾、东都主人，张平子《两都赋》以凭虚公子、安处先生，左太冲《三都赋》以西蜀公子、东吴王孙、魏国先生"①。清人纪昀则明确指出："《卜居》《渔父》已先是对问，但未标对问之名耳。"② 与之类似，近人骆鸿凯亦指出："推原其溯，则《卜居》《渔父》已开其先，但未标对问之名耳。"③ 近人刘永济也说："自《卜居》《渔父》肇对问之端，宋玉因之，辞设客主，所以首引文致也，于是有对问之作。"④ 因而，我们可以将这一观点更为确切地表述为：对问文体实际上源于屈原《卜居》《渔父》，而首先以"对问"名篇的对问体文章则是宋玉的《对楚王问》。⑤ 为便于分析，现将《渔父》引述如下：

> 屈原既放，游于江潭，行吟泽畔，颜色憔悴，形容枯槁。渔父见而问之曰："子非三闾大夫与？何故至于斯？"
>
> 屈原曰："举世皆浊我独清，众人皆醉我独醒，是以见放！"
>
> 渔父曰："圣人不凝滞于物，而能与世推移。世人皆浊，何不淈其泥而扬其波？众人皆醉，何不铺其糟而歠其醨？何故深思高举，自令放为？"
>
> 屈原曰："吾闻之，新沐者必弹冠，新浴者必振衣。安能以身之察察，受物之汶汶者乎？宁赴湘流，葬于江鱼之腹中。安能以皓皓之白，而蒙世俗之尘埃乎？"
>
> 渔父莞尔而笑，鼓枻而去，歌曰："沧浪之水清兮，可以濯吾缨。沧浪之水浊兮，可以濯吾足。"遂去，不复与言。⑥

---

① 洪迈：《容斋五笔》卷7"东坡不随人后"条，见《容斋随笔》下册，第912页。
② 纪昀：《纪晓岚评文心雕龙》，江苏广陵古籍刻印社，影道光十三年（1833）翰墨园藏版，1997，第127页。
③ 骆鸿凯：《文选学》，中华书局，1989，第530页。
④ 程千帆：《十四朝文学要略》，上海中国文化服务社，1946，第125页。
⑤ 孙津华即作此表述，认为"《卜居》《渔父》实际上在形制上开了对问体的先河，而《对楚王问》则照顾到了名称上的'名副其实'，故而三者都可以视为对问体的开创之作"（孙津华：《文体的范式与突破——七体、连珠、对问、九体研究》，第85页）。
⑥ 洪兴祖：《楚辞补注》卷7《渔父》，中华书局，2012，第179~181页。

由上可见，《渔父》具备刘勰将《对楚王问》视为问对文体的特征（上述特征一和特征三）。其一，《渔父》为问答式结构，其中渔父发问，屈原作答。当然，《对楚王问》仅有一问一答，而且问语简略、答语详细；《渔父》为两问两答，问者渔父还在最后以歌作结，双方的问答篇幅大致相当。其二，屈原也是"发愤以表志"，一方面抒发自己因"举世皆浊我独清，众人皆醉我独醒"而被放逐的不满；另一方面则表明即便身处"举世皆浊"的境地，也依然洁身自好，宁投江葬身于鱼腹，也不愿"蒙世俗之尘埃"。

《卜居》则为《渔夫》类似作品，原文如下：

> 屈原既放，三年不得复见。竭知尽忠，而蔽障于谗。心烦虑乱，不知所从。往见太卜郑詹尹曰："余有所疑，愿因先生决之。"
>
> 詹尹乃端策拂龟，曰："君将何以教之？"
>
> 屈原曰："吾宁悃悃款款，朴以忠乎？将送往劳来，斯无穷乎？宁诛锄草茅以力耕乎？将游大人以成名乎？宁正言不讳以危身乎？将从俗富贵以媮生乎？宁超然高举以保真乎？将哫訾栗斯，喔咿儒儿，以事妇人乎？宁廉洁正直以自清乎？将突梯滑稽，如脂如韦，以洁楹乎？宁昂昂若千里之驹乎？将泛泛若水中之凫，与波上下，偷以全吾躯乎？宁与骐骥亢轭乎？将随驽马之迹乎？宁与黄鹄比翼乎？将与鸡鹜争食乎？此孰吉孰凶？何去何从？世溷浊而不清，蝉翼为重，千钧为轻；黄钟毁弃，瓦釜雷鸣；谗人高张，贤士无名。吁嗟默默兮，谁知吾之廉贞！"
>
> 詹尹乃释策而谢，曰："夫尺有所短，寸有所长；物有所不足，智有所不明；数有所不逮，神有所不通。用君之心，行君之意，龟策诚不能知此事。"[1]

由上可见，《卜居》同样具备上述问对文体的特征一和特征三。其一，《卜居》也是问答式结构，存在问对双方。不过，作为发问者，屈原先请太卜郑詹尹帮助决疑。然后，郑詹尹请屈原说出想问什么。进而，屈原一连提出十个选择性的问题[2]，并借助蝉翼与千钧的重量比较、黄钟与瓦釜的乐

---

[1] 洪兴祖：《楚辞补注》卷6《卜居》，中华书局，2012，第176~178页。

[2] 笔者将两个问题合为一个选择性问题，例如，"吾宁悃悃款款，朴以忠乎？将送往劳来，斯无穷乎"。据此，该文一共十个选择性问题。

声比较，来论说"谗人高张，贤士无名"，表示无人理解自己的廉贞。最后，郑詹尹表示无法通过占卜来帮助屈原进行选择，让屈原顺其自然。值得提及的是，与《对楚王问》《渔父》有所不同，《卜居》更偏重于发问的屈原。其二，《卜居》也具有抒情性。虽然连发十问，但屈原心中早有答案。例如："吾宁悃悃款款，朴以忠乎？将送往劳来，斯无穷乎？"屈原所选为前者。事实上，屈原不过是借着发问的机会抒发对自己"体忠贞之性而见嫉妒"，"谗佞之臣承君顺非而蒙富贵"[①]的不满情绪，同时也表明即便因小人谗言而遭放逐，自己仍然坚持个人的操守。

因此，《卜居》《渔父》皆为刘勰意指的问对文体。此外，即便要求问对文体必须具备上述特征二（辩论性），《渔父》《卜居》也都满足这个条件。例如，《渔父》中渔父的第二问就以圣人为据，而再次作答的屈原则以"新沐者""新浴者"为喻。《卜居》中的屈原以蝉翼与千钧、黄钟与瓦釜为喻，郑詹尹则以"尺有所短，寸有所长"等为喻。当然，与《对楚王问》相比，《渔父》《卜居》的论证成分较少，而且二者都包含了更多表达个人情感的内容。

三　周秦诸子说

持此观点者甚多，有些学者只是笼统指出周秦诸子为问对文体的源头，例如，近人吴曾祺曰："古人欲有所作，恐己意不伸，则设为宾主问答之辞，先为难端，然后徐出己意。有一之不已，至于再三者。其体皆归于诎宾而伸主，此其通用之例。其始盖昉诸周秦诸子，其后能文之士，仿而为之。"[②] 有些学者则明确指出问对文体的起源是周秦诸子中的《庄子》《列子》中的寓言，例如，近人张相说："《公》《穀》传经，假设问辞；《庄》《列》寓言，亦述尧舜孔颜之问答。虽曰宋玉之徒首为此体，盖亦有所本也。"[③] 余嘉锡也

---

① 洪兴祖：《楚辞补注》卷6《卜居》，第176页。
② 吴曾祺：《涵芬楼文谈》"设问"，见王水照编《历代文话》第7册，复旦大学出版社，2007，第6618页。
③ 张相：《古今文综》第6部"辞赋杂文之属"第2编"杂文类"第1章"杂文上"之"对问"，见《古今文综》第39册，中华书局，1916，第1页。另张相也论及《公羊传》《穀梁传》在解释《春秋》时常假设问答，从而可以视为问对文体的源头之一。本文对该说不作讨论，仅举两例予以说明：《公羊传·隐公元年》云："元年者何？君之始年也。春者何？岁之始也。"《穀梁传·隐公元年》云："公，何以不言即位？成公志也。焉成之？言君之不取为公也。"

认为东方朔的《答客难》"本是杂文，源出于屈原之《渔父》、宋玉之对问，而屈、宋又仿《庄子》之寓言"[①]。还有一些学者认为源头应是纵横家的游说，例如，近人刘师培认为"答问始于宋玉，盖纵横家之流亚也"[②]。程千帆亦认为"散而不韵"之对问文体"实战代游谈之嫡裔"[③]。由于《列子》成书年代争议较大，以下仅对《庄子》寓言与纵横家之游说展开论述。

《庄子》寓言满足了前述问对文体的前两个特征，属于辩论性问答。首先，《庄子》寓言常假借人物、动物、自然现象（例如风）为主客双方展开论说，具备问答式结构。例如，《逍遥游》载有尧与许由、惠施与庄子等问答；《人间世》除最后一段为个人议论之外，其余则是七段对话（如颜回与孔子、叶公子高与孔子、颜阖与蘧伯玉等问答）；《德充符》除第五节外，其他五节均为对话（包括常季与孔子、子产与申徒嘉、无趾与孔子、无趾与老聃、鲁哀公与孔子、惠施与庄子）；《秋水》篇全是对话，其主体部分是河伯与海若的七问七答，其后还附有夔、蚿、蛇、风的对话，子路与孔子的对话，公孙龙与魏牟的对话，庄子与二楚大夫的对话，惠施与庄子的两次对话。其次，问答双方均提出理由来论证自己的观点，例如，《逍遥游》中的尧以日月、时雨为喻说明许由更适合管理天下，进而提出让位于许由；许由则以鹪鹩、鼹鼠为喻来拒绝尧的请求。

那么《庄子》寓言是否具备特征三（抒情性）呢？笔者以为，这依赖于我们对抒情性的理解。如果将"抒情性"只是狭义地理解为抒发愤懑、不满情绪，那么《庄子》寓言不具备特征三；如果将"抒情性"作一种广义的理解，包括对某种思想境界或精神世界的向往，那么《庄子》寓言具备特征三。例如，《逍遥游》借助尧和许由的问答来表达自己对破除名利的思想境界的向往。

纵横家的游说同样满足前述问对文体的前两个特征，属于辩论性问答。首先，其游说常为纵横策士与国君（或卿大夫）之间的问答。其次，纵横策士均提出理由来劝说君主（或卿大夫）。至于特征三，与上述对《庄子》寓言的论述一样，依赖于对"抒情性"的理解。如果作广义理解，其游说

[①] 余嘉锡：《古书通例》卷2"明体例第二"之"秦汉诸子即后世之文集"之"设论"，见《目录学发微；古书通例》，中华书局，2007，第235页。
[②] 刘师培：《论文偶记》，见《刘申叔遗书》，江苏古籍出版社，影1936年宁武南氏校印本，1997，第713页。
[③] 程千帆：《赋之隆盛及旁衍》，见《闲堂文薮》，齐鲁书社，1984，第147页。

具备特征三，因为纵横策士都是通过游说表达为自己求取功名或为其国家谋取利益的心志，即向往功名利禄。如果作狭义理解，其游说不具备特征三，例如，当纵横策士的游说不为国君所用时，他们并不会像屈原、宋玉一样只是抒发愤懑、保持自身高洁，而是继续研习纵横术，或转而游说他国。且以苏秦为例：

> 苏秦始将连横说秦惠王曰："……以大王之贤，士民之众，车骑之用，兵法之教，可以并诸侯，吞天下，称帝而治，愿大王少留意，臣请奏其效。"秦王曰："寡人闻之，毛羽不丰满者不可以高飞，文章不成者不可以诛罚，道德不厚者不可以使民，政教不顺者不可以烦大臣。今先生俨然不远千里而庭教之，愿以异日。"苏秦曰："臣固疑大王之不能用也。昔者神农伐补遂，黄帝伐涿鹿而擒蚩尤，尧伐驩兜，舜伐三苗，禹伐共工，汤伐有夏，文王伐崇，武王伐纣，齐桓任战而伯天下。由此观之，恶有不战者乎？古者使车毂击，言语相结，天下为一。约从连横，兵革不藏……"说秦王书十上而说不纳。黑貂之裘弊，黄金百镒尽，资用乏绝，去秦而归。……乃夜发书，陈箧数十，得太公阴秘之谋，伏而诵之，简练以为揣摩。读书欲睡，引锥自刺其股，血流至踵，曰："安有说人主不能出其金玉锦绣，取卿相之尊者乎？"期年，揣摩成，曰："此真可以说当世之君矣！"于是乃摩燕乌集阙，见说赵王于华屋之下，抵掌而谈。赵王大悦，封为武安君，受相印，革车百乘，锦绣千纯，白璧百双，黄金万溢，以随其后，约从散横，以抑强秦。（《战国策·秦一》）①

由上可见，首先，苏秦与秦惠王都对自己的观点展开了论说，苏秦征引神农、黄帝等古人事迹，秦惠王则征引俗语（"寡人闻之"）。其次，除了当面游说，苏秦还上书十次，但皆未见用。于是他回家苦读（"读书欲睡，引锥自刺其股"），在揣摩"太公阴秘之谋"一年之后，继续不懈地游说。但这次游说的对象已不再是秦国，而是赵国。并且，他获得成功，封侯拜相。我们从这个故事中还可以看出，苏秦的游说具有明显的功利目的——

---

① 诸祖耿：《战国策集注汇考》上册，凤凰出版社，2008 增补本，第 118~120 页。《史记·苏秦列传》亦载此事，然有所不同，如此处详述苏秦对秦惠王的游说，《史记》则较为简略。

如其所言,"安有说人主不能出其金玉锦绣,取卿相之尊者乎",最终,他也因此而获取功名。

此外,除了《庄子》寓言与纵横家之游说,《论语》《孟子》《墨子》《荀子》《公孙龙子》《管子》《商君书》《韩非子》等众多诸子文献中都含有问对文体,可以说在战国时期,问对文体已经颇为兴盛。而且,这些文章所论话题广泛,除了为政,还论及为人、为学,乃至哲理问题。例如,《孟子·告子上》共 20 章,除了有 13 章是孟子自己的言论外,其他 7 章均为对问文体,涉及人性论之类的哲理问题和大人、小人之分的为人问题:前 4 章为告子与孟子关于人性论的辩论;第五章为孟季子与公都子、孟子关于"义内"的辩论;第六章为告子(经公都子转述)与孟子关于人性论的讨论;第十五章为公都子与孟子关于大人、小人之分的讨论。《庄子》之《德充符》篇旨在通过虽然身体残缺或相貌丑恶但却德行充足的人来论证破除对外形的执念,而重视人的内在质量;《秋水》篇旨在论说认识的相对性。《公孙龙子》之《白马论》《通变论》《坚白论》则全由辩论性问答构成,旨在论述"白马非马""二无一""坚白石三"等抽象哲理问题。

总之,如果将问对文体视为一种辩论性问答,可以将问对文体溯源自周秦诸子。而若在辩论性问答基础上添加"抒情性"特征条件,并对"抒情性"作一种广义的理解,我们也可以将问对文体溯源自周秦诸子;但若作狭义理解,则不可溯源自周秦诸子。实际上,这也表明了辩论性问答文章在战国后期已经产生了演变,从注重辩论的诸子问答(如学说辩论)转变成偏重抒发个人情感(如怀才不遇)。

四 《尚书》说

清人钱方绮在《文章缘起订误》中批评任昉以宋玉《对楚王问》为对问之始,认为"《尚书》典谟具载君臣对问之语,非其源起乎"[①]。如前所论,任昉《文章缘起》不录六经,因此,钱方绮的批评是未能理解《文章缘起》创作意图的结果。不过,《尚书》典谟(包括《尚书·虞夏书》中

---

① 钱方绮:《文章缘起订误》,《得天爵斋丛书》本。另此本未见,引自中山大学中文系李晓红博士所抄中国国家图书馆藏本。

的《尧典》《舜典》《大禹谟》《皋陶谟》等篇①）中确实载有君臣问对之语，例如：

> 帝曰："畴咨若时登庸？"放齐曰："胤子朱启明。"帝曰："吁！嚚讼可乎？"
> 帝曰："畴咨若予采？"驩兜曰："都！共工方鸠僝功。"帝曰："吁！静言庸违，象恭滔天。"
> 帝曰："咨！四岳，汤汤洪水方割，荡荡怀山襄陵，浩浩滔天。下民其咨，有能俾乂？"佥曰："於！鲧哉。"帝曰："吁！咈哉，方命圮族。"岳曰："异哉！试可乃已。"帝曰，"往，钦哉！"九载，绩用弗成。（《尚书·尧典》）

由上可见，尧帝分别与其臣民放齐、驩兜、众人（"佥"）②进行问答。而且，在问答中，尧帝还给出理由来质疑臣子的观点。因而，我们可以将上述问答视为辩论性问答。换言之，可以将问对文体的源头追溯至《尚书》典谟。

实际上，除典谟之外，《尚书》中的其他篇章亦含问对。例如，《商书》之《仲虺之诰》先载录成汤因用武力夺取夏朝政权而感到惭愧的言论，然后臣子仲虺对成汤进行劝诫，一方面指出具有美德的成汤是顺应天命而获得政权的，另一方面劝勉成汤当政时应当以德治国。《商书》之《西伯戡黎》记载了周文王打败殷商属国黎国之后，臣子祖伊劝谏商纣王的言论。其中纣王认为自己受命于天，祖伊则对此予以反驳。《商书》之《说命上》先论及殷高宗武丁在为父守丧三年之后不说话，然后群臣向其谏言，认为武丁必须说话，因为国君武丁的话就是国家的政令。武丁作诰书回应群臣，讲述天帝在梦中赐予他的贤臣，进而画出梦中的形象，在现实中找到了与该形象相似的贤臣说，并命其为相。最后，武丁作命辞，要求说向其进言，

---

① 关于《尚书》的分篇，今文《尚书》与古文《尚书》（《十三经注疏》本，严格来说是伪古文《尚书》）存有差异，如今文《尚书》的《尧典》包括古文《尚书》的《尧典》与《舜典》，今文《尚书》的《皋陶谟》包括古文《尚书》的《皋陶谟》与《益稷》。本文依照古文《尚书》列举篇名。
② 孔安国曰："佥，皆也。"孔安国传，唐孔颖达等正义《尚书正义》，见《十三经注疏》，中华书局，1980，第122页。

辅其修德，说也表示愿意进言。此外，如《商书》中的《太甲上》《太甲中》《说命中》《说命下》《微子》等篇皆含问对。

与《尚书》相近的《逸周书》亦有少量包含问对文体的篇章，例如，《寤敬》中先由周武王发问，指出讨伐商纣王的计谋泄露，并因梦中遭到商朝人的讨伐而被惊醒。然后，周公响应说梦中惊醒是为了提醒周武王顺应天命，并劝诫周武王借鉴前人的经验教训。最后，周武王表示会借鉴前人经验，谨慎行事。《逸周书》中其他包含对问的篇章还有《成开》《大戒》《本典》，等等。

当然，《尚书》与《逸周书》中所含问对体文章主要关乎政治，与周秦诸子文章相比，其中的论证成分显得较为简略；与《卜居》《渔父》《对楚王问》相比，则缺乏抒情性。

五 其他观点

除了上述观点，还有两种看法可资参考。

其一，明人徐师曾《文体明辩》认为"古者君臣朋友口相问对，其词详见于《左传》《史》《汉》诸书。后人仿之，乃设词以见志，于是有问对之文"[1]。撇开秦汉以来的《史记》《汉书》不论，先秦书籍《左传》确实载有大量的君臣朋友之间的相互问对。如果将《左传》视为一个整体，那么《左传》自然不是问对体文章；但若将《左传》中能够独立成篇的段落抽出，并视之为单独的文章，那么就有大量的段落可以被视作意指辩论问答的问对文体。

与《左传》类似，《国语》也包含大量问对文体，其载录的问对文体的主题也与《左传》相似，而且《国语》分国分章记载各国君臣言论，本就单独成篇。类似的文献还有马王堆汉墓帛书《春秋事语》，今存 16 章，多为问对，例如，第 4 章《鲁文公卒章》载录公襄目人与叔仲惠伯关于是否应召的问答[2]；第 8 章《晋献公欲袭虢章》载有荀叔与晋献公关于假道的问答；第 13 章《宋荆战泓水之战章》载录宋司马与宋君的问答。

---

[1] 徐师曾：《文体明辩》卷 43 "问对"，见《四库全书存目丛书》集部，第 311 册，齐鲁书社，1997，第 769~770 页。

[2] 《左传·文公十八年》亦载有此事，谏言者为公冉务人。

其二，近人徐昂说："问答式始于《易·乾·文言》篇。'子曰'虽非假设，而爻辞之致疑，则为设问之词。"① 徐昂的意思是《易·乾·文言》中对爻辞的 6 则解释中，都是先问爻辞的含义，然后引用孔子言论作答，因而含有设问之意，例如：

> 初九曰"潜龙勿用"，何谓也？子曰："龙德而隐者也。不易乎世，不成乎名，遁世无闷，不见是而无闷。乐则行之，忧则违之，确乎其不可拔，'潜龙也。'"
>
> 九二曰"见龙在田，利见大人"，何谓也？子曰："龙德而正中者也。庸言之信，庸行之谨，闲邪存其诚，善世而不伐，德博而化。《易》曰：'见龙在田，利见大人'，君德也。"（《周易·乾·文言》）

在上述引文中，孔子对初九爻辞、九二爻辞进行了解释，但没有予以论证。因此，如果将辩论性视为问对文体的一个必备特征，那么该文便不是问对文体。当然，徐昂本也没有说这是问对文体，而只是说这是问答式的起源。于雪棠也指出《周易》经传中确实没有问对体作品，但是"在运用《易》占筮的过程中，出现了问答，形成了主、客双方，在记录运用《易》占筮的过程时，自然而然地产生了问对体作品"②。此外，李乃龙认为占卜的"实质是一种不自觉的自问自答"，"甲骨卜辞是对问体散文的滥觞"③。不过，从其所举两则实例来看，皆是有问无对，不具有辩论性问答的特征。总之，甲骨卜辞和《周易》中确实具有与问答式类似（如设问）的表达，但是并未出现问对体。

结　语

综上所论，甲骨卜辞和《周易》中已经含有问答，但是不具有辩论性。

---

① 徐昂：《文谈》卷 3 "论制作"之 "论说"，见王水照编《历代文话》第 9 册，复旦大学出版社，2007，第 9033 页。
② 于雪棠：《〈周易〉的占问与上古文学的问对体》，《〈周易〉与中国上古文学》第 2 章第 3 节，北京师范大学出版社，2005，第 117 页。该文还列举了《左传·僖公十五年》的两则通过卜筮来推断战争胜败和嫁娶吉凶方面的问题。
③ 参见李乃龙《论〈文选〉"对问"体——兼论先秦问对式的发展历程》，《广西师范大学学报》（哲学社会科学版）2005 年第 4 期，第 84~89 页。

《尚书》之《商书》《虞夏书》中的部分篇章已有辩论性问答，但论证部分依然较为简略。《左传》《国语》与周秦诸子文献中则已出现大量含有辩论性问答的文章，而且有些文章整篇皆为问对（如《公孙龙子》之《白马论》《坚白论》《通变论》），并表达有关政治、学术等方面的中心主旨。而《卜居》《渔父》《对楚王问》在保留辩论性特征时，更偏重于抒发个人情感。首次以对问名篇的文献则是《对楚王问》。

值得一提的是，自《对楚王问》后，汉代东方朔《答客难》、扬雄《解嘲》、班固《答宾戏》等文皆偏重于抒情自慰。因此，刘勰认为"原夫兹文之设，乃发愤以表志，身挫凭乎道胜，时屯寄于情泰，莫不渊岳其心，麟凤其采，此立体之大要也"《文心雕龙·杂文》。当然，汉代以来亦有不少问对体文章偏重辩论。因此，偏重辩论性还是偏重抒情性，或导致后世学者在研究问对文体时，存在作为论说文的问对与作为辞赋的问对之区分，例如，钱基博在分析韩愈杂著类文章时，明确区分了"主客之体"的两种类型："有以表情抒慨者，近于词赋"（如《对楚王问》《答客难》等）；"有以论事析理者，毗于诸子"（如《孟子》《战国策》等）[①]。

最后，本文只是在考察各种问对文体起源说时，初步呈现先秦问对文体之发生演变历程。关于中国古代问对文体的渊源流变、文体体制等问题，当然都有待后续深入研究。

[①] 钱基博：《韩愈志》"韩集籀读录第六"，商务印书馆，1958 增订本，第 120 页。

文艺纵横

"规训"视野下的文学合法性个案研究*
——以孔子"在陈绝粮"为题

何玉国**

摘要 近20年来，文学研究取得长足发展和进步，但也有曲折。其根本在于人们对以"文学合法性"为核心的"问题集群"下文学性、文学边界等基本问题关注过多。基于文学规训视野下，以孔子"在陈绝粮"这一"历史事实"为题，重新回到文史分野和学科分离之前的人类知识演进事实，阅读其本身的"剧本"演变，从"历史（史实）"到"文学"的过渡。我们或许可以得出一个结论：文学只是人类知识自我规训的产物，现有的文学本质问题，不过是文学自身发展过程中人类"自我规训"观念的产物。

关键词 历史 文学 本体论 自我规训

近20年来，文学研究有了长足发展和进步，但囿于些许问题，走过了许多曲折、困顿甚至于停滞不前的荒芜。有文献缺乏的原因，也有方法论的顾虑，但"问题意识"似乎是以往文学研究出现"曲折"的根本，那就是人们过多或者反复思考以"文学合法性"为核心的"问题集群"下的文学性、文学边界等基本问题，也即"文学是什么"和"什么是文学"的问

---

* 基金项目：天津市2016年度哲学社会科学规划项目"后现代视野下老子文本书写研究"（TJZW16-005）。

** 何玉国，1979年生，河南洛阳人，文学博士，天津财经大学人文学院副教授，主要从事文学理论和文化研究。

题,当然两者之间不能完全划等号,有其不尽一致的地方,但其大同而小异,因此有人言称文学性和文学边界决定文学学科的成立,同时也是决定文学合法性的根本。

就"文学是什么""什么是文学"以及"文学性""文学边界"等问题,确实如前辈学人所言:实乃文学学科或文学研究之根本问题,但也正如学界已有成果所示,此也实乃人言人殊、莫衷一是的"大问题"——说其"人言人殊",并非学界没有形成一点"共识",比如承认了该问题的重要性,就是一点很重要的共识。但这一点"共识",也不过是"多数人的意见或观点",也并未成为"共同性的一致看法",因为还存在着许多"莫衷一是"的方面,比如"文学思想史"学科的创立者罗宗强先生就认为"什么是文学?文学思想的产生,显然是在有了文学创作之后,是文学创作的经验的总结。或者说,是文学创作之后的一种感悟,一种理性的思索……什么是文学的问题不解决,什么是文学思想的问题也就无法圆满的解决……至今为止,要找出一个适应一切时期、适应一切地域的文学创作实际的关于文学的定义,实在十分地困难"①。对于此问题,卑之无甚高论,也不敢在此遑论"美芹之献",不过,既然"文学合法性问题"是文学研究中一个具有形而上色彩的哲学问题②,那么,既然在理论构建上难以取得令人满意的答案和可喜的成果,那么,我们可否"不得已而求其次":通过"实证"的"形而下"研究,上升到"形而上",或者说是"抽象研究"的路径不通,我们就选择"具象研究"的方法?

在这一思路下,本文选择了一件"历史事实":孔子"在陈绝粮"。为了"证实"这是一个"历史事实",本文在第一部分、第二部分结合孔子的一生,引证了的材料,"确证"了"历史上"曾经发生过"孔子'在陈绝粮'"这一"历史事件"。接着着重于这一"历史事件""演化"的"版本歧变",从《庄子》到《墨子》,再到《荀子》还有真实性待考的《孔子家语》等都有这一"历史事件"的"不同演变"。在具体到分析这些"不同演变"时,本文主要集中在了《庄子》文本中的"记述":从"细节"到"剧情"到"主题",也

---

① 张峰屹:《西汉文学思想史》,南开大学出版社,2001,"序"(罗宗强),第1页。
② 陈国球认为,"相对而言,哲学界一直在问有没有中国哲学,而研究中国文学的比较少思考这个问题,我们似乎一开始就相信中国是有文学的"。参见陈国球、张晖《文学的力量——陈国球教授访谈录》,《东华汉学》(台湾东华大学中国语文学系)2010年11期,第273~295页。

就是说"孔子'在陈绝粮'"这一"历史事件"经过"几经翻转",除了其核心的"史"(客观已经发生的历史)保持"不变"之外,其他已经完全"改变"了。那么,本文就此提出了一个"问题":"几经翻转"的、核心的"史"(客观已经发生的历史)保持"不变"的"孔子'在陈绝粮'",在《庄子》的"记述"中,我们还能按照"历史"来看待吗?当然,这个"疑问",在本文的第四部分是以"探讨性""尝试性"的"肯定回答"来结束论文的。在第四部分,本文主要表达了三个意思:一、在"文史不分"的先秦社会,这种"翻转"的"表述"是正常的,所以,我们不能"很肯定"地"分离""离析"出某种"文学"的存在;二、除核心的"史"(客观已经发生的历史)保持"不变"的"孔子'在陈绝粮'"在后来的"几经翻转"的内容应该属于"非史"的,本文引证了钱锺书的一段话来说明,这种"非史"的"记述手法"其实在"正规的史学家"那里也是"惯用手法",其旨在说明"文史难分";——"文"是附加在"史"上的,或者叫"史之余"。三、从"文史难分"到"确证""非史"内容,本文引证了福柯的一段话,最后结论说所谓"文学"、所谓"文学合法性"问题,都是"规训"的产物,都是"人为"的结果,"文-史"一直是"难以区分割裂"的。当我们有意突出所谓"文学"、所谓"文学合法性"问题,并将此看作是一个"问题"的时候,其实不过是"现今学者视野内"的问题罢了,或者叫作"我们有意提出或凸显出的问题"罢了,从文学研究的历史(或叫"历史长河",但其实也没那么"长")来看,无论西方,还是中国,"文学合法性"都不是文学研究史中"长期存在"的问题,因此,结合中国学界对此问题的"关注热度"而言,我们或许可以将之称为"中国转型过程中的问题"。对此,本文只是在做一个尝试性的回答,谨希就教于学界同仁。

一 从历史谈起:"孔子被困"概述

孔子一生,最得意的时光应该是年过半百之后(按现今学界考证,孔子生于公元前551年),公元前501年鲁定公九年,时年孔子50岁,季孙氏家臣阳货[①]被赶走后,鲁国国君的地位恢复,政令得以正常,孔子才获重

[①] 鲁国曾被孟孙氏、叔孙氏、季孙氏三家操控。据钱穆考证,阳货,乃季孙氏家臣,又名虎。钱穆:《论语新解》,三联书店,2002,第442页。

用，被任命为中都宰，后来又升为大司寇。但5年之后，也即孔子55岁时，孔子便开始了流浪生涯，"周游列国"，有郑人对子贡说其师"累累若丧家之狗"，孔子也承认"似丧家之狗，然哉然哉"（《史记·孔子世家》）。由此可见，孔子一生绝大多数时间大不如意。

在其周游列国过程中，按《论语》所述，孔子遭遇了三次"生命危机"。第一次是公元前496年，时年孔子55岁，《论语·子罕》记载：

> 子畏于匡，曰："文王既没，文不在兹乎？天之将丧斯文也，后死者不得与于斯文也；天之未丧斯文也，匡人其如予何？"

匡，地名，今属河南新乡长垣县。斯年，孔子从陈国经过匡地，《史记·孔子世家》："匡人闻之，以为鲁之阳虎。阳虎尝暴匡人，匡人于是遂止孔子。孔子状类阳虎，拘焉五日。"因为匡曾遭受鲁国阳虎的侵害，孔子貌似阳虎，故困孔子于匡。孔子自信作为周代文明的传承者，以鲁国"文化使者"的身份，匡人对己无能为力，"天之未丧斯文也"。

不过，孔子对于自己作为周代文明的传承者、鲁国文化的使者的自信并非偶尔为之，公元前492年，对于遭遇的第二次"生命危机"，孔子也是如此，《论语·述而》记载：

> 子曰："天生德于予，桓魋其如予何？"

桓魋，时任宋国司马，乃宋桓公的后代。据《史记·孔子世家》记载，"孔子去曹适宋，与弟子习礼大树下。宋司马桓魋欲杀孔子，拔其树"。但桓魋为什么要杀孔子呢？史书不详，估计和鲁定公十年即前500年齐鲁"夹谷"之会有关。斯年，鲁国重用孔子，齐国便有"鲁用孔子，其势危齐"，结果"夹谷之会"，孔子不费一兵一卒，收回了被齐国占领的"郓、汶阳、龟阴"。在这里，孔子成了"德"的化身。

二 "历史事实"："孔子被困"始末

第三次"生命危机"发生在前489年，斯年，孔子62岁，《论语·卫灵公》记载：

> 在陈绝粮，从者病，莫能兴。子路愠见曰："君子亦有穷乎？"子曰："君子固穷，小人穷斯滥矣"。

在陈地，没有粮食充饥了，弟子也病了，大家都不能像以前那样诵读《诗经》①，也确实不容易，连孔子也说"贫而无怨难"（《宪问》），子路有些恼怒，对"君子"与"贫穷"的必然和或然关系产生了怀疑，就咨询孔子，孔子坚持说"君子应该坚守穷困（要有'德'），只有小人才可能忍受不了穷困（一穷困，便胡作非为）"。这是《论语》本节所述。

但《史记》中还记载有其他弟子对此的质疑，《史记·孔子世家》有云：

> 子贡色作。孔子曰："赐，尔以予为多学而识之者与？"曰："然。非与？"孔子曰："非也。予一以贯之。"

即使孔子讲了"君子固穷，小人穷斯滥矣"的道理，还是有人不满意，"子贡色作"，就明显是情绪呈现在脸上，于是孔子就又说你以为我是知道的很多吗？言外之意，是说你们以为我说"君子固穷，小人穷斯滥矣"的道理是在卖弄或者故弄玄虚吗？子贡却对此反问道："难道不是这样吗？（然。非与？）"，孔子很肯定地回答说不是这样的，我是有一以贯之的追求的，言外之意就是我追求"有德"。

但弟子们明显还是有不满意的，"孔子知弟子有愠心"：

> 乃召子路而问曰：诗云"匪兕匪虎，率彼旷野"。吾道非邪？吾何为于此？子路曰："意者吾未仁邪？人之不我信也。"意者吾未知邪？人之不我行也。孔子曰："有是乎！由，譬使仁者而必信，安有伯夷、叔齐？使知者而必行，安有王子比干？"

孔子问弟子子路，《诗经》上说"匪兕匪虎，率彼旷野"，不是犀牛不

---

① 本句对于"兴"的解释，有的翻译为"不高兴"；有的承接上句"从者病"，因而翻译为"起不来"。见钱穆《论语新解》，第397页；如果参照《史记·孔子世家》的记述，"不得行，绝粮，从者病，莫能兴，孔子讲诵弦歌不衰。子路愠见曰……"则"莫能兴"一句，本文应该翻译为"不能像以前那样诵读《诗经》"。故此处翻译从后者。

是老虎，处在旷野中，难道我选择的道路（上文所言的追求"有德"或"有仁"）有错吗？子路的回答是您的选择没错，只是我们的"仁义"未到，或者说我们还没有达到"有德"或"仁"的境地。孔子承认了这一点，但是孔子明显对子路的回答不很满意。

于是，《史记·孔子世家》又云：

> 子路出，子贡入见。孔子曰：赐，诗云"匪兕匪虎，率彼旷野"。吾道非邪？吾何为于此？子贡曰：夫子之道至大也，故天下莫能容夫子。夫子盖少贬焉？孔子曰：赐，良农能稼而不能为穑，良工能巧而不能为顺。君子能修其道，纲而纪之，统而理之，而不能为容。今尔不修尔道而求为容。赐，而志不远矣！

孔子将此问题同样问于子贡。子贡却说先生您的境界和追求太高了，为什么不降低一点标准，以求获得天下人的认同和包容呢？"夫子之道至大也，故天下莫能容夫子。夫子盖少贬焉？"孔子对子贡的回答十分不满意，并贬斥了子贡："赐，而志不远矣。"

最后，只有颜回的回答似乎让先生有所满意：

> 子贡出，颜回入见。孔子曰：回，诗云"匪兕匪虎，率彼旷野"。吾道非邪？吾何为于此？颜回曰："夫子之道至大，故天下莫能容。虽然，夫子推而行之，不容何病，不容然后见君子！夫道之不修也，是吾丑也。夫道既已大修而不用，是有国者之丑也。不容何病，不容然后见君子！"孔子欣然而笑曰："有是哉颜氏之子！使尔多财，吾为尔宰。"

颜回说先生的志向远大道德追求至高无上，所以天下人"莫能容"，但是别人不能容，是他们的损失和耻辱；当然如果我们不去推广和实施先生的追求（"有德"或"仁"），那也是我们的耻辱，见世不能容纳，也没有什么感到羞愧和耻辱的，"不容然后见君子"；颜回的这种回答，我们还可以用一个"左道"旁证。虽然，我们现在很难相信它"材料来源"的真实性，那就是《庄子·让王篇》：

> 孔子谓颜回曰:"回,来!家贫居卑,胡不仕乎?"颜回对曰:"不愿仕。回有郭外之田五十亩,足以给饘粥;郭内之田四十亩,足以为丝麻;鼓琴足以自娱,所学夫子之道者足以自乐也。回不愿仕。"孔子愀然变容曰:善哉,回之意!丘闻之:"知足者不以利自累也,审自得者失之而不惧;行修于内者无位而不怍。"丘诵之久矣,今于回而后见之,是丘之得也。

颜回家贫,但不愿做官,认为自给自足即可,应以"夫子之道""自乐"。此对源自《庄子》的引文也充分说明了颜回一生以"夫子之道"作为安身立命之本的人生追求,所谓"本立而道生",因此对于颜回这样的回答,先生当然是欣然而笑了。最后,孔子"于是使子贡至楚,楚昭王兴师迎孔子,然后得免",这样,孔子一生中的最后一次"困厄"才得免除。

这样看来,原本只有区区两行的《论语·卫灵公》"在陈绝粮"篇,在司马迁和他的《史记》眼中却是一个"重要事件",司马迁将其演绎成为有内容有情节且人物形象神态各异的篇什,其完全可以和《论语·先进》"子路、曾皙、冉有、公西华侍坐"篇媲美。

三 "文学书写":孔子被困之后的"文学剧本"

以上对于《论语》的论证,多取材于《史记》。先秦史书,学界多认为其语言简洁精当,叙事概要少言,视之为优点,但不知其"简、精、少"之处也同样是其不足之处。不过其不足之处,也正是其可发挥之处、可补充之处、可增添之处,尤其是对于文学创制来说,孔子"在陈绝粮"这一"历史事实"就有了这样的命运。

就《论语·卫灵公》"在陈绝粮"篇,距离孔子比较最近的"庄子"首先"写"下了几个"剧情不一"的"本子"。

(一)对"史实"运用"文学('虚构')手法"进行"细节"的增添

最集中的莫过于《庄子·让王篇》。或许是为了映照首篇的"逍遥游","庄子"首先让孔子在"有德"追求坚持不变的情况下,变成了一个"穷亦乐,通亦乐"的"乐天派":

孔子穷于陈蔡之间，七日不火食，藜羹不糁，颜色甚惫，而弦歌于室。颜回择菜。子路子贡相与言曰："夫子再逐于鲁，削迹于卫，伐树于宋，穷于商周，围于陈蔡，杀夫子者无罪，藉夫子者无禁。弦歌鼓琴，未尝绝音，君子之无耻也若此乎？"

　　颜回无以应，入告孔子。孔子推琴喟然而叹曰："由与赐，细人也。召而来，吾语之。"子路子贡入。子路曰："如此者可谓穷矣！"孔子曰："是何言也！君子通于道之谓通，穷于道之谓穷。今丘抱仁义之道以遭乱世之患，其何穷之为！故内省而不穷于道，临难而不失其德，天寒既至，霜雪既降，吾是以知松柏之茂也。陈蔡之隘，于丘其幸乎！"孔子削然反琴而弦歌，子路扢然执干而舞。子贡曰："吾不知天之高也，地之下也。"

　　古之得道者，穷亦乐，通亦乐。所乐非穷通也，道德于此，则穷通为寒暑风雨之序矣。故许由娱于颍阳而共伯得乎共首。

　　孔子被困于陈、蔡之地，七天不食烟火，但孔子依然在弹琴唱歌。弟子们十分不理解，认为孔夫子不知耻辱（"君子之无耻也若此乎"）。颜回将同门师兄弟的言论据实相告孔子，孔子对子路、子贡进行了倾心教育，最后以子路"幡然醒悟"，"庄子"照应首篇"逍遥游"结束，认为类如孔子似的"有德"之人也是"穷亦乐，通亦乐"的"乐天派"。

　　如果我们可以把《论语》看作"史料"的话，一并把《史记》拿来和《庄子·让王篇》的描述加以对比，我们会发现，孔子的"在陈绝粮"这一事实，被"庄子"增添了许多原本属于或"夸张"或"虚构"的"文学写法"来描述被困后的"生活场景"：如"七日不火食""藜羹不糁""颜色甚惫，而弦歌于室""颜回择菜"，我们不敢用现代的科学概念来说"七日不火食"的人究竟会存亡几何，更不敢用现代语言说"颜回择菜"是今日的"盐米酱醋茶"的"俗世生活"，但"菜汤里没有一点米粒"（"藜羹不糁"）的"凄惨状"似乎比原来《史记》和《论语》中干瘪瘪地说孔子"在陈绝粮"四个字多出了许多"文学想象"的"诗学空间"。

　　不过，这段《庄子·让王篇》的描述，总体上还没有改变原有孔子"在陈绝粮"这一事实的"历史意义"和"历史价值"——孔夫子依然在追求"有德"或"仁"，但是，在"文学细节"上对原有"历史事实"做了"文学写法"的改变，这也算是孔子被困之后的一个"文学剧本"。

(二) 对"史实"运用"文学('虚构')手法"进行"剧情"的编写

上面的论述，我们只是把《庄子·让王篇》中对孔子"在陈绝粮"的"历史史实"的描述，做了孔子被困之后的一个"文学剧本"，以现有的文献资料来看，也不敢妄断其为"第一个'文学剧本'"，尤其是即将看到后文论述《荀子·宥坐》《墨子·非儒下》《孔子家语·在厄第二十》《孔子家语·困誓第二十二》等诸多篇什都有这一"历史史实"的描述之后，我们无法对材料"历史出场"先后顺序做一个恰当明晰的断定，特别是涉及学界公认的《庄子》"外篇"为后来羼杂这一论断之下，我们更无法确定其"历史出场"的前后时间，所以，本文对所有涉及孔子"在陈绝粮"的"历史史实"的描述材料运用上，对其材料本身的"真实性"和"出场时间"等方面做了"存而不论"的假设，谨将其作为论述的"例证"。

如果说上述对孔子"在陈绝粮"的"历史史实"，运用"文学手法"进行"细节"的增添让我们读来牙床生津沁人心脾的话，那么，有对这一"历史事实"进行"剧情"的篡改，则一定会更让我们觉得此段"历史史实"虽简洁透明但却意味深长。

《庄子·山木篇》即是如此：

> 孔子穷于陈蔡之间，七日不火食，左据槁木，右击槁枝，而歌猋氏之风，有其具而无其数，有其声而无宫角，木声与人声，犁然有当于人之心。
>
> 颜回端拱还目而窥之。仲尼恐其广己而造大也，爱己而造哀也，曰："回，无受天损易，无受人益难。无始而非卒也，人与天一也。夫今之歌者其谁乎？"
>
> 回曰："敢问无受天损易。"仲尼曰："饥渴寒暑，穷桎不行，天地之行也，运物之泄也，言与之偕逝之谓也。为人臣者，不敢去之。执臣之道犹若是，而况乎所以待天乎！"
>
> "何谓无受人益难？"仲尼曰："始用四达，爵禄并至而不穷，物之所利，乃非己也，吾命其在外者也。君子不为盗，贤人不为窃。吾若取之，何哉！故曰，鸟莫知于鹬鹕（注：燕子），目之所不宜处，不给

视，虽落其实，弃之而走。其畏人也，而袭诸人间，社稷存焉尔。"

"何谓无始而非卒？"仲尼曰："化其万物而不知其禅之者，焉知其所终？焉知其所始？正而待之而已耳。"

"何谓人与天一邪？"仲尼曰："有人，天也；有天，亦天也。人之不能有天，性也，圣人晏然体逝而终矣！"

此段文字也有"文学细节"，但和《庄子·让王篇》的描述又有所不同。前者侧重于对"生活场景"的描述，此篇则侧重于孔子被困之后"精神状态"的"刻画"：依然是七天没有生火就食，但孔夫子却表现出一种生性乐观的姿态，左手拿着随便捡来的树枝，右手拿着一根小木棍，敲打着唱起了"三皇五帝"中"神农氏"的歌谣，击打的节拍毫无伦次，唱法唱腔也五音不全。给我们刻画了一个活脱脱的"老小孩"形象。

"周游列国"的路途上，不免艰辛万苦和挫折磨难（《论语·先进》有言："从我于陈蔡者，皆不及门也"），孔子在歌唱之余也想把自己的一点感想告诉身边的弟子。

而《庄子·山木》此篇不再像《史记·孔子世家》和《庄子·让王篇》那样让其弟子子路、子贡、颜回悉数登场，而是仅仅保留了颜回一人，这虽然属于"文学想象"，但也比较符合"历史事实"，因为在孔子眼里，贤惠如颜渊（颜回字子渊）世间少有，《论语·先进》中记载，曾有人问孔子其弟子中谁比较好学，孔子对曰："有颜回者好学，不幸短命死矣，今也则亡。"同时，孔子还多次表示"回也非助我者也，于吾言无所不说（注：通'悦'）"。所以才有了颜渊死后，"子哭之恸""噫！天丧予！天丧予！"等记述。

在此段描述中，孔夫子主要和颜回"表达了三点想法"：

一是外在做事的"利禄诱惑"——"何谓无受人益难"；

二是内在追求的"哲学思辨"："困境中我们的追求会走向何处"——"何谓无始而非卒"；

三是人生之"大限"的"身体"与"自然"之关系——"敢问无受天损易""何谓人与天一邪"。

这段文字的最后假托孔夫子的身份说"有人，天也；有天，亦天也。人之不能有天，性也，圣人晏然体逝而终矣！"以宣扬"道法自然"的思想，但这些不是我们关注的重点。

我们关注的是该段文字对于对"史实"的"剧情"编写。原有的主人公变了，集中在颜回一人身上，"剧情"的"对话内容"也变了，不再泛泛地讨论"有德"和"求仁"，这点类似于《荀子·宥坐》篇，集中于考虑"为什么处于困顿的我们不是'善有善报'"这一问题上，和孔夫子对话的人也只有子路一人，问题的答案是，孔子告诉子路"夫贤不肖者，材也；为不为者，人也；遇不遇者，时也；死生者，命也"，一切努力关键在人；有没有回报，只欠一个机遇；至于生死，那只有命运来决定。整篇描述集中在对于"仁义"追求过程中"在路上"的感受，体贴亲切，细致入微。

（三）对"史实"运用"文学（'虚构'）手法"进行"主旨（主题/结局）"的颠覆

如果说这段描述对"史实"运用"文学手法"进行"剧情"的编写，仅仅是停留在"主人公""对话内容"上的改变，还不能让我们看到所谓"文学全貌"的话，同样的《庄子·山木篇》就还给我们提供了另一个"翻天覆地"的"文学剧本"：

> 孔子围于陈蔡之间，七日不火食。大公任往吊之曰："子几死乎？"曰："然"。"子恶死乎？"曰："然。"
>
> 任曰："子尝言不死之道。东海有鸟焉，其名曰意怠。其为鸟也，翂翂翐翐，而似无能；引援而飞，迫胁而栖，进不敢为前，退不敢为后；食不敢先尝，必取其绪。是故其行列不斥，而外人卒不得害，是以免于患。直木先伐，甘井先竭。子其意者饰知以惊愚，修身以明污，昭昭乎若揭日月而行，故不免也。昔吾闻之大成之人曰：'自伐者无功；功成者堕，名成者亏。'孰能去功与名而还与众人！道流而不明居，得行而不名处；纯纯常常，乃比于狂；削迹捐势，不为功名。是故无责于人，人亦无责焉。至人不闻，子何喜哉？"
>
> 孔子曰："善哉！"辞其交游，去其弟子，逃于大泽；衣裘褐，食杼栗；入兽不乱群，入鸟不乱行。鸟兽不恶，而况人乎！

此段文字，没有太多"文学细节"，而是"直奔主题"地是告诉我们"生死哲学"：文段以假托太公任的身份告诉我们"不死之道"，所谓"进不敢为前，退不敢为后；食不敢先尝"，"合则离，成则毁；廉则挫，尊则议，有为则亏，贤则谋，不肖则欺"，也如老子所言"功成者堕，名成者亏"，"至人不闻，子何喜哉？"有极高道德的人，都不追求名声，你为什么喜欢呢？

经过了"太公任"的一番言论之后，孔子马上变成了"木秀于林，风必摧之；堆出于岸，流必湍之"的"消极避世者"："辞其交游，去其弟子，逃于大泽；衣裘褐，食杼栗；入兽不乱群，入鸟不乱行"。

这样，原有孔子"在陈绝粮"的"历史事实"被彻底改写了，孔夫子成了追求"以人合天"的道家人士，彻底改变了他原有"有德"和"求仁"的至上儒家理想，原有的"历史气息"也荡然无存，仅剩下饶有余味的"文学想象"。

结论暨余论

对于先秦典籍，且不论清代章学诚在《文史通义》中说"六经皆史"，而袁枚在《答惠定宇书》之中论"六经皆文"，也且不论近代钱锺书先生在《管锥编》中提出"六经皆诗"的高论[①]是否妥帖，但有一点可以肯定的是先秦典籍成书的年代是文史混成、学科杂处的年代。而《史记》是我国第一部作者怀着"强烈的著史意识和功名目的指引下"写就的通史，其创作体例和写作范式影响了中国后来的所有史书，后人称之为"信史"。这两点是本文推出如后结论的基石。

也正因此，在此"长时段"的学科杂处下的人类知识演进史中，如上文所引的《论语》《庄子》《墨子》《荀子》，以及真实性待考的《孔子家语》，明显很难有意或被人为地被归类于"史"之中。当然我们也不是因此水到渠成地认为，诸如它们就理所当然地成了"文学"。

在这样的知识背景之下，我们来考量孔子"在陈绝粮"这一"历史事实"的几经演变和"历史翻转"。

当然，必须要重审的事实是，上文不管是运用"文学（'虚构'）手法"对孔子"在陈绝粮"的"历史事实"的"细节"的增添，还是"剧情"的编写，或者"主旨（主题/结局）"的颠覆，"虚构""细节""剧情""结局（主旨、主题）"等原本也不是一定就是"为文学"或者"文学

[①] 傅道彬：《六经皆文与周代经典文本的诗学解读》，《文学遗产》2010 年 5 期。

的私有财产",言外之意就是说在文史分野之即、学科分际之时①,除了类似于《史记》可以归之于"史"的范畴以外,"手法""细节""剧情""结局(主旨、主题)"等称谓之下的实指内容,都应该属于"非史"范畴,但也并不意味着它们单单属于"文学",它们不具有仅仅指称于"文学"的"唯一合法性",简单地说,它们只是被贴上了"非史"的标签,它"摆脱了所有在古典时代使它能传播的价值(趣味、快乐、自然、真实),并且在自己的空间中使得所有那些能确保有关这些价值之游戏性否认的东西(丑闻、丑恶和不可能的事)得以诞生"②,不过,我们也必须承认它们——"手法""细节""剧情""结局(主旨、主题)"等称谓之下的实指内容是依附于孔子"在陈绝粮"的"历史事实"之下而"得以诞生的",因此,我们能否称"文学"谓"史之余"③?

---

① 考虑到中国古代"文学自觉的时代"的具体"时间界点"还存在着争议,比如张少康[《论文学的独立和自觉非自魏晋始》,《北京大学学报》(哲学社会科学版)1996年第2期]认为"文学的独立和自觉是从战国后期(楚辞)的创作开始初露端倪,经过了一个较长的逐步发展过程,到西汉后期就已经很明确了,这个过程的完成,我认为可以从刘向校书而在《别录》中将诗赋专列一类作为标志";詹福瑞(詹福瑞:《中古文学理论范畴》,中华书局,2005)则认为"(扬雄的)丽的自觉,在很大程度上标志着文学的自觉";这两种观点本身就有着很大的"时间界点"上的争议,比较圆融的说法是,袁行霈主编的文学史(袁行霈:《中国文学史》(第二卷),高等教育出版社,2001)认为文学自觉三个标志:一、文学从广义的学术中分化出来,成为独立门类;二、对文学各种体裁有了比较细致划分,重要的是对各种体裁的体制和风格特点有了比较明确的认识;三、对文学审美特性有了自觉的追求。从这个意义上讲,文学自觉最重要的或者说最终还是表现在对审美特性的自觉追求上。那么,我们似乎也可以断定:"先秦典籍成书的年代是文史混成、学科杂处的年代",而几乎同时"文史也开始逐渐分家",或者"文学自觉逐渐开始",至于什么时候"彻底完成",那就"人言人殊""莫衷一是"了,所以似乎也可以说是"文史分野之即、学科分际之时"。总之,我们说"先秦典籍成书的年代是文史混成、学科杂处的年代",也即"汉代"是"文史混成、学科杂处的年代",但汉代又出现了独特的文学形式——"汉赋",我们似乎就可以说"文学自觉"的"文学样式"已经出现了。
② 福柯:《词与物:人文科学考古学》,莫伟民译,上海三联书店,2002,第392页。
③ 笔者这一结论是结合孔子"在陈绝粮"这一"历史事实"得出的结论。从"现象"可以稍微做一点"推论"似乎也可以成立。现代人多将文学进行分类,比如"诗歌",如果从"诗歌的起源和产生"的角度而言,它的本质是什么?朱自清曾论"诗"与"寺"的关系,能否将"诗歌"看作是"史之余"呢?再比如"神话",从原始语境而言,可能就是虚构的一个传说和故事,但当它被"人为"地学科分类、"规训"到科学(或学科)研究的地步,上升到"文学"或作为一种"文体形式"的"神话"时,它能否被看作是"史之余"呢?姑且不论中国文学中的"神话",仅就古希腊中的"神话"是否与"史"紧密相连呢?从"规训"的角度来看,"文学"谓之"史之余",我看可以成立,即便或许在理论建构上尚需要进一步完善。

就实现"史之余"的所谓"手法""细节""剧情""结局（主旨、主题）"等内容的手段、方式和方法而言，这些"现代化"的称谓——"手法""细节""剧情""结局（主旨、主题）"，不言而喻是属于学科分际以后，作为现代人的"我们"的"观念"去言说"文学"，去称呼"文学活动"的代名词。传统有没有今天所谓的"文学"？或者说今天的"文学"概念是否符合传统"文学活动"的实际？这些都是值得我们慎重思考的问题①。但是在今天我们选择"文学"——这一"代名词"背后的某种"运作"思路和方法，确实是"古已有之"的，因为史学家叙写人物情形，也不免要设身处地、揣度人心，做一番"同情之了解"，那么也就少不了会存在"想象""虚设"的情况②，这和我们今天"强名之曰""文学"的"东西"是完全一致。

米歇尔·福柯在《规训与惩罚》中说，现代人是权力技术规训的结果，"其基本所指不是自然状态，而是一部机器中精心附设的齿轮，不是原初的社会契约，而是不断地强制，不是基本的权利，而是不断改进的训练方式，不是普遍意志，而是自动的驯顺"，所以现代人不是自然演进的生成，而是"人为"预设的状况③。其中"规训"核心是"规范与引导"，而"无法规范、无法引导"的将遭受"惩罚"，并不断强化和规正其成为"规范和引导"之内的"东西"。

此段话，福柯是在"论'人'"，福柯论证的是，"现代人"是"权力技术规训的结果"。我引用福柯的文段，重点不在"权力和技术机制"，而是重点在"'人为'"，其实，作为"人"的产物的"文学"，也是"人为"的结果。这一点古今中外，概莫能外。如果说中国语境中的，从"孔门四科"的"文章博学"到近代以京师大学堂的建立为标志的晚清教育改革中的"文学分科"，是受西方学科观念冲击和影响的话，那么，西方语境中的"文学"学科观念就可以说完全是"人为"的产物，因为"如今我们称之为 literature（著述）的是二十五个世纪以来人们撰写的著作。而 literature 的现代含义：文学，才不过二百年。1800 年之前，literature 这个词和它在其他

---

① 陈国球、张晖：《文学的力量——陈国球教授访谈录》，《东华汉学》（台湾东华大学中国语文学系）2010 年 11 期，第 273~295 页。
② 钱锺书：《管锥编》第一册，中华书局，1979，第 166 页。
③ 福柯：《规训与惩罚》，刘北城等译，北京三联书店，2003，第 190 页。

欧洲语言中相似的词指的是'著作'，或'书本知识'"[①]。按照福柯的理论，"文学"的"现代含义"虽然仅有区区的二百年，但其中的"规训与惩罚"机制的运行，的确文献不足征，也只有站在现代人立场上去推测想象了。

如果这一结论不错的话，那么基于"孔子'在陈绝粮'"这一"历史事实"而"演变"出来的多种"非史"的"叙述"，既可以看作是"史"的"补充"，也可以看作是"史之余"，当然也可以看作是"文"——"文学"。虽然目前恐怕还没有"文献可徵"，笔者也无能为力来充分说明和完全呈现其内在的"'惩罚'机制又是如何运作"的。我们只能根据"现代人"的"文学观念"，比如属于"文学性"的内容诸如"虚构"[②]的"细节""剧情"等，来"人为""规训"或"判断"，"几经翻转"的"版本歧变""叙事"，属于"文学"或者说"距离'史'"越来越远的内容，我想这是"符合历史－逻辑的推断"的。

伴随着"文学之为文学"的"规训"的发展，人类知识的不断演进，和人类知识体系的不断细化，在现代学科意识的指引下，原有与其他知识内容"杂处"的"文学"，逐渐被"人为"划土建疆，形成了带有行业自律性质的共同的学科界限、基本问题、研究范式和批判标准，从而形成了今天所谓的"文学""文学学科""文学研究"。

不过，笔者深信：真理稍微前进一小步，就会变成谬论。本文只是一个小小的个案研究。在规训视野下，作为"人为""规训"结果的产物——"文学"，通过对孔子"在陈绝粮"的"历史事实"的演变研究，我们会发现，文学自有其"合法性"，这种"合法性"部分来源于"历史"——文学作为"史"之余、作为"非史"之外的存在物（如不可能的事，甚至包括丑闻、丑恶等）的"寄存方式"而存在；部分则来源于人类文明进步过程中不断形成的"规训和惩罚"机制，同时也是后者的不断强化和引导，成就了今天所谓的"文学之为文学"。如此而言，今天文学界所谓的"文学性""文学边界"等基本问题，不过是现今学者视野内的"文学问题"罢了，它们绝对不是"文学之为文学"亘古不变、千秋万代的根本问题，当

---

① 〔美〕乔纳森·卡勒：《文学理论入门》，李平译，译林出版社，2013，第22页。
② "文学"曾在相当长的时间内，被认为是"虚构"的，或者说"虚构"是"文学之为文学"的重要特征。关于"虚构"与"文学"的关系，请参考〔美〕乔纳森·卡勒《文学理论入门》，第32～33页。

下文学研究从业者，过多或者反复思考以"文学合法性"为核心的"问题集群"，似乎是深陷于某种"观念的牢笼"而不自知的结果，或者说也是某些从业者"自我规训"的"异化"。

《文心雕龙》与《文选》诗歌思想比较

赵亦雅[*]

摘要 齐梁诗坛古今新旧之争为当时文坛上引人注目的重大问题，每一个批评家都会对这一问题做出自己的思考，《文心雕龙》和《文选》对诗歌的所评、所录必将对这一问题做出自己的回答。面对先秦时期最重要的诗歌集，二书都体现了对《诗经》的尊崇，但出发点却大不相同。对于汉代诗坛，二书提到的代表诗人和作品篇目基本吻合，但在张衡的代表作和五言诗的起源问题上有不同看法。关于建安诗坛，《文心雕龙》的《明诗》《乐府》两篇提到的七位诗人除了徐干之外，《文选》都有收录。在正始时期代表诗人的选择上二书具有高度一致性。东晋诗坛玄风大盛，二书都以各自的方式表现了对郭璞诗的肯定。于西晋和刘宋诗坛两书则体现出了不同的看法：《文选》于此二代收录诗歌最多，《文心雕龙》却分别认为它们"浅而绮""讹而新"，虽承认其文采华妍却对"离本弥甚"表示不满。两书的诗歌评价标准均体现了折中的思想，《文心雕龙》以情为本的观点贯穿全书，认为情为立文之本源，而《文选》对文学发展"踵事增华"的肯定和入耳悦目作用的强调体现了其对诗歌的审美特性是更为看重的。

关键词 《文心雕龙》 《文选》 诗歌思想

中国是诗歌的国度，诗在我国一直作为文学的正统类型。正因为它的重要性，所以历代诗歌研究和诗文合集著述颇丰，并一直引发后人不断地研究。

---

[*] 赵亦雅，1988年生，女，山东安丘人，山东大学儒学高等研究院文艺学博士研究生，主要从事中国文学批评史研究。

作为中国第一部文论专著和现存第一部诗文总集,《文心雕龙》与《文选》在我国文化史上有着举足轻重的地位。对此,魏素足先生称赞道:"二者一为理论之明示,一为作品之实践,堪称为六朝文坛之双璧,在中国文学史上闪耀着令人不可忽视之光芒。"① 毋庸置疑的是,诗歌在这两本书中占有重要地位。其中《文心雕龙》论诗以《明诗》《乐府》两篇为主。此外,在《时序》《体性》《通变》《情采》《宗经》等篇目中也对诗歌相关问题多有涉及,牟世金先生说"全书论及诗歌的有三十多篇,其整个理论体系,也主要是以诗歌理论为基础建立起来的"②,这显示了刘勰对诗歌问题的重视。《文选》选诗分为23类,包括65位诗人在内的共计443首作品。③ 因甄选得宜,这些诗作在后世也极受推重。那么二书对诗歌的认识是否可以比较? 本文的回答是肯定的。二者体制虽然不同,但是它们有着共同的时代背景,面临的问题和需要解决的问题相同;其次它们均含有文学批评的性质,能够体现出各自对诗歌相关问题的思考和评判。这是对二者进行比较的前提和依据。

无论是《文心雕龙》里面对历代诗歌的点评分析,还是《文选》里对种类繁多的诗作的划分和选录,都是文学发展、诗歌昌盛的结果。《梁书》《南史》两部史书都指出,在统治者的大力提倡下,梁代才士云涌辈出,从而形成了文章作品"众制锋起,源流间出"④ 的文坛盛貌。

《文心雕龙》和《文选》就是诞生在这样的时代文化背景之下,而具体到诗坛上,当时的两大代表诗体分别是永明体和宫体诗。前者以沈约、谢朓、王融为代表,大多善写景色,清新自然,辞意隽美,在诗的意象营造、炼字用词、格律声韵、排偶对仗上都比前代之诗更加工巧精美、严整精密。后者以萧纲、徐摛等人为代表诗人,其诗作辞藻华美、对偶工整,讲求声律,在永明体的基础上发展而更趋向于格律化。由永明体和宫体诗的特色可以看出,齐梁年间,诗歌朝着词采华艳的方向发展,于此,罗宗强先生指出,"巧形尚似,骈俪与声律已成为必然之发展趋势"⑤,此时的文学思想主潮是"重娱乐、尚轻艳"⑥。萧子显《南齐书·文学传论》中"雕藻淫

---

① 魏素足:《〈文选序〉与〈文心雕龙〉之比较研究》,《空大人文学报》2001年12月号。
② 牟世金:《文心雕龙研究》,人民文学出版社,1995,第231页。
③ 参考上海古籍出版社1986年版《文选》统计而得。
④ 萧统:《文选序》,萧统编,李善注《文选》(一),上海古籍出版社,1986,第2页。
⑤ 罗宗强:《魏晋南北朝文学思想史》,中华书局,1996,第404页。
⑥ 罗宗强:《魏晋南北朝文学思想史》,第406页。

艳，倾炫心魂"①之语，更显示南朝对诗歌审美特性的认识发展到了一个前所未有的高度，此时的诗坛与秦汉、魏晋都不一样，表现出"性情渐隐，声色大开"②的诗风特征。

面对文坛上的这种创作变化，时人有着不同的态度。守旧者如裴子野，他坚持传统儒家的文艺观，集中体现在所作的《雕虫论》中，他认为尤其是刘宋以后，"自是闾阎年少，贵游总角，罔不摈落六艺，吟咏情性"③，从而强调诗教作用。支持诗歌新变的代表者有沈约、萧纲等人，体现了南朝人对文学审美的认识和追求，表现了诗歌发展在这一历史时期下的新特征。齐梁文坛古今新旧之争为当时文坛上引人注目的重大问题，每一个批评家都会对这一问题做出自己的思考。《文心雕龙》和《文选》就是诞生在这样的时代思潮下，二者对诗歌的评、录必将对这一问题做出自己的回答。下面，本文分别从三个角度对二者进行比较。

一 《文心雕龙》与《文选》论诗

《文选》的序文是研究《文选》编集思想的重要文本，《文选序》中论及诗歌，其谓：

> 诗者，盖志之所之也，情动于中而形于言。《关雎》《麟趾》，正始之道著；桑间濮上，亡国之音表。故《风》《雅》之道，粲然可观。自炎汉中叶，厥途渐异。退傅有"在邹"之作，降将著"河梁"之篇；四言五言，区以别矣。又少则三字，多则九言，各体互兴，分镳并驱。④

首先萧统引用《毛诗序》"诗者，志之所之也，在心为志，发言为诗。情动于中而形于言"⑤之论来解释诗，《毛诗序》这种情志统一的观点，发展了

---

① 萧子显：《南齐书·文学传论》，第908页。
② 沈德潜著，霍松林校注《说诗晬语》，第203页。
③ 裴子野：《雕虫论》，郭绍虞主编《中国历代文论选》第一册，上海古籍出版社，2001，第324~325页。
④ 萧统：《文选序》，萧统编，李善注《文选》（一），第2页。
⑤ 郑玄笺，孔颖达疏《毛诗正义》，北京大学出版社，2000，第7页。

荀子以来的情志结合观念，点明了诗的抒情言志特点，其说影响很大，萧统此处也是继承了《毛诗序》的传统。其次，萧统十分看重诗的风雅传统。《毛诗序》曰："《关雎》《麟趾》之化，王者之风，故系之周公。南，言化自北而南也。"① 萧统认为《关雎》《麟趾》，体现的是正王道之作。《汉书·地理志》称："卫地有桑间濮上之阻，男女亦亟聚会，声色生焉。"② 《郑风》《卫风》中的许多诗歌描绘了男女相会，这种"桑间濮上"之诗，被萧统视为亡国之音，故而他强调体现在诗歌创作中的《风》《雅》精神。

从以上两点可以看出，萧统的诗歌观基本上继承了汉代以来的儒家诗乐观，根据《梁书》记载，他从小学习儒家经书，立身行事也以儒家思想为本。这与他的太子身份和其父梁武帝尊崇经术颇有关系，所以在诗歌观上体现出浓厚的儒家精神也就不足为奇了。

再来看《文心雕龙》对诗的认识，《明诗》云：

> 大舜云"诗言志，歌永言"。圣谟所析，义已明矣。是以"在心为志，发言为诗"，舒文载实，其在兹乎！故诗者，持也，持人情性。"三百"之蔽，义归无邪，持之为训，信有符焉尔。人禀七情，应物斯感，感物吟志，莫非自然。昔葛天乐辞，《玄鸟》在曲；黄帝《云门》，理不空弦。至尧有《大唐》之歌，舜造《南风》之诗，观其二文，"辞达而已"。及大禹成功，九序惟歌；太康败德，五子咸怨：顺美匡恶，其来久矣。③

刘勰首先于开篇对诗歌"释名以章义"，引用《尚书·尧典》"诗言志，歌永言，声依永，律和声"④ 以及《毛诗序》"诗者，志之所之也，在心为志，发言为诗，情动于中而形于言"之论。先秦时期的言志主要指的是抱负志趣，而到了《毛诗序》将志情统一，于此，戚良德先生指出"刘勰既引'诗言志'之说，又引'在心为志，发言为诗'之论，正是将二者统一

---

① 毛亨传，郑玄笺，孔颖达疏《毛诗正义》，第22~23页。
② 班固：《汉书·地理志》，中华书局，1962，第1665页。
③ 刘勰：《文心雕龙·明诗》，戚良德：《文心雕龙校注通译》，上海古籍出版社，2008，第54~55页。
④ 孔安国传，孔颖达疏《尚书正义》，北京大学出版社，2000，第95页。

起来为论"①。"诗者,持也",见于《诗纬·含神雾》,刘勰引孔子评价《诗经》的经典之论"思无邪"②来解释"持"的含义。而正是因为诗是志情统一的,所以才能体现出人的性情。

如果说上述体现出刘勰继承了儒家的诗教传统的话,那么"人禀七情,应物斯感,感物吟志,莫非自然",则体现了他对于情的强调。诗人首先"禀情",从而有"感物",最后"吟志",这样的一个诗歌生成过程,是从"情"开始的,显示了他对情的重要性的认识。朱自清先生指出:"这个'志'明指'七情';'感物吟志'既'莫非自然','缘情'作用也就包在其中。"③刘勰系统而明确地概括出了"感物吟志"的诗歌生成过程,使之成为中国诗学的重要组成部分。童庆炳先生认为其"一定程度上摆脱了诗者'承'也'持'也的理论束缚,突出了先天的'情'与对象物以及'感'的心理中介",对后世诗歌创作和诗论都有很大影响,"可以说标志着中国诗论从道德教化的工具论,到抒发个人情感的审美论的转折"④。

刘勰通过对诗歌发展初期的考察,认为诗歌自古以来具有"顺美匡恶"的作用。因此,刘勰对诗歌的认识包含两个方面,首先是个人意志和情感的表达,其次诗可以持人情性,顺美匡恶。

需要注意的是,《明诗》中强调"情"的作用并不偶然。《文心雕龙》的理论中心就是"以情为本"⑤,《文心雕龙·情采》有云"故情者,文之经;辞者,理之纬。经正而后纬成,理定而后辞畅:此立文之本源也"⑥。于此,戚良德先生认为:"整个《文心雕龙》的创作论,正是以感情之表现为根本和中心,对感情之产生、感情表现的原则以及感情表现的方法等问题进行全面、系统的阐述,从而构成一个'以情为本,文辞尽情'的'情本'论话语体系。"⑦在刘勰的话语体系里,"禀情"并不只是针对诗歌,所有文体都应该"禀情",这才能做到"以情为本,文辞尽情"。

由上文所引,《文心雕龙》和《文选序》都体现了对诗的情志统一的认识,尤其是《文心雕龙》更明显地体现出了对情的重视。应当说,这是时

---

① 戚良德:《文心雕龙校注通译》,"引论",第21页。
② 杨伯峻:《论语译注》,中华书局,1980,第11页。
③ 朱自清:《朱自清说诗·诗言志辨》,上海古籍出版社,1998,第37页。
④ 童庆炳:《古代文论的现代阐释》,北京大学出版社,2001,第175页。
⑤ 戚良德:《〈文心雕龙〉与当代文艺学》,中央编译出版社,2012,第2页。
⑥ 刘勰:《文心雕龙·情采》,戚良德:《文心雕龙校注通译》,第21页。
⑦ 戚良德:《〈文心雕龙〉与当代文艺学》,第21页。

代发展的结果。自汉代《礼记·乐记》提出"凡音者,生人心者也。情动于中,故形于声"①,"是故情深而文明,气盛而化神,和顺积中,而英华发外,唯乐不可以为伪"②,强调了乐与情的关系,到了《毛诗序》,更进一步继承发展了其音乐美学思想中"情"这一关键字,从而在其自身体系中比较明确地提出了诗歌是通过抒情来达到言志这一效果,初步进行了"志""情"的统一。"诗者,在心为志,发言为诗,情动于中而形于言",诗歌是"情动于中而形于言"的,这无疑把"情"在艺术创作中的位置提高了许多,对后世的影响很大。但需要注意的是,当时占统治地位的还是儒家正统的"温柔敦厚""发乎情止乎礼义"的诗教观。

到了魏晋南北朝时期,伴随着社会变动和朝代更迭,占据统治地位的儒家诗教不复受到重视,在脱去皇家标准的束缚之后,文化自由带来了新鲜的气息。李泽厚在《美的历程》中说这个时期形成了与两汉歌功颂德、温柔敦厚相异的一种"真正抒情的、感性的'纯'文艺"③。具体表现于诗坛中则体现在"言志"向"抒情"的过渡,陆机《文赋》说"诗缘情而绮靡"④,不再突出志,而只有"情"字,南朝诗坛"缘情"气息越来越浓厚,给诗歌带来了新的改变。以至于到了梁元帝萧绎那里十分强调文之抒发感情、以情动人的这样一种特点,他说"至如文者,惟须绮縠纷披,宫征靡曼,唇吻遒会,情灵摇荡"⑤。锺嵘《诗品序》中说:"若乃经国文符,应资博古……至乎吟咏情性,亦何贵于用事?"⑥把"吟咏情性"的诗和经国大业的文书一类区分开来,也体现出了情在诗歌创作中的重要性。

《文选》和《文心雕龙》所在的南朝,正是自先秦形成的诗言志传统向"缘情"的过渡时期,两书对诗歌的认识都能体现出这种诗歌发展史上的转关。二者引《毛诗序》"情动于中而形于言",可以说是对志情统一观的认可和继承,而《文心雕龙·明诗》中"人禀七情,应物斯感,感物吟志,莫非自然"以及《文心雕龙·情采》篇中"情者,文之经。辞者,理之纬。经正而后纬成,理定而后辞畅:此立文之本源也",更是突出了"以情为

---

① 郑玄注,孔颖达疏《礼记正义》,北京大学出版社,2000,第1254页。
② 郑玄注,孔颖达疏《礼记正义》,第1295页。
③ 李泽厚:《美的历程》,天津社会科学院出版社,2001,146页。
④ 张少康:《文赋集释》,人民文学出版社,2002,第99页。
⑤ 萧绎:《金楼子·立言》,许逸民校笺《金楼子校笺》,中华书局,2011,第966页。
⑥ 锺嵘著,陈延杰注《诗品注》,人民文学出版社,1980,第3页。

本"的理论中心,应当说,在对诗歌的释名章义上,《文心雕龙》显示了对"情"更多的要求。

二 《文心雕龙》与《文选》对诗歌的评选

刘勰在《明诗》篇中彻底贯彻了他在《序志》篇提出的"原始以表末,释名以章义,选文以定篇,敷理以举统"[①] 的写作原则。从解释诗歌的含义,追溯诗歌的发展起源和历代发展,并在这一过程中列举优秀代表作品,最后总结诗歌写作特点。对诗歌的发展史的叙述,上至葛天氏、黄帝,下迄南朝刘宋,是一部名副其实的诗歌史。而《文选》原本是以诗类区分,与诗歌史没什么直接关系。但正如穆克宏先生所说:"如果我们将《文选》所选录的作品,按时代顺序加以排列,《文选》就好像是一部文学史。"[②] 从这个意义上看,《文选》之选诗亦可称之为一部诗史,其中涉及诗人及作品数量见下表[③]。

时代	诗		诗人及其诗歌收录数量					
先秦	1 首	1 位	荆轲 1					
汉	36 首	6 位	韦孟 1	古乐府 3	班婕妤 1	刘邦 1	古诗十九首	李陵 3	苏武 4
			张衡 4						
建安	57 首	7 位	曹植 25	王粲 13	刘桢 10	曹丕 5	曹操 2	缪袭 1	应场 1
正始	25 首	3 位	阮籍 17	嵇康 7	应璩 1				
西晋	132 首	24 位	陆机 52	左思 11	张协 11	潘岳 10	陆云 5	束晳 6	张华 6
			卢谌 5	潘尼 4	刘琨 3	何劭 3	张载 3	曹摅 2	郭泰机 1
			石崇 1	傅玄 1	傅咸 1	王讚 1	枣据 1	张翰 1	应贞 1
			孙楚 1	欧阳建 1	司马彪 1				
东晋	10 首	4 位	郭璞 7	王康琚 1	殷仲文 1	谢混 1			
宋	105 首	11 位	谢灵运 40	颜延之 21	鲍照 18	陶渊明 8	谢瞻 5	谢惠连 5	袁淑 2
			刘铄 2	王僧达 2	王微 1	范晔 1			

---

① 刘勰:《文心雕龙·序志》,戚良德:《文心雕龙校注通译》,第569页。
② 穆克宏:《昭明文选研究》,人民文学出版社,1998,第31页。
③ 魏晋南北朝政权更迭频繁,许多诗人身历多朝,不易分别,此处的时代划分与诗人的朝代归属参考《文心雕龙·明诗》篇、穆克宏《昭明文选研究》、傅刚《〈昭明文选〉研究》而得。

续表

时代	诗	诗人及其诗歌收录数量						
齐	23首	2位	谢朓21	陆厥2				
梁	54首	7位	江淹32	沈约13	范云3	任昉2	丘迟2	徐悱1	虞羲1

将《文选》中的诗作按诗人所处的时代纵向排列，编者对于各个朝代的选择一目了然，非常类似于《文心雕龙》"选文以定篇"的工作，那么按照这种理解，《文选》的诗歌部分也可以算得上是一部以具体诗篇写成的诗歌史。《文选》的诗歌部分作为一部选录式的诗史，"于选录之际，选录者之主观的见解，自然亦须搀入"，正因为选录体作品有这样隐含的评论意味，才能与作为一部评述式诗史的《明诗》进行比较。两书对于历代诗歌的所选、所论的共同时间范围主要涵盖了先秦至南朝宋这一时间段，所以本文对两书的诗歌史论对比研究也主要在上述范围中进行。

（一）对先秦诗歌的评选

先秦时期的诗歌，主要收录在《诗经》里，其他则散见在《礼记》《尚书》等一系列典籍中。这个时期的诗歌，《文选》只收录了荆轲的《歌》一篇，荆轲其诗虽然只有两句，但胜在感情悲慨雄壮，颇具风骨。不过，只此一篇的数量可谓极少。

因为《文心雕龙》全书对《诗经》有多次提及，故刘勰在《明诗》中只以相对较小的篇幅论述《诗经》，他说《诗经》所包含的从商代到周代的作品，已经逐渐发展成熟。《国风》《大雅》《小雅》《颂》均文采焕发，而其中"风""赋""比""兴""雅""颂"这六种艺术手法[①]运用精到。子夏和子贡在从"素以为绚兮""如琢如磨"这样的诗句中体会出了更深刻的道理之后，孔子才认为他们二人具备了谈论《诗经》的资格。自从周王室衰微后，采诗官也不再去各地采诗了。春秋时期通过人们吟诵的《诗经》里的话来观察其意志，人们常在宴饮的觥筹交错之间吟咏《诗经》来显示宾客与主人的尊荣与文采。在这里，刘勰从内容到艺术都对《诗经》进行了很高的评价。此外，还提到《离骚》发挥了诗的"匡恶"作用，表现了楚国人的讽怨之情。

---

① 此处"六义"的翻译，参见戚良德《文心雕龙校注通译》，第66页。

对于两书对《诗经》的不同态度,首先应当指出的是,《文心雕龙》和《文选》都对《诗经》抱有无以复加的尊崇之情。在《文心雕龙》的体系中,开篇"文之枢纽"部分,有《征圣》《宗经》两篇,这两篇共同向儒家经典致意,其中表现出刘勰对孔子的推崇可谓极高,他认为"恒久之至道,不刊之鸿教"的儒家经典,具有"洞性灵之奥区,极文章之骨髓"的深度,但是刘勰指出儒家经典之根本特征在于性情所铸,文质兼备,"义既埏乎性情,辞亦匠于文理;故能开学养正,昭明有融"。具体到《诗经》,刘勰进一步说:"《诗》之言志,诂训同《书》。摛风裁兴,藻辞谲喻;温柔在诵,最附深衷矣。"① 因为运用了赋、比、兴等多种艺术手段,所以辞藻丰美而又富有深意,再加上情意脉脉,所以最能贴近读者的心灵深处。戚良德先生由此指出"刘勰的着眼点就决不是儒家之教义而是文章之写作,是表现人的心灵和性情的美的文了"②。

萧统在《文选序》中说:"若夫姬公之籍,孔父之书,与日月俱悬,鬼神争奥,孝敬之准式,人伦之师友,岂可重以芟夷,加之剪截?"③ 他认为包括《诗经》在内的儒家经典,其重要性如日月高悬于天空,其深奥玄妙之理可与鬼神较量,它们可以作为人伦道德的准则和提醒,这样的经典是绝对不可以进行节选、剪裁录入选集的。可见萧统对于《诗经》一篇不录之原因正是源于他对儒家经典的尊崇。

由此可以看出萧统和刘勰对《诗经》有着不同的认识。萧统因为对包括《诗经》在内的儒家典籍的尊崇,所以不能对其进行删选而添加到他的选集里面去,这说明了在他的心目中,《诗经》首先是一部不能轻易动摇的经典。而刘勰固然对《诗经》作为经典而崇尚,但是他的着眼点在于"义既埏乎性情,辞亦匠于文理",在《明诗》中更是将其还原成一部诗歌集来讲的,是把它当作诗集而不是一部让人叩拜而不可触碰的经典,而且《情采》一篇中说出了《诗经》之所以动人的原因在于"昔诗人什篇,为情而造文;辞人赋颂,为文而造情……故为情者要约而写真,为文者淫丽而烦滥"④。刘勰认为《诗经》中的作品,是因为其创作者内心充满了真实的感情,吟咏而成诗篇,这是一个"为情而造文"的写作过程,而这才是刘勰

---

① 刘勰:《文心雕龙·宗经》,戚良德:《文心雕龙校注通译》,第20~21页。
② 戚良德:《〈文心雕龙〉与当代文艺学》,第144页。
③ 萧统:《文选序》,萧统编,李善注《文选》(一),第2页。
④ 刘勰:《文心雕龙·情采》,戚良德:《文心雕龙校注通译》,第368页。

推崇《诗经》的真正原因。

面对先秦时期最重要的诗歌集,《文心雕龙》和《文选》都体现了对《诗经》的尊崇,但其出发点却大不相同,刘勰认为作为诗集,《诗经》体现了极高的文辞水平,并且感情充沛,是"为情而造文"的标准和典范,而萧统只是将其作为一部不可动摇的经典进行瞻仰,更重视它的典范地位,却忽视了其原本的诗歌性质。

(二) 对汉代诗歌的评选

先秦时期主要以四言诗为主,而到了汉代,新的诗歌样式即五言诗开始兴起。西汉的乐府诗和歌谣中可以见到五言诗,而东汉的文人五言诗逐渐增多,班固、张衡、蔡邕等人对五言诗的发展均起到过积极的推动作用。以《古诗十九首》为代表的文人五言诗代表着五言诗的成熟。

《文选》共选录了包括六位署名作家在内的共36首汉代诗歌,见下表:

刘邦	《歌》	韦孟	《讽谏诗》
班婕妤	《怨歌行》	无名氏	古乐府三首
李陵	《与苏武诗》	无名氏	《古诗十九首》
苏武	诗四首	张衡	《四愁诗》四首

《文心雕龙·明诗》在论及汉代诗歌时说:"汉初四言,韦孟首唱……《仙诗》缓歌,雅有新声。"① 对于韦孟的《讽谏诗》,刘勰认为其继承了周人在《诗经》中体现出来的讽谏精神。汉武帝和成帝对文学大力支持,所以诗歌也得到了发展。苏李诗、班婕妤的诗虽然遭到怀疑,但是经考证,五言诗的源流已久,所以也未必不是真的。对于东汉诗歌,刘勰赞扬了《古诗十九首》和张衡的诗。

由上述所引,我们可以看出两书都涉及汉初韦孟的讽谏四言诗。汉高帝时韦孟作为楚元王傅,辅佐其子楚夷王刘郢客及孙刘戊,刘戊荒淫无道,后来因叛乱自杀。韦孟曾作诗以讽谏,其诗四言写就,语言典雅,颇似《诗经》之文,在《文选》中属于劝励诗,列于《文选》诗卷第三类,前两类是补亡诗和述德诗,其后是献诗。这里又是一处萧统对《诗经》作为

---

① 刘勰:《文心雕龙·明诗》,戚良德:《文心雕龙校注通译》,第58页。

经典而推崇的印证，而刘勰也从"匡谏之义，继轨周人"即继承了《诗经》的讽谏传统的意义上对韦孟诗作进行了肯定。

第二个共同涉及的诗篇是《古诗十九首》，其在《文选》作为一个整体被置于"杂诗"之首。应当说萧统最早发现了它们的价值，把它们选录进了《文选》，从而得以保存和流传。《古诗十九首》内容多写游子思妇的离愁别绪和彷徨失意，艺术上长于抒情，善于烘托，情景交融，语言上具有"深衷浅貌"[①]的特点。钟嵘说："古诗眇邈，人世难详。"[②]可见在南朝对其作者已难得知，刘勰根据它们的文辞运用情况，推断它们是汉代的作品，给予极高的评价："观其结体散文，直而不野；婉转附物，怊怅切情：实五言之冠冕也。"刘勰认为这些诗篇语言直率而不粗糙，委婉地描写景物，又能深入表达情感世界，足以堪称五言诗之冠。应当说，《古诗十九首》的价值得到了各文家的承认，钟嵘评其"文温以丽，意悲而远。惊心动魄，可谓几乎一字千金"[③]，明王世贞称"（十九首）谈理不如《三百篇》，而微词婉旨，遂足并驾，是千古五言之祖"[④]，陆时雍则云"（十九首）谓之风余，谓之诗母"[⑤]。后世的高度评价说明萧统和刘勰都以十分准确的眼光把握到了《古诗十九首》的价值。

两书共同涉及的还有汉高祖刘邦的《大风歌》。《史记·高祖本纪》里面提到了这首豪情满怀的诗篇，"高祖还归，过沛，留。置酒沛宫，悉招故人父老子弟纵酒，发沛中儿得百二十人，教之歌。酒酣，高祖击筑，自以为歌诗"[⑥]。《史记》称此歌为《三侯之章》，后人题为《大风歌》则始于《艺文类聚》[⑦]。此诗于《明诗》中虽未提及，但在《文心雕龙·时序》中提到"高祖尚武，戏儒简学。虽礼律草创，诗书未遑，然《大风》《鸿鹄》之歌，亦天纵之英作也"[⑧]，刘勰认为汉初刘邦崇尚武功，轻视学术，但他这两首歌，也堪称天才式的作品了。

---

① 陆时雍：《古诗镜》，转引自姜光斗《中国古代文学》，华东师范大学出版社，2009，第73页。
② 钟嵘著，陈延杰注《诗品注》，第1页。
③ 钟嵘著，陈延杰注《诗品注》，第17页。
④ 王世贞：《艺苑卮言》，凤凰出版社，2009，第28页。
⑤ 陆时雍：《古诗镜》，转引自马茂元《古诗十九首初探》，陕西人民出版社，1981，第166页。
⑥ 司马迁：《史记·高祖本纪》，中华书局，1959，第389页。
⑦ 穆克宏：《昭明文选研究》，第39页。
⑧ 刘勰：《文心雕龙·时序》，戚良德：《文心雕龙校注通译》，第494页。

苏武、李陵和班婕妤的诗作，多抒写离愁别怨，感情真挚，"写情款款，淡而弥悲"（沈德潜语）①，堪称五言诗的佳作。今天看来可以认定为后人伪作，不过从《明诗》篇的描述看来，南朝人也对这些诗作的真实性持怀疑态度。刘勰虽然没有下明确的结论，但是他认为，五言诗的传统可以追溯至《诗经》时代，《诗经·召南·行露》与可见于《孟子》的《沧浪歌》，都有五言之句，较早的五言诗有见于《国语》中优施所唱的《暇豫歌》，近世的五言诗有汉成帝时的童谣《邪径》，既然"阅时取证，则五言久矣"，那么在刘勰看来苏李诗不一定为伪作。而关于五言诗的起源，《文选序》中有"退傅有'在邹'之作，降将著'河梁'之篇。四言五言，区以别矣"②的评论，认为五言诗起源于汉代的李陵诗，这与刘勰认为五言诗出自《诗经》时代的观点不同，是值得注意的一点。

在对东汉诗人张衡的评价中，值得注意的是刘勰称赞了其"《怨篇》，清典可味；《仙诗》缓歌，雅有新声"，此处提及了张衡的两首作品，《怨篇》是一首四言诗，写兰草的幽香与品德，以兰花喻人，语言清丽典雅，颇有余味。"仙诗"可能是指《同声歌》，这是一首五言诗，用词典雅，又受到了俗乐的影响③，正是所谓"新声"。而《文选》选的却是张衡的另一首名篇《四愁诗》，此诗通过"美人""珍宝""雨雪"等一系列意象，表达了诗人"思以道术相报，贻于时君，而惧谗邪不得以通"④的苦闷心情。此诗以象征手法抒写怀抱，情韵悠长，是一篇七言的佳作。作为《文选》中仅有的八首七言诗之一，它确实能够反映出当时人对七言诗的看法。在汉代，七言不被认为属于诗的范畴，《后汉书·东平宪王苍传》中说（刘苍）"章奏及所作书、记、赋、颂、七言、别字、歌诗"⑤，《后汉书·张衡传》也写道"所著诗、赋、铭、七言……凡三十二篇"⑥，《后汉书》的作者是南朝宋人范晔，说明在南朝人看来七言是不属于诗歌的。晋朝傅玄《拟张衡四愁诗序》云："张平子作《四愁诗》，体小而俗，七言类也。"⑦

---

① 沈德潜：《古诗源》，中华书局，2006，第42页。
② 萧统：《文选序》，萧统编，李善注《文选》（一），第2页。
③ 参见王渭青《张衡〈同声歌〉的文化透视》，《青海社会科学》2008年第1期。
④ 张衡：《四愁诗·序》，萧统编，李善注《文选》（三），第1356页。
⑤ 范晔：《后汉书·东平宪王苍传》，中华书局，1965，第1441页。
⑥ 范晔：《后汉书·张衡传》，第1940页。
⑦ 傅玄：《拟张衡四愁诗序》，严可均辑《全上古三代秦汉三国六朝文》第四册，河北教育出版社，1997，第476页。

说明了在时人心目中，七言不仅不属于诗，还是一种格调不高的作品，刘勰不论此诗，或许正是在于此。七言体的《四愁诗》抒写怀人之愁思，真切生动，对七言诗的发展具有重要作用。《明诗》里面提及"孝武爱文，柏梁列韵"，指的是汉武帝在柏梁台上与群臣所赋的七言诗，每句押韵，是七言诗的先河。《柏梁台诗》与《四愁诗》均为七言诗，胡大雷先生认为："《四愁诗》的艺术性高于《柏梁台诗》，而《柏梁台诗》早于《四愁诗》。显然，《明诗》与《文选》在七言诗的问题上，所用标准不一样。"①

汉代乐府民歌，据郭茂倩《乐府诗集》，今存40余首。《文选》选录《古乐府》3首，即《饮马长城窟行》《伤歌行》《长歌行》，数量不多。而《乐府》一篇里刘勰认为诗乐具有"必歌九德""化动八风"的作用，与儒家诗教一脉相承。他推崇先秦雅乐，对"秦燔《乐经》"以来"中和之音，阒其不还"的状况痛心疾首，大概因为民歌多数来自于普通百姓的歌唱，情感真实而浓烈鲜明，《汉书·艺文志》称其"感于哀乐，缘事而发"②，所以刘勰发出"若夫艳歌婉娈，怨诗诀绝，淫辞在曲，正响焉生"③的感叹，正如黄侃先生所言"彦和此篇大旨，在于止节淫滥"④，关于乐府诗的议论体现了刘勰传统的儒家诗乐观。

总结而言，对于汉代诗坛，《文心雕龙》和《文选》提及的代表诗人和作品篇目基本吻合，唯有在张衡的代表作上，显示了两书对七言诗的不同看法。另外在五言诗的起源问题上，两书的观点也是不同的。

（三）对建安诗歌的选评

关于刘勰对于建安文学的认识，赵峰先生说："在《文心雕龙》50篇中，论及建安文学的就有30余篇：从《明诗》到《书记》的20篇体裁论中，有18篇论及了建安作家或作品。这两个数字表明，刘勰确实认识到了建安文学的成就及其重要地位。"⑤

《文心雕龙·时序》先对建安的时代风气做了明确的总结，其云："观其时文，雅好慷慨，良由世积乱离，风衰俗怨，并志深而笔长，故梗概而

---

① 胡大雷：《〈文选〉编纂研究》，广西师范大学出版社，2009，第214页。
② 班固：《汉书·艺文志》，第1756页。
③ 刘勰：《文心雕龙·乐府》，戚良德：《文心雕龙校注通译》，第71~78页。
④ 黄侃：《文心雕龙札记》，中华书局，2014，第33页。
⑤ 赵峰：《浅析刘勰对建安文学的研究》，《中共济南市委党校学报》2012年第4期。

多气也。"① 汉末战乱频仍,以至于"白骨露于野,千里无鸡鸣"②"出门无所见,白骨蔽平原"③,在这样的时代气息下,诗人继承了汉乐府诗和汉末五言诗的诗歌传统,如钱志熙先生所说,"注重现实而又不失理想精神,重视实际才干同时又充满艺术情趣,蒿目时艰,奋发有为"④,形成了诗人"志深笔长"的文笔和"梗慨多气"的风骨,在文学风气上,就是人们常说的建安风骨。

《明诗》云:"建安之初,五言腾跃。文帝陈思,纵辔以骋节;王徐应刘,望路而争驱。"⑤ 首先以"腾跃"二字抓住了建安时代的诗歌总貌,说明在中国诗歌发展史上五言诗的兴盛期开始了。曹丕、曹植兄弟以及王粲、徐干、应玚、刘桢等人,开始在诗坛上纵横驰骋。锺嵘在《诗品》中也描绘了这样的场景,他说:"降及建安,曹公父子,笃好斯文;平原兄弟,郁为文栋;刘桢、王粲,为其羽翼。次有攀龙托凤,自致于属车者,盖将百计。"总之,这是一个文士辈出、创作繁荣的时代,真可谓"彬彬之盛,大备于时"⑥。

接着刘勰说:"并怜风月,狎池苑,述恩荣,叙酣宴,慷慨以任气,磊落以使才;造怀指事,不求纤密之巧,驱辞逐貌,唯取昭晰之能:此其所同也。"⑦ 这一段主要讲诗人们流连风花雪月的自然美景而畅饮游宴,他们在写作上的共同特征是抒情写事不求纤密的技巧,写景状物寻求刻画鲜明。以上,是刘勰在《时序》《明诗》中对建安文学做出的评论。

于此,有的研究者指出:"刘勰论建安文学,尽管能够恰当地概括建安诗歌创作的特点和昌盛的原因,却没有注意到'时序'的不同,文人生活环境的变化,诗歌创作的内容也在发生变化。结果,刘勰把'建安之末'与'建安之初'混为一谈。"⑧ 那么建安之末与建安之初到底有何不同?

钱志熙先生在《魏晋南北朝诗歌史述》中提到"从诗歌风格看,建安诗歌经历了由早期的质朴向邺下时期的文质相谐的发展过程",认为建安诗

---

① 刘勰:《文心雕龙·时序》,戚良德:《文心雕龙校注通译》,第500页。
② 曹操:《蒿里行》,季镇淮等编《历代诗歌选》,中国青年出版社,2013,第93页。
③ 王粲:《七哀诗》(其一),季镇淮等编《历代诗歌选》,第111页。
④ 钱志熙:《魏晋南北朝诗歌史述》,北京大学出版社,2005,第20页。
⑤ 刘勰:《文心雕龙·明诗》,戚良德:《文心雕龙校注通译》,第60页。
⑥ 锺嵘著,陈延杰注《诗品注》,第1页。
⑦ 刘勰:《文心雕龙·明诗》,戚良德:《文心雕龙校注通译》,第60页。
⑧ 唐春亮:《刘勰与萧统诗歌观之异同及其成因》,扬州大学硕士学位论文,2003。

歌的发展经历了三个时期，分别是汉末乱世时期、邺下时期、魏朝前期（以曹植去世的太和六年为下限）[①]。参考其说法，下面将汉末乱世时期（建安之初）和邺下时期（建安之末）分而论之。

首先说汉末时期，即建安之初。此时的背景正是刘勰在《时序》中说的"献帝播迁"[②]，就是汉王室衰微，汉献帝被各诸侯挟持辗转飘零之时，此时北方尚未统一，时局动荡，这给文学上带来的改变是"文学蓬转"，与东汉盛平之世的清词丽句、哀乐任情的风格有所不同[③]，文人们身居乱世，用诗歌抒写触目惊心的乱世景象和抒发心中的悲怨之情，代表作如曹操《蒿里行》、王粲《七哀诗》之类。这个时期的作品风格更贴近于《时序》中"观其时文，雅好慷慨，良由世积乱离，风衰俗怨，并志深而笔长，故梗概而多气也"的描述。

其次是邺下时期，即建安之末。建安十年，曹操破邺城，十三年秋，又破荆州，这奠定了他在北方的统治，这正是刘勰在《时序》所说的"建安之末，区宇方辑"[④]。荆州、邺城两地的文化发展颇具规模，是建安文学发展的前提。建安十六年，曹丕被任命为"五官中郎将"，以此名义担任丞相之副，再加之其本人也十分喜好文学，身边渐渐聚集了一批文士，如建安七子大多依附于曹丕周围，曹丕在《与吴质书》中追忆他们"行则连舆，止则接席，何曾须臾相失。每至觞酌流行，丝竹并奏，酒酣耳热，仰而赋诗，当此之时，忽然不自知乐也"[⑤]，刘勰《时序》中"傲雅觞豆之前，雍容衽席之上，洒笔以成酣歌，和墨以藉谈笑"[⑥]的叙述是极符合这一时期的特点的。《明诗》中所说的"并怜风月，狎池苑，述恩荣，叙酣宴"应指的是此时的场景，《文选》中属于这个时期的公宴类、赠答类、游览类诗歌就是在这样的背景下产生的。

由上看来，应当说《明诗》篇中针对建安文学的"暨建安之初，五言腾跃，文帝陈思，纵辔以骋节；王徐应刘，望路而争驱。并怜风月，狎池苑，述恩荣，叙酣宴。慷慨以任气，磊落以使才。造怀指事，不求纤密之

[①] 钱志熙：《魏晋南北朝诗歌史述》，第25页。
[②] 刘勰：《文心雕龙·时序》，戚良德：《文心雕龙校注通译》，第500页。
[③] 钱志熙：《魏晋南北朝诗歌史述》，第26页。
[④] 刘勰：《文心雕龙·时序》，戚良德：《文心雕龙校注通译》，第500页。
[⑤] 曹丕：《与吴质书》，郭绍虞主编《中国历代文论选》第一册，第165页。
[⑥] 刘勰：《文心雕龙·时序》，戚良德：《文心雕龙校注通译》，第500页。

巧；驱辞逐貌，唯取昭晳之能：此其所同也"一段确实不够完整地概括整个建安文学的风貌，应该联系《时序》"观其时文，雅好慷慨，良由世积乱离，风衰俗怨，并志深而笔长，故梗概而多气也"的描述才是相对完整的一幅建安文学图。田雯在《古欢堂杂著》论及建安时提到"此昔人所云'……刘勰叙论阙略而未详'"① 或意即在此。

《文选》对于建安时期诗人所选见下表：

诗人	诗作	诗人	诗作
曹植	25	王粲	13
刘桢	10	曹丕	5
曹操	2	应玚	1
应璩	1	缪袭	1

《文选》对于建安时期收 8 人之作共 58 首，占诗歌总数 443 首的百分之十三。其中曹植以几乎占据整个时代之一半的收录数量，位列第一，其次为王粲、刘桢，再次为曹丕和曹操。

刘勰在《明诗》《乐府》提到的代表诗人有曹操、曹丕、曹植、王粲、徐干、应玚、刘桢，除了徐干一人，其余在《文选》中全都选有作品，这显示了两书对于建安时期代表作家的认识是比较一致的。

曹操，不仅是一代枭雄，有卓越的政治军事才能，文学上也可称道，刘勰称其"雅爱诗章"②，《文选》录其两首乐府诗作：一首是《短歌行》，诗风庄重雄厚，将慨叹时光的沉郁悲凉、广揽人才的宏伟气魄和建功立业的昂扬精神融合为一体。另一首《苦寒行》是曹操在征讨袁绍下属高干时所作，用白描叙述的方式道出了行军路上的艰辛，语言苍凉沉郁，感情浑厚。《文选》虽然录其诗歌不多，但是这两首能够反映出曹操诗歌的风貌。

曹丕，刘勰称其"妙善辞赋"③，又说"魏文之才，洋洋清绮"，还对认为曹丕之作不如曹植的说法提出了批评，认为"俗情抑扬，雷同一响，遂令文帝以位尊减才，思王以势窘益价"，实际上，曹丕和曹植各有所长，"子桓虑详而力缓，故不竞于先鸣，而乐府清越，《典论》辩要：迭用短长，

---

① 田雯：《古欢堂杂著》，郭绍虞编选《清诗话续编》，上海古籍出版社，1983，第 696 页。
② 刘勰：《文心雕龙·时序》，戚良德：《文心雕龙校注通译》，第 500 页。
③ 刘勰：《文心雕龙·时序》，戚良德：《文心雕龙校注通译》，第 500 页。

亦无憯焉"①。《文选》选录了他的五首诗，游览诗《芙蓉池作》，景真词美，是游宴诗中的佳作；《杂诗》二首，其一"漫漫秋夜长"，其二"西北有浮云"，写游子思乡之情，语言清丽而感情动人；乐府诗两首，其中一首《燕歌行》（"秋风萧瑟天气凉"）写思妇怀人之情，辞采优美华丽，刻画细腻，感情凄清委婉，是今存最早的一首七言诗。《善哉行》是一首四言诗，抒发了游子思归和岁月易逝的伤感之情。应当说，刘勰的"洋洋清绮"十分准确地概括了曹丕的诗作特点。

对于曹操、曹丕等人的乐府诗，刘勰在《乐府》一篇中称赞"魏之三祖，气爽才丽"，承认他们的气质和才华，又说"宰割辞调，音靡节平"，是指他们的创作将词、乐分开，用乐府古题写时事，这已经与古乐府传统不同了。"观其《北上》众引，《秋风》列篇，或述酣宴，或伤羁戍，志不出于慆荡，辞不离于哀思。虽三调之正声，实《韶》《夏》之郑曲也。"②《北上》《秋风》之作指的就是曹操的《苦寒行》（其首句为"北上太行山"）和曹植的《燕歌行》（首句为"秋风萧瑟天气凉"），因为情志激荡、文辞哀怨，被刘勰评为"韶夏之郑曲"。这里体现了刘勰在《乐府》中所坚持的正统儒家诗乐观。他在《乐府》里认为音乐是"乐本心术，故响浃肌髓"，故而诗乐具有"情感七始，化动八风"作用，刘勰推崇先秦雅乐，认为汉代以来"中和之响，阒其不还"③，这里很明显地体现了刘勰对儒家"中和之美"思想的继承，所以对"志不出于慆荡，辞不离于哀思"这种不够中和的内容和文辞自然是评价不高了。有的研究者说："刘勰对最能标志曹操诗歌风格的作品如《苦寒行》等加以否定……这表明刘勰与萧统比较忽视那些反映社会乱离与下层人民痛苦的作品。"④ 此说并不准确，刘勰肯定曹操、曹丕的才气和作品，在《乐府》中对他们的批评是对乐府这一诗体发展状况的批评，显现了他强烈的辨体意识，并不能说他否定了曹丕等人的诗歌创作。

曹植的入选诗作数量在65位诗人中位列第四，《文选》所收的25首诗，分属八类，体裁广泛。既有像《公宴诗》这样记录公子王孙欢乐宴游生活而刻画精工、传神精湛、诗风清爽之诗，也有如《赠白马王彪》这类

---

① 刘勰：《文心雕龙·才略》，戚良德：《文心雕龙校注通译》，第531页。
② 刘勰：《文心雕龙·乐府》，戚良德：《文心雕龙校注通译》，第75页。
③ 刘勰：《文心雕龙·乐府》，戚良德：《文心雕龙校注通译》，第71~73页。
④ 唐春亮：《刘勰与萧统诗歌观之异同及其成因》，扬州大学硕士学位论文，2003。

在曹丕称帝后受到打压在压抑心境下写就的悲愤之作。对曹植诗的收录状况体现了萧统对曹植诗歌的极大肯定，同样，《文心雕龙》对曹植也是不吝溢美之笔，如"陈思以公子之豪，下笔琳琅；并体貌英逸，故俊才云蒸"①，"陈思，群才之英也"②，"陈思之文，群才之俊也"③，"思捷而才俊，诗丽而表逸"④，此外还在《明诗》篇中专门说曹植四言诗和五言诗皆擅长（"兼善则子建、仲宣"⑤）。

刘勰评王粲"仲宣溢才，捷而能密，文多兼善，辞少瑕累"⑥，"仲宣举笔似宿构……亦思之速也"⑦，"仲宣躁锐，故颖出而才果"⑧，称其四言诗和五言诗能"兼善"，《文选》收录其《赠蔡子笃》《赠士孙文始》《赠文叔良》三首赠答之作，都是四言诗中的佳作。王粲诗以《七哀诗》二首为代表，第一首以悲凉痛苦的笔调写了当时的战乱景象，第二首以苍茫清冷的思绪抒发自己的思乡之情，均属佳作。因王粲文才杰出，《才略》篇里被刘勰赞为"'七子'之冠冕"⑨。

刘桢的诗作《文选》收《公宴诗》、《赠五官中郎将》四首、《赠徐干》、《赠从弟》三首、《杂诗》。其诗多直抒胸臆，不尚雕饰，风格遒劲，以气势胜，所以刘勰说"公干气褊，故言壮而情骇"⑩，从作家个性分析文风之差异，认为刘桢心胸不阔达，所以言辞激烈而情势壮大，可谓十分到位。《明诗》最后说到四言诗和五言诗的代表诗人时认为"偏美则太冲、公干"，并未明说其偏美何处，不过结合刘桢诗作，应当是指其擅长五言诗的特点。

以上《文选》所选三曹的诗作，多为传诵至今的名篇，而同时著名的建安七子，只有王粲、刘桢、应玚三人入选，其余四人一首未选，可见《文选》取舍的严格性。刘勰的"王徐应刘"一句，或许是骈文对仗的限制，不能过多叙述诗人之名，但是与《文选》的诗人相比较对照而言，或

---

① 刘勰：《文心雕龙·时序》，戚良德：《文心雕龙校注通译》，第500页。
② 刘勰：《文心雕龙·事类》，戚良德：《文心雕龙校注通译》，第432页。
③ 刘勰：《文心雕龙·指瑕》，戚良德：《文心雕龙校注通译》，第457页。
④ 刘勰：《文心雕龙·才略》，戚良德：《文心雕龙校注通译》，第531页。
⑤ 刘勰：《文心雕龙·明诗》，戚良德：《文心雕龙校注通译》，第63页。
⑥ 刘勰：《文心雕龙·才略》，戚良德：《文心雕龙校注通译》，第532页。
⑦ 刘勰：《文心雕龙·神思》，戚良德：《文心雕龙校注通译》，第324页。
⑧ 刘勰：《文心雕龙·体性》，戚良德：《文心雕龙校注通译》，第333页。
⑨ 刘勰：《文心雕龙·才略》，戚良德：《文心雕龙校注通译》，第532页。
⑩ 刘勰：《文心雕龙·体性》，戚良德：《文心雕龙校注通译》，第333页。

许并不是泛泛而论,可能正是刘勰想提及的几位诗人。

总之,《明诗》《乐府》提到的七位诗人除了徐干之外,《文选》都有收录。在选择代表诗人方面显示了两书较高的一致性,只不过刘勰出于对乐府诗的雅正观而不喜三曹为代表的汉乐府诗作,显示了《文心雕龙》浓厚的辨体意识。

(四) 对正始诗歌的选评

正始是魏齐王曹芳的年号,这时进入了曹魏统治的后期,司马懿父子掌权,一方面翦除曹氏宗室,另一方面诛杀异己,以高压政策对待文士。何晏、夏侯玄、嵇康等许多文士被杀。这个时期的诗人,政治理想衰落,反映出危机感和幻灭感,不再抒发豪情壮志和远大抱负,而多抒写个人悲愤,"颇多感概之词"①。学术上的玄风影响,逐渐与诗歌结合,诗风由建安时期的慷慨悲壮变为兴寄遥深。

《文心雕龙·时序》中的"于时正始余风,篇体轻澹"②,点出了当时思想上的时代背景,《明诗》篇说"及正始明道,诗杂仙心",因为在当时黑暗高压的政策下,诗人们在思想上向老、庄靠拢以求得精神上的超脱和远祸全身,所以诗歌体现出了玄言意味。接着说了四位诗人,"何晏之徒,率多浮浅。唯嵇志清峻,阮旨遥深,故能标焉。若乃应璩《百一》,独立不惧,辞谲义贞,亦魏之遗直也"③。

这里提到了四位诗人:首先是何晏,刘勰认为其"浮浅",今观其仅存的《拟古》二首,已经不能知晓其诗歌全貌。《拟古》其一:

> 鸿鹄比翼游,群飞戏太清。常恐天网罗,忧祸一旦并。岂若集五湖,顺流唼浮萍。逍遥放志意,何为怵惕惊?

以比兴手法,表现了心内的忧惧,具有浓重的危机感和无力感,倒也不算太"浮浅",刘勰此论,或许是认为何晏其诗有太重的玄学痕迹,而少诗歌的情感和艺术性。

《文选》于正始时期,只选了三位诗人,收阮籍17首诗、嵇康诗7首、

---

① 锺嵘著,陈延杰注《诗品注》,第23页。
② 刘勰:《文心雕龙·时序》,戚良德:《文心雕龙校注通译》,第502页。
③ 刘勰:《文心雕龙·明诗》,戚良德:《文心雕龙校注通译》,第61页。

应璩诗 1 首。阮籍的《咏怀诗》有 82 首，非一时之作，反映了诗人一生复杂的思想感情。《文选》收录了他 17 首五言《咏怀》诗，这些诗多抒发愤世嫉俗的情怀和壮志难酬之苦闷，体现了他对人生的思考，抒发了他的人生悲哀之感。《咏怀》其一云：

> 夜中不能寐，起坐弹鸣琴。薄帷鉴明月，清风吹我襟。孤鸿号外野，翔鸟鸣北林。徘徊将何见，忧思独伤心。

诗人夜不能寐，起身弹琴，"孤鸿""翔鸟"的意象更加衬托出诗人心中忧思、伤怀之意难以言表。方东树说："此是八十一首发端，不过总言所以咏怀不能已于言之故，而情景融会，含蓄不尽，意味无穷。"[①] "徘徊将何见，忧思独伤心"实在可以作为《咏怀》诗的总旨和思想基调。

阮籍诗风自然放达，语言朴素朗练，显示了他"志气宏放，傲然独得"[②] 的高贵气质，刘勰评价他"使气以命诗"[③]，其多用比兴、象征的手法来表达感情，故而刘勰"遥深"二字极为准确地点明了其隐约曲折的诗歌艺术风格。

嵇康性格傲岸，卓荦不群，《世说新语》中形容他"岩岩若孤松之独立……傀俄若玉山之将崩"[④]，其诗作多表现独立高洁、追求自然的高尚情操。嵇康诗，《文选》选录共七首，而且这七首全是四言诗。而刘勰认为四言诗"雅润为本"[⑤]，所举的代表诗人就是嵇康，评论其诗特色是"润"。《幽愤诗》是他在狱中生命的最后时光中写就，以内心独白的方式反复抒情，语言爽直峻切，其诗反映了他在《与山巨源绝交书》中自称的"刚肠嫉恶，轻肆直言，遇事便发"[⑥] 的气质。刘勰称"叔夜俊侠，故兴高而采烈"[⑦]，突出了嵇康的气质与文风之间的关系。最著名的代表作《赠秀才从军》，是嵇康赠其兄嵇喜的诗，描述嵇康想象其兄在军中的生活，"风驰电逝，蹑景追飞。凌厉中原，顾盼生姿"，"目送归鸿，手挥五弦。俯仰自得，

---

① 方东树：《昭昧詹言·卷三》，人民文学出版社，1961，第 80 页。
② 房玄龄等：《晋书·阮籍传》，中华书局，1974，第 1359 页。
③ 刘勰：《文心雕龙·才略》，戚良德：《文心雕龙校注通译》，第 533 页。
④ 刘义庆编《世说新语》，徐震堮：《世说新语校笺》，中华书局，1984，第 335 页。
⑤ 刘勰：《文心雕龙·明诗》，戚良德：《文心雕龙校注通译》，第 63 页。
⑥ 嵇康：《与山巨源绝交书》，萧统编，李善注《文选》（五），第 1927 页。
⑦ 刘勰：《文心雕龙·体性》，戚良德：《文心雕龙校注通译》，第 333 页。

游心太玄",这种潇洒、清爽是独属于嵇康的。刘勰在《明诗》中说的"嵇志清峻",在此诗中尤其显露"清"的气质,《幽愤诗》更倾向于"峻"的气质。总体看来,嵇康的诗歌有清逸之姿又有峻切之情,刘勰以"清峻"评之可谓十分精到。

应璩《百一诗》主要是对曹爽的规劝,以"下流不可处,君子慎厥初"作为提醒,语言质朴而不峻切,态度和缓,故而刘勰称"辞谲义贞",在正始时期文人多谈玄避祸时应璩仍然坚守儒家的风人之旨,李善题注《百一诗》谓"讥切时事,遍以示在事者,咸皆怪愕"[①],因有忠贞之气,所以刘勰赞其"独立不惧"、有"魏之遗直"。

由上观之,《文选》所选的三位正始诗人恰好是《明诗》里提及并持赞扬态度的三位诗人,因此《文选》和《文心雕龙》在正始时期的代表诗人的选择上具有高度一致性。

(五) 对西晋诗歌的评选

从正始到西晋,文风又变,刘勰在《时序》篇称"然晋虽不文,文才实盛:茂先摇笔而散珠,太冲动墨而横锦;岳、湛曜'联璧'之华,机、云标'二俊'之采。应、傅、三张之徒,孙、挚、成公之属,并结藻清英,流韵绮靡"[②]。此段说了两个方面的问题,首先刘勰认为晋代的统治者不像魏之三祖那样雅善辞辞,但是晋代文坛人才济济,如张华、左思、潘岳、夏侯湛、陆机、陆云兄弟、应贞、傅玄、孙楚、挚虞、成公绥等众多作家都活跃在文坛上。所以刘勰说"晋世文苑,足俪邺都",这两个时期都是人才"崇文之盛世,招才之嘉会"[③]。刘勰此处将晋代文苑与邺都文坛相提并论,体现出刘勰对晋代文坛的重视和认可。

其次,此时的文坛风格与正始玄风的清淡大不相同,走向了重视辞藻、音韵的道路。钱志熙先生在论及此时的诗风时认为"自汉末以来文人群体那种激烈、自由、浪漫的精神",到此消失了,发展成的是"审慎、纤柔、明哲保身的群体性格"[④]。《宋书·谢灵运传论》称其时文风为"缛旨星稠,

---

① 萧统编,李善注《文选》(三),第 1015 页。
② 刘勰:《文心雕龙·体性》,戚良德:《文心雕龙校注通译》,第 333 页。
③ 刘勰:《文心雕龙·才略》,戚良德:《文心雕龙校注通译》,第 537 页。
④ 钱志熙:《魏晋南北朝诗歌史述》,第 64 页。

繁文绮合"①，而刘勰则用"结藻清英，流韵绮靡"概括晋代文坛之特征。

《明诗》篇说："晋世群才，稍入轻绮。张左潘陆，比肩诗衢，采缛于正始，力柔于建安。或析文以为妙，或流靡以自妍，此其大略也。"② 张亚军先生认为："'轻绮'一词，概述了整个西晋诗坛风貌，它主要用来概括西晋诗歌的艺术特征，与建安诗悲凉慷慨、质朴刚健的风格相较，西晋诗缺少的是沉郁的情感、悲凉的情怀，更多的是轻巧绮丽的艺术技巧的呈现，即多以拟古为主，竞巧技艺、绮美流丽。"③ "采缛于正始，力柔于建安"是从建安和正始诗歌的标准来评判西晋诗歌的，应当说是比较客观的一个评价，刘勰认为其文采繁多，骨力柔弱。"或析文以为妙，或流靡以自妍"则点出了诗风，那就是雕琢字句、精工华美。此外，刘勰在《通变》篇中说"魏晋浅而绮"，用"绮"字形容晋代，显示了他对西晋文坛特征的整体概括。

对于西晋诗坛重视语言辞采、音韵的特点，其实刘勰本人并不是完全反对的。"赋、颂、歌、诗，则羽仪乎清丽"④，"圣贤书辞，总称'文章'，非采何为？"⑤，都能够体现出刘勰对"采"的重视，但是在上文论及刘勰对《诗经》的认识时已经提及，刘勰肯定的是"为情而造文"的文章，而他对于"采"的认识，正如戚良德先生指出的："'采'就并非仅仅是艺术的形式问题，而是离不开作者之性情，而且以感情为根本的。"⑥ 所以，对于"或析文以为妙，或流靡以自妍"这种只以雕文为务的西晋诗风自然是刘勰所不满的了。

《明诗》提到的代表诗人"张左潘陆"指的是张华、左思、潘岳、陆机四位诗人⑦。而《文选》收了24位西晋诗人，以陆机为首，收52首，左思、张协各11首，潘岳10首，张华6首。其余诗人每人诗歌收录数量不足6首。从数量上看，《文选》对西晋诗坛颇为重视，不仅西晋的诗人数量是最多的，而且西晋诗歌的收录总量也是位列《文选》各代收录数量的第一位。

---

① 沈约：《宋书·谢灵运传论》，中华书局，1974，第1778页。
② 刘勰：《文心雕龙·明诗》，戚良德：《文心雕龙校注通译》，第61页。
③ 张亚军：《刘勰论西晋文坛》，《长江学术》2012年第1期。
④ 刘勰：《文心雕龙·定势》，戚良德：《文心雕龙校注通译》，第358页。
⑤ 刘勰：《文心雕龙·情采》，戚良德：《文心雕龙校注通译》，第365页。
⑥ 戚良德：《〈文心雕龙〉与当代文艺学》，第2页。
⑦ 此处翻译参见戚良德《文心雕龙校注通译》，第62页。

陆机被钟嵘称为"太康之英"①,是西晋最负盛名的文士,《文选》收录他的52首诗。《晋书·陆机传》中称其"伏膺儒术,非礼不动"②,《文心雕龙·体性》里说"士衡矜重,故情繁而辞隐。触类以推,表里必符,岂非自然之恒资,才气之大略哉"③,刘勰认为作家的先天资质及才气和作品风格是相符合的,陆机是一个矜持庄重之人,所以他的作品情思繁多且文辞隐晦。在《镕裁》篇中说:"至如士衡才优,而缀辞尤繁;士龙思劣,而雅好清省。及云之论机,亟恨其多,而称'清新相接,不以为病',盖崇'友于'耳。夫美锦制衣,修短有度,虽玩其采,不倍领袖,巧犹难繁,况在乎拙?而《文赋》以为'榛楛勿剪''庸音足曲',其识非不鉴,乃情苦芟繁也。夫百节成体,共资荣卫,万趣会文,不离辞情。若情周而不繁,辞运而不滥,非夫熔裁,何以行之乎?"④刘勰称赞陆机"才优",这是对他的肯定,但是也指出他的缺点在于文辞繁芜,而这一缺点连他的弟弟陆云也多次提到了,像陆机这样有才华的作者还尚且难以避免繁杂,更何况是才资不如他的人了。刘勰认为陆机在《文赋》里提出的杂草丛生也不必修剪,音调平平也能谱曲的观点,并不是没有见识,而是因为感情上的删减很难做到。"辞如川流,溢则泛滥"⑤,这个时候,就需要规范剪裁之功,才能使文章情感充分表达而没有累辞之害。此外,刘勰还在《才略》里谈到了陆机之文风,"陆机才欲窥深,辞务索广,故思能入巧,而不制繁"⑥,认为陆机想要展现其才华,广阔其文辞,虽然构思巧妙,但是缺点在于繁杂。通过以上引文可以看出,刘勰虽然肯定了陆机"才优",但是同时也提及了一个关键字——"繁",具体而言是"情繁"和"辞繁"。

陆机的代表作是《赴洛道中作二首》,是他携弟陆云离开家乡奔赴洛阳时所作,描绘了途中所见和自己所感。其一为:

> 总辔登长路,呜咽辞密亲。借问子何之?世网婴我身。永叹遵北渚,遗思结南津。行行遂已远,野途旷无人。山泽纷纡余,林薄杳阡

---

① 钟嵘著,陈延杰注《诗品注》,第2页。
② 房玄龄等《晋书·陆机传》,第1467页。
③ 刘勰:《文心雕龙·体性》,戚良德:《文心雕龙校注通译》,第333页。
④ 刘勰:《文心雕龙·镕裁》,戚良德:《文心雕龙校注通译》,第377~378页。
⑤ 刘勰:《文心雕龙·镕裁》,戚良德:《文心雕龙校注通译》,第379页。
⑥ 刘勰:《文心雕龙·才略》,戚良德:《文心雕龙校注通译》,第533页。

眠。虎啸深谷底,鸡鸣高树巅。哀风中夜流,孤兽更我前。悲情触物感,沉思郁缠绵。伫立望故乡,顾影凄自怜。

前四句写在"世网"缠身的不得已下,诗人离别亲人奔赴洛阳。"行行"一句开始,大力铺陈描摹了沿途所见之景,荒无人烟的山泽和树林,有虎啸、鸡鸣的声音传来,身边只有哀风、孤兽,在这样险恶的环境下,唯有伴随孤独的身影自叹自伤,更突出了诗人内心的"悲情"和"沉思"。这首诗从头至尾都透露出浓浓的悲情心境,从首句离别故乡的不舍,到沿途所观景物触目伤心,到最后心中的思乡之情,悲情之意贯穿全篇。

从此诗看陆机的写作特色,除了首尾的几句之外,其余几乎都是偶句。袁行霈先生评论陆机诗"其骈偶化的程度不但为汉诗所未见,而且也大大超过了曹植、王粲的诗作",又"为了加强诗歌铺陈排比的描写功能,将辞赋的句式用于诗歌"①。这种铺排写法必将使得刻画精细、文辞繁复,以至于清代沈德潜称陆机"开出排偶一家"②。

再如其《拟青青河畔草》:

靡靡江蓠草,熠熠生河侧。皎皎彼姝女,阿那当轩织。粲粲妖容姿,灼灼美颜色。良人游不归,偏栖独支翼。空房来悲风,中夜起叹息。

《古诗十九首》(青青河畔草)原诗为:

青青河畔草,郁郁园中柳。盈盈楼上女,皎皎当窗牖。娥娥红粉妆,纤纤出素手。昔为倡家女,今为荡子妇。荡子行不归,空床难独守。

这两首诗的内容相同,场景也十分相似,但是语言风格大不相同。陆机诗前六句每一句的用字都十分考究,"靡靡""熠熠""皎皎""阿那""粲粲""妖容""灼灼",都是具有强烈视觉冲击力的形容词,"空房"一词涵盖了原诗"荡子行不归,空床难独守"两句的含义,可谓用词精准,

---

① 袁行霈主编《中国文学史》(二),高等教育出版社,1999,第45页。
② 沈德潜著,霍松林校注《说诗晬语》,第202页。

加了"中夜起叹息"一句,更凸显了思妇怀人的哀怨之情,可谓对偶工整、雕琢精心、华丽异常,凸显了作者遣词造句之用心。

陆机的诗体现了词藻的华丽、描写的繁复、句式的骈偶,显示出一种繁缛绮丽的特点。这与刘勰专门提到的"繁"是很贴合的,同时与时代背景的"绮"也是很一致的,所以他是西晋诗坛的典型诗人。而陆机作为《文选》中收录诗歌数量最多的诗人,是很说明《文选》的眼光的,这表示《文选》重视文采辞藻,从而体现出重视语言审美的倾向。《文选序》中所说"众制锋起,源流间出。譬陶匏异器,并为入耳之娱;黼黻不同,俱为悦目之玩"①,对此,戚良德先生在《〈文心雕龙〉的美学研究》一文中提及《文选》的选文标准时说:"萧统的'文学园地'无疑也是一个'杂货摊''大杂烩',但确又归于一统,那就是'入耳之娱''悦目之玩',也就是艺术之'美'。"② 正是因为《文选》对艺术美的重视,所以才高词赡、雕凿华美的陆机诗被选得最多。这与《文心雕龙》多次评论其"繁"的态度是很不相同的,在刘勰看来,像《诗经》那样"以少总多,情貌无遗"③的作品才是最值得学习的。

如果说刘勰对陆机之"繁"不满意的话,那么《明诗》里面有两位西晋诗人得到了刘勰的赞扬,刘勰认为四言诗"雅润为本",五言诗"清丽居宗",而"茂先得其清",认为张华的诗具有"清"的特点;"偏美则太冲公干",提到了左思具有偏美。

张华其诗以《文选》收录的《情诗》为代表:

> 清风动帷帘,晨月照幽房。佳人处遐远,兰室无容光。襟怀拥灵景,轻衾覆空床。居欢惕夜促,在戚怨宵长。拊枕独啸叹,感慨心内伤。

此诗情景交融,将思妇怀人之情娓娓道来,语言清丽深婉,含蓄绵缈,最终形成了一股绵绵不绝又清新绮丽的诗风。这与刘勰评价张华得五言诗之"清"十分符合。

左思诗《文选》收录 11 首,是在西晋诗人中收录数量位列第二的诗

---

① 萧统:《文选序》,萧统编,李善注《文选》(一),第 2 页。
② 戚良德:《〈文心雕龙〉与当代文艺学》,第 169~170 页。
③ 刘勰:《文心雕龙·物色》,戚良德:《文心雕龙校注通译》,第 515 页。

人，其代表作为《咏史》八首，被《文选》全部收录，可见《文选》对此诗的看重。

《咏史》诗名最早见于班固，被钟嵘评价为"质木无文"[1]，左思的这八首诗，不受班固限制，独辟蹊径，聂石樵《魏晋南北朝文学史》评其"造语奇伟，笔力苍劲，有睥睨一世之概"[2]。诗歌主要表现了寒士的不平之鸣和对"上品无寒门，下品无势族"[3]的不满，并从诗中流露出自己的高洁品质。如其二写对当时门阀制度的不满：

> 郁郁涧底松，离离山上苗。以彼径寸茎，荫此百尺条。世胄蹑高位，英俊沉下僚。地势使之然，由来非一朝。金张籍旧业，七叶珥汉貂。冯公岂不伟？白首不见招。

左思其诗不重骈偶俪句，体制上酷似汉魏之作，与陆机、潘岳等人不同。《文心雕龙·才略》篇说"左思立才，业深覃思；尽锐于《三都》，拔萃于《咏史》，无遗力矣"[4]，对《咏史》评价很高。前文提到《明诗》中刘勰说左思具有"偏美"，虽然并未指出左思如何"偏美"，不过根据左思的诗歌创作来看，应当是对他以《咏史》为代表的气质高昂的五言诗的称赞。

被《文心雕龙·明诗》夸赞的左思和张华，《文选》均以较多的数量收录，其中《文心雕龙》夸赞的《咏史诗》，《文选》全部收录。但是此阶段《文选》收录最多的是陆机诗，体现了《文选》对其繁缛绮丽的诗风的肯定，说明《文选》录诗十分重视诗歌的审美特性，而《文心雕龙》以陆机诗为"繁"，显示了在"丽"的接受程度上两书有着不同看法。

（六）对东晋诗歌的评选

西晋末年，宗室诸王争权夺位，爆发了长达16年之久的"八王之乱"，社会动荡引起了各地起义，五胡乱华之祸后，西晋处于崩溃边缘。镇守建康的司马睿在以王导为首的北方士族的拥戴下重建晋室，史称东晋。

---

[1] 钟嵘著，陈延杰注《诗品注》，第1页。
[2] 聂石樵：《魏晋南北朝文学史》，第81页。
[3] 房玄龄等：《晋书·刘毅传》，第1274页。
[4] 刘勰：《文心雕龙·才略》，戚良德：《文心雕龙校注通译》，第533页。

这个时期的思想背景是玄风又起。西晋的永嘉时期，已经开始盛行玄风，锺嵘说"永嘉时，贵黄、老，稍尚虚谈，于时篇什，理过其辞，淡乎寡味"①。《文心雕龙·时序》说："自中朝贵玄，江左称盛，因谈余气，流成文体。是以世极迍邅，而辞意夷泰，诗必柱下之旨归，赋乃漆园之义疏。故知文变染乎世情，兴废系乎时序。"② 刘勰认为东晋贵玄，影响所及，遍及一代文风，虽然时代背景动荡混乱，但是文士之词却是平和安夷的，诗歌辞赋都成了老庄思想的注释，这种情况如此明显，以至于刘勰强调文风会受到时代风气的影响，提出了"文变染乎世情，兴废系乎时序"的著名观点。

具体到东晋诗歌，《明诗》称"江左篇制，溺乎玄风，嗤笑徇务之志，崇盛忘机之谈。袁孙已下，虽各有雕采，而辞趣一揆，莫与争雄，所以景纯《仙》篇，挺拔而为俊矣"③。这里再次强调了东晋的玄风背景，正是在这样的时代风气下，人们不再壮志满怀抒写报国伟业，而是喜欢沉浸在忘却世情的空谈里。刘勰提到了三位诗人，袁宏、孙绰是玄言诗人的代表，他们之后的玄言诗如出一辙，难与之争雄，而这样的背景下，郭璞的《游仙诗》就是出类拔萃的作品了。

《文选》于东晋诗坛选了四位诗人，郭璞收入 7 首，剩下三位诗人王康琚、殷仲文、谢混，每人各收一首。这里《文选》选择的代表诗人与刘勰所说有较大的不同。

郭璞一人以 7 首《游仙诗》占据了《文选》中东晋诗歌的最大比重，在东晋诗坛真可谓一枝独秀了，这显示了《文选》对其《游仙诗》的认可。

其《游仙诗》其五：

逸翮思拂霄，迅足羡远游。清源无增澜，安得运吞舟？珪璋虽特达，明月难闇投。潜颖怨清阳，陵苕哀素秋。悲来恻丹心，零泪缘缨流。

全诗流露出他对有才之士不能使其才的悲慨和伤心，抒发了壮志难酬、才不能用的苦闷情怀。李善诗下题注说："璞之制，文多自叙，虽志狭中

---

① 锺嵘著，陈延杰注《诗品注》，第 1 页。
② 刘勰：《文心雕龙·时序》，戚良德：《文心雕龙校注通译》，第 505 页。
③ 刘勰：《文心雕龙·明诗》，戚良德：《文心雕龙校注通译》，第 62 页。

区,而辞无俗累,见非前识。"① 郭璞借游仙的外象以咏怀自己的情志,表现了对现实的不满,虽然以玄言为工具,但是诗意高迈,与钟嵘所称的"平典似《道德论》"②的同代作品不同。刘勰在《才略》里激赏郭璞"景纯艳逸,足冠中兴,《郊赋》既穆穆以大观,《仙诗》亦飘飘而凌云矣"③,认为《游仙诗》是飘飘凌云之作,亦是对郭璞《游仙诗》的肯定。

《文心雕龙》和《文选》都以各自的方式表现了对郭璞诗的肯定,体现了在平淡寡味的玄言诗风下对这位杰出诗人的称赏。

(七) 对刘宋诗歌的评选

文学发展至南朝,呈现出与魏晋文学不同的面貌。沈德潜《说诗晬语》说:"诗至于宋,性情渐隐,声色大开,诗运转关也。"④ 比起前代诗人,南朝诗人更加追求艺术的完善与华美,甚至有"若无新变,不能代雄"⑤ 的激语。

《文心雕龙·明诗》对宋代诗坛评价说:"宋初文咏,体有因革。庄老告退,而山水方滋;俪采百字之偶,争价一句之奇,情必极貌以写物,辞必穷力而追新,此近世之所竞也。"⑥ 刘勰认为刘宋对前代诗歌既有继承,又有革新。继承处在于东晋的玄风余韵延续至刘宋,革新处在于对语言技巧运用的提高和写作题材领域的增大。玄言诗不再占据诗坛的中心,而山水诗开始崭露头角。诗人们讲求对仗工整又富有文采,追求每一句能够出奇制胜,精细逼真地刻画景物,文采上极尽所能地追求新颖。

在《物色》篇里面也提到当时人们追求刻画精密的时风,"自近代以来,文贵形似,窥情风景之上,钻貌草木之中。吟咏所发,志惟深远;体物为妙,功在密附。故巧言切状,如印之印泥;不加雕削,而曲写毫芥:故能瞻言而见貌,印字而知时也"⑦。刘勰说在近代以来的风气下人们多写山水诗,因为描摹景物精细到位,能够"体物""密附",并且还能在吟诗咏叹中抒发悠长的志意。

---

① 萧统编,李善注《文选》(三),第 1018 页。
② 钟嵘著,陈延杰注《诗品注》,第 2 页。
③ 刘勰:《文心雕龙·才略》,戚良德:《文心雕龙校注通译》,第 535 页。
④ 沈德潜著,霍松林校注《说诗晬语》,第 203 页。
⑤ 萧子显:《南齐书·文学传论》,第 908 页。
⑥ 刘勰:《文心雕龙·明诗》,戚良德:《文心雕龙校注通译》,第 63 页。
⑦ 刘勰:《文心雕龙·物色》,戚良德:《文心雕龙校注通译》,第 517 页。

刘宋时期《文选》录 11 位诗人，其中收录数量最多的是谢灵运，收 40 首，颜延年 21 首，鲍照 18 首，陶渊明 8 首，共收录 105 首诗，约占《文选》收录诗歌总数的四分之一，仅次于西晋诗坛的收录数量。排前三位的谢灵运、颜延年、鲍照，正是被称为元嘉三大家的著名诗人。

被收录 40 首诗的谢灵运，在《文选》中仅次于陆机的收录数量而位列第二。他的贡献主要在于大力创作山水诗，对后世产生了很大影响，其代表作如《石壁精舍还湖中作》：

> 昏旦变气候，山水含清晖。清晖能娱人，游子憺忘归。出谷日尚早，入舟阳已微。林壑敛暝色，云霞收夕霏。芰荷迭映蔚，蒲稗相因依。披拂趋南径，愉悦偃东扉。虑澹物自轻，意惬理无违。寄言摄生客，试用此道推。

此诗从起首二句就开始使用对偶，写山水之秀美。前六句大略写精舍的情形。自"林壑敛暝色"四句，展现了高超的描摹技巧，细细刻画出石壁精舍的美景，林壑云霞的背景下，荷叶菖蒲在水中摇曳动荡，描绘出一幅天光湖色图。最后的玄言诗结尾，也是谢灵运诗的特色，道出了人生应淡然地面对世间万物。此诗讲究骈偶，尤其"林壑"四句，对仗极为工整，刻意用字炼句，"敛""收""迭"这几个动词，以及"暝色""夕霏""映蔚"等意象都十分讲究，刻画景物可谓不遗余力、文辞新颖。此诗是谢灵运诗的代表，他的山水诗开辟了新的诗境，而且形式上的辞藻技巧也大大超过前人。与谢灵运诗风类似的颜延之，比谢灵运更加注意雕凿修饰、凝练规整，如《应诏观北湖田收》，藻饰、雕琢、重对偶的特点表现得更为明显。

谢灵运的作品特色很符合刘勰总结的"俪采百字之偶，争价一句之奇，情必极貌以写物，辞必穷力而追新"的时代特征，而《文选》收录其诗 40 首，能够看出对这种艺术新变的肯定。《文选序》说"盖踵其事而增华，变其本而加厉。物既有之，文亦宜然"，肯定了事物的发展变化，对于刘宋时期诗歌艺术发展上的新变，《文选》是肯定的。

如果说上引《明诗》《物色》篇里，刘勰对刘宋一代的诗歌尚未表现出明显的批评的话，在《通变》篇提到"宋初讹而新"[①] 时就显示出了明显

---

① 刘勰：《文心雕龙·通变》，戚良德：《文心雕龙校注通译》，第 348 页。

的批评意味。王运熙先生认为"把讹和新联系在一起,则知《明诗》'辞必穷力而追新'句带有贬意"①,刘勰承认刘宋的革新之变,但同时也指出弊病所在。

"讹"为奇怪、怪诞之意。《明诗》篇里面提到了"辞必穷力而追新",如果诗人过分追求新颖的技巧和表达方式,有时不免成了求怪。其实谢灵运诗中就有这样的例子,"鼻感改朔气,眼伤变节荣"②和"火逝首秋节,明经弦月夕。月弦光照户,秋首风入隙"③被后人评为"拙劣强凑"和"牵强杂沓,不可为训"④。从《体性》篇"新奇者,摈古竞今,危侧趣诡者也"⑤和《序志》"辞人爱奇,言贵浮诡"⑥的描述中可以看出,刘勰对当时人们追求新奇而导致诡异怪诞的结果是不满的。

《文选》收录的刘宋诗人还有另一引人注目之处,那就是陶渊明。萧统喜爱陶渊明,为他编集作序,还写了一篇《陶渊明传》,对其评价很高。《文选》选其诗8首,不可谓少。而《文心雕龙》不论陶渊明则引起后世议论纷纷。刘勰《时序》中说宋代以来的文人"盖闻之于世,故略举大较"⑦,《才略》里说"宋代逸才,辞翰鳞萃,世近易明,无劳甄序"⑧,明白表示对刘宋以来的诗人不做评价。陶渊明卒于刘宋元嘉年间,他的生平被沈约归入《宋书·隐逸传》,如果他被认为是宋人,那么刘勰不提陶渊明就可以理解了,所以傅刚先生认为"《文心雕龙》对陶渊明的不置一词,实际上是由该书的批评体例所决定的"⑨。

以上通过比较《文心雕龙》和《文选》我们可以发现,《明诗》对宋齐诗人和作品避而不谈,但是从《通变》篇对诗风的描述中可以看出对"新"的肯定和对"讹"的不满,而《文选》则大量收入了重新变、雕饰、华丽等艺术性见长的作品,体现了《文选》对"声色大开"的接受,但是同时它也收录了与刘宋诗风不同的以自然清新见长的陶渊明的作品,体现

---

① 王运熙:《刘勰论宋齐文风》,《复旦学报》(社会科学版)1983年第5期。
② 谢灵运:《悲哉行》,顾绍柏校注《谢灵运集校注》,中州古籍出版社,1987,第236~237页。
③ 谢灵运:《七夕咏牛女》,顾绍柏校注《谢灵运集校注》,第164页。
④ 王叔岷:《锺嵘诗品笺证稿》,曹旭编著《诗品集注》,上海古籍出版社,1994,第167页。
⑤ 刘勰:《文心雕龙·体性》,戚良德:《文心雕龙校注通译》,第331页。
⑥ 刘勰:《文心雕龙·序志》,戚良德:《文心雕龙校注通译》,第566页。
⑦ 刘勰:《文心雕龙·时序》,戚良德:《文心雕龙校注通译》,第506页。
⑧ 刘勰:《文心雕龙·才略》,戚良德:《文心雕龙校注通译》,第537页。
⑨ 傅刚:《〈昭明文选〉研究》,中国社会科学出版社,2000,第146页。

了《文选》选诗也并不是一味重"丽",具有较大的包容性。

三 《文心雕龙》与《文选》的诗歌评价标准

(一)《文心雕龙》的诗歌评价标准

戚良德先生认为刘勰所谈论的"文章"有两大内涵,"一是心学,二是美学。前者体现了《文心雕龙》以情为本的理论中心,后者体现了《文心雕龙》辞采芬芳的文章学观念。二者相辅相成,构成了刘勰基本的文学观念"①。《镕裁》篇说"万趣会文,不离辞情"②,可以说,"情""辞"是刘勰论文的着眼点。

刘勰极重视"情"的作用,"情"字在《文心雕龙》中出现了一百多次③,除了专门论"情采"问题的《情采》篇外,全书论及"情"的地方也随处可见。即使在《宗经》一篇中,刘勰对儒家经典的考察角度也与一般征圣者不同,他认为儒家经典是"洞性灵之奥区,极文章之骨髓""义既埏乎性情,辞亦匠于文理"的作品,谈到"文能宗经,体有'六义'"时,第一条便是"情深而不诡"④,所以戚良德先生指出"刘勰的着眼点就决不是儒家之教义而是文章之写作,是表现人的心灵和性情的美的文"⑤。

同时,刘勰也十分重视"采"的作用。《情采》篇说:"圣贤书辞,总称文章,非采而何?"说明"采"在圣贤文章中具有重要的作用。刘勰说:"若乃综述性灵,敷写器象;镂心鸟迹之中,织辞鱼网之上:其为彪炳,缛采名矣。"⑥ 为了抒发思想、描绘事物而精心推敲、组织语言的文章,其风貌文采焕发,正是借助了繁华的文采。刘勰这里甚至用"缛采"一词,说明他对文采的追求并不排斥。因为没有文采,文章也就不复存在了。刘勰重视语言修饰的作用,所以《文心雕龙》里还有《章句》《声律》《练字》《比兴》《丽辞》《镕裁》《夸饰》等许多篇章来具体分析如何使艺术修饰到达更为完美的境界。

---

① 戚良德:《〈文心雕龙〉与当代文艺学》,第2页。
② 刘勰:《文心雕龙·镕裁》,戚良德:《文心雕龙校注通译》,第378页。
③ 严明:《〈文心雕龙〉中的诗歌批评》,《镇江高专学报》2002年第1期。
④ 刘勰:《文心雕龙·宗经》,戚良德:《文心雕龙校注通译》,第27页。
⑤ 戚良德:《〈文心雕龙〉与当代文艺学》,第8页。
⑥ 刘勰:《文心雕龙·情采》,戚良德:《文心雕龙校注通译》,第365页。

然而在情和采之间，刘勰对二者重要性的认识是不同的。他说："夫铅黛所以饰容，而盼倩生于淑姿；文采所以饰言，而辩丽本于情性。故情者，文之经；辞者，理之纬。经正而后纬成，理定而后辞畅：此立文之本源也。"①虽有铅黛修饰之功，但是顾盼神飞的神采是源于人本来的美好姿容，同理优秀的文章也是如此，不是靠华辞修饰，而是源于作者的感情，所以刘勰提出了"情经辞纬"的观点，这是文章写作的根本，在《情采》篇的赞语中，刘勰直接道出了"繁采寡情，味之必厌"②的观点。

具体到诗歌上，就更是体现出《文心雕龙》以情为本的观点。《情采》通过分析《诗经》得出了两种不同的写作方式："昔诗人什篇，为情而造文；辞人赋颂，为文而造情……盖《风》《雅》之兴，志思蓄愤，而吟咏情性，以讽其上：此为情而造文也。诸子之徒，心非郁陶，苟驰夸饰，鬻声钓世：此为文而造情也。故为情者要约而写真，为文者淫丽而烦滥。"③《诗经》之作，是因为作者心中充满了真实的情感，所以他们的作品文辞精练而抒发真情；而辞赋家们内心没有真实的情感充塞胸中，却只为炫耀语言技巧，只是"为文而造情"，华丽的文采过于泛滥，故而不会写出最优秀的作品。

前文介绍《文心雕龙》与《文选》的时代背景时说到，齐梁时期文风新变，文辞的华美特性逐渐增强，流行的"永明体"和宫体诗，讲求音韵、辞藻、华美，跟风之作趋之若鹜。正由于此，《情采》篇中"而后之作者，采滥忽真，远弃风雅，近师辞赋，故体情之制日疏，逐文之篇愈盛"和《序志》篇中"辞人爱奇，言贵浮诡；饰羽尚画，文绣鞶帨：离本弥甚，将遂讹滥"④的说法就有了很强的现实针对性。《情采》中说到"故情者，文之经；辞者，理之纬。经正而后纬成，理定而后辞畅：此立文之本源也"，既然情为文经，那么刘勰说的"离本弥甚"，就是指人们忘却了情为文章的根本。

从西晋以来，人们就开始对文采给予了较多关注，所谓"采缛于正始，力柔于建安。或析文以为妙，或流靡以自妍"⑤，到了刘宋时期，更形成了"俪采百字之偶，争价一句之奇，情必极貌以写物，辞必穷力而追新"⑥的

---

① 刘勰：《文心雕龙·宗经》，戚良德：《文心雕龙校注通译》，第21页。
② 刘勰：《文心雕龙·镕裁》，戚良德：《文心雕龙校注通译》，第371页。
③ 刘勰：《文心雕龙·情采》，戚良德：《文心雕龙校注通译》，第368页。
④ 刘勰：《文心雕龙·情采》，戚良德：《文心雕龙校注通译》，第368页。
⑤ 刘勰：《文心雕龙·明诗》，戚良德：《文心雕龙校注通译》，第61页。
⑥ 刘勰：《文心雕龙·明诗》，戚良德：《文心雕龙校注通译》，第63页。

风气。有感于诗风如此，刘勰并不打算同裴子野代表的复古派一样强调回归儒家的伦理道德说教，而是欲从古代诗歌的源头即《诗经》"为情而造文"的优点入手，强调诗歌中"情"的重要性。他不同意新变派一味地追求辞采，更不像复古派对辞采、性情完全排斥，在当时的新变派和复古派之间采取了一种折中的立场。应当说他在《序志》中提出的"唯务折衷"①思想贯穿全书，使得他全面完整地看待问题，而不只强调某一方面，这种"情经辞纬"的观点也是刘勰折中思想的典型体现。

（二）《文选》的诗歌评价标准

学者一般将"事出于深思，义归乎翰藻"作为《文选》的选录标准。但实际上将这两句理解为针对"记事之史，系年之书"中的赞论、序述而发更为妥当。萧统认为史书的赞论、序述出于作者的精心思考又富有文采，故而入选。从这一点看，《文选》的入选标准确实是很注重文采的。

不过为什么《文选》重视"辞采""文华"？《文选序》中说："若夫椎轮为大辂之始，大辂宁有椎轮之质；增冰为积水所成，积水曾微增冰之凛，何哉？盖踵其事而增华，变其本而加厉。物既有之，文亦宜然。"②此处说明了物有"踵事增华""变本加厉"的特质，由质朴发展到华丽，既是事物发展的规律也是文章发展的规律，这是对文章重视华彩的肯定，李泽厚、刘纲纪在《中国美学史》一书中认为萧统"强调华丽是文学发展的必然结果，从而为齐梁美学提倡'丽'的思想做了历史的论证"③。

其次《文选序》在论及当时的文坛盛貌时说"众制锋起，源流间出。譬陶匏异器，并为入耳之娱；黼黻不同，俱为悦目之玩"④，这里道出了《文选》之作能归于一统，在于"入耳之娱""悦目之玩"，这是审美的要求，体现出《文选》对作品美的欣赏。

正是因为《文选》承认踵事增华的文学发展、重视赏心悦目的艺术美感，所以，《文选》收录诗歌数量最多的朝代分别是"结藻清英，流韵绮靡"的西晋、"俪采百字之偶，争价一句之奇"的刘宋，收录数量最多的诗

---

① 刘勰：《文心雕龙·序志》，戚良德：《文心雕龙校注通译》，第571页。
② 萧统：《文选序》，萧统编，李善注《文选》（一），第1页。
③ 李泽厚、刘纲纪：《中国美学史》（第二卷），中国社会科学出版社，1987，第563页。
④ 萧统：《文选序》，萧统编，李善注《文选》（一），第2页。

人是"才高词赡,举体华美"①的陆机、"丽典新声,络绎奔会"②的谢灵运、"骨气奇高,辞采华茂"③的曹植,这都显示出对华采美章的时代风气和诗人特色的肯定。

《文选》选诗注重文采、丽辞,重视作品给人带来的美的体验,但是如果仅凭此就下结论说《文选》只重视文采华茂和行文技巧,则不免有失草率。前文提到《文选序》中论及诗时所说的"《关雎》《麟趾》,正始之道著;桑间濮上,亡国之音表。故风雅之道,粲然可观",体现了对于儒家雅正的诗歌传统的重视,而且《文选》的前几个诗类分别是补亡、述德、劝励、献诗,对于这样的顺序,唐春亮在《刘勰与萧统诗歌观之异同及其成因》一文中说:"就内容而言,萧统认为忠孝仁义最为重要,'述德''励志''献诗'是表达忠孝仁义的手段。可见,竭忠尽孝,'事父''事君'的儒家思想,是萧统思想中的基本内核。就形式而言,排序于诗类前四列的诗歌,多为四言体。《文选》诗类所列的前四类诗,其内容和形式与《诗经》有着直接的渊源关系。"④ 这些具有《诗经》遗风的诗歌题材,《文选》将其置于诗卷之首,表现了对儒家传统雅正思想的继承。

从其收录的历代作品看来,《文选》的收录虽然重采,也并没有像宫体诗风那样倾向绮艳,比如汉代只收了3首古乐府,而不收乐府民歌,傅刚先生论《文选》选诗也指出它"不收弥漫于南北朝诗坛的咏物诗,不收艳情诗,甚至基本不收女诗人作品……齐梁以来的'新体诗',在《文选》中也没有得到明确的反映"⑤。

骆鸿凯在《文选学》中说:"昭明芟次七代,荟萃群言。择其文之尤典雅者,勒成一书,用以切劘时趋,标指先正。迹其所录,高文典册十之七,清辞秀句十之五,纤靡之音百不得一。以故班、张、潘、陆、颜、谢之文,班班在列,而齐、梁有名文士若吴均、柳恽之流,概从刊落,崇雅黜靡,昭然可见。"⑥ 他点出《文选》虽然重文,但也重雅,所以能起到标正的作用,《文选》之诗在后世受到了极大的重视,就可以印证这一观点。不过在

---

① 锺嵘著,陈延杰注《诗品注》,第24页。
② 锺嵘著,陈延杰注《诗品注》,第29页。
③ 锺嵘著,陈延杰注《诗品注》,第20页。
④ 唐春亮:《刘勰与萧统诗歌观之异同及其成因》,扬州大学硕士学位论文,2003。
⑤ 傅刚:《〈昭明文选〉研究》,第277页。
⑥ 骆鸿凯:《文选学》,中华书局,1937,第32页。

此处举吴均和柳恽的例子，并不十分恰当，因为此二人虽是梁代宫体诗人，但是诗文清拔，算不得"靡"。不如举出陶渊明的例子更有说服力，萧统是第一位发现陶渊明文学价值的人，《文选》录其8首，亦不算少，他平淡自然的风格与当时崇尚华丽的风气大相径庭，但是萧统以其独到的眼光承认陶诗的优秀，这是一个很明显的《文选》重质的例子。

萧统在《答湘东王求文集及〈诗苑英华〉书》的一段话，也常被用来作为他讲求文质并重的证据，他说："夫文典则累野，丽亦伤浮；能丽而不浮，典而不野，文质彬彬，有君子之致，吾尝欲为之，但恨未遒耳。"① 萧统表示"丽而不浮，典而不野"才是文质彬彬之作，文字太过质朴而不美固然是粗鄙，而只有外表华丽而不注重作品内在也会流于浮靡，这里可见萧统并不是只求华丽，不重典正。

《文选序》的议论和《文选》所录之诗都能够体现出其重视作品的赏心悦目的艺术美，这在当时自然是推崇新变的了，但是同时它也强调儒家的雅正思想，这又与齐梁诗坛上的趋新派相异。《文选》的诗歌选录体现了重文尚雅的风格，所以也可以归入折中思想一派了。

综上所述，《文心雕龙》论诗强调"为情而造文"的同时也并不忽视缛采的"彪炳"作用，而《文选》重视作品赏心悦目的审美功能的同时也强调对质的肯定。不过刘勰认为"情者，文之经，辞者，理之纬，经正而后纬成，理定而后辞畅，此立文之本源也"，是以情为经，以辞为纬，强调文章优美是情、采互相配合的结果，作者须有情才能文，而文质合一的作品，才是最佳之作。萧统在文与质二者之中，他以"能文"为选文之标准，不选老、庄、管、孟之作因其"以立意为宗"，不以"能文为本"，不选史书但选其赞论、序述因其"沉思瀚藻"，故同样主张文质合一，《文心雕龙》和《文选》虽然同属于折中派但又有小异。

结　语

齐梁诗坛古今新旧之争为当时文坛上引人注目的重大问题，每一个批评家都会对这一问题做出自己的思考。诞生在这样的时代思潮下，《文心雕

---

① 萧统：《答湘东王求文集及〈诗苑英华〉书》，穆克宏、郭丹编著《魏晋南北朝文论全编》，江苏教育出版社，2004，第468页。

龙》和《文选》继承了自《诗大序》以来情志统一的诗歌观，在南朝重情气氛的沐浴下，《文心雕龙》更明显地体现出了对情的重视。

在从先秦到刘宋的诗歌发展历程中，两书于历代代表诗人的认识多有吻合。但是于西晋和刘宋诗坛则体现出了不同的看法。《文选》于此二代收录最多，但是《文心雕龙》却分别认为其时之文"浅而绮""讹而新"，虽承认其文采华妍却对"离本弥甚"表示不满。

在对诗歌的评价标准上，刘勰尊重《诗经》，但是他对《诗经》的认识与裴子野代表的复古派并不相同，他是从《诗经》"为情而造文"的典范意味而言的，他不同意新变派一味追求辞采，更不像复古派对辞采、性情完全排斥，在当时的新变派和复古派之间采取了一种折中的立场。《文选》的选诗在齐梁时期是较有自己的特色的，它重视诗作的审美特色，看重"能文"，但是也重视对儒家风雅精神的继承，不像新变派那样激进而只看重文辞等艺术技巧，也不像保守派那样守旧而否定文学发展踵事增华的趋势，而是显示出宽容、中和的君子风度。两书均属于折中的思想，但《文心雕龙》以情为本的观点贯穿全书，认为情为立文之本源，而《文选》对文学发展"踵事增华"的肯定和入耳悦目作用的强调体现了其对诗歌的审美属性是更为看重的。

罗宗强先生说刘勰"文学思想的许多重要方面，都与这个潮流并无二致，甚至比他同时的其他任何一位批评家和理论家都更体现这个潮流的实质（如有关文术的许多论述），只不过是更带理论色彩，更深刻的体现而已。刘勰站在其时文学思想的发展潮流中，而比同时的其他思想家更冷静地思考问题。对于其时文学思潮发展的许多实质问题，他是接受的，认可的"[1]，《文心雕龙》反映出来的是如此，其实《文选》亦然，只不过作为一部选集不很明显地露出批评色彩而已。二者对文采华丽的新变风气做了肯定，又以各自的方式将这股潮流引向雅正，这是二者对齐梁诗坛古今之争做出的回答。

---

[1] 罗宗强：《魏晋南北朝文学思想史》，第283页。

吴冠中的生平、艺术风格与思想

魏 薇 邱 锋[*]

摘要 吴冠中人生历程、绘画创作和艺术思想反映了其个人生命的奋斗与求索,也折射出20世纪中国现代艺术发展的特点与趋势。在艺术道路上,他始终坚持以西方现代主义的方法进行开创性的探索并以此改造中国传统绘画,走出了一条不同于写实主义创作的新途径。在艺术风格上,他以融合中西、汇通古今又独具特色著称于世。在艺术思想上,他在20世纪80、90年代中国美术界对理论问题的探索上也发挥了重要作用。

关键词 吴冠中 人生道路 艺术创作 艺术思想

北渠西子塞纳舟,情人深眸,爱人深眸,东寻西找词难周。
彩虹圆处天堂路,我负丹青,丹青负我,独立桥头横站秋。

——《丑奴儿·吴冠中小像》

吴冠中(1919~2010)是20世纪后期中国画坛无可替代的重要人物,在漫长而曲折的艺术生涯当中,他始终和中国现代绘画的发展保持着密切的关系。在艺术道路上,他一直坚持以西方现代主义的方法进行开创性的探索并以此改造中国传统绘画,走了一条不同于写实主义创作的新途径,

---

[*] 魏薇,1980年生,女,山东青岛人,艺术学博士,北京大学哲学系(宗教学系)博士后,主要从事艺术史与艺术批评方面的研究以及油画与雕塑创作;邱锋,1976年生,男,山东青岛人,历史学博士,兰州大学历史文化学院副教授,主要从事中国史学史、经学史及艺术史方面的研究。

反映了20世纪一批现代派画家走过的共同道路。在艺术风格上，他以融合中西、汇通古今又独具特色著称于世，这是那些勤奋、坚毅而又富于创造精神的艺术家才能达到的境地。此外，他在20世纪80、90年代中国美术界对理论问题的探索上发挥的重要作用，也是为数不多的画家才能做得到的。他的人生历程、绘画创作和艺术思想反映了个人生命当中的奋斗与求索，也折射出20世纪中国现代艺术发展的特点与趋势。

一　历经曲折的人生道路

吴冠中的艺术人生大致可以划分为三个阶段，即：17岁到31岁的第一阶段，他从一个普通的农家子弟，在学艺之路上的不断抉择与求索中，逐渐成长为一名画家。32岁到58~59岁的第二阶段，这本应该是一个艺术家最具旺盛创造力的时期，却因时代的制约和不断的政治运动而备尝苦难与孤寂。不过这近30年的岁月里，他却未有一刻放弃过自己的艺术追求与人生信念，从而为以后艺术上的腾飞奠定了坚实的基础。第三阶段是60岁以后，改革开放的时代终于给予他充分绽放自己艺术生命力的机遇，由此也成就了吴冠中作为新时期中国艺术界杰出画家的历史地位。

（一）求学道路上的三次选择

吴冠中于1919年8月29日出生于江苏省宜兴县闸口乡北渠村的一个并不富裕的农家，父亲是当地的小学教员，母亲则是普通的家庭妇女。作为家中的长子，他从小就因学习成绩优异而被父母寄以厚望。1935年，他在无锡师范学校初中毕业后考入浙江大学附设的工业学校电机科。也是在这一年，他结识了杭州国立艺术专科学校的学生朱德群，并在他的引导下，参观了艺专。当时只有17岁的吴冠中，看到了前所未见的图画和雕塑，完全被神奇艺术的世界深深吸引。他不顾父母的反对，毅然放弃了为日后谋生而考上的电机科，转为学习艺术。第二年，他顺利考入杭州艺专预科，随后升入本科学习。这是吴冠中艺术之路的起点，也是他人生路径中的第一次重要选择。

杭州艺专由教育总长蔡元培创建，校长是法国学成归国的林风眠。他在教学上提倡"融和中西"，主张西画和中国画不分科，并积极引入西方最新的艺术潮流。当时的艺专吸引了一大批艺术精英来校任教，因为林风眠、吴大羽、蔡威廉等教师几乎都有清一色的留法背景，艺专也被戏称为法国美术学院的中国分校。在他们艺术观念的影响下，学生大多热爱印象派油画及西方现代艺术，痴迷于塞尚、梵高、毕加索等尚不为当时中国人所熟悉的西方艺术大师。吴冠中在校学习期间，对国画也抱有浓厚的兴趣。当时美专的国画主任教授是潘天寿，吴冠中因崇拜其"天授之才华"，在艺专西迁云南之时还曾转到国画系学习过一年，并从图书馆借来石涛、八大山人的画册临摹。吴冠中后来回忆那段经历说："很幸运，那时我们是国画、油画都学，得了很大的好处……东西方的艺术在最高境界上是相同的，学生如果只学一种，对另一种只知皮毛是非常不利的。"① 杭州艺专的学习经历，不但为吴冠中此后的绘画道路奠定了基础，也对他的艺术方向产生了深远的影响。1937年抗日战争爆发，杭州艺专西迁，经江西、湖南、贵州、云南至重庆，吴冠中随艺专一起颠沛流离。此时，他取"如火如荼"之意，开始用"吴荼茶"（后简化为"荼"）为笔名，这成为他画作上主要呈现的签名。1943年艺专毕业后，吴冠中在重庆大学建筑系开始了四年平淡的助教生活，并于当年春天在重庆沙坪坝青年宫举办了一次画展，这是他平生第一次个展。

1946年，吴冠中迎来人生道路上的第二次重要选择。此时民国政府教育部举办了战后首次公费留学生甄选考试，其中有美术留学生的两个名额。他以第一名的成绩考取了公费留学的资格。次年，他搭乘"海眼号"邮轮踏上了远赴梦想之都巴黎的留学旅程，入学巴黎国立高等美术学校。初至世界艺术的中心，吴冠中大开眼界，不但在学校和画室如饥似渴地学习，而且一有空就扎在各大博物馆和古文化遗址中汲取养分。40年代末的巴黎在艺术上已经与徐悲鸿等人留法时的气象不同，在经历了数十年的发展和两次世界大战的疮痍后，印象派绘画早已成为欧洲画坛的经典，印象派之后的现代西方艺术流派也方兴未艾。吴冠中在学校里先选择了传统院体派的杜拜（J. Dupas）教授的工作室学习绘画，很快便发现不适应也不喜欢，于是转入现代派艺术家苏弗尔皮（J. M. Souverbie）教授工作室。苏弗尔皮是当时巴黎重要的画家、法兰西院士。他不但给予了吴冠中系统的绘画训练，更启发了他对于西方艺术品位、造型结构、色彩力度等方面的基本认识。

---

① 赵权利：《学院应走综合化的道路——吴冠中访谈》，《美术观察》2000年第6期。

吴冠中到巴黎前曾"打算不回国了……想在巴黎扬名,飞黄腾达",经历了近三年的学习生活后,各种际遇的分量却在撕扯着他,使他陷入深深的矛盾。在回国还是继续留下的问题上,他面临着人生岔路口的第三次重要抉择。吴冠中在自传里曾提及自己在伦敦公共汽车上遇到的"一件小事",他买票后,售票员将他付的硬币找给一位邻座的"绅士",但"绅士"大为生气,不接受,因他看到这是出自中国人的钱。这次遭遇"像一把尖刀刺入心脏",使吴冠中感到"这个社会、这个人群与我不相干,这些快活发亮的人面于我很隔膜"①。作为一个画家,吴冠中对待政治算不上热心,但当时中国国内的政治形势也深深影响到远在异乡求学的他。"国民党的腐败我们早已痛恨,对共产党则无接触,不了解,但共产党在长江中炮打英国军舰的消息真令我们兴奋,受尽歧视的中国留学生渴望祖国的富强。"②正是怀着对故土深深的眷恋之情和对新中国美好前景的憧憬,吴冠中最终谢绝了老师苏弗尔皮替他申请延长公费的好意,于1950年暑假回国。

(二) 从学成归国到"粪筐画家"

回国后吴冠中由杭州艺专的老同学董希文向徐悲鸿举荐,被分配到中央美术学院任教。30出头的吴冠中年轻而有抱负,刚刚经历了三年巴黎艺术学院的洗礼,想要在熟悉的土地上大展拳脚,"想将西方学来的东西倾筐似的倒个满地,让比我更年轻的同学们选取"。但他的现代主义艺术观念在当时的中国却不合时宜。新中国的美术导向为写实主义的创作理念所占据,政府的文艺政策则强调艺术的目的必须是为工农兵服务的宣传工具而不是对美的追求。不知列宾是何许人,满脑子苏弗尔皮教授教导的他最初还曾想努力去适应,却难以融入其中。单位组织参观土改,吴冠中看到农村"政治斗争的火热"后,便不知如何协调返国途中创作构思的父老乡亲与眼前的农村现状。画土改后农民参军题材《爸爸的胸花》,可是改来改去都不行,被认为丑化了工农兵,这一切都使他"感到难言的沉痛"。对于那种写实主义的宣传创作,他总是觉得格格不入,他说"我实在不能接受别人的'美'的程式,来描画工农兵"③。在央美任教不满三年,文艺整风和思想改

---

① 吴冠中:《吴冠中致信吴大羽》,载氏著《老树年轮》,团结出版社,2008,第108页。
② 吴冠中:《我负丹青:吴冠中自传》,人民文学出版社,2004,第21页。
③ 吴冠中:《望尽天涯路——记我的艺术生涯》,载氏著《笔墨等于零》,江苏文艺出版社,2010,第59页。

造开始，资产阶级文艺思想和形式主义、印象主义及其后的西方艺术均被看作是"走向腐朽死亡的资产阶级艺术"而遭到禁绝。吴冠中也因为在教学中提倡现代艺术思想被批判为"资产阶级形式主义"，对于刚从巴黎回国的他来说，这意味着对他的艺术观念和艺术理想的轻蔑否定。面对各种各样的压力与影响，他最终选择了最适合于自己的生存与艺术理念的道路——舍弃主题画、人物画而在泛政治化的环境中当一个孤寂的"风景画家"。

1953年，吴冠中调出中央美术学院，到清华大学建筑系教素描和水彩。在他看来，这犹如"披上昭君之装出塞"，被排挤出美术圈子。清华无派系之争，建筑系的绘画教师亦非美术界斗争的重点，远离政治旋涡的吴冠中恰好抓住这难得的轻松，以风景写生的形式继续研究他所关注的绘画形式问题。1956年吴冠中被调至北京艺术师范学院（后改名为北京艺术学院），学院的副院长和美术系主管是曾留学日本的油画家卫天霖，相近的艺术理念和教学主张使得吴冠中得到了卫天霖的很大赏识与信任。在清华大学和北京艺术学院任教的三年和八年时间里，吴冠中有了一个相对宽松、稳定和自由的环境。较一些同辈的画家和知识分子来说，他较为平顺、安全地度过了新中国成立后的这个特殊的政治年代；边缘于美术界主流，也使他得以幸免于在创作政治主题的革命画方面"浪费"精力和"糟蹋"笔墨。这时的吴冠中在美术界虽然还是寂寞无闻，但他利用一切机会画画写生，默默地磨砺着自己的艺术根基。这段时间适逢政治上提倡文艺工作者深入生活，画家外出写生蔚然成风，画风景也被允许。吴冠中从此开始了"背着沉重的画箱走江湖的艰苦生涯"，几年之中他遍历全国各地，以风景画家的身份在画坛耕耘。正如艺术史家水天中评价的那样，"如果没有这一段富于成效的探索，60年代中期开始发作的'极左'政治狂潮将会彻底葬送他的艺术生命"。[①]

1964年，北京艺术学院解散，吴冠中又被调往中央工艺美术学院任教。在接着到来的"文革"中，他虽然战战兢兢地经历了自毁画作、抄家、被剥夺画画的权利等等的磨难，但因初至工艺美院和患上肝炎在家疗养，侥幸地在政治狂潮中保全了自己，免于更大的灾难。吴冠中后来回忆说："妻

---

① 水天中：《吴冠中和他的艺术》，《文艺研究》2007年第3期。

子说，若不是撤销了艺术学院，我的性命难保。"① 他又一次受益于颠沛流离的调动。70年代是吴冠中在困境中坚持自我艺术方向的年代。1970年他与工艺美院师生一起被下放到河北李村"接受贫下中农再教育"。两年后政治形势稍缓，节假日吴冠中终于可以再拿起画笔画画，他借用老乡的粪筐当画架，由此也被人戏称为"粪筐画家"。绘画事业中断了六年，对于吴冠中这样正值旺盛创造力的中年艺术家来说不可谓不久，一旦获准画画，他的激情便犹如喷泉一般倾泻而出。《高粱》《老乡家》《太湖群鹅》《青岛红》等均系此时期佳作。同时，吴冠中也敏锐地嗅到"艺术的春天很快就会到来了"，可以"好好研究形式美，研究美和艺术本身"②，从而在艺术理念和实践上均做好了充分准备来拥抱欣欣向荣的时刻。他画了《春暖》《苗圃》等来表达轻松欣喜之情，又画了《鲁迅故乡》《硕果》等以坚定自我的信念，他说："鲁迅给我方向、给我精神，梵高给我性格、给我独特。"这种对于艺术理想的不懈努力与坚持，使得吴冠中并没有像许多同辈画家那样，在经历了政治高压后艺术事业需要一个苏醒、恢复的时期，他凭着一股江南人滴水穿石般的倔强，坚韧不停歇地独自向前。

（三）苦难后的机遇

吴冠中注定属于中国改革开放以后的年代。70年代末，他的艺术道路有两个变化，一是开始水墨画创作，并将中国传统绘画向现代化方向推进，开创出水墨画之新风；二是针对美术界的现实问题发表自己的艺术观点，在美术界引起激烈论争。这是一个中国人民穿过炼狱之苦，迎来思想解放的年代，时代气氛恰与吴冠中绘画的整体情调相谐调，也和他犀利的艺术观点相契合。同时，海内外频繁举办的个人展出和先后获得的各种殊荣以及作品在艺术市场上的巨大成功，这一切在很大程度上让吴冠中拥有了更多的话语权力和艺术自信。

1978年吴冠中在中央工艺美院率先举办作品展，可以说是春回神州艺术界的标志性事件。这是他留法回国后沉默了近30年的第一次个展。次年中国美术馆举办了他120幅作品规模的个人画展及各地巡展。熊秉明在给吴冠中画集的序中曾写道，"波洛克的狂肆洒泼出现在第二次世界大战的灾难

---

① 吴冠中：《我负丹青：吴冠中自传》，人民文学出版社，2004，第54页。
② 殷双喜：《一个直率正直的知识分子——怀念吴冠中先生》，载清华大学吴冠中艺术研究中心编《吴冠中追思文集》，清华大学出版社，2012，第363页。

之后，冠中的自由挥洒出现在文化大革命灾难之后，经历大摧毁，生命显现出蓬勃新生如醉如狂的激情，也是自然的吧"[①]。时代给予了吴冠中机遇，他也牢牢地抓住了这个机遇，艺术生涯从此走上了金光大道。

改革开放以来，在中国美术界，吴冠中和他的绘画是最先跨出国门的。1981年冬，吴冠中任中国美术代表团团长出访西非，途经巴黎探访了老友朱德群、熊秉明和赵无极，由此开启了他艺术上的中外交流之门。此后，他的画作先后在中国、日本、印度、新加坡、泰国、美国等多个国家和地区展出，港台地区和西方国家陆续通过他的作品了解到改革开放的现代中国。1991年吴冠中被法国文化部授予"法国文化艺术最高勋位"。法国文化部长杰克·朗在给吴冠中的贺信中说："法国人民通过你的作品了解、喜爱中国。"1992年3月大英博物馆主办"吴冠中——20世纪的中国画家"展览，英国艺评家梅立科恩撰文开篇写道，"发现一位大师，其作品可能成为绘画艺术巨变的标志，且能打开通往世界最古老文化的大道"[②]。2002年，吴冠中又被授予"法兰西学士院艺术院通讯院士"称号，他不但是获此称号的第一位中国人，也是第一位亚洲人。这三件事使吴冠中获得了极大的国际声誉，更坚固了他在中国现代艺术史上不可替代的地位。

1991年，在老师林风眠逝世后的一个月，吴冠中开始审视自己的艺术生涯，整理画作，撕毁二百幅不满意的作品。在融合中西这条路上，吴冠中自觉接过林风眠之衣钵，坚持艺术初衷和保持独立精神。随着在国内外的名声日隆，吴冠中的作品在艺术市场上一路高涨，相伴而来的则是一些意想不到的麻烦。1993年，吴冠中状告上海朵云轩和香港永成古玩拍卖公司拍卖假冒他名义的伪作《毛泽东肖像——炮打司令部》侵犯姓名权和名誉权。直到1996年，上海市高级人民法院做出终审判决，原告吴冠中胜诉。此案引起了社会的极大关注。

1999年文化部为吴冠中在中国美术馆举办了"1999吴冠中艺术展"，并出版画集和评论文集。2003年，文化部又给他颁发了"终身成就奖"。在中国现代美术史上，同时获得中西文化界如此高的肯定，除却吴冠中外别无他人。

吴冠中的作品从80年代就从日本艺术品市场起步，二三十年持续热度

[①] 熊秉明：《吴冠中画集序》，德艺艺术公司，1987。
[②] 梅立科恩：《开辟通往中国新航道的画家》，载何冰、翟墨主编《论吴冠中：吴冠中研究文选》，广西美术出版社，1999，第96页。

不减,不时在拍卖会上创出中国在世画家的画价新高。有人做过统计,其总成交额达 17.8 亿。然而,吴冠中依然保持着简单朴素的生活,晚年仍旧居住在北京方庄简朴的单元楼住宅。在人生的最后几年里,他开始为自己的画作"找婆家"①。他理解"艺术品属于国家,属于人民,不属于个人",将大批艺术精品捐给公立美术馆。在他看来,自己的艺术作品"只有放在公立美术馆,才能让世世代代的人欣赏"②。2006 年吴冠中将其油画长卷《一九七四·长江》和水墨《江村》《石榴》等捐赠故宫博物院。两年后,他将拍卖所得逾千万元捐赠清华大学设立"吴冠中科学与艺术创新奖学基金"。此后又陆续捐赠,总计达 360 多幅。2010 年 6 月,即将步入人生终点的老人在病床上最后一次将五幅作品捐赠给香港艺术馆,包括四幅入院前的绝笔之作。这也成为他生前对于艺术事业所做的最后贡献。

二 融汇中西、跨越传统的艺术创作

吴冠中曾经把自己的人生喻为一个"东寻西找"的过程,作为一位画家,他艺术的最大特点和突出成就也恰是在融合东、西方艺术的方面,开辟了一条跨越传统的现代绘画之路。自 20 世纪以来,中国画家从未停止过学习、引进西方绘画的观念和技巧,并借此努力与本土审美情趣、艺术传统相结合。其间又发展出两条明显不同的路径:一条路径以徐悲鸿等人为代表,偏重于文艺复兴以来欧洲写实主义绘画的引进与传播;另一条路径则是以林风眠为首,主张吸收西方现代艺术的形式特点和美学观念。作为林风眠的学生和艺术观念的继承者,吴冠中不但发展了老师"调和中西艺术、创造时代艺术"的艺术主张,而且和朱德群、赵无极等倚重形式美学的现代主义画家相呼应,构成了一个"潜在的精神性艺术流派"③。从中我们也可以窥见西方现代艺术在中国被接纳和吸收之曲折与渐进的过程。不过相比早年同在杭州艺专求学的朱德群、赵无极,吴冠中的艺术历程却备尝艰辛。赵无极自 20 世纪 50 年代初就在法国及其他国家多次办展,在西方艺术界崭露头角;旅居巴黎的朱德群 60 年代业已被欧美艺术界认可,专注

---

① 湖南美术出版社编《永远的纪念 追忆吴冠中先生》,湖南美术出版社,2010,第 157 页。
② 吴可雨:《在艺术中永生》,载清华大学吴冠中研究中心编《吴冠中追思文集》,清华大学出版社,2012,第 209 页。
③ 岛子:《当文本成为公案——关于吴冠中的艺术思想与写作》,《装饰》2011 年第 3 期。

于扎实的线条与色彩所传达出的腾跃动感；吴冠中则在孤独与寂寞中潜行了近30年后，自70年代末起才有了发挥艺术才华的环境，得以在现代中国画坛开花结果。自回国以来，吴冠中的绘画道路历经了50年代弃人物改画风景的选择，60、70年代风景油画风格的逐渐形成，80、90年代穿梭于油画与水墨之间并最终开创出一代绘画新风。

（一）弃人物改画风景

由于时代的原因，吴冠中早期的作品，特别是留法期间和50年代的人物画，大多已经遗失或被毁掉。英国艺术史家苏立文曾根据他留在法国的作品，认为50年代吴冠中从巴黎回国时，其"油画色彩和气魄已超过了徐悲鸿和刘海粟，甚至于他的老师林风眠"[1]。虽然这样的评价未必能够得到人们的一致认同，不过可以肯定的是，当时的吴冠中在形式构成和色彩韵律方面的确显示出了突出的能力。在他画于巴黎的几幅简单而优美的水彩《巴黎乡村教堂》和《巴黎乡村》中，不难看到他在这方面的特长。在回国后，面对与自己艺术理想和审美观念根本不相适合的艺术环境与政治气氛，他毅然放弃了人物画和主题性绘画，转而成为一名风景画家。按照他的说法，"逼上梁山，这就是我改行只画风景画的初衷"[2]。在当时，风景画创作虽然远比不上主题性绘画那样为政治所青睐，但由于很少涉及意识形态方面的问题，也是相对较为"安全"的方向。这对于不愿意违背自己艺术理想的吴冠中来说，不失为一个好的选择。

吴冠中的风景画创作并不起始于50年代，早在杭州艺专求学之时，他便经常在下午与朱德群一同在西湖岸边用水彩写生，这培养了他最早的审美品位。留学法国之时，他也创作了不少的风景写生作品。据张治安回忆，他曾在巴黎五国中的宿舍内看到吴冠中的很多习作，其中除了人物速写外，还有"大量的油画风景写生"。"有不少画的是街头巷尾、寂寞的路灯和骄傲地横跨着的过街楼，有的画许多鳞次栉比，有的画阳光斜照在大片浅灰色墙上，色调柔和，笔触轻松，恬静中蕴藏着热烈，平淡中耐人寻味。"[3]

---

[1] 苏立文：《吴冠中的人生、思想及艺术评析》，载何冰、翟墨主编《论吴冠中：吴冠中研究文选》，广西美术出版社，1999，第108页。
[2] 吴冠中：《望尽天涯路——我的艺术生涯》，载氏著《笔墨等于零》，江苏文艺出版社，2010，第59页。
[3] 张治安：《吴冠中和他的画》，《中国文学》1979年第12期。

这无疑为他之后的风景创作奠定了扎实的基础。

50年代,吴冠中的风景画从北京当地的写生开始,画遍了大街小巷、寺院塔楼,并逐渐向外扩展到五台山、绍兴等地,特别是去了江西井冈山、湖南韶山写生。可以说,写生在他的风景画中占据重要位置。他遵循的是一种在运动中的写生,而不是那种选取一个"死角落"的取景方式,并把这种在写生中创作的方法称作"在山中边选矿边炼铁"①。吴冠中这一时期的画作,有两个明显的特点,一是多以水彩、素描为主而兼画油画。二是较为注重写实风格与手法,在造型严谨的基础上又力图营造出真实、秀丽和清雅的气氛。经过近十年大量作品的积累,自50年代末在《美术》杂志发表了井冈山写生作品与文章《井冈山写生散记》后,吴冠中作为一个风景画家逐渐为人所知。

(二)油画风格的逐渐形成

60、70年代,是吴冠中越来越注重对形式美的探索、画风逐渐形成的阶段。对点、线节奏的敏感和对物象形似实感的把握是吴冠中绘画的优胜之处,他从理论到实践都与当时描摹式的写实主义有着不小的距离。"他不是为宣传某种政策、体现某一思想、纪念某一事件而画,而是为了探求绘画的形式、营造情调和意境,以'摆脱一切客观利害约束'的心态作画。"②他这种艺术观念,在60年代初赴藏写生的作品中就已经得到了充分印证。1961年,中国美协组织画家入藏写生,董希文不忘旧谊推荐了吴冠中同行。不同于董希文为《千年土地翻了身》等政治主题的大创作积累素材的目的,吴冠中采用的却是一种抒情诗般的轻快笔调,依稀可见他对构图的简化、色彩的精致处理以及注重形式韵律感,《扎什伦布寺》(1961)可为其中代表之作。70年代前半期,吴冠中的油画创作质实朴拙,在他本有的清逸、秀丽之外平添了厚重的气质,"朴厚与清逸的协和,这是吴冠中艺术之一变"③。在这一时期描绘的农家小院以及野菊、山花、瓜藤、高粱等等田间写生中,都流淌着画家心灵深处对于大自然的热爱和浓郁的乡土情怀。70年代后半期政治环境复苏,他凭着对艺术的执着进入油画多产期,其中有《鲁迅故乡》《老重庆》《青岛红楼》等系列油画和水墨并行的创作,进一

---

① 吴冠中:《谈风景画》,《美术》1962年第2期。
② 水天中:《吴冠中和他的艺术》,《文艺研究》2007年第3期。
③ 水天中:《吴冠中和他的艺术》,《文艺研究》2007年第3期。

步显示出他对于西方现代绘画当中的形式法则、音乐化的表现和中国水墨诗意的探索。

在油画《高粱》(1972)、《老乡家》(1972) 中，画面组织成轻松明快的节奏，笔触灵动，注重线条的自由抒情。《硕果》(1976) 则"乡土气息与梵高风味兼而有之"①，仿佛在对梵高的艺术精神的致敬和效仿，而在《鲁迅故乡》(1976) 中，浮于灰瓦白墙之上的遒劲固执的松柏则是对鲁迅的缅怀和决心继承鲁迅"叛逆"人格的体现。

（三）乡土情韵与郁特里罗式情结

乡土情怀与现代意蕴在吴冠中的宜兴、周庄、皖南等江南水乡的写生创作中有着淋漓展现，不管是用水墨还是用油彩，他都能将这一中一西的媒材在画面上调和得恰到好处。苏立文曾评价吴冠中的风景，"将郁特里罗 (Utrillo) 和杜菲 (Dufy) 的风采与中国人的空间感结合在一起，将油画风景引向了中国画的方向。……绝佳地捕捉到了江南地区房屋的美，苏州变成了他的蒙马特高地，有着白色墙壁的楼阁，是他的圣心教堂"②。这或许与他早在巴黎求学时，接触到擅长描绘巴黎街道景色的法国风景画家莫里斯·郁特里罗 (Maurice Utrillo) (1883~1955年) 的绘画并深受其影响有关。据熊秉明回忆，那时吴冠中"迷上了郁特里罗所画的巴黎圣心寺附近的街景。圣心寺建在城北一座小山上，即著名的蒙马特区。许多著名画家都在这里生活过……但是真正生长在这里，死在这里，画出这里特有气息的是郁特里罗。他所画的歪歪斜斜的街巷，破败剥落的墙壁，倾诉了自己的哀苦，也表现了这里低层社会人物的辛酸"③。吴冠中对幼年即熟悉的白墙、黑瓦、蜿蜒河道有一种特别的审美敏感，他将自己的素雅乡情映射到郁特里罗画中，当他看到其"表现的都是巴黎寂寞冷落的小街小巷，白惨惨的粉墙，紧闭的门窗，使我立即感染到了东方的诗情画意，一见钟情"④。

而在绘画表现上，二者也不乏契合之处。郁特里罗对"对照射风景的

---

① 理查·班赫特：《吴冠中之历程》，载何冰、翟墨主编《论吴冠中：吴冠中研究文选》，广西美术出版社，1999，第119页。
② 〔英〕迈克尔·苏立文：《20世纪中国艺术与艺术家》下册，陈卫和、钱岗南译，上海人民出版社，2013，第389~390页。
③ 熊秉明：《画幸福的画家》，载何冰、翟墨主编《论吴冠中：吴冠中研究文选》，广西美术出版社，1999，第99页。
④ 吴冠中：《尤脱利罗的风景画》，《美术世界》1982年第2期。

光线并不感兴趣,反而对颜料本身的特性有兴趣"①,吴冠中在作品里一般也喜爱运用平光和固有色,"最爱江南的春阴,我画面中基本排斥阳光与投影,若表现晴日的光亮,也像是朵云遮日那瞬间"②。与郁特里罗的这种共鸣,不仅是二人画面上江南黛瓦白墙与蒙马特白粉墙的色彩对应、蜿蜒水道与歪斜街巷的构图对应,更是吴冠中感觉到思念乡土、孤苦哀愁的某种精神上的应和。吴冠中曾在《香山思绪》说到,"从生活升华了的作品比之风筝,高入云天,但不宜断线,那与人民感情千里姻缘一线牵之线,联系了启示作品灵感的生活中的母体之线"。"线"之所以"不断",不仅是形式或构图的问题,更包含着生活于此的浓浓乡情。吴冠中的风景画"虽画面面貌常变,老乡们仍识得是我故乡"。为什么他能够将江南水乡画出那样动人的韵味?正是因为他在作品里真诚地表达出江南的淋漓景致,而这景致在每一个江南人看来都熟悉万分,那作品仿佛是密封了美丽、充满乡愁的江南风景宝囊。也可以说,画作引起了人们心底的一种审美体验,引导人们感受一种来自自我的经验的美。正如朱德群评价吴冠中绘画的独特性时所说的那样:"没有将抽象语言仅仅作为宣泄感情的渠道,他营造了一种可游可居的田园之境。"③

(四) 穿梭于油画与水墨之间

20世纪80、90年代是吴冠中的艺术得以充分绽放并大放异彩的黄金时代。一方面他的水墨画创作风格日臻完善,并利用西方绘画中的形式构成来改造传统中国画,将大自然中寻到的素材在画室里回味、想象,放笔直写;另一方面他也将传统水墨画当中的写意因素和民族韵味渗透至油画创作,在两种不同画媒的相互借鉴移植、互为所用中,努力使中西方两种绘画语言沟通互融,从而探索出全新的创作风格与艺术道路。

吴冠中自由地实验于油彩和国画媒介之间自70年代中期开始。《重庆江城》(1974)是吴冠中的第一幅彩墨画,水色淋漓,间以轻松欢快的红黄色点,可见吴冠中的这一跳跃在情绪准备上有着自然的流淌。形成较成熟的水墨画风格则是在80年代以后。他对于水墨画创作的兴趣,或许来自于

---

① 《西洋美术家画廊85 尤特里罗》,吉林美术出版社,2002,第20页。
② 吴冠中:《我负丹青:吴冠中自传》,人民文学出版社,2004,第37页。
③ 王端廷:《"吴冠中的艺术——中西文化百年聚焦国际研讨会"综述》,《文艺研究》2000年第1期。

当时形势的驱动。据陶咏白回忆，"直到80年代，吴冠中油画相对画得少了，却画了大批量的水墨画，他说这也是'逼上梁山'，当初在中外文化交流中，只拿出去展览'国粹'水墨画，从没有油画的份，他不服气。心想：我也能画水墨画"[1]。这一时期的佳作有《交河故城》（1981）、《大江东去》（1984）等。吴冠中常说油画和国画要走"杂交"的路，"画家作出一幅幅首先以油彩，然后以彩墨基本上相同的构图"[2]，运用对比、移植的方法，借水墨的酣畅淋漓的运笔来表达油画不够理想的效果。如1981年的《阿尔泰山村》《新疆农家》《碾子》均有其水墨版本。这似乎是画家的一种探索实验，以期两种工具材料、两种绘画形式相互补充的更高的表现力。在实践技法层面上，这种"杂交"往往以他所擅长的水彩画作为纽带，如他所说，"水彩这个小小画种，却曾经是我油画和水墨之间的桥梁"[3]。吴冠中学生时代就是个画水彩的能手、快手。他画风的改变"缘于他自艺专始，长期不懈地画水彩画的功力所在。他的油画可以说是他的水彩画的移植。与画水彩画一样：铺上底色，一次完成，很少再复画"[4]。

水墨画创作的迅速成熟，是吴冠中80年代艺术创作的重要特点。他自己总结过，"到80年代，水墨成了我创作的主要手段，数量和质量颇有压倒油画之趋势……四十余年的油画功力倒做了水墨画的垫脚石"[5]。吴冠中的画笔越来越自由有力，此时作品从画面表现形式和表达思路上逐渐分为两路：一路趋向于"繁"，对象多为石壁古堡、苍天古树，形式上追求满、动、混沌，色彩上追求斑斓淋漓之美，激情酣畅；另一路则趋向于"简"，对象以江南民居为主，追求润、静、空疏的形式美，画面以黑白灰为主，克制而理性。

前一路如《高昌遗址》（1981）、《汉柏》（1983、1992）、《松魂》（1984）、《狮子林》（1988）、《小鸟天堂》（1989）、《苏醒》（1994）、《都市之夜》（1997）、《玉龙山下古丽江》（2003）。《松魂》自诞生之日起，便标志了吴氏风格的成熟。这类作品的创作技法也很有特点，他自制了一种

---

[1] 陶咏白：《走近吴冠中》，载吴冠中《笔墨等于零》，江苏文艺出版社，2010，第306页。
[2] 理查·班赫特：《吴冠中之历程》，载何冰、翟墨主编《论吴冠中：吴冠中研究文选》，广西美术出版社，1999，第119页。
[3] 吴冠中：《吴带当风》，山东画报出版社，2008，第170页。
[4] 陶咏白：《吴冠中——走通了一条路》，载氏著《画坛·一位女评论者的思考》，江苏美术出版社，1995，第231页。
[5] 吴冠中：《我负丹青：吴冠中自传》，人民文学出版社，2005，第39页。

类似漏斗的工具，以使浓墨不断地通过"漏斗笔"泻向纸面，他必须迅疾动作，仅凭感觉控制整个画面。由于汁饱墨酣，墨汁一触纸面便迅速地向四面扩散；又由于运行迅疾，横向扩散受到纵向运动的限制，从而构成了一种流畅中含着虬曲的动感。传统的笔墨在吴冠中那里有了新的生命，这种独立探索巧遇了美国抽象表现主义大师波洛克。

后一路，如《双燕》、《江南人家》（1980）、《江南早春》（1985）、《秋瑾故居》（2002）、《百草园》（2005）等。在描绘江南风光的《双燕》（1981）中，吴冠中着力于平面分割、几何形组合，使黑白线条块面之间形成强烈的对照。"画面的块面构架具有视觉张力，却全然不见模仿西洋绘画的影子。"[①] 他不满于蒙德里安几何组合追求之"情意过于含糊"，更明确地"表达了东方情思，即使双燕飞去，乡情依然"[②]。

90年代中期，吴冠中不再拘泥于对于具象的描摹，反映在画面风格上，则从半抽象发展到抽象。从1980年为香山饭店所作的《长城》起，吴冠中的作品开始脱离纯粹写生，画出了与众不同的"长城"，追求长城的磅礴雄伟之势，表达一种生命的旋律，风格趋向半抽象。"繁"一路的作品多属半抽象风格，"已濒断线的边缘"，《松魂》即为代表作。在创作之初，吴冠中对着泰山五大夫松写生，又通过联想罗丹的《加莱义民》，赋予一组松树坚毅不屈的勇士精神，从而完成了从被动的对象摹写到主动赋予精神的转化过程。水天中评论道，"这幅'已偏于抽象'的作品创作的全过程中，他从来不曾离开中国传统文人心目中松树的精神力量去单纯考虑它的形式构成"[③]。而后，"繁"的作品往往向着形而上的方向发展，追求更加纯粹的满构图，最终达到抽象风格，这类作品亦有形而上的名字，以《苏醒》（1994）为标志，还有《祈祷》（1996）、《逍遥游》（1998）、《迹》（2002）等。

"简"一路的作品更注重块面分割和几何形的对比，形成面貌之初已经过画家的选择、抽绎、概括、夸张，属于诗意化的半抽象作品，而诗意化这一立意基础即决定了"简"一路走向完全抽象的可能性不大。80年代的

[①] 锺蜀珩：《双燕》，载清华大学吴冠中研究中心编《吴冠中追思文集》，清华大学出版社，2012，第393页。

[②] 吴冠中：《我负丹青：吴冠中自传》，人民文学出版社，2005，第38页。

[③] 水天中：《中国现代美术史上的吴冠中》，载何冰、翟墨主编《论吴冠中：吴冠中研究文选》，广西美术出版社，1999，第13页。

《双燕》到 10 年后的《秋瑾故居》，又 10 年而出现了《往事渐杳，双燕飞了》，其缠绵纠葛的情结风貌，都源于具象形象的发挥。

另外，80 年代末至 90 年代初，吴冠中以巴黎系列作品为重点，画英国、日本、印尼、北欧等地风情的绘画构成一个中国艺术家眼中的异域序列，更是把充满本土化写意精神的绘画推向了新高度。它们不再像 70 年代的那些风景画，比较注重细节的刻画，画家也不再坚持在现场写生完成作品，而是通过速写记录对景象的最初感受，再转回到画布上来完成，在绘画题材上超越了地域性。完成的作品往往是中国画家眼中的带有东方风韵的西方世界，如《英国乡村民居》（1992）、《莎士比亚故里》（1992）。

吴冠中的绘画为中西艺术交流提供了一个汇合点，同时也为传统与现代建造了相接的桥梁。在秉承林风眠引进西方现代艺术、融汇中西之路的基础上，他在传统写意精神融入油画、中国画走向现代的并行探索中完成了艺术观念和艺术形式上的突破，在艺术上走出了一条具有个性的道路，开创了一代新风。

三 艺术评论与艺术思想

吴冠中不仅作为画家而且还是以艺术评论家和散文作家的多重身份活跃在现代中国画坛之上。写作是他在绘画之外持之以恒的另一项重要事业，在 20 世纪的画家当中，吴冠中算是最善于散文、杂文的人。据他所言，自己对阅读和写作的兴趣，比对绘画发生兴趣的时间还早。在晚年的回忆录里，他更强烈地表达了对文学的极度热衷，"越到晚年我越觉得绘画技术并不重要，内涵最重要。绘画艺术毕竟是用眼睛看的，具有平面局限性，许多感情都无法表现出来，不能像文学那样具有社会性。在我看来，100 个齐白石也抵不上一个鲁迅的社会功能，多个少个齐白石无所谓，但少一个鲁迅，中国人的脊梁就少半截。我不该学丹青，我应该学文学，成为鲁迅那样的文学家。从这个角度来说，是丹青负我"。鲁迅的杂文创作以及激越的性格和犀利的言语显然也深深地影响了吴冠中。他在绘画之余写了大量的散文杂感与艺术随笔式的文章，其中除去有关生活的记录和情感的抒发外，更包含了自己对于艺术观点的论说和对艺术现象的评论。这些艺术观点是他从长期的绘画创作实践中提炼而来，而他的绘画创作又与数十年来中国社会、政治与文化的发展相伴相随。自 20 世纪 70 年代起，特别是"文革"

结束后,吴冠中的艺术活动形式发生了很大的改变。他一方面在绘画创作上开始不断的新的尝试,一方面则开始针对当时国内美术状况公开发表自己的艺术见解。从最早提出"绘画的形式美""艺术的抽象美",强调"风筝不断线"的创作理念,到后来引发的"笔墨"之争,无不体现了他作为画家和艺术评论家的个性。作为一个画家,他的这些观点有助于人们对他绘画作品的理解;作为一个艺术评论家,他的绘画作品又印证了他的艺术理念的现实性与可行性。

(一) 探索"形式美"与质疑"内容决定形式"

吴冠中的这些特点,使我们不能把他的艺术思想同他的绘画创作、他的生活分割开来。在老一代画家中,吴冠中是最为注重形式表现和宣传倡导形式美与抽象化的一员。在20世纪40年代的巴黎美术学校,吴冠中接受的是西方现代主义流派的理念与方法,这使得吴冠中的头脑中充斥着线面和色彩结构、节奏韵律的现代绘画观念。1950年由巴黎回国时,吴冠中的心愿是为中国人"翻译造型艺术的形式规律",但在此后的文艺整风中却被视为"资产阶级形式主义"受到批判。批评者们说他是形式主义的堡垒,认为自然主义只是懒汉,形式主义才是真正的恶棍。对恶棍不但应该打倒,而且要彻底消灭。[1] 在这样的气氛中,吴冠中根本不可能继续发表他对于"形式美"探求的观点。

改革开放给新中国艺术界带来前所未有的宽松气候,在经历了近30年的轻视与边缘后,吴冠中终于获得了追寻自己艺术理想的基本条件。压抑许久的情感得到了抒发的空间,他终于可以大胆为"形式美"和抽象艺术辩白,并大声疾呼向西方的现代艺术流派学习了。在1979年发表于香港报刊的文章里,他开始重新谈论研究"形式美"的重要,"我们要讲究形式美,要吸取现代西方形式美中的科学因素,我们是以美作为手段,造型艺术不讲形式,那岂非不务正业?"[2] 在不久之后的另一篇文章中,他不但极力提倡形式美,主张把形式美作为美术教育的重要环节和美术院校学生的"主食"来对待,还进一步向"艺术为政治服务"的教条发起挑战,呼吁不

---

[1] 吴冠中:《望尽天涯路——我的艺术生涯》,载氏著《笔墨等于零》,江苏文艺出版社,2010,第58页。
[2] 吴冠中:《一点心得和感想》,香港《美术家》1979年第6期。

负担说教任务"有自己的造型美与意境"的"独立的美术作品"创作。①在一次油画座谈会上,他更是当众直接对已经为社会主义艺术家们遵行了数十年的"内容决定形式"的金科玉律提出质疑:"这个'内容',我认为实际上是指政治口号或主题先行的主题,是'四人帮'时期的紧箍咒,它紧紧束缚了形式的发展。……在绘画实践中,有时是内容引发形式,有时是形式启示内容。不过,更多的情况是,似乎从作品怀孕开始两者便是一个整体,尤其在成功的美术作品中,内容与形式更是难于分解的。"② 所有这些话都是针对当时美术界的"弊病"而发。自1949年以来的那种纯写实主义专门化,曾导致中国艺术创作与艺术理论何等的贫瘠,而把形式美、抽象美引入美术创作和教学中来,无疑是对艺术为政治宣传服务的理论的一副抗毒剂。

1979~1980年,他的这些观点在报刊上陆续发表后,在中国美术界掀起阵阵波澜,引发了人们对内容与形式的关系的热烈讨论。虽然今天看来,这些观点或许已略显陈旧而难以引起太多的兴奋,但在30多年前的特殊时代,它们确实为中国画家冲破艺术教条束缚,重焕青春活力,起到了巨大的推动作用。如果从思想史的视角来观察,那么也可以看到,艺术界发生的这些变化,正是和当时社会思潮中呼吁思想解放、提倡民主自由、渴望引进学习西方现代思想的趋势相呼应。在中国大陆发生的这些变化,尽管往往有其不同乃至似乎相互矛盾的侧重面,毕竟是共通的。呼吁艺术自由、倡导现代艺术、质疑"内容决定形式",不仅是单纯的艺术主张,实际上更是一种政治性的诉求。当然,在艺术发展中也总是会遇到各种阻力与困难,特别是来自意识形态方面的巨大压力。在1982年7月的一次会议上,当时的美协主席在批判美术界的"自由化"倾向时,就曾说:"现在竟有一些人把竭力鼓吹西方现代派腐朽美术而蔑视我们革命美术的某个画家看作旗帜,这当然不单是吹捧个人,其作用还在于干扰我们社会主义美术的发展方向。"③ 吴冠中明知自己的言论在触犯艺术的权威,仍然义无反顾地走自己的路,以各种方式毫无保留地坦陈自己的情愫与思虑。他充满自信地说:

---

① 吴冠中:《绘画的形式美》,《美术》1979年第5期。
② 吴冠中:《致编者》(《风筝不断线》代序),《吴冠中文集》第3卷,文汇出版社,1985,第429页。
③ 江丰:《在中国美术家协会第三次历史会第二次会议上的讲话(摘要)》,中国文艺年鉴社编《中国文艺年鉴1983》,文化艺术出版社,1985,第497页。

"我们雄心勃勃,我们要漂洋过海去发现世界之宝库,我们登上了海盗之船。"①

(二) 风筝不断线

在吴冠中看来,绘画创作最重要的是分析对象的形式特点,将这些形式的抽象本质提炼出来,用以发现隐藏在形象后面的美,这才是画家的本职。但在他的画作中,却很难看到西方现代派绘画那样完全非造型艺术的纯抽象化。他的抽象画中仍然保留有明显的生活痕迹,在谈到自己的创作理念时,吴冠中也一再强调客观世界与真实生活对他创作的重要性。对此,他曾用风筝与拉线的关系来比喻艺术形式与真实世界的紧密联系。他说:"从生活中来的素材和感受,被作者用减法、除法或别的法,抽象成了某一艺术形式,但仍须有一线联系着作品与生活中的源头。风筝不断线,不断线才能把握观众与作品的交流。"② 吴冠中的抽象是从具象中提炼出来的,为此他不但非常重视实际生活的体现,而且有意识地去适应大众的审美习惯并引导人们去发现中国传统中的抽象美。如他所说:"传统的形式是多样的,形式本身也是永远在发展的。油画民族化当然不是向传统方式看齐。我先不考虑形式问题,我只追求意境,东方的情调,民族的气质,与父老叔伯兄弟姐妹们相通的感受。人们永远不会忘记母亲,人们永远恋念故乡,'喜闻乐见'的基本核心是乡情,是民族的欣赏习惯。"③ 他的老友张仃曾评价他说:"在他的身上充满乡土气,正是因为没有丢掉他的乡土气息,使之成为他艺术中的酵母。"④ 正是这种"乡土气",使得他自觉地把自己的创作同西方现代艺术创作相区别。他曾多次表示,自己不同于那些西方抽象绘画的"感情爆发派"作者,也曾对仍在法国的老同学说:"你们在西方,可以一味任性发挥,而我必须考虑到背后的十亿人民啊!"⑤ 他强调自己的艺术不是陶醉于个人笔墨的抽象游戏,而是从不曾脱离服务的对象。他说,"除非我们找到和发展了自己的绘画语言,否则西方只会把我们的艺术看作

---

① 吴冠中:《深圳美术节画册序》,《深圳美术节画册》,岭南美术出版社,1985。
② 吴冠中:《风筝不断线——创作笔记》,《文艺研究》1983 年第 3 期。
③ 吴冠中:《土土洋洋,洋洋土土——油画民族化杂谈》,《文艺研究》1980 年第 1 期。
④ 张仃:《吴冠中——从哪里来,到哪里去?》,载何冰、翟墨主编《论吴冠中:吴冠中研究文选》,广西美术出版社,1999,第 7 页。
⑤ 张仃:《吴冠中——从哪里来,到哪里去?》,载何冰、翟墨主编《论吴冠中:吴冠中研究文选》,广西美术出版社,1999,第 8 页。

'二手货'，中国观众也不会被感动，而我们作为艺术家也将被扫地出门"①。可以说，吴冠中的"风筝不断线"不仅连接着形式美与客观世界，更连接着中国艺术家及其深深根植的土地和人民。这也使得他那些充满现代气息的作品往往流露出一种惹人喜爱的"秀丽、清雅"的美感，从而为很多不熟悉绘画艺术的普通大众所欣赏。

（三）20世纪末的笔墨之争

与绘画作品展现的"秀丽、清雅"的风格不同，吴冠中的性格却不是超脱、淡泊的，在他的内心深处更潜藏着执着、抗争和叛逆的种子，而时代带来的各种苦难和压抑，又激发了他精神气质中的斗争欲望。在临终前的访谈中，他曾提到自己的艺术一直受到来自三派势力的压抑——写实派，延安出来的美术干部和传统的国画派。如果说吴冠中与前两派的矛盾主要在存在于对待现代艺术的态度上，他和传统国画派的决裂则是起因于中国画当中的"笔墨"问题。

自20世纪70年代起，吴冠中开始创作水墨画并一发不可收拾。虽然早在杭州艺专上学时，他就曾跟随潘天寿等国画大师学习过中国画，但他的水墨作品却在技巧与章法上与传统的国画形式相去甚远。在一些传统画家眼中，这样的作品似乎并不入流。在他们看来，吴冠中既没有受过国画传统的严格训练，用线用色墨染皴擦也全不符合传统绘画的要求与习惯，加之用漏斗挤出线条和西洋色彩的使用等等，所有这些似乎都说明吴冠中对于国画来说，就是一个外行。毋宁说吴冠中是要在远离传统笔墨、传统图式的前提下，利用西方视觉的形式来创造出一种中西合璧的新的水墨画方向。他的水墨道路是一条不受传统程式约束而融汇中西的道路，并与他油画民族化的探索相互促进配合。他曾说："油画的民族化与国画的现代化其实是孪生兄弟，当我在油画中遇到解决不了的问题时，将它移植到水墨中去，有时倒相时地解决了。同样，在水墨中无法解决时，就用油画来试试……"② 在他的作品中，往往可以看到同一题材、构图被水墨和油彩两种形式画成多幅画作。他以这种对比、移植的方法，不断丰富这两种工具材料、两种绘画形式的不同表现力。所以当有人问他传统的用笔的价值时，

---

① 苏立文：《吴冠中人生、思想及艺术评析》，载何冰、翟墨主编《论吴冠中：吴冠中研究文选》，广西美术出版社，1999，第107页。
② 吴冠中：《土土洋洋，洋洋土土——油画民族化杂谈》，《文艺研究》1980年第1期。

他答道:"每人有每人用笔的方法,不同的线条具有不同的效果。各种用笔或线条要有好的结构才能变成好的画,如果配合的不恰当就是一张坏画,范宽的用笔好,不能用到八大山人的画中;石涛的用笔好,也不能用在齐白石的画里,用笔与线条本身并无好坏,要看它构成的形式的好坏而决定。"① 不能为笔墨而笔墨,更不能墨守前人的笔墨成规,吴冠中在三百多年前的画家石涛那里找到了自己的知音。石涛在他的《话语录》中曾一再说"至人无法,无法而法乃为至法"。这句话对于吴冠中那样从小就打下了中西美学基础的人,无疑是一种默契和鼓舞。为此他曾经细心致力于石涛《画语录》的研究,而他那富有争议性的"笔墨等于零"的观点,便是根据石涛"笔墨当随时代"的话阐发而来。

在1992年发表在香港《明报》月刊的短文里,吴冠中公开向传统国画创作提出挑战。他明确表示说脱离了具体画面的孤立的笔墨,价值等于零,就像未经塑造形象的泥巴,其价值等于零。构成画面的方式有很多,点线面块都是造型手段,为表达视觉美感及独特感情,画家可以采用任何的手段,不择手段。所谓的笔墨只是奴才,绝对奴役于画家的思想情绪的表达。②"笔墨等于零"这种直白而尖刻的表述,无疑刺痛了很多传统国画创作者和艺术评论家,立即在美术界引起轩然大波。他们纷纷起来辩争和讨伐,就此引发了关于"笔墨"问题的大讨论。在这场辩论中,有人坚持笔墨是国画的底线,有人则认为否定了笔墨中国画就等于零,更有人直接指责吴冠中是在以一种哗众取宠的方式攻击前人。面对这些争议与批评,吴冠中也曾回应说,自己非但没有要否定传统水墨画的意思,反而是在为它获得一种全新的生命而努力,"西方人觉得中国水墨画没有前途,就是因为我们陈陈相因,老是千篇一律的老套子。所以必须发展,必须革新,不然就是死路一条。从这个意义上说,我其实是想保住中国画的前途的"③。应当说,参与这场论战的每个争论者人因其艺术趣味、审美取向、知识背景的不同,都给"笔墨"这个传统的概念注入了不同的新内容,使得这场争论在深度和广度上都达到了全新的高度。吴冠中称"笔墨为零",不乏用词

---

① 刘国松:《有胆识的创造者——吴冠中》,载何冰、翟墨主编《论吴冠中:吴冠中研究文选》,广西美术出版社,1999,第83页。
② 吴冠中:《笔墨等于零》,《明报月刊》1992年第3期。
③ 吴冠中:《我为什么说"笔墨等于零"——答〈光明日报〉记者韩小蕙问》,《光明日报》1999年4月7日。

上的偏激，不过却一针见血地指出了那种专注于模仿技法程式的唯笔墨论给中国画界带来的消极效果；他以西方的审美标准和价值观念来衡量传统中国绘画也有偏颇之处，目的却是要告诫人们不要墨守成规，而是要跟随时代的变化而变化，创造出新的笔墨。从国画发展的历程来看，每一个时代都有每一个时代的绘画语言，而每个画家也都有各自的用笔方法，不能永远沿用着旧式文人画的尺度去衡量新的创造。吴冠中说："将古文译成白话，用现代手法（包括西方手法）来发掘传统优秀作品中的形式法则，并暴露其缺陷，当有助于发扬传统。逆性的师承，也许是真正的师承。"[1] 新的绘画要有新的尺度与标准，创造性的画家总是能够打破陈规领导潮流并建立新尺度的人。自近代以来，中国画家面临的一个重要问题和考验就是，如何更好地结合中西文化，从而使传统中国绘画吐故纳新，吸收新的理论技法来充实传统国画，使之与世界潮流会合。应该说，对此吴冠中不但在实践上做出了开创性的尝试，同时也推动了现代中国画观念的发展和变化。

* * * * *

尽管吴冠中在一生当中遭遇过不少的质疑与非难，可是这些批评都是有关他的绘画创作的某个方面或是其艺术思想的某个观点，而不是关乎其艺术成就的总体面貌。大家一致公认他是中国当代绘画史上最具影响且最为成功的画家之一，人们充其量也只不过是说，被称作艺术大师，他在某些方面尚有欠缺。同时，毫无疑问吴冠中又是一个在他的同行和观众面前公开且坦率地提出自己艺术见解的人，他的观点虽不乏自我与偏激之处，却是发自内心的真诚感受，他的敏锐与深刻也总能一针见血地直指中国当代美术的要害问题，从而引发人们对相关问题的关注与思考。他奉献于中国画坛的，不仅是丰富的绘画创作和深刻的艺术见地，更有其顽强坚毅艺术精神与自由独立人格魅力。在中国现代艺术史上，像他那样张扬自我并始终保持个性的艺术家并不多见，这也使得他成为20世纪后半期以来中国美术界最为引人注目又饱受争议的人物。

老友熊秉明说吴冠中是如马蒂斯般的"画幸福的画家"[2]，吴冠中却将

---

[1] 吴冠中：《说师承》，《皓首学术随笔 吴冠中卷》，中华书局，2006，第60页。
[2] 熊秉明：《画幸福的画家》，载何冰、翟墨主编《论吴冠中：吴冠中研究文选》，广西美术出版社，1999，第103页。

自己的一生总结为"苦难的机遇"。正应了博纳尔那句"歌唱者本身未必是幸福的",马蒂斯弥留之际躺在自己亲手创造的温馨房间中说,"我从来不孤独";而吴冠中最后的文字则是自己捐赠展的前言,"独立桥头一背影,过桥远去,不知走向何方。60年岁月流逝,他又回到了独木桥。老了,伤了,走上桥,面向众生"[1]。虽然吴冠中的生命当中充满了各种曲折与惊喜,他却一刻都未曾停息过人生的拼搏与艺术的奋进,他一直都在孤独的苦行中。

---

[1] 吴冠中为在香港艺术馆举办的《独立风骨——吴冠中捐赠展》所用的前言。

国学传播

作为中国传统文化精神的内圣外王之道[*]
——以《大学》为中心

陈声柏[**]

摘要 该文是一个演讲的录音整理稿。作为学术研究,并无新的贡献。主要是尝试作出切合时代的解释,进行推陈出新的传播。该文从《大学》出发,阐述了作为中国传统文化精神的内圣外王思想的内涵、根据及其现实意义。具体探讨的内容有五:一,为什么要讲内圣外王之道;二,《大学》及其主旨:内圣外王之道;三,朱熹与王阳明的"格物致知"思想;四,"内圣外王"与"万物一体";五,内圣外王之道在现世的意义。

关键词 《大学》 内圣外王 格物致知 万物一体

我今天讲的议题是"《大学》与内圣外王之道"。我的报告并不是严格意义上的学术讨论,而是就个人对中国传统文化的理解所作的一些分享。从现代学术分科而言,我研究的是"中国哲学",但事实上,我更愿意说自己研究的是"中国思想"或"中国文化"。之所以有这个区分,是因为严格意义上的"哲学(philosophy)"这个词、这种思想方式或者这件事源自西

---

[*] 本文是根据作者于2016年6月7日在西北师范大学"中和论道"第十三期(主题:修身的力量——《大学》·《中庸》的视角)的演讲录音整理而成,借此特向邀请方及整理录音的师生致以谢忱。

[**] 陈声柏,1972年生,男,江西靖安人,兰州大学哲学社会学院教授,主要从事中国哲学及宗教研究。

方,具体而言源于希腊,迥异于中国传统精神特质和思想方式。在哲学系里任职做中国哲学研究的老师,用"哲学"这种思想方式去接触中国的文献,一般都会感觉有点怪怪的。我们要使用"哲学"这个词及其思想分析中国古代文献和描述中国古代思想,总是有点名不正、言不顺。即便我们可以"做"一个"中国哲学"出来,它也只是一个"妾"的身份,进不了正室,我个人的这种感受是很深的。当然,这只是提醒我们在研究中要"同情地理解"中国古代的人、事和思想,警惕"反向格义"带来误读问题。然而,这并不意味着哲学不能用来研究中国传统文化和思想,或者哲学对研究中国传统文化和思想没有帮助。这是我们今天讨论问题的基本方法论前提,当然也是一个很重要的基本背景。

之所以从《大学》出发,是因为就我的了解,《大学》排在作为中国文化和思想代表的"四书"之首位,乃"初学入德之门"[①],并且我所认识的朋友一般没有说读不懂《大学》的,加之其文字较为简短,便于讨论;而对于"四书"中的《论语》,大家当然也不会说读不懂,但内容略多,更因文体关系,其系统不如《大学》精练简洁,而又在平常被提及太多,不免有些重复;至于剩下的《中庸》与《孟子》,其实就难理解得多了。我们进入正题,请看屏幕上的幻灯片,内容分为五部分:第一,引言,即为什么要讲"内圣外王之道";第二,《大学》及其主旨:内圣外王之道;第三,朱熹与王阳明的"格物致知"思想;第四,"内圣外王"与"万物一体";第五,"内圣外王之道"的现世意义。时间有限,我重点讲第一、二、五部分,第三、四部分比较有专题性,不过只是我个人的一些想法,略做分享。

一 为何要讲"内圣外王之道"

什么是"内圣外王之道"?我们为什么要讲它呢?这个词大家都很熟悉,如今,我们说起它一般都会跟儒家扯上关系,用以概括儒家思想。可实际上这个词源自《庄子·天下》篇:"是故内圣外王之道,暗而不明,郁而不发,天下之人,各为其所欲焉,以自为方。"[②] 当然,断句是可以有不同的,但我觉得不同的断句并不影响对这句话的理解。我需要先跟大家交

[①] 朱熹:《四书章句集注·大学章句》,中华书局,1983,第3页。
[②] 陈鼓应注译《庄子今注今译》,中华书局,1983,第855~856页。

代一个很重要的背景：文本中的"是故"之前是在讲什么。众所周知，《庄子·天下》篇无非是评论整个战国时期各家门派的不同思想，"是故"之前，正是描述和批评所谓"道术为天下裂"之后的诸子百家的思想状况，即各家各执一词，各讲各的道理。在作者看来，这是不对的，我们应该要讲"内圣外王之道"。"内圣外王之道"就是反对诸子百家各执一词的偏执和分歧，强调一个整全、平衡的"大道"。

《庄子·天下》篇里的这个"内圣外王之道"显然不是儒家的，一般认为是从道家的角度来讲的，它的"内圣"指什么，"外王"指什么，我们另说。明确用"内圣外王"这个词来概述儒家思想精神应该要到宋代理学兴起之时了，最早使用该词的儒者可能是北宋的程颢。据《宋史·邵雍传》载："河南程颢初侍其父识雍，论议终日，退而叹曰：'尧夫，内圣外王之学也。'"① 又见《河南程氏文集·传闻续记》："……明日，明道怅然谓门生周纯明曰：'昨从尧夫先生游，听其论议，振古之豪杰也。惜其无所用于世。'纯明曰：'所言何如？'明道曰：'内圣外王之道也。'"② 可以说，正是宋明理学的开创者之一程颢开启了后世儒者谈论"内圣外王之道"的先河。

到了近现代，西方哲学进入中国以后，哲学家、思想家们开始反省中国文化精神，不约而同地用"内圣外王之道"来概括和形容中国文化和思想精神的特质。梁启超先生就说："'内圣外王之道'一语，包举中国学术之全部……其旨归在于内足以资修养而外足以经世，所谓古人之全者即此也。"③ 冯友兰先生则在其哲学著作《新原道》之"绪论"中说："在中国哲学中，无论哪一派哪一家，都自以为讲'内圣外王之道'。"④ 又在该书最后之"新统"中得出结论，重申"所以圣人，专凭其是圣人，最宜于做王。如果圣人最宜于做王，而哲学所讲底又是使人成为圣人之道，所以哲学所讲底，就是所谓'内圣外王之道'"⑤。汤一介先生也认为，"无疑中国传统

---

① 脱脱等修撰《宋史》卷427《列传第一百八十六（道学一）·邵雍》，见《宋史》第36册，中华书局，1977，第12728页。
② 转引自郑臣《原始儒家的内圣外王之道》，《聊城大学学报》（社会科学版）2007年第1期，第33页。
③ 梁启超：《庄子·天下篇释义》，见氏著《梁启超全集》第8册，北京出版社，1999，第4676页。
④ 冯友兰：《贞元六书·新原道》下册，华东师范大学出版社，1996，第708页。
⑤ 冯友兰：《贞元六书·新原道》下册，第856页。

哲学中的儒、道、释（中国化的佛教禅宗）均讲'内圣外王之道'"①。

那么，"内圣外王"的真正意义是什么呢？其实并不需要我去过多地界定，大家也都能够体会，"内圣"当然是强调一个人的内在道德德性。借用牟宗三先生的话来讲，中国哲学本来就是所谓的道德形上学嘛，"'内圣'者，内而在于个人自己，则自觉地作圣贤工夫（作道德实践）以发展完成其德性人格之谓也。'内圣外王'一语虽出于《庄子·天下》篇，然以之表象儒家之心愿是最为恰当。'外王'者，外而达于天下，则行王者之道也"②。意思是说，道德内在于人心，先要修心养性，这是讲"内圣"；然后再由己推人，即"外王"。也就是说，若你有德性，是个品行高尚的人，那你会表现成什么样子呢？别人怎么会知道你有德性又品行高尚呢？一定得靠一些外在的行为或言论才能表达，才能看得到。

现在还需要梳理一下"内圣外王"这四个字对于中国传统文化精神解释的有效性，特别是对于儒家来说。先不讨论出土简帛文献的问题，我们知道，先秦时候的儒家，可以以孔子、孟子、荀子为代表。同时，孔孟的心性传统被宋明理学发现并昌明，我们一般会以为宋明理学强调内圣的面向为多。不过，余英时先生不满意这种印象，他写的《朱熹的历史世界》就是指出宋明理学并不只是单纯强调"内圣"，还有"外王"的一面。同样，回到先秦那里，"内圣""外王"其实是平衡的，因为孔孟本人的思想里就有很多"外王"的思想，且不说他们游说王侯的行动，单看孟子的"仁政"主张呢？！而荀子处理问题的方向跟孟子很不一样，作为韩非的老师，他带来了后来法家的某些传统，从这个意义上说，儒家与法家是颇有渊源的。这就意味着，"外王"的面向在荀子这里得到了平衡，甚至是强调。不过，荀子并不是一个不强调"内圣"的人，反而是特别强调"圣"这个字的。先秦如此，那么先秦子学和宋明理学之间的儒学思想是如何体现"内圣"与"外王"的呢？这要看汉代经学，加上新兴的道、释思潮以及魏晋玄学、隋唐佛学。汉代经学的主流是处理文字考据方面的技术问题，以及从"术"的层面运用儒学思想。一直到唐代中期，儒学的情况也大致如此，基本上是在"外王"的范畴下思考问题的。当然，严格来讲，这样说会有逻辑上的困难，因为这个阶段的儒家思想里并没有后来形而上意义上的

---

① 汤一介：《内圣外王之道》，载氏著《在非有非无之间》，台湾正中书局，1995。转引自"爱思想"网站汤一介专栏文章，见 http://www.aisixiang.com/data/23018.html。
② 牟宗三：《心体与性体》上册，上海古籍出版社，1999，第4页。

"内圣"观念,理论上不存在"内圣"和"外王"的对子,讲它强调"外王"自然是很勉强的。那么,"内圣"的观念是怎么被发现的呢?这涉及宋明理学的兴起。我们知道,从汉代开始到隋唐时期,佛道两家渐成气候,成为儒家最大的挑战。佛道特别是佛教所给予儒家最大挑战同时也是最深刻影响的就是它讲的形而上的东西——讲心性,讲生命的最后归宿,而这一时期的儒家主要在处理文史问题,讨论文字训诂,考据典章制度,缺乏高深的形而上考量,这或许也是玄学和佛学大行其道的原因。如此便给儒学构成了一个巨大的挑战。自中唐韩愈、李翱到北宋五子(周敦颐、邵雍、张载、程颢、程颐)发明心性,建立道统,应对挑战,逐渐形成注重"内圣"、被称为"新儒家"的宋明理学。在这种意义上,儒家之"内圣"被激活,"内圣外王"之观念也由此真正形成,"内圣外王之道"也就开始成为理解儒家和中国文化的钥匙。当然,"内圣外王"的讲法并不总是平衡的,作为一组分析性的理论范畴,它其实是针对不同时代的问题有所侧重地进行强调。大概的意思就是,儒家在先秦时期兼备"内圣"和"外王"两方面;汉唐时期,侧重"外王",强调"外王"更多;宋明时则强调"内圣"更多。大家再想想,宋明之后呢?一直到近现代的今天,似乎又强调"外王"了,以致经常这样说:现在的中国人光有钱了,没有精神,社会上则是道德滑坡。到如今,不是讨论起我们的"文化自信"了吗?看起来,"内圣外王"这个范畴还是具有解释力的。

回到我们的问题:今天的我们,为什么还要讲"内圣外王之道"?具体来讲,它可以分为四个要点:首先,经济崛起后的中国人面临"我是谁"的身份、价值认同问题。随着中国经济的崛起,越来越多的中国人有机会走出去,对外面世界的了解越来越多,交流越来越深入,有了比较,有了参照,就如同有了镜子,可以反观,可以借此看到自己的模样,但是又不确定看到样子是否就是真正的自己,这样,"我是谁""我们(中国人)是谁"的问题便呼之欲出。这意味着我们开始寻求精神上的"身份认同""价值认同"了。哲学上怎么回应这个问题,则需要从我们的传统上着手寻找,需要在比较的尺度上分析。

其次,从我们高考作文考试说起——"写景要抒情"。我们都参加过高考,你们记得高考大作文要求哪几种类型的文体吗?议论文、记叙文。哪一种类型的文章一般是不能写的?说明文!为什么说明文的地位这么低,别的都可以写,而说明文不能写?议论文、记叙文是最常见的,甚至写诗歌也可以。但大概没有一次是要求写说明文的。说明文只是客观描述，没有价值判断。客观描述某处某种风景，是不被认为有才识的，只有借此感伤抒怀了，才被认为是合理的。这就是"写景要抒情"的中国式教育，注意，这里的"感伤抒怀"就是价值判断。我的问题是：写景为什么一定要抒情？光写景不行吗？这就意味着，跟事实判断相比，我们的认识优先价值判断。

再次，我们通常的教育理念是"为学先为人，做事先做人"。为什么会这样要求？我们的老师也好，长辈也好，天天都讲"为学先为人，做事先做人"。为什么老是要强调？如果大家熟悉西方哲学史的话，可能就会发现，不少的西方哲学家在道德上都是有瑕疵的。在历史事实和现在的历史教科书的写作中，为什么可以不在乎哲学家的为人呢？做人那么烂，西方人还把他们写在历史教科书里，还一直在学习他们的知识呢！而中国思想家往往要求道德上不能有瑕疵，否则一票否决，是写不进历史教科书的。你们看，这个差别同样意味着中国人更重视人们在价值上的道德操行，强调人的内在德性。

最后，将我们刚才说的三点合起来就意味着，我们中国人注重人的道德，强调价值判断，这是我们的文化特质之一。跟前面讲的"内圣外王之道"联系起来，这也就是"内圣外王之道"在我们现实生活中的体现。那么，我们的传统是怎么讲"内圣外王之道"的？为什么要讲"内圣外王之道"？对于这个问题，现在学术界的共识是最好通过《大学》来诠释。这便是我们今天就讨论的议题选择《大学》这一文本的依据，《大学》正是在回答以上两个问题。

二 《大学》及其主旨："内圣外王之道"

程颢、程颐兄弟表章《学》《庸》《语》《孟》，合称"四书"，以此作为上达六经的法门，又称《大学》为"初学入德之门"。《大学》原为先秦文献《小戴礼记》的第四十二篇，唐代中期，面对佛道挑战，韩愈、李翱首发其心性之旨。宋以前没有单行本，宋仁宗天圣八年（1030）曾将单行本《大学》赐新第进士王拱宸等，又有司马光著《中庸大学广义》一卷，《学》《庸》并称别出。北宋程颢、程颐兄弟把它从《礼记》中抽出，编次章句；朱熹将《大学》《中庸》《论语》《孟子》合编注释，称为"四书"。

从此《大学》成为儒家经典。至于《大学》的作者，二程认为是"孔氏之遗书"①；朱熹把《大学》重新编排整理，分为"经"一章，"传"十章，认为"经一章，盖孔子之言，而曾子述之。其传十章，则曾子之意而门人记之也"②，也就是说，"经"是孔子的话，由曾子记录下来；"传"是曾子解释"经"的话，由曾子的学生记录下来。《大学》的版本体系主要有两个：一是经朱熹编排整理，划分为"经""传"的《大学章句》本；一是按原有次序排列的古本，即《礼记》中的《大学》原文。以朱熹《大学章句》本流传最广、影响最大。

朱熹认为《大学》是"为学纲目"，且四书中以《大学》最为易晓、最为重要，故读四书要先读《大学》。他特别强调阅读四书的为学次第，他的学生德明记载朱熹的教导："学问须以大学为先，次论语，次孟子，次中庸。中庸工夫密，规模大。"③他的另一学生寓记载朱熹的教导则更为翔实："某要人先读大学，以定期规模；次读论语，以立其根本；次读孟子，以观其发越；次读中庸，以求古人之微妙处。大学一篇有等级次第，总作一处，易晓，宜先看。论语却实，但言语散见，初看亦难。孟子有感激兴发人心处。中庸亦难读，看三书后，方宜读之。"④《大学》讲什么呢？用朱熹的话讲，叫作"大人之学"。他说："大学之书，古之大学所以教人之法也。"⑤又说："人生八岁，则自王公以下，至于庶人之子弟，皆入小学，而教之以洒扫、应对、进退之节，礼乐、射御、书数之文；及其十有五年，则自天子之元子、众子，以至公、卿、大夫、元士之适子，与凡民之俊秀，皆入大学，而教之以穷理、正心、修己、治人之道。此又学校之教、大小之节所以分也。"⑥也就是说，"大学"是相对"小学"而言的，它不是讲"详训诂、明句读""洒扫、应对、进退之节""礼乐、射御、书数之文"的"小学"，而是讲修己治人、治国安邦的"大人之学"。

对于《大学》的内容及其主旨，我在此只涉及朱熹所说"经"的部分，一共也就205个字，7个句子（不算现代的标点）："大学之道在明明德，在

---

① 朱熹：《四书章句集注·大学章句》，第3页。
② 朱熹：《四书章句集注·大学章句》，第4页。
③ 朱熹：《朱子语类》卷14《大学一》，见《朱子全书》第14册，上海古籍出版社、安徽教育出版社，2002，第419页。
④ 朱熹：《朱子语类》卷14《大学一》，见《朱子全书》第14册，第419页。
⑤ 朱熹：《四书章句集注·大学章句》，第1页。
⑥ 朱熹：《四书章句集注·大学章句》，第1页。

亲民，在止于至善。知止而后有定，定而后能静，静而后能安，安而后能虑，虑而后能得。物有本末，事有终始，知所先后则近道矣。古之欲明明德于天下者，先治其国；欲治其国者，先齐其家；欲齐其家者，先修其身；欲修其身者，先正其心；欲正其心者，先诚其意；欲诚其意者，先致其知；致知在格物。物格而后知至，知至而后意诚，意诚而后心正，心正而后身修，身修而后家齐，家齐而后国治，国治而后天下平。自天子以至于庶人，壹是皆以修身为本。其本乱而末治者否矣。其所厚者薄，而其所薄者厚，未之有也！"① 因为大家相对熟悉这个文本，我就不一一详述字句了。基本上，我们可以概括其内容为"三纲（明明德、亲民、止于至善）""八目（格物、致知、诚意、正心、修身、齐家、治国、平天下）"。八个条目是实现三条纲领的途径，其中"修身"最为根本，其主旨为"内圣（明明德，格物、致知、诚意、正心）外王（亲民，修身、齐家、治国、平天下）之道"，当然，关于"修身"到底属于"内圣"还是"外王"，或者独立一目，尚有争议。事实上，"内圣"与"外王"并不是并列的，而是"内圣"优先于"外王"，只有做到了"内圣"，才有可能"外王"；甚至，只要做到了"内圣"，"外王"自是水到渠成。这也就是我们在第一部分讲到的价值判断优先的思想根源。

这里讲一下由韩愈发端的儒家"道统"观念。提到韩愈，大家马上想到的可能就是《师说》了。试想，他为什么要写《师说》呢？他的"师"指谁？"传道受业解惑"②的"道"又指什么？韩愈在《原道》中说："尧以是传之舜，舜以是传之禹，禹以是传之汤，汤以是传之文武周公，文武周公以是传之孔子，孔子传之孟轲，轲之死，不得其传焉。"③这里的"是"就是"道"，这个传统就是"道统"，认同这个道统，宣讲这个"道"的人就是"师"。从这个意义上说，韩愈所谓的"师"跟我们今天说的"老师"的内涵并不相同，他是有着明确儒家价值取向的特定传承人。他强调《原道》，写《师说》主要是批评佛老异端邪说，树立儒家正统。我们可以看看他说的话："传曰：'古之欲明明德于天下者，先治其国；欲治其国者，先齐其家；欲齐其家者，先修其身；欲修其身者，先正其心；欲正其心者，先诚其意。'然则古之所谓正心而诚意者，将以有为也。今也欲治其心而外

---

① 朱熹：《四书章句集注·大学章句》，第3~4页。
② 韩愈撰，马其昶校注，马茂元整理《韩昌黎文集校注》，上海古籍出版社，1986，第42页。
③ 韩愈撰，马其昶校注，马茂元整理《韩昌黎文集校注》，第18页。

天下国家，灭其天常，子焉而不父其父，臣焉而不君其君，民焉而不事其事。"① 这就是韩愈引摘《大学》里的"内圣外王"思想来批评佛老的表现。

在韩愈的思想里，借《大学》的"内圣外王之道"以批评佛老，此其一。另一要点是道统观念，儒家的道统观念就是他最早提出的。我们前面引用的《原道》就说，尧传之于舜，舜传之于禹，禹传之于汤，汤传之于文武周公，周公传给孔子，孔子传之孟轲，至孟轲，不得其传也。大家注意，孟子之后，"不得其传"的意思就是"道统"断了，现在到韩愈这儿才重新被捡起来了，后来宋明理学的真正创始者周敦颐、二程也都有这样的意思，孟子之后中断了，我失而得其传，儒家道统在我这里得到接续了。中国文化精神是什么？某种意义上，就是对传统的追随，一种遵从，这不也是一种"道统"吗？

三 朱熹与王阳明的"格物致知"思想

我原计划在第三部分以朱熹和王阳明对"格物致知"的理解为例具体阐释《大学》之旨，主要是讨论对作为"修养工夫"的中国文化的理解和实践问题。限于时间关系，就略而不谈了。

我们只是来看看王阳明的两个故事。第一个是他"格竹子"的故事。"格物致知"，朱熹老先生如是教导，今日格一物，明日格一物，日久一旦豁然贯通，则理穷性尽。王阳明年轻时按照朱熹的方法和朋友一同去格庭前的竹子："众人只说格物要依晦翁，何曾把他的说去用？我着实曾用来。初年与钱友同论做圣贤，要格天下之物。如今安得这等大的力量？因指亭前竹子，令去格看。钱子早夜去穷格竹子的道理，竭其心思，至于三日，便致劳神成疾。当初说他还是精力不足，某因自去穷格。早夜不得鞭理，到七日亦以劳思成疾。遂相与叹圣贤做不得的，无他大力量去格物了。"② 在这里，王阳明劳而不得的"道理""理"指的是什么呢？我们推测，是指根据竹子看出做人的道理，比如，竹子空心引申做人要谦虚，竹子挺拔象征做人要正直。一般人可能都想得到，但王阳明是个诚实的人，看到竹子

---

① 韩愈撰，马其昶校注，马茂元整理《韩昌黎文集校注》，第17页。
② 王阳明：《传习录·下》，见《王阳明全集》卷3，上海古籍出版社，1992，第120页。

的空心却联系不到做人谦虚,看到竹子挺拔更想不到做人正直。在他看来,竹子就是竹子,谦虚正直只是谦虚正直,这是两件事,前者是"外物",后者作为道德观念乃"内心之理",是为"心物为二"。"心物为二"怎么打通呢?接着说:"及在夷中三年,颇见得此意思乃知天下之物本无可格者。其格物之功,只在身心上做,决然以圣人为人人可到,便自有担当了。"[1] 原来,理在心上,不在外物,无假外求,只需正心诚意即可!

第二个故事:"先生游南镇,一友指岩中花树问曰:'天下无心外之物;如此花树,在深山中自开自落,于我心亦何相关?'先生曰:'你未看此花时,此花与汝心同归于寂;你来看此花时,则此花颜色一时明白起来,便知此花不在你的心外。'"[2] 你不是说"心外无理""心外无物"吗?你现在看到这个花,在山中自开自落,与你的心有何干系?王阳明的回答是:如果你没来这里看到此花,此花对你来讲就是寂灭。王阳明借佛教术语"寂"说此花没有生发出来,而不是说没有这个东西。也就是说,这东西在那儿跟你又有什么关系呢?你来到这里看到了它,花儿才鲜活地呈现在你面前,所以说"心外无物"。总体意思,不是说物有没有、存不存在的问题,而是说物对我而言有没有意义的问题。这是不同的关注视角。

这两个故事再次阐明,在中国文化的思路里,受到关注的是"心",是人的价值,也就是重内在、重体验、重道德的"内圣外王之道"。

四 "内圣外王"与"万物一体"

这一部分要回应的问题是中国人为什么会走上上述的"内圣外王之道"。

请看看中国人是怎样看待这个世界及其世界跟自己的关系的,这就是"万物一体"的本体观,或许这也是一种对"天人合一"观念的具体解读。同样鉴于时间关系,我们这里也只能提及而不能展开。庆幸的是,在座的张美宏老师出版的博士学位论文[3]正好是处理这个问题的。略举几例:张载讲"民胞物与",程颢说"仁者浑然与物同体",王阳明说"仁之而天下一体"。最著名的说法莫若以下两段,《二程遗书》载二程语曰:"医书言手足

---

[1] 王阳明:《传习录·下》,见《王阳明全集》卷3,第120页。
[2] 王阳明:《传习录·下》,见《王阳明全集》卷3,第107~108页。
[3] 张美宏:《生生之道与圣人气象:北宋五子万物一体论研究》,中国社会科学出版社,2015。

痿痹为不仁，此言最善名状。仁者，以天地万物为一体，莫非己也。认得为己，何所不至？若不有诸己，自不与己相干。如手足不仁，气己不贯，皆不属己。"[1]"阳明子曰：大人者，以天地万物为一体者也。其视天下犹一家，中国犹一人焉。若夫间形骸而分尔我者，小人矣。大人之能以天地万物为一体也，非意之也，其心之仁本若是，其与天地万物而为一也，岂惟大人，虽小人之心亦莫不然，彼顾自小之耳。是故见孺子之入井，而必有怵惕恻隐之心焉，是其仁之与孺子而为一体也。孺子犹同类者也，见鸟兽之哀鸣觳觫，而必有不忍之心，是其仁之与鸟兽而为一体也。鸟兽犹有知觉者也，见草木之摧折而必有悯恤之心焉，是其仁之与草木而为一体也。草木犹有生意者也，见瓦石之毁坏而必有顾惜之心焉，是其仁之与瓦石而为一体也。"[2] 我们相信仁者"万物一体"，也就是说，他人、他物的痛痒跟我们有关，并且我们能感知到他人、他物的痛痒，人与人、人与物是能感通的。也只有以这样的本体认识为基础，我们才能读得懂、体会得了张载"为天地立志，为生民立道，为去圣继绝学，为万世开太平"[3] 的伟大情怀！

五 "内圣外王之道"的现世意义

我要借对"内圣外王之道"的现世意义的简单讨论以结束今天的演讲。我先回应之前提及的一个话题，即西方文化与中国传统文化在近代以来的进展——西进中退的现实。果真如此的话，作为中国传统文化精神的"内圣外王之道"还在吗？如果在，在哪里？请回到我最先所举的高考和教育的例子，这不是鲜活地证明了此种价值好好地保存在中国人的伦常日用中吗?！"内圣外王之道"对世界来说有价值吗？我们讲中国传统文化精神、讲"内圣外王之道"，并不是借此说这只适用于中国人，只对中国人有价值。恰恰相反，有了西方思想、哲学作参照、作镜子，我们要发现的是原创意义上的特殊性和适用意义上的普遍性，后者也就是普世价值。好比说，产生于西方的一些价值比如科学、民主对于中国适用，产生于中国的一些价值如"内圣外王""万物一体"观念对于西方人同样适用。按照这样的理

---

[1] 程颢、程颐：《二先生语·二上》，见《二程遗书》，上海古籍出版社，2000，第65页。
[2] 王阳明：《大学问》，见《王阳明全集》卷26，第968页。
[3] 张载：《张子语录·中》，见《张载集》，中华书局，1978，第320页。又《近思录拾遗》中为："为天地立心，为生民立道，为去圣继绝学，为万世开太平。"见《张载集》，第376页。

路,"内圣外王之道"可以在美德伦理的意义上揭示出其普世价值。正如我刚才讲的伦理道德的"仁"不是一个底线伦理,而是一个美好的理想境界。

最后需要说明的是,今天的分享不是一个经过严谨论证的学术研究,而是一个读书体证的生活事件。窃以为,这正是中国文化的生命所在,也是中国哲学的特征所系。仅供参考!我就讲到这里,谢谢大家!

书评札记

伏羲河图实为太极先天八卦

——读朱熹注《周易本义》有感

王凤显[*]

摘要 本文主要论述《易经》的中心内容是宇宙自太极而逐步演化的生成之说。首先论述如何通过河图演绎出太极先天八卦之原理，而后进一步说明河图太极八卦是一种宇宙演化说，最后用一些实例证之。

关键词 河图 太极 八卦 卦序 宇宙演生

上海古籍出版社于1986年5月出版的《周易本义·朱熹注》卷首有河图图、洛书图、伏羲八卦次序图、伏羲八卦方位图、伏羲六十四卦次序图、伏羲六十四卦方位图、文王八卦次序图、文王八卦方位图、卦变图共九个图，与陈抟、邵雍的象数学接近。读后甚有感触，激发了笔者探讨河图洛书与《易经》之间关系的兴趣。在笔者看来，《易经》卦序是依据河图八卦之序演绎出来的，因此，河图八卦才是破解《易经》的金钥匙，是易学的起源，是中华史前文明诞生的标志。现将二者关系论述如下，就教于方家。

一 河图太极与易卦之形成

《周易》乾卦并非天之象，而是元阳之气，坤卦之象亦非地，而是元阴

---

[*] 王凤显，1940年生，男，河南卢氏人，退休前任甘肃省社会科学界联合会专职副主席、研究员，主要从事中国传统文化研究。

之气。乾阳坤阴先天地而生。《易经》明讲乾象乃公龙，坤象乃雌龙。①《易传》把乾坤释为天地之象②，可见不符合经文原义。屯卦之象，依经文解，实为太极，而非《易传》之解为"难"也。屯卦（震下坎上）☵经文中讲的"磐桓"者，乃静态太极；"乘马班如"者，乃动态太极；"屯其膏"者，不可解为难其脂膏，只能解为屯聚能量是也；"即鹿无虞，惟入于林中，君子几不如舍"者，深深大森林，狩猎不敢入，实为太极混沌之象也。③故乾坤两卦，实为太极之两仪。乾卦用九写"群龙无首"④者，乃群龙首尾相接呈环状，故不见其首，亦太极之象也。

《易经》中的乾、坤、屯三卦太极之象，来源于河图，正是按河图太极八卦演绎出来的（见河图下图）。

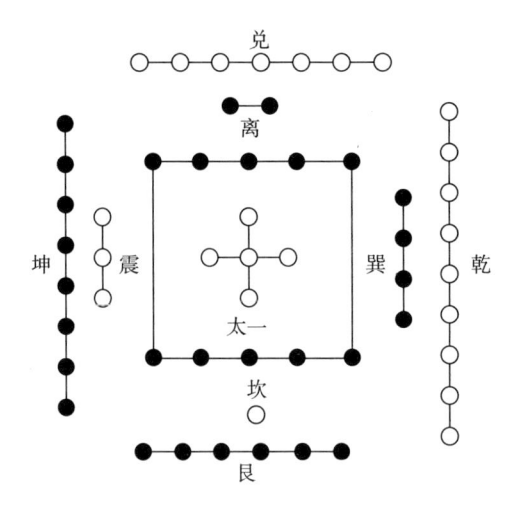

其若将河图数字方阵看成是旋转动态图式，把其中的1、3、7、9之数连成一线，把2、4、6、8连成另一条线，这两条线则共同围绕着10夹5这个圆心旋转。这就是太极之象。河图中心的10夹5就是太极的中心，其四个奇数组成的线就是太极的阳仪，四个偶数组成的线就是太极的阴仪。

---

① 见王凤显《周易今注》，甘肃民族出版社，2013，第6~9页。
② 《系辞传上》曰："天尊地卑，乾坤定矣。"又《说卦传》曰："乾，天也，故称乎父。坤，地也，故称乎母。"
③ "磐桓""乘马班如""屯其膏""即鹿无虞，惟入于林中，君子几不如舍"分别出自屯卦初爻、二爻、五爻、三爻之爻辞。
④ 《周易·乾》曰："用九，见群龙无首，吉。"

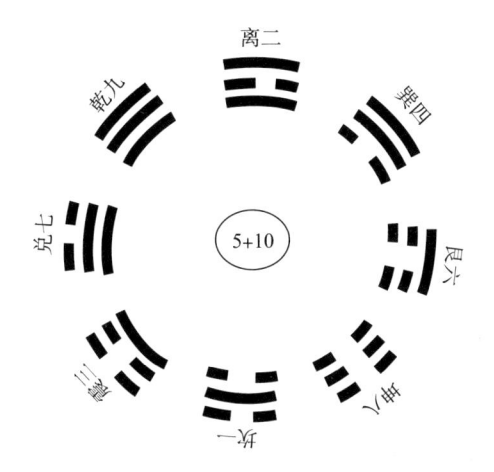

关于河图太极中的八卦排列次序，几千年以来一直未曾找到记载文献，为易学史上的千古之谜团。20世纪末，笔者从湖北荆门郭店竹简《太一生水》半篇古文得到启发，又参照汉代郑玄关于"天一生水、地二生火"[①] 的说法，开始试着排列之。[②]

首先，把河图中心之数 10 夹 5，看成是二阴爻夹着一阳爻，即为坎卦☵。但此坎卦之象不是水，而是大象太一，即竹简所说"生水"的太一。

接着，再排两仪之卦。按竹简和郑玄所讲，阳仪第 1 卦当是坎水，阴仪第 1 卦当是离火，即☵1、☲2。《太一生水》一文中讲，生水之后的太一接着生的是神明、燥湿和寒热。[③] 神明当是雷震和风，即☳3、☴4。燥湿当是艮、兑，即☶6、☱7。到岁寒时，阴极盛而一阳复生，而到岁热时，阳极而一阴生，故当是坤乾两卦，即☷8、☰9。

二 河图太极八卦与宇宙之生成

上文已初步排出河图太极八卦之序，显然，这个次序就是太极生万物之卦序。太极的旋转是顺时针方向，但是，河图太极却一般是逆时针旋转

[①] 郑玄曰："天一生水于北，地二生火于南。"详见（宋）王应麟辑佚《周易郑康成注》，中华书局，2012，第 57 页。

[②] 可参看拙作《周易今注》，第 3~5 页。其中的"河图太极八卦暨伏羲先天八卦图""洛书方位八卦暨文王后天八卦图""二进位数学八卦暨中天八卦图"，可相互参照着看。

[③] 参见李零《郭店楚简校读记》（增订本），中国人民大学出版社，2007，第 41~43 页。

的，象示着太一的形成过程。这又该怎么解呢？笔者想到了《列子·天瑞篇》中讲到无极大道生太一的四个阶段，即太易、太初、太始、太素。按列子所讲，太易虽仍是无气无形，却是无极大道在运动中产生有形之物的第一步过渡形态；太初，有气而无形；太始，有形而无质；太素，有形有质。若将《列子》书中讲的生成太一的这四个阶段列入河图太极的八卦序列中，那么，太素即太一，是河图太极的中心之数，即10夹5，卦画为坎☵；在《周易》中，阴无形，阳有形，阴物生阳物，无极大道无形，其卦象自然当是坤卦☷；无形生有形的过渡性阶段就是太易，卦画由☷而演为一阳二阴的艮☶。太易衍生出太初，太初之卦画即由艮☶再加一阳演为巽☴。继之，太初衍生出太始。太始已成形，只是内无阳物之质，故而太始的卦画也应由巽☴演为离☲。太始衍生出太素，太素就是太一，而太一又是衍生水的成分，故而，卦画即由离☲演为河图中心的太一☵。这样一来，河图太极的阴仪四卦，即太阴☷、太易☶、太初☴、太始☲，依次而生，卦画演绎的验证过程就完成了。

那么，河图太极的阳仪四卦，在生太一的过程中，即在太极的逆向旋转中，又是如何演绎的呢？阳仪四卦的内容是表明有形之星体被吸进太极之后，逐渐被太极吞噬而复归为太一的过程。太阳☰被吞噬后，先蜕演一画即为兑☱，再蜕演两画即为震☳。震卦表明阳物在被剥蚀的剧烈反应中，演为坎水☵，并使坎水分解为太素☵。至此，阳仪四卦的演绎验证过程也完成了。

已知阴仪四卦的四个物象，分别为太阴、太易、太初、太始。那么与阴仪相对应，阳仪四卦的四个物象应该是什么呢？不妨仿照阴仪四象，也起个名称吧。乾卦☰的物象就是星系有形之物，故名为太阳；兑卦☱的物象如鸟巢，就叫太巢；震卦☳的物象叫太公；坎水☵是有形万物之母，该叫太母。这样一来，河图太极八卦，有阴阳两仪，两仪中各有四卦即各有四象，太极中心之物象是太一，则河图共九象。

至于河图太极八卦在宇宙演化过程中的地位作用问题，就河图自身而言，是难以说清楚的，必须放在《易经》64卦的演绎过程之中，才能充分显示出来。按照今排河图太极八卦次序，八八相重演得64卦次序，与通行本《易经》的64卦之序基本相同，此证今排河图八卦是正确的、可信的；此又证河图八卦既为先天，那么，《易经》64卦则为后天衍化史。前面已讲过，《易经》中的乾阳坤阴两卦，就是太极的两仪，屯卦是太极的核心，屯卦的卦画是上坎下震。上坎☵之象不是水，而是大象太一（或太素）；下震☳之象，即为太一内震、内爆。可见，在通常情况下，屯卦之象的逆转就是太极屯聚能量的过程，由阴仪不断产生太素，阳仪不断吞噬有形之物而使之复归为太素，从而不断增加太极中的太素数量，并不断屯聚着太素的能量，一旦能量达到饱和状态，就发生太极大爆炸了。大爆炸时，太极由平常的逆时针旋转而顷刻变为顺时针方向旋转，作用也由太素自身产生衍化过程而变为太素衍化天地万物的过程了。其时，在阳仪沿太母→太公→太巢→太阳而衍生天地万物；在阴仪，大爆炸释放的巨大能量沿太始→太初→太易→太阴而回归于静寂。

三　河图太极八卦实为宇宙演化论之例证

　　有人会问，太极中心的太一（或太素）之物质在现代叫什么名称呢？《太一生水》竹简讲到太一生水又藏于水。现在知晓水的化学成分是 H_2O，故知太一非氧即氢。那么，水中之水就是重水。重水与轻水，在化学成分上的区别，不在氧，而在氢，非气而是炁，故知太一的现代名称就是氢或者是重氢了。小说《西游记》中有一个故事情节，讲的是大海龟把观音的净瓶从海底托起游到海岸边，观音叫孙悟空把瓶子拿给她。悟空竟然从龟背上拿不动这个小瓶子。于是，木吒去取回，交给了观音。这段故事告诉人们，观音的小小净瓶装满水后是异常重的，换言之，净瓶中的水是重水而非轻水。重水中的太一，就是天地万物的物种起源，所以，观音用它复活万物。这段故事还告诉人们，佛与道同源，佛与易亦同源。易道佛三者，都是中国高深难测的传统文化。

　　那么，再问，为什么现在大海中的重氢不会自发爆炸呢？这是因为，重水里的重氢是炁，能量级别仍太低，而人们造的氢弹，是把炁提取出来以后，用原子弹的爆炸来引爆氢弹，如此炁才会爆炸。

　　若再问，太一又是如何形成太极的呢？笔者从 20 世纪末至 21 世纪初年的一则科技消息报道中得知，在绝对温度下，即 $-273.15℃$ 时，金属固体先化为粉末，然后，成百上千个原子会凝聚成一个超重的原子。由此，可以推猜在天地形成之前，无形无极大道首先生成太一（太素），然后这些氢原子在宇宙超低温环境下，逐渐冷凝为超重的原子，又以这些超重原子为中心，无数氢原子冷聚而形成超级大旋涡，这就是太极。太极由小变大，由稀变浓，原子的能量越聚越大，终有一日达到饱和状态时，在凝聚碰撞中，就自然发生大爆炸了。太极的形成，不是万有引力的作用，而是超低温。犹如水的三态变化之因由在温度的变化，而不在万有引力一样。

后　记

史传，伏羲得河图而画八卦，也就是河图太极先天八卦。伏羲以河图八卦告知中华后人，天地万物之起源及其产生衍化的规律，这就是中国的东方哲学深奥玄妙的宇宙观雏形。河图也就成为肇始中华史前文明的光辉标志。

笔者研究《周易》，无意间，找到了洛书后天八卦的自然村，就在河南省西部卢氏县五里川镇政府所在地。该村四周的山形地名，竟然同文王后天八卦之象完全重合。该村距大禹治洛河得神龟献洛书的地方不远。笔者由洛书后天八卦有自然村原型，想到了伏羲河图太极先天八卦也应有自然村原型。若有机缘的话，笔者定当会找到它。这些都是本人今生的天命所决定要完成的几件大幸事。

学界动态

当前中国传统文化研究的特征和趋向[*]

匡钊[**]

摘要 《中国社会科学》是国内风向标式的学术期刊,该文据本人选稿、刊稿经验,总结出当前的中国哲学研究所集中的四大板块:宋明理学、先秦儒道、经学、宗教性问题。中国哲学研究最大的问题在于两个方面,一是缺乏哲学性、思想性,缺乏覆盖性的问题,过于零碎;二是对典籍的态度不明朗,没有处理好哲学与古典学的关系。应该拓展研究道路,将更多的经典容纳进哲学,而不是让中国哲学消融进"大国学"。总之,最重要的是以哲学的方式来做中国哲学,迫切需要提出整全的、基源性的问题来提升研究的哲学性。

关键词 哲学 国学 经学 出土文献

《中国社会科学》是综合性的大型期刊,在国内学术界有关键性的影响力。它还衍生出了一些其他的子杂志,比如说《中国社会科学报》《中国社

---

[*] 本文据匡钊于2016年5月在甘肃中国传统文化研究会特别研讨会中的演讲内容整理而成。该议题由兰州大学哲学社会学院陈声柏教授提出,一是出于对西北资讯不便之弊的正视,期望共享有效信息;二来,面对近年来"国学热"的社会现象,研究者们应当对其中思想性的东西重新进行审慎、理性的考量。故而拟定出此次研讨会议题。近一年来研究界呈现一些新的发展趋势,如宋明理学的研究中出现了显著的对于工夫论问题的关注,并在一定程度上成为新的学术增长点。

[**] 匡钊,于1975年生,男,甘肃兰州人,哲学博士,曾任中国社会科学杂志社编辑,现任职于中国社会科学院哲学研究所,主要从事先秦哲学研究。

会科学文摘》，都有一定的分量。尤其是《文摘》，很多学校把它作为评价的指标之一。本人虽然在学术上主要研究先秦哲学，但是这几年主要在做编辑工作，一个是处理《中国社会科学》的稿子，另外一个是负责遴选《中国社会科学文摘》里中国哲学类的稿件。两种杂志皆是月刊。出于工作需要，若完全不了解目前中国哲学研究的特征和趋向，好像有点说不过去，应该说是肯定了解一些的，但实际上了解得也很片面。趁此机会和大家分享一点看法和理解，但基本上是出于我个人的角度和取向。

当面的、非文字的、对话性的沟通还是很重要的。你看见的是落在纸面上的一篇论文，或者是一组论文，但是你不知道这个东西的来龙去脉，人家背后是怎么设计的；你不知道背景性的大的想法，也就很难知道这些思考在整个学术运作当中占据什么样的地位，这样的话就很难和学术界构成良性互动。和共同体打交道确实有这样的问题存在，我觉得首先还是要对目前的研究状况有一个比较清晰的了解。

一　中国哲学研究中最为突出的两个问题

（一）研究方法：哲学性的淡出

总体上这几年的中国哲学研究不是特别理想。因为至少近20年来存在一个倾向——思想性的东西在不断淡出。我们强调好的学术训练，强调规范性的东西，但这些东西往往会掩盖一些哲学性的思考。也就是说，这20年来中国哲学面临的最大的问题是如何以一种哲学的方式去做哲学，用维特根斯坦的话说就是"do philosophy"，用philosophical way to do philosophy。这是一个比较大的难题，而且目前还是没得到很好的解决。这可能跟二三十年前我们熟悉的某一个学术范式的整体崩溃有关系，那种两条路线、两个对子的说法崩溃了，这个东西崩溃以后我们并没有提供出一个更好的替代品，所以在讨论问题的时候，哲学性方面就会弱一点。

如果学分南北的话，北方的这个问题会更强烈一点，包括北京，很多研究者的哲学性偏弱一点；但是南方不太一样，特别是华东师大那边，因为有冯契先生的传统，他们在做研究的时候可能更强调哲学性，谈问题会更活跃一些。还有一个重镇在中山大学——以陈少明老师领衔的研究团队，尤其是陈少明老师本人。他对哲学性问题的敏感度非常高，去年刚出了一本书，收录了他近十几年的文章，里面谈到了他对中国哲学方法上的一些系统性的考虑。如果大家有兴趣的话可以找来看看，书的名字就叫作《做中国哲学》，就是"do philosophy"，就是在这个意义上去做中国哲学。他的一些思考，包括思考最早的原点，从十几年前的中国哲学合法性讨论前后就开始了，这些年来，无论是对方法的推进、概念的厘清还是具体问题的处理，都有他的系统想法，我觉得这是值得参考的。陈少明老师应该是目前中国哲学界最有活力的研究者之一。

（二）研究范围：国学与中国哲学界限混淆

我跟大家分享的是整体的研究状况。这几年，不光中国哲学，范围更广泛的国学题目底下的研究也很多。所谓"国学热"，不知道是"真热"还是"假热"，是"虚火"还是"真火"，这个不好说，但至少国学表面上看是很热。有很多的研究机构、大学成立国学院，甚至有一些国学通识班、通才班这一类的培养模式，幻想用一种复古的，或者近乎复古的方式来培养一些未来的大师级人才。这个努力是否可能不好说，但至少有人这么做，就说明有关国学的一切都在成为问题。

放在中国哲学的研究传统里面看，国学不太是一个问题。因为从源流上讲，所谓的国学已经被解构到各个现代学科里面了，留给中国哲学的那一块已经很少，而且这很少的一块也经过了大量的西化改造和一些意识形态的改造，所以，国学在以前不成一个问题。但是这几年它越来越成为一个问题，我觉得这跟整体的转型有关系。站在我这个编辑加研究者的立场上，我所能看到的目前关于中国哲学包括国学在内的研究中，有一些人想用国学把中国哲学吃掉，他们会谈一些文学、史学方面的东西，甚至某些国学院的院长都是史学背景出身。在我们国学里，史学本来就是最大的一宗，"六经皆史"嘛，而且它是有正宗学术源流的，有可以追溯的体系，所以有人想利用以史学为主导的国学把中国哲学吃掉。但是我倒觉得，不一定它都吃得掉。因为虽说"六经皆史"，但是以往经学中的大部分内容从来都没有真正被史学吃掉。到今天为止，我觉得还是吃不掉的，不光吃不掉，这一部分内容恰恰还是要放到中国哲学这个大环境里面来谈。也就是说，将中国哲学作为一个现代学科进行构造，不应该像以前那样把它的范围看得那么窄。但这不是说去搞一个"大国学"，而是应该适度扩展中国哲学的研究道路，把我们对于古典文献的一些思考和爱好包容进来。实际上，目前已经有一些人开始做这方面的努力了。

二　目前中国哲学研究的四大板块

站在我的角度，从目前的情况来看，整个中国哲学的研究可以分为四个大的板块。

（一）以宋明理学为核心的传统儒学

第一个大的板块就是以宋明理学研究为核心的传统的研究，这个和海外的新儒学有很深的"血缘"关系。以宋明理学为核心，继而扩展到一些近现代哲学的研究，这两者讨论的角度和理路是一样的。其中以现代新儒家以及和他们有学术渊源关系的研究最有代表性。宋明理学研究的文章很多，从各个刊物的内容来看，所有中国哲学的文章里面谈宋明理学的差不多能占到三分之一。这几年传统文化复兴，很多哲学人物被拿出来重塑，尤其是一些大家格外受重视，像福建那边是朱熹，然后贵州那边打王阳明的牌，浙江那边也在打王阳明的牌，他们有专门的刊物和专门的集刊，而且还在杂志里做特别栏目，专门就谈王阳明，另外如期刊《船山学刊》大部分篇幅都谈王夫之。对人物的扎堆研究现象几乎都出现在宋明大儒身上，所以我觉得宋明理学还是占据着中国哲学研究很大的板块。

但宋明理学的研究存在着问题，目前最大的问题是所有的研究都很难摆脱立场先行。这几年整个研究界的立场都带有一点复古的倾向，带有一点认同传统价值的倾向在里面，所谓走出疑古时代嘛。这不一定是坏事，但有的时候可能走得有一点远，这样里面就会缺少一些批评性、反思性的东西。这一状况在做宋明理学研究的人中间表现得最为明显，你去看谈宋明理学的文章，几乎都是在从正面来阐述它，少了一点反思性的内容。这对于以哲学的方式去做哲学来说，不是一个很好的方向或取向。这种情况，我觉得是受港台的影响。港台新儒家对于传统文化就完全是正面的态度，而这正好跟中国以前对中国传统文化完全持负面态度的看法构成一种反动，于是大家又一股脑地回归到那个非"五四"的价值立场上去了，这种态势在搞宋明理学研究的人身上尤其突出。其次是一些对近现代思想进行研究的学者，他们在对近现代的一些思想家的历史地位和思想地位重新估计时，都受这个态度的影响，包括对康有为这样的人进行重新评估。承认古代的一些思想价值——这个立场在宋明理学研究当中比较通行，我倒是觉得如果有充分的了解，通行是没有问题的，但是如果毫不分辨地全部接受下来，无益于进一步的学术讨论。

从方法上讲，宋明理学研究目前最大的问题是没有一个范式性的东西可以对现有的讨论进行整合，所以看起来支离破碎。大多数的文章还是关于一人、一时，某个人的某一方面思想的梳理，大家谈得差不多了，那就开始谈小家了，确实有点破碎感。这还是有学术研究性的，其他很多文章，包括谈王阳明的，已经没有什么学术研究性的意义了，基本上就是在谈现成的东西，是在肯定一个价值观，而不是在做学术研究，现在很多谈宋明理学的人都有这个倾向。

这是一大块，我觉得占有研究版图的三分之一。

（二）先秦儒家、道家研究

第二块是先秦的哲学研究。先秦的哲学研究大体上也能占到三分之一的篇幅，主要是传统的诸子学，尤其是早期的儒家、道家研究。但是这几年有一个倾向，即对儒、道以外其他诸子的研究较为冷僻，冷落了大概有十年了，这十年谈诸子的东西不是特别多，而且没有特别好的东西出现。谈儒道的多，几乎大多数的研究者都集中在这两个角度，这和材料的出现有关系。现在，谈先秦绕不开的话题就是出土文献，如果不谈出土文献，不利用出土文献去处理先秦哲学的话，就没有办法加入到目前的先秦哲学的讨论范围当中去，这是一个很明显的趋势。

马王堆帛书[①]的出现确实造成非常大的影响，但不及郭店楚简[②]的影响大，郭店的影响可以说是无以复加的，它是一个爆炸性的东西。郭店之后

[①] 马王堆帛书于1973年12月在湖南长沙马王堆三号汉墓出土，共有28种，计12万余字，涉及内容有六艺、诸子、兵书、术数、方术等类，其中，《周易》《老子》等文献与传本差异较大，研究价值极高，另有大量未传世文献的研究价值亦相当高。

[②] 郭店楚简于1993年10月在湖北省荆门市郭店村一号楚墓发掘出土，共804枚竹简，为竹质墨迹。其中有字简730枚，共计13000多个楚国文字，楚简包含多种古籍，其中三种是道家学派的著作，其余多为儒家学派的著作，所记载的文献大多失传，对先秦学术的研究具有极高的价值。

又不断地出简书，像现在上博也有①，北大也有②，清华也有③，岳麓也有④，一大堆简书都出来了，但也有假的，邢文当时就说浙大那个是假的⑤，但是人家书已经出来了，没办法。后来出的简里面，包括北大简，靠不靠得住也很难讲。当然有人觉得靠得住，因为有一些人已经参与到这些事情里面去了，要做这个东西进一步的研究，据他们说是还可以。但是我觉得有一点点悬，北大简太整齐了，太完美了，让人看了以后觉得好像是刚刚印出来的东西一样，有种墨迹未干的感觉。真伪我们先不说它，目前主要的研究还是集中在郭店和上博，清华那一大批简也开始有一点研究了，但是现在介入清华简研究的，搞《周易》的比较多，然后就是搞历史学的，研究《尚书》的学者用清华简的也比较多。中国哲学的讨论，用得最多的材料还是马王堆、郭店还有上博。上博也可能就集中在那几篇吧，大家可能谈得比较多。这会对学术界造成一种刺激，这些出土的文献价值比较大的就两类东西，一类是黄老学的，一类是儒家的，所以目前整个先秦学界有能力的研究者和他们的学生们，都被吸引到黄老学和儒家的讨论当中去了，也就是集中到儒道两家。广大的诸子，所谓"六家之要旨"⑥，剩下的好几家之要旨，关注的人就相对少一些。

也并不是所有的先秦哲学研究者都充分地综合利用了简帛文献，有一

---

① 上海博物馆于1994年购于香港文物市场，为战国时期楚国竹简，凡80余种。上海博物馆邀请国内著名古文字研究专家逐次整理，上海古籍出版社已出版了《上海博物馆藏战国楚竹书》一至九册。

② 北京大学于2009年初接受捐赠的汉代竹简，捐赠者购自海外，共有3300多枚，竹简包括近20种文献，基本涵盖《汉书·艺文志》所划分的"六艺""诸子""诗赋""兵书""数术""方技"六大门类。

③ 清华校友赵伟国购自海外并于2008年捐赠母校，共2388枚战国竹简。其后清华大学组织团队对之进行研究，自2011年由中西书局出版《清华大学藏战国竹简（壹）》始，迄今已有七辑整理出版。

④ 湖南大学岳麓书院于2007年购于香港文物市场，共2098枚秦简。其后又有香港文物收藏家免费捐赠76枚秦简。该简对研究古代科技、法律等具有很高的价值。

⑤ 浙江大学艺术与考古博物馆于2009年入藏的第一批藏品为"战国楚简"，内容包括《左传》（拼缀后有简编号130余号）、《玉勺》（2枚）、《四至》（1枚）、卜筮祭祷类简（拼缀后有编号20号）、遣策（拼缀后有编号33号），估计原有完整简160枚左右。这批竹简的全部照片刊于《浙江大学藏战国楚简》（以下简称《浙大简》），2011年12月由浙江大学出版社出版。著名秦汉简帛研究学者邢文在《光明日报》2012年5月28日15版和2012年6月4日15版分别发表《浙大藏简辨伪（上）——楚简〈左传〉》《浙大藏简辨伪（下）——战国书法》两文说明浙大楚简为伪造。

⑥ 《史记·太史公自序》中，司马谈将先秦学术分为阴阳、儒、墨、名、法、道德六派，并对各派的学术要旨与缺点进行了总结。

些先秦方面的研究者还需要再进一步补补课,因为不用确实是不行,好多材料出来,以前的东西很容易站不住脚。特别是做道家研究的,黄老学材料大量出来以后,改变了以前哲学史上从老子到庄子的叙述形态,这种改变比从孔子到孟子的形态改变要大。因为有关孔子到孟子,郭店出来的材料是补白性质的,把中间没有的补了上去,而新出的各种文献里的记载跟传统老庄的体系对比,其中的差异是扭转性的。它让人发现庄子其实根本就不是一个先秦主流学者,而是一个很边缘的人。他其实是到很后很后的时候才被人发掘出来的,才被重视的,在先秦的学术谱系里,庄子是不占优势的。

先秦儒道这一大块,主要是围绕着简帛在研究。我知道有大量的国家社科基金所谓重大项目都跟这个东西有关,像丁四新的一个重大项目就是对勘四种《老子》,最后做一个文本出来,四个本子分别是传世的、帛书的和郭店、北大两种简。整个跟简帛有关的研究有一个弱点,如同宋明理学的状况,也缺少整合性的研究。对于一些简来说,连书都没有读通,去奢谈整合性的研究好像不太容易。但实际上,我觉得这是借口,20 世纪 90 年代末,郭店简刚出来,庞朴就写出《孔孟之间》①,这文章影响多大啊,甚至到现在看,对整个孔子后学的定位、他对整个思想脉络的把握,都是非常到位的。人家看了一点就能写,后来的研究者推说要做具体工作,具体工作没搞清楚我们就不能做整合性的工作,我觉得这是一个借口,是他们没有能力去做而已,或者是他们不愿意去做。需要做先秦的整合性工作,但怎么做这个整合性的工作仍然会回到一个更大的问题——我们怎么看待中国哲学的存在。从根子上讲,中国哲学是一个什么样的存在,我们怎样去定位它,是很麻烦的事情。

(三) 经学及经典诠释

除了这三分之二的研究,剩下三分之一的研究大概集中在两个方面。一个方面跟经学与诠释学有关系,这是新兴的。这几年大家可以看到大量的所谓中国诠释学,"×××诠释学""诠释学"类似字眼出现在标题里的文章中。相关的研究是汤一介先生最早做的,他提出做一个中国诠释学传

---

① 该文全称为《孔孟之间——郭店楚简的思想史定位》,发表于《中国社会科学》1998 年第 5 期,第 88~95 页。文章的主旨在于说明郭店楚简儒家类的简书"属思孟学派著作,是早期儒家心性学说的重要文献;它的出土,补足了孔孟之间思想链条上所曾缺失的一环"。

统出来，较近期景海峰写了一些相关的东西，也有些其他跟进的人。

怎样在诠释学意义上来看待中国的传统经典？将这个问题落实到经典文本，这个过程中，传统的经学问题必然产生。在诠释的时候，你的做法跟传统的经学是什么样的关系？这个问题一定会出现，或迟或早会出现。苗头已经出现了，这两年大量的立项，包括国家社科基金的立项都跟经学研究有关系。也就是说，开始有一批人转移到了经学的研究上面。就像我说的，扩大中国哲学的研究面，不是把它纳到国学里边，而是用中国哲学研究把以前经学研究的一部分内容吃进来，而不是把它排出去。这个工作刚刚开始，做的人有，不少，但不是特别理想，包括做传统诠释学的一些人，他们做得都不是特别理想，还停留在一些基础性的讨论上，比如认为中国诠释传统有经、有传、有注、有疏，它们如何成为一个体系等等这些基本的常识性问题的讨论上，没有真正地深入进去。这跟我们对诠释学的理解有关系，中国人往往倾向于把它理解为一种处理文本的过程，或处理文本的技巧，但实际上真正的诠释学，尤其是发展到了伽达默尔的层次，处理文本是次要的问题，更大的问题是怎么处理人自身存在地位的问题，这恰恰是现在欠缺的一块。

跟经学相关的一些研究者们，比如现在很火的一批人，搞什么"公羊学"的，也算是经学的一支吧，他们有把某一部分经学研究政治化的倾向，引申出政治儒学，这应该是媒体上这几年炒得最火的一个话题吧。前一阵子，澎湃新闻连续刊载了一些他们的文章，还有一次"蜀山论剑"。有一个所谓的"二分"，把港台的新儒家说成是心性儒学，说他们是政治儒学；心性儒学傍的是宋明，政治儒学傍的是康有为，傍的是今文经学。当然这个分判包括其内部的人也不是都同意，我看李明辉就不同意。李明辉对所谓的大陆政治儒学基本持批评的态度，尤其觉得他们在台湾也不是不讲政治，只不过这个问题都解决了。用李明辉的话说就是牟宗三先生他们的理想都成为现实了，不用再考虑所谓的政治问题了，所以我们才回过头来谈心性问题，而这个问题是儒学最重要的问题，需要把它捋清楚，于是才回到这个路上来。也就是说，经学这一块在目前比较火的可能就是谈康有为的某些研究者，但是这些经学研究者有一个巨大的弱点——康有为本人不是一个很好的经学家，康有为本身甚至连一个经学史家都谈不上，他从古文献发明出来的东西比他从古书中读出来的东西要多得多，大家看《大同书》都知道。康有为不是一个很好的经学范本，我忘了谁说的，康有为骨子里的宋学气息要比朴学气息高得多。当然谈康有为也是出于一些不同的考虑，比如干春松是想由此把现代中国哲学研究的起点再往上回溯一步，不仅仅到新文化运动，而是再往上回溯一步，由此建构一种中国往何处去的问题意识。

经学研究这一大块，我觉得往后会更蓬勃一些，因为北大现在有两个比较大的项目，一个是"中国诠释学史"，一个是"中国经学史"，都涉及经学部分。我参与经学史那一部分，在做一点相关的工作，我觉得这是往后几年会出一些成果的方向。

但怎么来处理跟经学研究有关的具体问题确实是个巨大的难题。不见得说一定要以经学的名义开展研究，因为经学有一种价值预设，是神圣不可侵犯的。所谓"注不破疏"①，它有一种一步一步积累起来的学术传统，以往你不能回溯它的合法性，不能回溯原始文本的合理性，但今天的研究者不必有这个困惑。可以观察西方以作参照，前一阵子我们在上海开会，西方有一个很大的古典学传统，从古希腊开始到罗马时期，一直到早期基督教，它有很大的教父哲学系统，而西方现代一般是把这个古典学传统放在哲学系外面的，有些老牌的学校会有一个特别牛的古典学系，古典学的教授都懂希腊语、拉丁语，搞的都是那些玩意儿，不跟这些哲学系特别是大多数都是搞分析哲学的英美哲学系的人玩，我们自己玩，这是另外一个系统。比照这个系统，我觉得中国也可以在古典学意义上让经学焕发出生机，区别在于西方的古典学在哲学系外面，而中国的古典学，即与经学有关的部分，应该放在中国哲学的学科范围内来考虑，而且如果扩大的话也不光是经学的那些文本，可能其他的一些中国古籍，都可以被包容进来，包括诸子的一些东西，未来的研究也可能会进一步地把它们包容进来，但是主体肯定是经学，而且现在最快能够出结果的也会是经学研究。

（四）宗教性在内的其他问题

第四个方面就比较杂了，包含大量的研究取向在里面，可以说不能归于上述三方面的只能归于第四方面。比如说讨论宗教问题，儒家的宗教信

---

① 指唐初孔颖达等奉敕撰写的五经义疏时遵守的治经原则。五经义疏为取汉魏晋时期经学家对某经传的注本为底本，如《易》取王弼注本、《春秋公羊传》取何休注本，然后紧依注本之文义对经传之文和注文进行疏解。孔颖达等疏解注本之文义时，遵守疏文表达出的观点不可有背注文之观点这样一个原则，并称该原则为"疏不破注"。

仰、儒学的宗教性问题，现在佛、道教的一些信仰，包括民间信仰的问题；还有讨论现代哲学的一些不能归入传统哲学史研究的问题，这些是比较混杂的一类研究，不能归于以上三种，只能单独归入第四种。

这里面比较关键的还是宗教性的问题，这跟对儒学的宗教性讨论有关系。儒学的宗教性问题大家讨论的时间很久，最早杜维明谈，他的观点到今天为止还是极有代表性的①。现在最新的变化是民间化的发展，像山东已经有些真正民间儒学的实践了。我们以前老是觉得民间儒学的实践应该和教育挂起钩来，但实际上更好的办法，或者说更吃得开的办法是和宗教挂起钩来，是和儒学的宗教性挂起钩来。这是一个发展点，但这个发展点的动力主要在民间，主要是在操作层面而不是学界。学界对于儒家宗教性的讨论目前没有什么特别新鲜的东西，包括去年中华孔子学会在北京附近的一个小讨论会，讨论的就是儒家宗教性的问题。② 陈明还是持公民宗教的观点；赵法生持民间宗教的观点，主张将儒教民间化，唐文明基本也是这个看法，我本人基本上也是这个看法。如果真的想把儒家做成一个教恐怕需要民间化、分散化的发展，不能是天主教那种有一个教廷、有一个统一教会的模式，而是新教的模式，新教模式可能是未来的发展方向。无论是动力还是问题的解决之道都在民间，反倒跟学界关系不大。而学界关心的问题，比如说宗教性，仍然没有特别好的、让问题推进一步的角度。

三　如何"做"中国哲学：提出哲学性问题与建构处理典籍的范式

归根结底，无论从什么角度来切入中国哲学的研究，目前最大的问题还是缺少一个好的、能够提升问题哲学性的、足够有力的角度。

前些年，包括现在，一些人希望中国哲学的讨论向思想史让位，我觉得也是出于这个考虑，因为哲学本身显得有一些疲惫。那么我们是不是向

---

① 杜维明认为儒家具有宗教性，这主要表现在儒学将哲理与现实生活融于一体，而后以成德实现天人一体的方式实现"内在的超越"，这种超越与基督教或伊斯兰教通过外在"上帝"而达到的超越不同。详见杜维明《中庸：论儒学的宗教性》《现代精神与儒家传统》《儒教》等书。

② 中华孔子学会于2015年3月28日在北京金隅凤山温泉度假村召开"儒家的意义与当代中国的信仰、宗教问题"学术论坛，此论坛的纪要发表在《中国儒学》第十辑。

思想史让位？思想史的角度只是一种外围的解释，如果用外在和内在二分的话，可能它更关注些思想本身之外的东西，当然你也必须去问思想为什么会是以这个面貌呈现出来，但是我觉得还是不够，仅仅从思想历程的角度来处理问题肯定不够。思想史角度其实是中国人驾轻就熟的，郭沫若、侯外庐已经做了榜样。这几年对思想史的研究，大家没有起色，是因为大家不愿意轻易地回到那个路上去，但是对怎么样来走出一条新的路又没有一个很好的打算。当年葛兆光有一些想法，但是后来也基本上落实不下来。大家觉得国学、古代思想很火，觉得这个东西已经成为一个共识了，但实际上成为共识的只是一种价值认同，大家都觉得这个东西我们需要把它做起来，但是在真正的学理层面上究竟怎么把它很好地落实下来，尤其是对中国的这些问题有一个融贯的解释，还是有大量的工作要做。

如果既要打开中国哲学的视野，又要充分纳入思想史的角度，并且不把这些讨论都局限在以前比较窄的范围当中的话，可能能做的工作会更多一些，包括把经典内容、经学内容、古典学内容、民间宗教内容和思想史素材都纳入进来。比如不再以新儒家心性之学这一个单纯的角度来理解儒家，因为心性之学只是儒家的一部分，只是儒家的一支，虽然最后是变成大宗的一支，但是它毕竟只是一支。在汉代它就并不明显，并不存在汉人的心性之学，其中有一些思想史的曲折在里面，所以我觉得倒是还有不少的工作要做。

而在做这些工作之前，有两个基本假设是大家的共识。第一是中国哲学的讨论一定需要自己的哲学性，这个哲学性可能包含对于现代中国哲学建制的认同，对于某种意义上呈现为比较哲学的现代中国哲学研究的基本认同。如果没有这种认同，会很难做下去。第二个问题是怎么样来处理那些以前没有被很好地整合到哲学讨论范围内的经典，这属于中国古典学的庞大体系的问题。我们都知道，西方哲学入门相对容易一些，要做分析哲学的研究，或者做一篇分析哲学的论文，大概读个几十本书你就能写个东西，就能有一点判断了。但是就中国哲学而言，你说我读了几十本书，我对儒家有一个什么样的判断，那恐怕很难。因为它的谱系太大，任何一部经拿出来，相关注疏就车载斗量，当然不一定要都看一遍才能下结论，但一些古代人的理解你是闪躲不了的，因为中国不是像西方哲学一样以逻辑性的方式把思想脉络一个一个捋出来。要摸清楚西方古典学的脉络，门槛也是很高的，用《论语》里讲孔子学问的比喻，现在西方哲学的墙是"及肩"的，你能看见里面是怎么回事，你知道它很好、很复杂，但是你大体能看见里面的格局。但中国古典学的墙太高了，如果找不到门在哪儿，你就根本不知道里面是一些什么东西。这一点，对于中国和西方都是如此，而中国古典学的"墙"恐怕还要更高一些，这是一个比较大的挑战。

但是我觉得这两个方面综合起来，可能未来的中国哲学研究还是有希望的，真正的、能够体现学术性的研究方面还是有希望的。但这几年，我有的时候感觉学生没有训练好，不知道他们的书是怎么读的，谈问题谈得怪怪的，大概也是受目前整个学术局面的影响，有的学生会关心一些目前貌似比较时髦的问题，实际上这些问题不是真正的问题。另外，怎么来处理诸子学，也还是需要再进一步考虑，包括怎样以更哲学的方式来处理先秦的其他问题，我觉得还远远没有得到解答。

这几年国内对海外汉学、海外的中国哲学研究的重视度，还是没有达到它应该有的程度。他们提供了一些我们所不了解的角度、所不知道的信息，像国内争那个"being"到底怎么翻，中国搞西方哲学的王路他们和中国哲学界的人吵了好久，说"being"是"有"啊、"是"啊、"在"啊，到底怎么回事啊，其实葛瑞汉早就有文章，写过"being"和"有"与"在"的关系①，而且梳理得很清楚。海外汉学的重视度没有达到它应有的地位，这是制约目前国内中国哲学研究的一个瓶颈。有的时候我们会觉得不要去依靠西方，但是不见得海外汉学的书都是西方立场的，史华兹就很典型，他就从来没有把中国作为一个从西方立场去加以解释的对象，反倒是牟宗三的西方立场更明确一些，明确拿着康德来解释宋明理学，实际上他比史华兹西方中心主义的立场要强得多。

所以目前还是有很多工作可以做。从新选题生成的角度来看，还是需要一些稍微宏观一点的讨论。其实这种看法，不仅是我个人，也不光是我们杂志的一种考虑，包括像《学术月刊》《文史哲》这些综合性的杂志，可能都有些共同的爱好和倾向，希望不要把问题局限在很细碎的局部里面，而是对于问题有一个较为整全的、有一定覆盖面的交代。最关键和最迫切的是出现一些清晰的、有一定体量的问题。就像劳思光说的，还是要寻找一些"基源性"的问题。现在来看这方面做得不是特别好，这跟一个范式

---

① 详见葛瑞汉《中国思想与汉语的关系》，载于葛瑞汉《论道者——中国古代哲学论辩》，张海晏译，中国社会科学出版社，2003，第444~489页。

消失以后我们没有好的替代品是有直接关系的。但是我觉得现在倒也还有机会，我就害怕这个机会被浪费在一种完全是宣传性的事情上面，因为这几年国学很热，各方面投入都很高，可能你不做什么真正的学术研究就可以声势很壮大。我成立一个中心，找一些人来，讲一些东西，其实讲的都是一些常识性的东西，但是好像我就做了很大的推动性工作。这不是一个研究者的态度。研究工作还是要做的，至于推动工作那是另外一回事。这是我目前对中国哲学的研究趋向一个整体性的看法和感觉。

编后语

  非常抱歉，由于种种原因，《国学论衡》第七辑终究没有能在2017年如期辑成付印。

  本辑内容由14篇论文和3篇其他文稿组成。主题论文隆重推出易志刚与王晓兴《论韩非》、杜保瑞《论道家道教对儒家的调适与上遂》2篇大作，两篇论文不只是书斋里的学理论证，更是针对当前现实问题做出的切入回应。我们也期待，借助两篇大作的发表，可以反映本刊关注理论探讨与现实问题的双重旨归。张丰乾《"观"的哲学》、蔡杰与翟奎凤《由易观礼——〈周易〉履卦大象辞诠释》、陈畅《阳明学自然思想及其开展——从王阳明到刘宗周》、吕欣《论荻生徂徕对朱熹政治理念的批判——以"先王之道"为中心》、姜李勤《中国哲学知识论之疑难——以"名实"关系为视角》5篇论文组成哲思论道栏目。王光有《论司马贞"三皇五帝"古史系统的建构》、崔壮《梁启超与章学诚研究的兴起》、刘学《经史张力及其调适——以蒙文通史学史书写为核心》、何杨《问对文体起源诸说辨析》4篇论文组成经史考辨栏目。何玉国《"规训"视野下的文学合法性个案研究——以孔子"在陈绝粮"为题》、赵亦雅《〈文心雕龙〉与〈文选〉诗歌思想比较》、魏薇与邱锋《吴冠中的生平、艺术风格与思想》3篇论文组成文艺纵横栏目。此外，应甘肃中国传统文化研究会同仁的建议和《国学论衡》编委会的决定，本辑开始增设"国学传播"栏目，以便增强学术的普及性和文字的可读性，发挥本刊传播中国传统文化的功能，陈声柏《作为中国传统文化精神的内圣外王之道——以〈大学〉为中心》即因此而收录。此外，书评札记栏目收录了王凤显《伏羲河图实为太极先天八卦——读朱熹注〈周易本义〉有感》一文，作者在此文中提出了自己的大胆看法。学界动态栏目收录了匡钊《当前中国传统文化研究的特征和趋向》一文，以呈现当前中国传统文化或中国哲学的研究现状。

为了更加方便读者查询和阅读，较之上一辑，本辑在编辑上有两方面的改进。其一，确定了相对固定的基本栏目，分别是主题论文、哲学论道、经史考辨、文艺纵横、国学传播、书评札记、学界动态（但不限于这些栏目），在目录和书稿中明确标示了栏目名称。其二，除了论文，书评札记、学界动态、国学传播等所有文稿也都编写了"摘要"和"关键词"。

本辑的辑编过程颇为不易。这个时候写下"编后语"也是因为本辑主题论文作者王晓兴老师昨天的一个电话——王老师告诉我主题论文的另一合作者易志刚老师在昨天（2017年12月30日）下午因雪天意外滑倒致使一个膝盖粉碎性骨折，需要马上手术。他们刚刚结束专程约在北京为期几天关于论文修改事宜的闭门讨论，并满怀新发现的喜悦，这两天各自回程后正在着手进行论文修改，预计如期完成。然经此变故，论文修改工作也就只能暂时搁置。除了感慨和祈福，更生出一份悲悯和感动，我不敢耽误，于是在年终的最后一天写下这只言片语。也算是表达我们对成全本刊本辑的所有论文作者的感激和敬意。

本辑不少论文的作者不厌其烦地多次按照匿名审稿建议进行了论文修改和完善，除了感谢论文作者出于对学术的虔诚而给予编者的宽容和理解，也令我们对那些接受邀请承担匿名审稿任务的同道产生格外的敬意和感激。不仅没有任何报酬，我们还经常在严苛的时间要求下催要评审意见，事实上，我们无一例外地按时得到了复信。正是他/她们不计回报而出于学术道义的支援，让我们感受到学术共同体的存在与温暖，并激励我们将本刊继续编辑下去。出于匿名审稿的制度要求，请原谅我们在这里不能一一列出各位同仁的大名，但是，他/她们，已在我们的心里！

感谢各位赐稿的作者对本刊的大力支持和厚爱，不管是录用了的，还是没有录用的，我们都心存感激。为了获得更多的高质量论文，一直有好友邱锋、李巍两兄热心帮助，广约佳文，并时时在急需时施救于我们，他们给予的信任和支持是我们倍加感激的。我的研究生李声昊、刘静、耿培杰、耿国靖、张贵贤、王乐和萃英学院涂文清诸君在编校本辑文稿上给予了及时高效的帮助，在此一并致谢。

感谢甘肃传统文化研究会及其同仁给予我个人的支持和援助，特别是王晓兴会长和梁一仁副会长的持续支持和信任，时时鞭策着我，同时，感谢王金生先生对研究会及编辑出版本刊一如既往的支持及慷慨解囊。此外，本辑的编辑工作还得到了兰州大学中央高校基本科研业务费专项资金资助（项目名称：中国哲学特质及其现代化研究；项目编号：17LZUJBWTD007），特致谢忱！

感谢社会科学文献出版社人文分社宋月华社长的再次支持，感谢项目统筹杨春花编辑具体、专业、有效的工作，特别是在出版时间上一再容忍和宽限，我本人除了心生歉意，更怀有一份额外的感激之情。责任编辑范明礼老师一如既往的专业细致的审校工作，再为本刊减错添色，对于拙于校对工作的我，在此致以诚挚的敬意和谢忱。

还是那句老话，稿已成书，集刊论文的论点自是属于作者的，但编纂方面存在的问题相信不少，诚请读者批评指正。

同时，期待研究会与海内外同仁及社会各界朋友给予《国学论衡》持续的支持和帮助，以成就中国传统文化的慧命！

陈声柏

兰州大学哲学社会学院教授

甘肃中国传统文化研究会副会长

2017 年 12 月 31 日

《国学论衡》稿约

　　甘肃中国传统文化研究会的会刊《国学论衡》系 1998 年创刊的不定期学术集刊，计划从第六辑开始编辑出版成一年一辑的年刊，刊登国学和中国传统文化研究的学术论文及书评札记、学界动态等文稿。诚邀研究会会员及海内外同仁赐教。

　　1. 本刊旨在为从事中国传统文化、国学研究学者提供学术交流之平台，通过学术研究增进对中国传统文化和国学的理解和诠释；推动中国传统文化、国学与世界文化、文明之间的对话；以理性考量塑造未来中国文化和学术思考。

　　2. 本刊欢迎有关国学及中国传统文化的不同学科的各种议题的学术论文，尤其欢迎跨学科、就具体问题进行基础性或前瞻性、探索性的学术论文。亦欢迎中外比较视阈的学术论文，以及相关内容的书评札记与学界动态。

　　3. 本刊每辑设一主题，欢迎同仁们自行组织专题投递本刊。本刊将根据稿件情况进行专题组稿。专题通常由 2 篇（含 2 篇）以上论文组成；学术论文不少于 10000 字；书评札记不超过 8000 字；学界动态不超过 10000 字。特别欢迎就具体问题进行系统研究的大论文，字数上不封顶。

　　4. 本刊学术论文格式：标题、摘要、关键词、正文、注释（脚注，每页重新编号）。并请另页附作者简介（姓名、出生年月、籍贯、任职单位及职称职位、研究领域及方向、邮寄地址、电邮、电话等）。本刊论文注释体例及格式请参考社会科学文献出版社《编辑手册》的有关规定。

　　5. 本刊采取匿名评审制度。先将来搞送由两位专家进行匿名评审，若两位专家评审通过，将予以刊登；若两位专家不予通过，则予以退稿；若只有一位专家通过评审，则将文稿及评审意见返回作者修改，三个月之后再予评审，评审通过则予刊登，若不通过，则予退稿。

6. 稿件刊登后，本刊不设稿酬，编辑委员会赠送两本当辑集刊以示酬谢。

7. 请勿一稿两投或多投；凡来稿 3 个月后未见回复，请自行处理。作者如不同意对稿件进行修改，请在稿件前特别注明。

8. 来稿之前，请仔细核对文稿是否符合本刊体例及格式，以免耽误审稿进度。

9. 著作人投稿本刊，经收录刊登后，视为同意授权本刊再授权其他出版物或资料库进行复制、通过网络提供服务等权利。

10. 本刊出版周期为一年，急于发表另投他刊之文稿，敬请及时告知，以免重复发表。

11. 本刊只接受电子邮件投稿，投稿信箱为：gsgxlh@163.com（此为本刊投稿唯一信箱，之前任何邮箱都已失效）。

图书在版编目(CIP)数据

国学论衡. 第七辑 / 王晓兴主编. -- 北京：社会科学文献出版社，2018.4
 ISBN 978-7-5201-2058-6

Ⅰ.①国… Ⅱ.①王… Ⅲ.①国学-中国-文集 Ⅳ.①Z126.27-53

中国版本图书馆 CIP 数据核字（2017）第 317888 号

国学论衡（第七辑）

主　　编 / 王晓兴

出 版 人 / 谢寿光
项目统筹 / 宋月华　杨春花
责任编辑 / 范明礼

出　　版 / 社会科学文献出版社·人文分社（010）59367215
　　　　　　地址：北京市北三环中路甲29号院华龙大厦　邮编：100029
　　　　　　网址：www.ssap.com.cn
发　　行 / 市场营销中心（010）59367081　59367018
印　　装 / 三河市尚艺印装有限公司
规　　格 / 开　本：787mm×1092mm　1/16
　　　　　　印　张：21.75　字　数：354千字
版　　次 / 2018年4月第1版　2018年4月第1次印刷
书　　号 / ISBN 978-7-5201-2058-6
定　　价 / 89.00元

本书如有印装质量问题，请与读者服务中心（010-59367028）联系

▲ 版权所有 翻印必究